GIMP 2.8

Michael Gradias

GIMP 2.8

▶ Einstieg und Praxis

Markt+Technik

ISBN 978-3-945384-06-0

Produktmanagement Christian Braun
Herstellung Jutta Brunemann, j.brunemann@mut.de
Einbandgestaltung David Haberkamp
Coverfoto © Eric Isselée – Fotolia.com
© alphaspirit – Fotolia.com
Korrektorat Sandra Gottmann
Satz Michael Gradias, Wolfenbüttel, www.gradias.de
Fotografien Michael Gradias, Wolfenbüttel, www.gradias-foto.de
Druck Media-Print, Paderborn
Printed in Germany

Inhaltsverzeichnis

Vorwort

In diesem Buch lernen Sie Gimp 2.8 kennen – ein sehr interessantes, kostenloses Programm für den ambitionierten Fotografen.

Ich zeige Ihnen in elf Kapiteln, wie Sie sehr leicht Ihre Fotos von der Kamera auf den Computer übertragen. Sind Bilder nicht ganz so gut gelungen, macht das gar nichts: Schritt für Schritt erfahren Sie, wie Sie Helligkeit und Kontrast anpassen und so schnell zum brillanten Bild gelangen. Auch komplexe Bildkorrekturen sind mit Gimp möglich.

Wenn Sie nur einen Teil des Bildes bearbeiten möchten, stellt Gimp viele unterschiedliche Auswahl-Werkzeuge bereit. Der Umgang mit den Werkzeugen ist gar nicht so schwer, wie es vielleicht zunächst erscheinen mag.

Natürlich erfahren Sie auch, wie Sie mit Ebenen arbeiten und wie Sie Ihre Ergebnisse mit schönen Effekten aufwerten können. Gimp bietet eine riesige Auswahl an Effektfiltern an.

In der aktuellen Version haben die Gimp-Entwickler dem Programm (endlich) ein leistungsfähiges Text-Tool spendiert, sodass das Erstellen von Texten nun viel einfacher klappt als zuvor. Auch der Einzelfenstermodus ist eine sinnvolle Neuerung.

Zum Abschluss erfahren Sie, wie Sie Ihre Ergebnisse eindrucksvoll präsentieren können.

Die verwendeten Bilder finden Sie auf meiner Website www.gradias.de im Fachbücher-Bereich. Dort können sie kostenlos heruntergeladen und zum Üben und für private Zwecke verwendet werden.

Ich wünsche Ihnen viel Freude bei der Arbeit mit Gimp. Ich hoffe, dass Ihnen dieses Buch viele Tipps und Anregungen zum Thema Bildbearbeitung geben kann.

Michael Gradias

Kapitel 1

Das ist Gimp

Sie haben sich für das frei erhältliche Bildbearbeitungsprogramm Gimp entschieden – herzlichen Glückwunsch. Sie haben damit eine gute Wahl getroffen. Gimp bietet Ihnen viele Möglichkeiten an, um Ihre digitalen Bilder zu optimieren oder mit Effekten zu versehen. In diesem ersten Kapitel stelle ich Ihnen Gimp vor – Sie lernen alle Elemente der Arbeitsoberfläche näher kennen, sodass Sie sich anschließend schnell zurechtfinden werden.

Gimp installieren

Wenn Sie sich das kostenlose Programm aus dem Internet herunterladen, müssen Sie es auf Ihrem Rechner installieren. Das klappt dank Assistenten-Hife recht zügig.

> Gimp ist eine sogenannte **Open-Source**-Software: Das bedeutet, dass jeder bei diesem kostenlosen Freeware-Programm Erweiterungen erstellen und veröffentlichen darf.

1 Laden Sie von der Webseite http://www.gimp.org/downloads die Programmdatei herunter und speichern Sie diese auf der Festplatte. Klicken Sie die Programmdatei doppelt an, um die Installation zu starten.

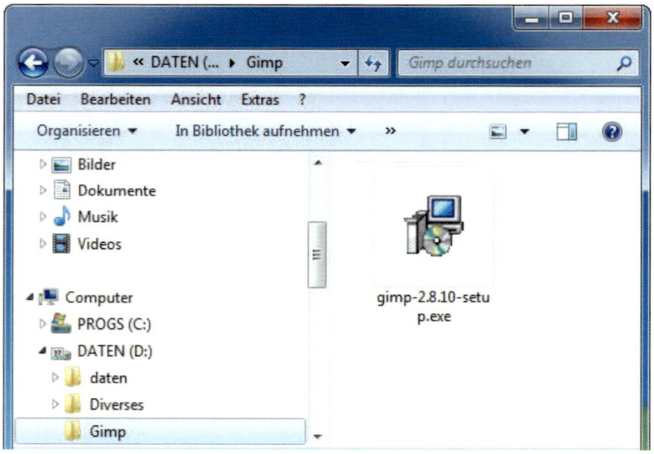

2 Wählen Sie die *Deutsch*-Option für die Installationssprache aus der Liste aus.

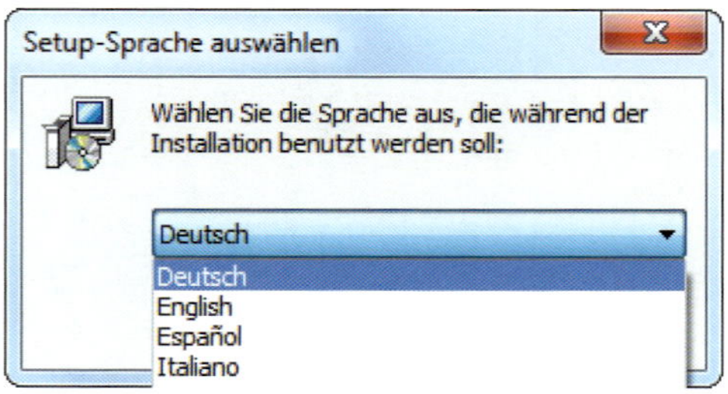

3 Klicken Sie auf die *Installieren*-Schaltfläche 1, um den Installationsvorgang zu starten.

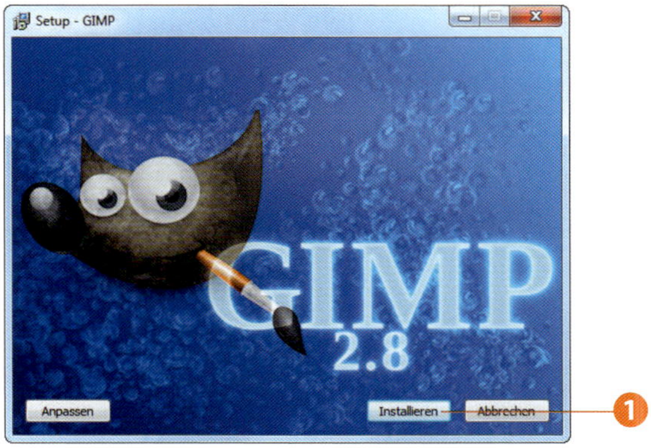

Nun können Sie sich zurücklehnen – die komplette Installation läuft automatisch ab. Sie brauchen sich dabei um nichts zu kümmern – ein wenig Geduld ist aber notwendig.

Tipp

Übrigens handhaben es die Entwickler so, dass gerade Nummern, wie beispielsweise Gimp 2.8, »fertige« Versionen kennzeichnen, während sich Versionen mit ungeraden Nummern – wie etwa Gimp 2.9 – noch in der Entwicklungsphase befinden und daher nicht unbedingt fehlerfrei ablaufen. Sie finden unterschiedliche Quellen im Internet, wo Sie Gimp herunterladen können. Um aber in jedem Fall die aktuellste Version zu erhalten, nutzen Sie die Originalwebseite http://www.gimp.org.

4 Drücken Sie die *Fertigstellen*-Schaltfläche **2**, um den Installationsvorgang abzuschließen. Übrigens nennt man das Tierchen, das Sie links im Dialogfeld sehen, »Wilber«. Es ist das »Maskottchen« des Programms.

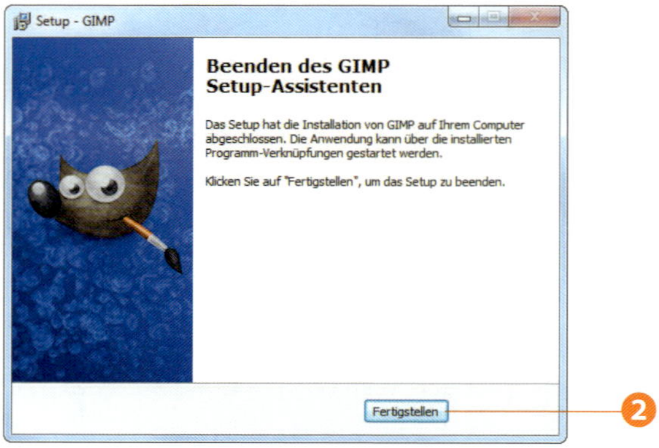

Gimp starten

Damit man einen schnellen Zugriff auf Gimp hat, sollte ein Verknüpfungssymbol auf dem Desktop abgelegt werden. Sie starten das Programm dann einfach mit einem Doppelklick auf das Symbol. Bei der Standardinstallation wird automatisch ein Symbol auf dem Desktop abgelegt. Andernfalls öffnen Sie das Windows-Startmenü und suchen Sie den Eintrag *GIMP 2* aus der Liste der verfügbaren Programme heraus **1**.

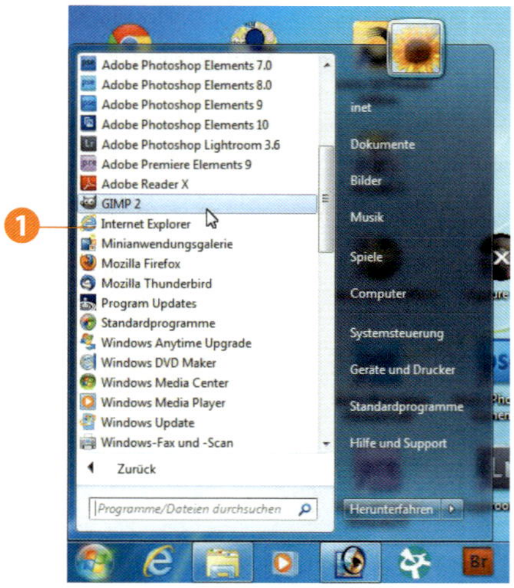

Nach dem Doppelklicken des Programmsymbols sehen Sie den folgenden Startbildschirm. Es dauert aber einen kleinen Moment, ehe Gimp alle benötigten Programmdaten eingelesen hat. Ein Fortschrittsbalken 2 zeigt den aktuellen Stand an.

Nach dem erfolgreichen Starten finden Sie folgendes Programmfenster vor. Im Gegensatz zur Vorgängerversion sind nun standardmäßig alle Elemente in einem einzigen Programmfenster verfügbar – so wie es bei Windows-Programmen üblich ist.

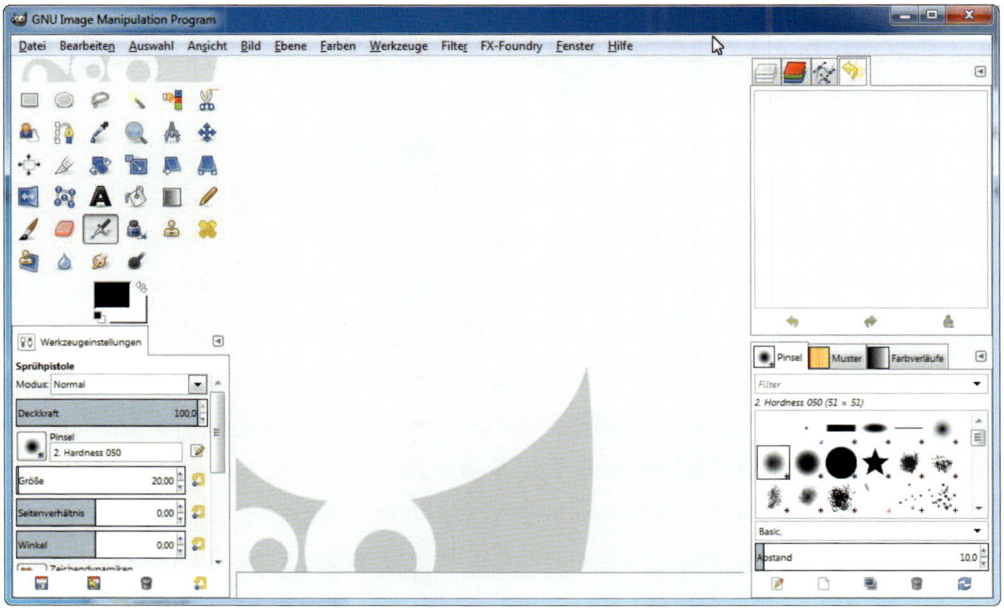

> **Tipp**
>
> Falls Sie sich an den dreigeteilten Arbeitsbereich – wie er bei den bisherigen Programmversionen üblich war – von Gimp gewöhnt haben, rufen Sie die Menüfunktion *Fenster* auf und deaktivieren Sie die Option *Einzelfenster-Modus*.

Die Gimp-Arbeitsoberfläche

Wenn Sie das Programm das erste Mal starten, sieht es im Arbeitsbereich erst einmal relativ leer aus. Im linken Bereich ist nur der Werkzeugkasten mit den Werkzeugeinstellungen darunter zu sehen. Außerdem ist oben das Menü untergebracht.

Klicken Sie die Titelzeile des Arbeitsbereichs an ❶, um das Fenster frei auf dem Windows-Desktop zu platzieren. Klicken Sie doppelt auf die Titelzeile, füllt das Fenster den gesamten Bildschirm aus – ein erneuter Doppelklick reduziert die Größe wieder auf die Ursprungsgröße. Soll die Größe des Fensters verändert werden, klicken Sie es an einer der Kanten an ❷ – ❺ und dehnen Sie es auf die gewünschte neue Größe. Wird das Fenster an den Ecken angeklickt 6, skalieren Sie es in der Höhe und Breite. Halten Sie beim Ziehen die linke Maustaste gedrückt. Skalieren Sie auf diese Art das Fenster so, dass ein angenehmes Arbeiten möglich ist – je größer das Fenster, umso besser können Sie Bilder beurteilen, die Sie in Gimp bearbeiten wollen.

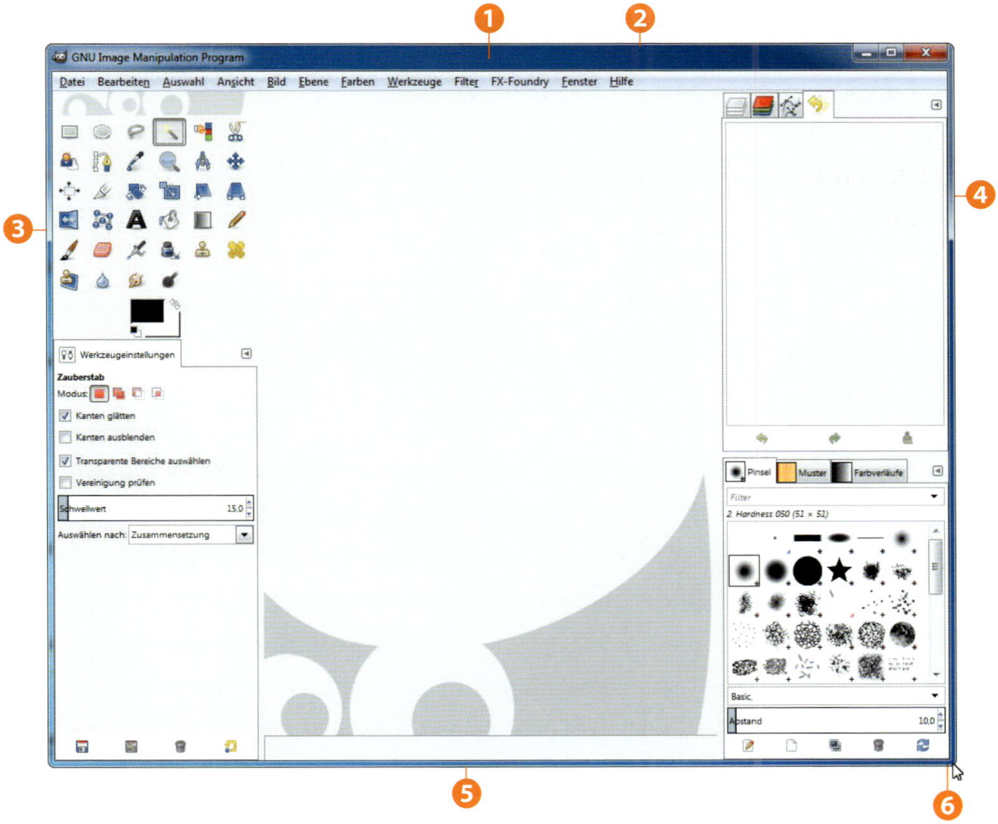

Die Menü-Funktionen

Die Menüleiste von Gimp beherbergt alle Funktionen, die Sie benötigen, um Ihre Bilder zu bearbeiten. Die Bedienung entspricht der, die Sie auch von anderen Windows-Programmen gewohnt sind.

Die Funktionen sind oft in weiteren Untermenüs untergebracht. Sie erkennen diese Funktionen an dem kleinen Pfeil ganz rechts 3. Abgegraute Funktionen sind nicht verfügbar ①. Werden drei Punkte hinter einem Eintrag angezeigt ④, bedeutet dies, dass nach dem Aufruf der Funktion ein gesondertes Dialogfeld geöffnet wird, um die Einstellungen vorzunehmen. Wenn Tastenkombinationen für einen schnellen Aufruf für eine Funktion verfügbar sind, werden diese am Ende des betreffenden Menüeintrags angezeigt ②.

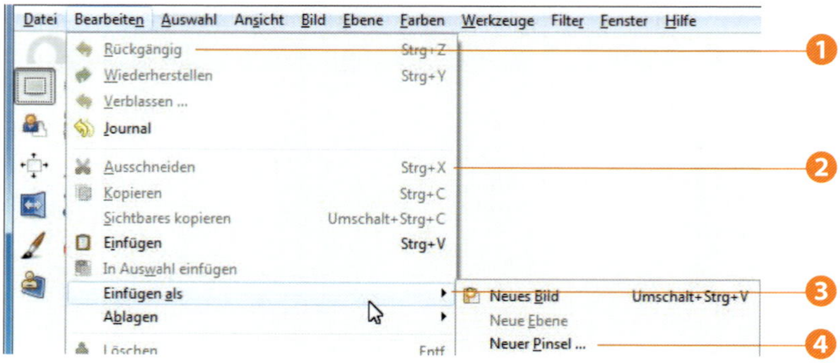

Verschiedene Menüs

In den verschiedenen Menüs sind die Funktionen thematisch zusammengefasst. So finden Sie im *Datei*-Menü ① alle Funktionen, die zur Steuerung und Verwaltung von Dateien von Bedeutung sind. Das *Bearbeiten*-Menü ② enthält Funktionen, um unter anderem Änderungen zurückzunehmen oder Objekte zu kopieren oder einzufügen. Auch Füllungen werden über dieses Menü zugewiesen. Zudem lassen sich hier auch die Voreinstellungen von Gimp anpassen. Wenn Sie Teile von Bildern bearbeiten wollen, sind die Funktionen im *Auswahl*-Menü ③ für Sie von Bedeutung.

Die Funktionen, die Sie im *Ansicht*-Menü ④ finden, beziehen sich auf die Darstellung der Bilder. In diesem Menü sind auch optische Hilfsmittel, wie etwa Lineale oder Raster, untergebracht. Sollen Funktionen am gesamten Bild angewendet werden, benötigen Sie die Funktionen des *Bild*-Menüs ⑤. Außerdem werden über dieses Menü die Hilfslinien eingerichtet. Wollen Sie beispielsweise Bildkompositionen zusammenstellen, greifen Sie auf die Funktionen des *Ebene*-Menüs ⑥ zurück. Alle Funktionen, die zur Verwaltung der Ebenen nötig sind, sind ebenfalls in diesem Menü zu finden.

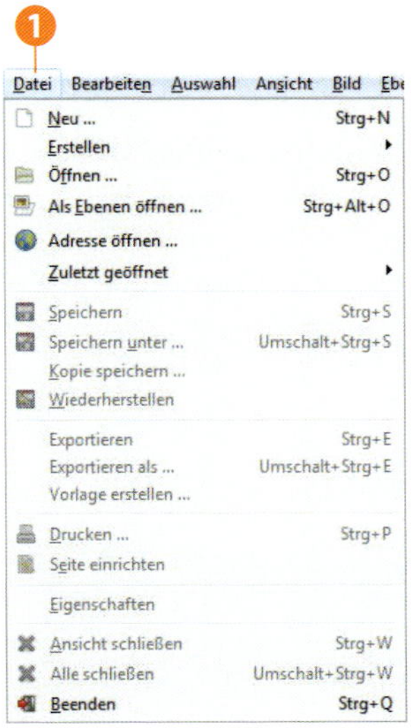

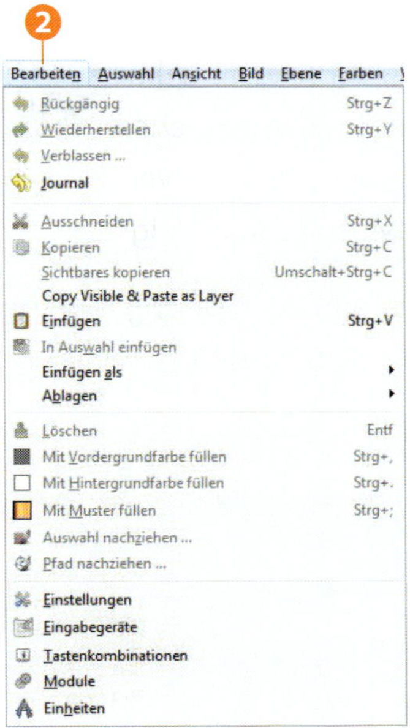

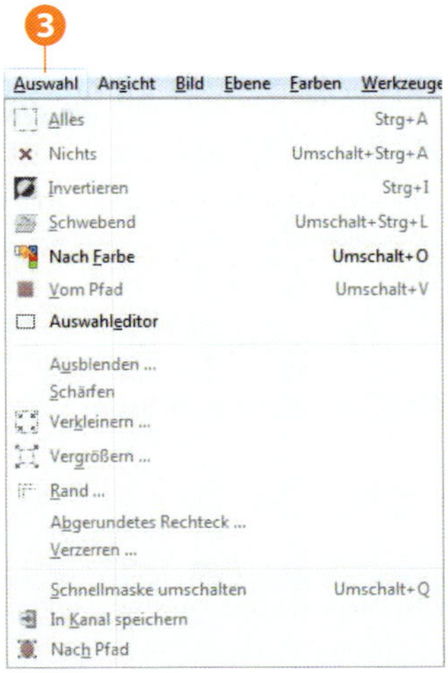

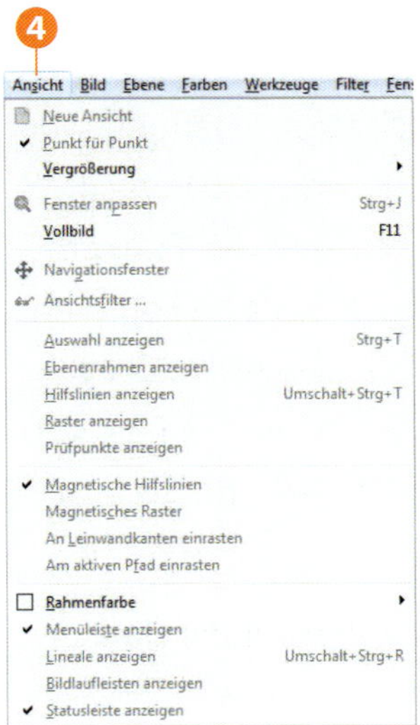

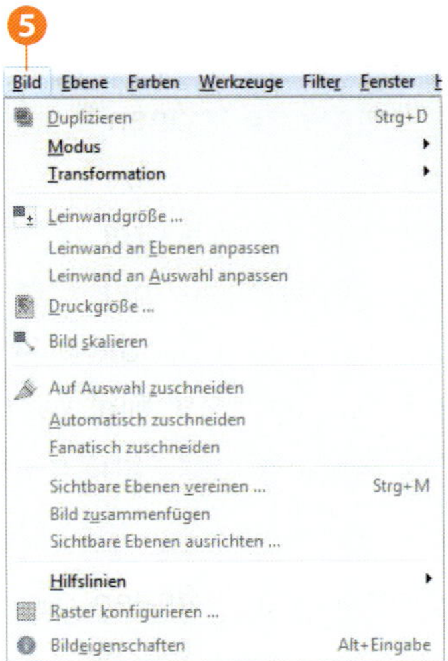

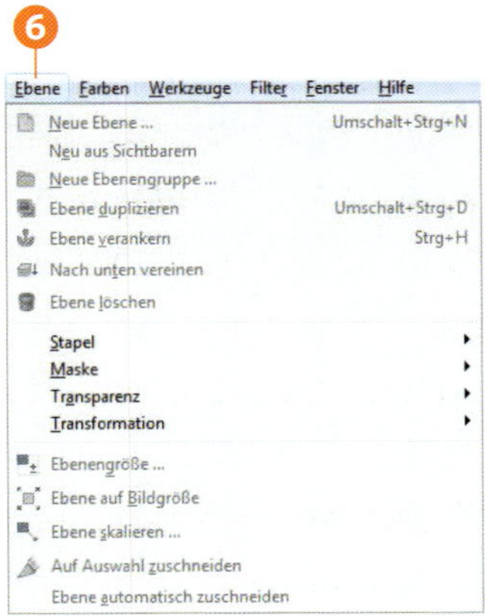

Das *Farben*-Menü 7 beherbergt Funktionen, um etwa die Helligkeit oder den Kontrast eines Bildes anzupassen. Die Werkzeuge, die Sie im Werkzeugkasten aufrufen können, sind auch im *Werkzeuge*-Menü 8 vorhanden – das ist sozusagen »doppelt gemoppelt«. Das *Filter*-Menü 9 ist vollgepackt mit zahlreichen Effektfiltern, die zum Verfremden Ihrer Bilder dienen.

Das *Fenster*-Menü ⑩ enthält unter anderem Funktionen, um die andockbaren Dialogfelder ein- oder auszublenden. Wenn Sie für das Bild viel Platz benötigen, lassen sich alle Docks vorübergehend verbergen. Außerdem lässt sich hier der Einzelfenster-Modus abschalten.

Im letzten Menü – *Hilfe* ⑪ – sind Hilfe-Funktionen untergebracht. Wenn Sie online sind, können Sie über dieses Menü auch beispielsweise das Gimp-Benutzerhandbuch herunterladen.

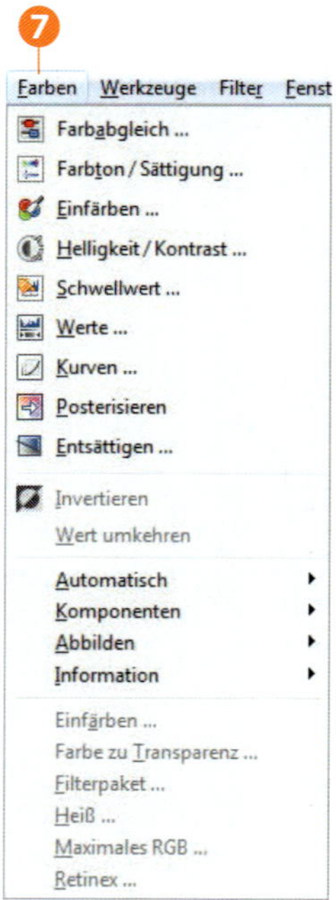

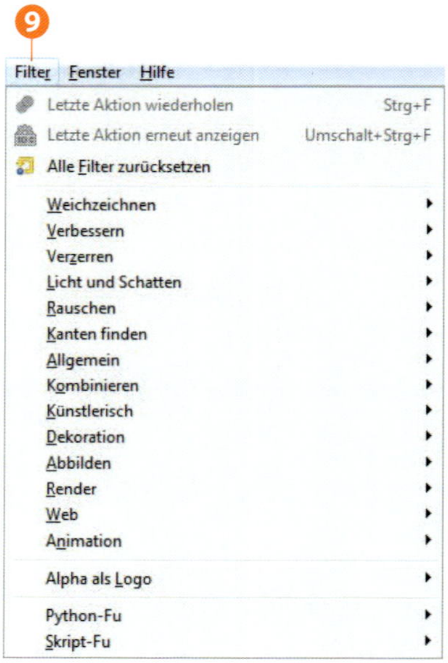

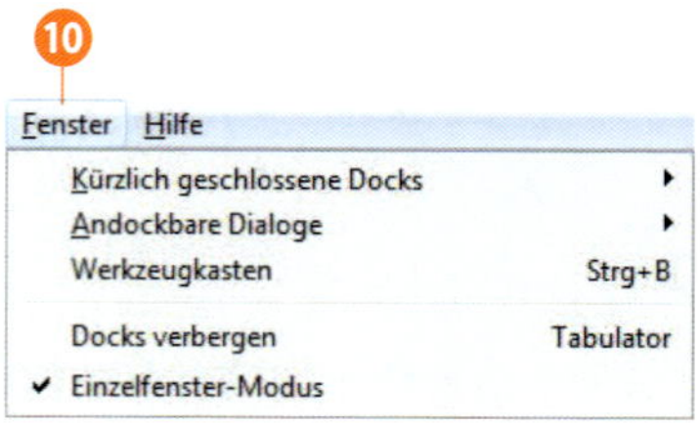

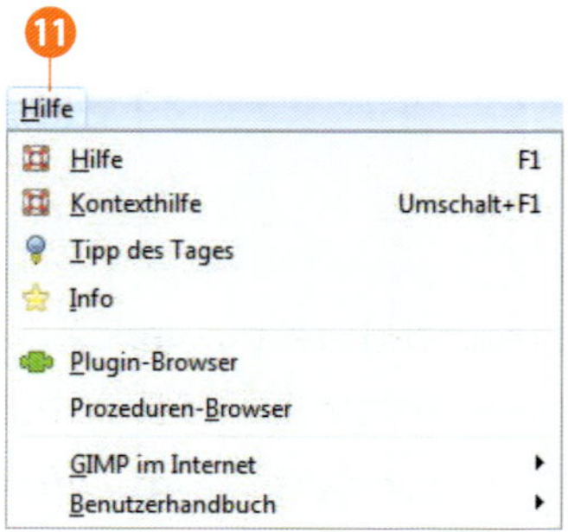

Der Werkzeugkasten

Der Werkzeugkasten, der standardmäßig links neben dem Bildbereich zu sehen ist, enthält alle Werkzeuge, die Sie benötigen, um im Bild zu malen oder Bildteile auszuwählen. Auch das Transformieren von Objekten lässt sich mit den Werkzeugen erledigen. Außerdem können Sie die Ansichtsgröße des Bildes variieren und die aktuelle Vorder-/Hintergrundfarbe festlegen.

Der Werkzeugkasten ist fest verankert – die Werkzeugeinstellungen befinden sich dagegen im andockbaren Dialog.

> Die Dialogfelder, in denen diverse Gimp-Funktionen untergebracht sind, bezeichnet man als Docks. Sie sind an den Rändern des Arbeitsbereichs »andockbar«, daher der Name.

Sie können die angedockten Werkzeugeinstellungen auch in ein frei schwebendes Fenster umwandeln. Dies kann manchmal praktischer sein, weil Sie das frei schwebende Fenster dann an irgendeine beliebige Stelle innerhalb oder außerhalb des Arbeitsbereichs verschieben können.

1 Greifen Sie dazu den Registerkartenreiter ❶ und halten Sie die linke Maustaste gedrückt. Ziehen Sie den Dock aus dem Bereich heraus – Sie sehen dann das abgebildete Symbol ❷.

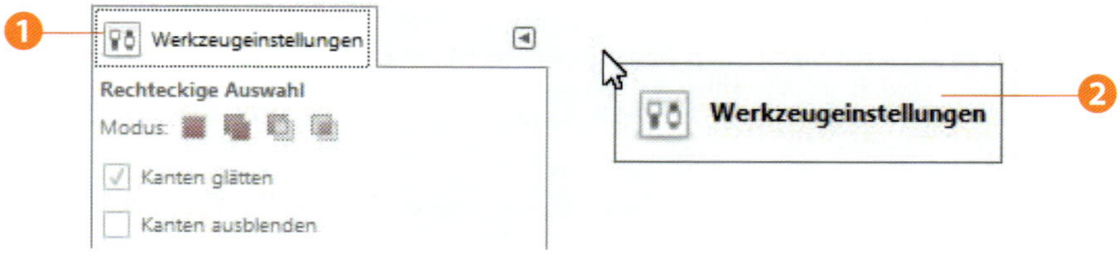

2 Lassen Sie die linke Maustaste wieder los, um den Dock in ein frei schwebendes Fenster umzuwandeln. Wenn Sie dieses Fenster in der Titelzeile ❸ anklicken, können Sie es verschieben.

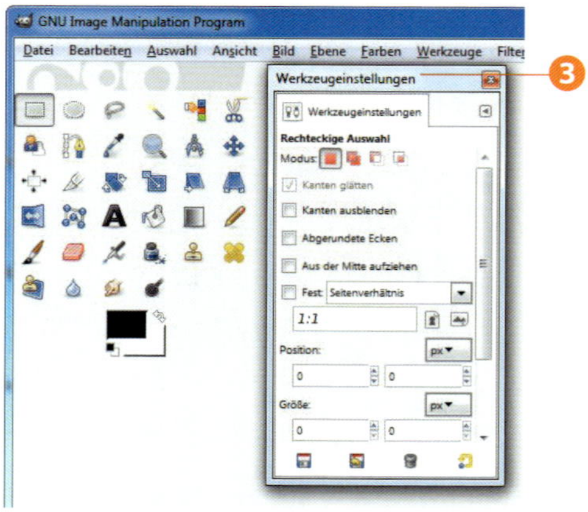

Umgekehrt funktioniert das übrigens auch: Sie können beliebige frei schwebende Fenster mit gedrückter linker Maustaste in den andockbaren Bereich ziehen.

Den Werkzeugkasten anpassen

Es ist recht praktisch, dass Sie den Inhalt des Werkzeugkastens frei anpassen können. So haben Sie die Möglichkeit, besonders häufig benutzte Werkzeuge selbst zusammenzustellen.

Sie benötigen dazu die Funktion *Bearbeiten/Einstellungen*. Rufen Sie in dem Dialogfeld, das Sie damit öffnen, die Rubrik *Werkzeugkasten* ❶ auf.

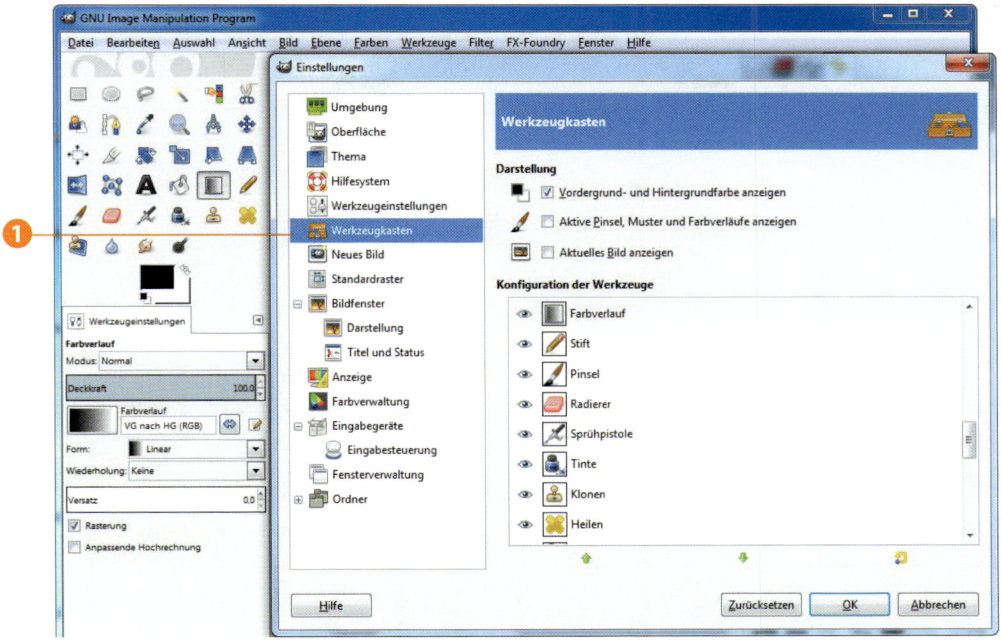

Wenn Sie in der Liste nach unten scrollen, finden Sie die Funktionen, die standardmäßig nicht im Werkzeugkasten untergebracht sind. Vor jeder Funktion sehen Sie ein Kästchen 2. Wenn Sie darauf klicken, wird ein Augensymbol sichtbar und die betreffende Funktion wird am Ende der Symbol-Liste eingefügt 3. Im Beispiel wurde die *Einfärben*-Funktion auf diese Art und Weise in den Werkzeugkasten aufgenommen.

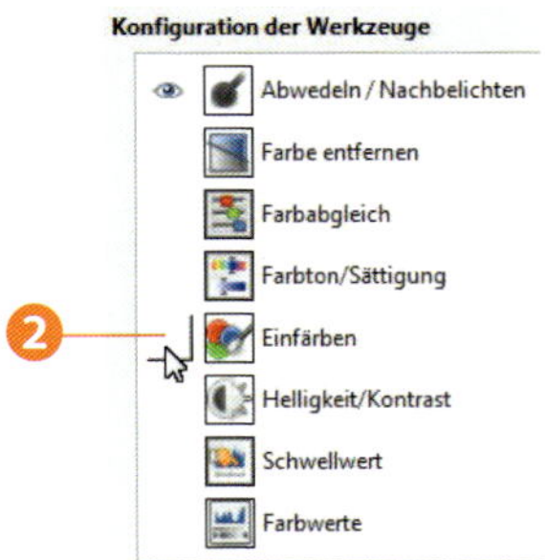

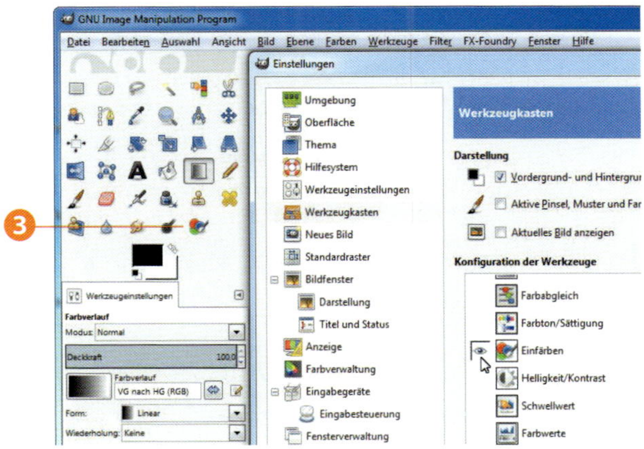

Soll die Reihenfolge der Symbole geändert werden, nutzen Sie nach dem Markieren der Funktion die Pfeile unter der Funktionsliste 4. Mit der Schaltfläche ganz rechts 5 werden die Standardeinstellungen wieder hergestellt.

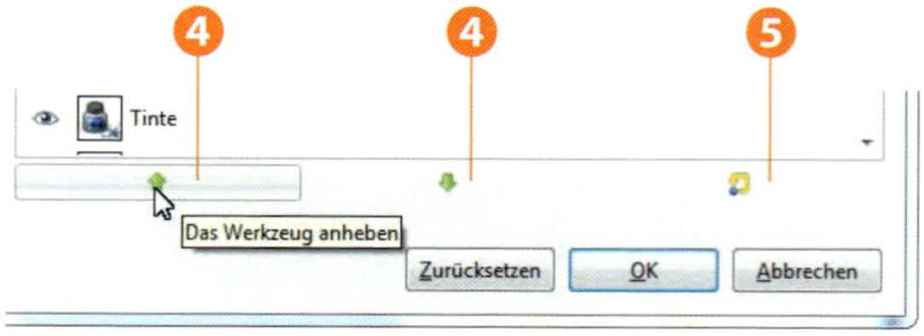

Tipp

Es ist egal, ob Sie zum Verschieben eines Eintrags die Funktion in der Liste markieren oder ob Sie einfach auf das betreffende Symbol im Werkzeugkasten klicken.

Die Funktionen des Werkzeugkastens

Folgende Funktionen sind standardmäßig im Werkzeugkasten vorhanden (von oben links nach unten rechts):

Werkzeug	Funktion	Schnellaufruftasten
Rechteckige Auswahl	Einen rechteckigen Bereich auswählen	R
Elliptische Auswahl	Einen elliptischen Bereich auswählen	E
Freie Auswahl	Einen Bereich freihand oder mit Polygonsegmenten auswählen	F
Zauberstab	Einen zusammenhängenden Bereich ähnlicher Farben auswählen	U
Nach Farbe auswählen	Einen Bereich mit ähnlichen Farben auswählen	⇧ + O
Magnetische Schere	Eine Form entlang der Kanten auswählen	I
Vordergrundauswahl	Ein Objekt im Vordergrund auswählen	
Pfade	Vektorformen erstellen und bearbeiten	B
Farbpipette	Farben aus dem Bild aufnehmen	O

Vergrößerung	Darstellungsgröße einstellen	Z
Maßband	Abstände und Winkel messen	⇧ + M
Verschieben	Ebene, Auswahl oder Objekt verschieben	M
Ausrichten	Ebenen oder Objekte anordnen und ausrichten	Q
Zuschneiden	Teile einer Ebene oder des Bildes abschneiden	⇧ + C
Drehen	Ebene, Auswahl oder Pfad drehen	⇧ + R
Skalieren	Ebene, Auswahl oder Pfad skalieren	⇧ + T
Scheren	Ebene, Auswahl oder Pfad scheren (neigen)	⇧ + S
Perspektive	Perspektive einer Ebene, Auswahl oder eines Pfades anpassen	⇧ + P
Spiegeln	Ebene, Auswahl oder Pfad horizontal oder vertikal spiegeln	⇧ + F
Käfig-Transformation	Einen Auswahlbereich mithilfe von Knotenpunkten verzerren	⇧ + G
Text	Eine Text-Ebene anlegen oder bearbeiten	T
Füllen	Auswahlbereich füllen	⇧ + B
Farbverlauf	Auswahlbereich mit einem Farbverlauf füllen	L
Stift	Scharfkantige Striche zeichnen	N
Pinsel	Weiche Striche zeichnen	P
Radierer	Bildteile bis zum Hintergrund oder zur Transparenz löschen	⇧ + E
Sprühpistole	Variable Deckung beim Pinselmalen	A
Tinte	Wie Kalligrafie zeichnen	K
Klonen	Ausgewählte Bildbereiche oder Muster kopieren	C
Heilen	Unregelmäßigkeiten im Bild korrigieren	H
Perspektivisches Klonen	Klonen unter Berücksichtigung der Perspektive	
Weichzeichnen/Schärfen	Bildteile weichzeichnen oder schärfen	⇧ + U
Verschmieren	Bildteile verwischen	S
Abwedeln/Nachbelichten	Bildteile aufhellen oder abdunkeln	⇧ + D

Weitere Möglichkeiten

Im unteren Bereich des Werkzeugkastens legen Sie die Vorder-/Hintergrundfarbe fest. Diese sind beispielsweise wichtig, wenn Sie im Bild malen wollen. Um die Vordergrundfarbe zu aktivieren, klicken Sie in das obere Feld 1 – für die Hintergrundfarbe in das untere 4. Sie öffnen mit einem Klick den Farbwähler 5, in dem Sie die gewünschte Farbe einstellen können.

Um die Standardfarben Schwarz und Weiß wieder einzustellen, klicken Sie auf das Symbol unten links 2. Wollen Sie die Vorder- und Hintergrundfarbe tauschen, drücken Sie das Symbol oben rechts 3.

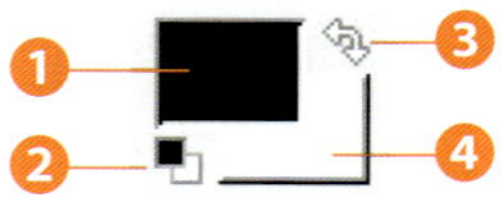

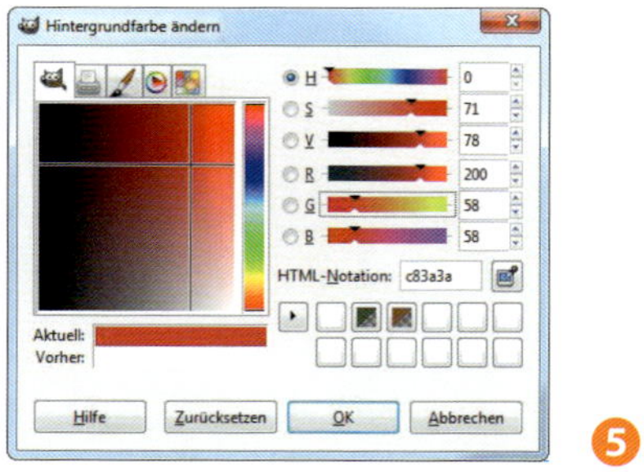

Haben Sie die *Einstellungen*-Funktion aus dem *Bearbeiten*-Menü aufgerufen, lässt sich in der *Werkzeugkasten*-Rubrik einstellen, dass in diesem unteren Bereich zusätzliche Informationen 6 eingeblendet werden, wie etwa der aktuelle Pinsel. Die zweite Option *Aktuelles Bild anzeigen* 7 ist nützlich, wenn Sie mehrere Bilder geöffnet haben. Die Zusatzinformationen sehen Sie dann neben den Feldern der Vorder-/Hintergrundfarbe 8.

Die andockbaren Dialoge

Damit die extrem vielen Funktionen, die Gimp anbietet, einigermaßen übersichtlich präsentiert werden können, werden in den sogenannten andockbaren Dialogen die Optionen zu verschiedenen Themen zusammengefasst. Je nach Bedarf lassen sich die Dialoge ein- oder ausblenden. So wahren Sie die Übersichtlichkeit im Arbeitsbereich einigermaßen.

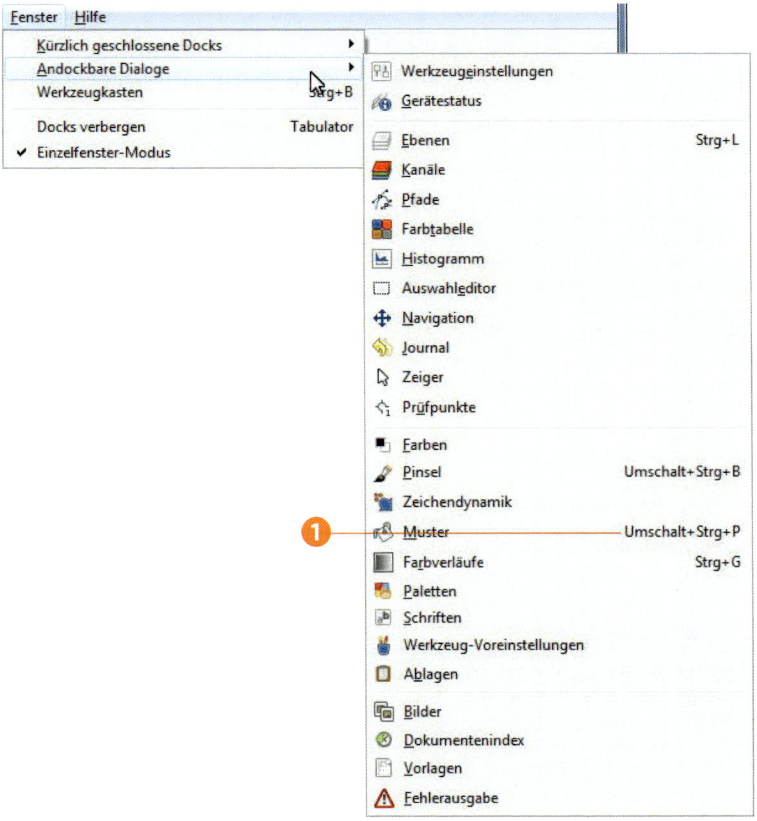

Die verfügbaren Dialoge erreichen Sie über das Menü *Fenster/ Andockbare Dialoge*.

Insgesamt sind dort 25 Themenbereiche untergebracht.

Falls es Tastenkürzel zum Schnellaufruf gibt, sehen Sie diese bei der betreffenden Funktion ganz rechts 1.

> Andockbare Dialoge lassen sich in zwei Bereichen des Arbeitsfensters platzieren – an der Stelle, wo standardmäßig die Werkzeugeinstellungen untergebracht sind, und am rechten Rand des Arbeitsbereichs. Alternativ können Sie sie in ein frei schwebendes Fenster umwandeln und irgendwo innerhalb oder außerhalb des Arbeitsfensters platzieren.

Tipp

Damit die vielen verfügbaren andockbaren Dialoge nicht so viel Platz auf dem Arbeitsbereich in Anspruch nehmen, kann man sie zu Gruppen zusammenfassen. Danach sind die einzelnen Dialoge über Registerkartenreiter am Kopf der Dialogfelder erreichbar.

Standardmäßig sehen Sie am rechten Rand des Arbeitsbereichs zwei Gruppen von andockbaren Dialogfeldern, die untereinander angebracht sind. Um die Höhe der Docks zu verändern, klicken Sie auf den Steg ❶ und verziehen ihn mit gedrückter linker Maustaste. Auf diese Art lässt sich auch die Breite ❷ der Docks anpassen.

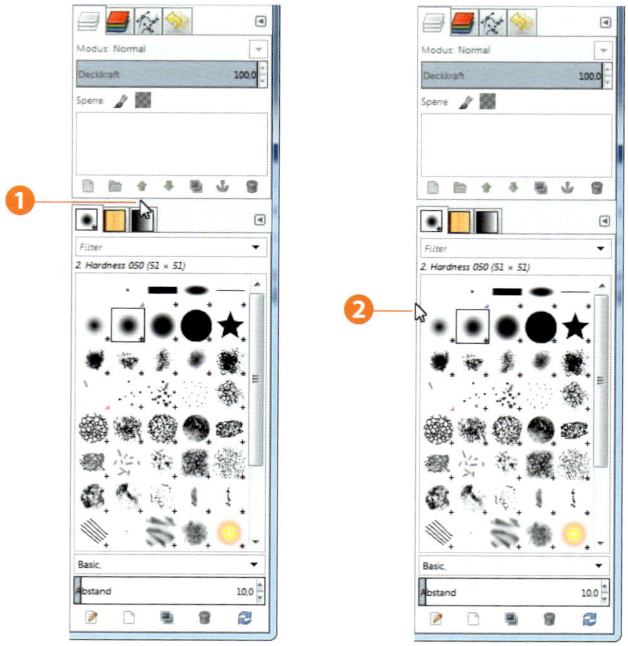

Neue Dialoge zusammenstellen

Um einen weiteren andockbaren Dialog zu öffnen, rufen Sie die betreffende Funktion aus dem Menü *Fenster/Andockbare Dialoge* auf. Jeder neue Dock kann wahlweise in einer der Gruppen platziert werden oder als frei schwebendes Fenster – wie nachfolgend der *Histogramm*-Dialog ❶.

Sie haben auch die Möglichkeit, neue Gruppen zusammenzustellen. Ziehen Sie den Registerkartenreiter dazu beispielsweise an die Unterkante der bestehenden Gruppe. Ein dicker blauer Balken zeigt diese Option an 2.

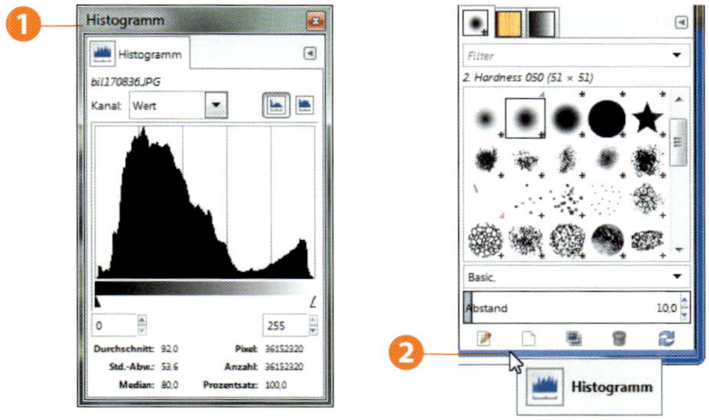

Nach dem Loslassen der linken Maustaste sehen Sie die neu entstandene Gruppe. Das funktioniert auch, wenn seitlich eine neue Gruppe entstehen soll. Hier kennzeichnet der senkrechte Balken die Option 3. Anschließend sehen Sie die nebeneinander angeordneten Dialogfelder 4.

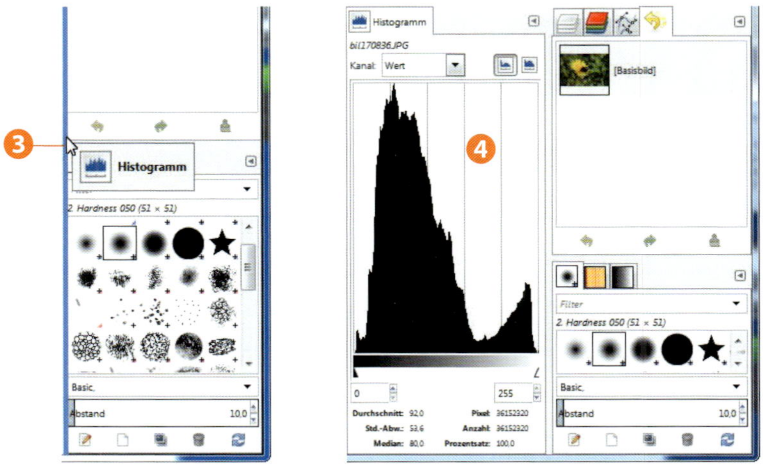

Soll ein Dialog in eine bestehende Gruppe aufgenommen werden, ziehen Sie die Registerkarte auf ein in der Gruppe befindliches Dialogfeld – eine schwarze Umrandung um das betreffende Feld kennzeichnet diese Möglichkeit.

Wenn Sie mehrere Bilder gleichzeitig geöffnet haben, finden Sie übrigens eine Auflistung mit kleinen Miniaturen im *Fenster*-Menü und so können Sie schnell auf eines der Fotos zugreifen.

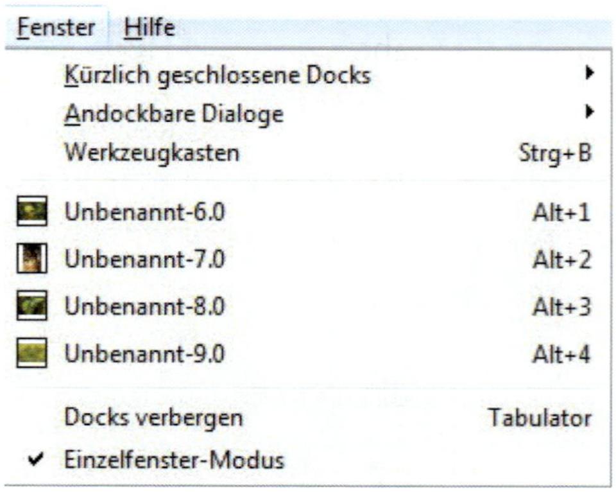

Einige nützliche Dialogfelder

Einige der andockbaren Dialoge werden Sie vermutlich sehr häufig einsetzen – andere eher selten. Daher ist es nicht zu empfehlen, dass alle verfügbaren Dialoge ständig eingeblendet sind. Suchen Sie sich diejenigen heraus, die Sie am häufigsten benötigen.

Im Folgenden lernen Sie einige der wichtigsten Dialogfelder kennen. Auf die standardmäßig eingeblendeten Dialogfelder, die Sie auf der letzten Seite sahen, gehe ich hier nicht näher ein – sie werden im Laufe der nächsten Kapitel noch eingehend beschrieben.

Der *Histogramm*-Dialog ❶ ist für die Beurteilung der im Bild vorkommenden Tonwerte wichtig. So lassen sich schnell Belichtungsfehler erkennen, wenn der Tonwertberg rechts oder links größere Lücken zeigt. Bei größeren Darstellungen ist das *Navigation*-Fenster ❷ nützlich, um schnell die gewünschte Position im Bild zu finden. Klicken Sie dazu auf die betreffende Stelle im Vorschaubild.
Im *Farben*-Dialog ❸ stellen Sie Vorder- und Hintergrundfarbe mithilfe eines Farbwählers ein.

Wenn Sie mit Text-Ebenen arbeiten, wählen Sie im *Schriften*-Dialog ❹ den benötigten Schrifttyp aus. Sie finden in der Liste alle auf Ihrem Rechner installierten

Schriften. Im Dialogfeld *Werkzeug-Voreinstellungen* ⑤ greifen Sie auf diverse voreingestellte Werte für die unterschiedlichen Werkzeuge zurück. Das betreffende Werkzeug erkennen Sie am Symbol am Zeilenanfang. Hier können Sie eine Menge Arbeitszeit sparen, da Sie die Optionen für viele gängige Aufgabenstellungen nicht selbst anpassen müssen. So sehen Sie im Bild beispielsweise die Option *Crop 16:9*, die Bilder auf das Breitbildformat zuschneidet.

Gimp bietet erweiterte Optionen für die Zwischenablage an. Im *Ablagen*-Dialog ⑥ findet die Verwaltung statt.

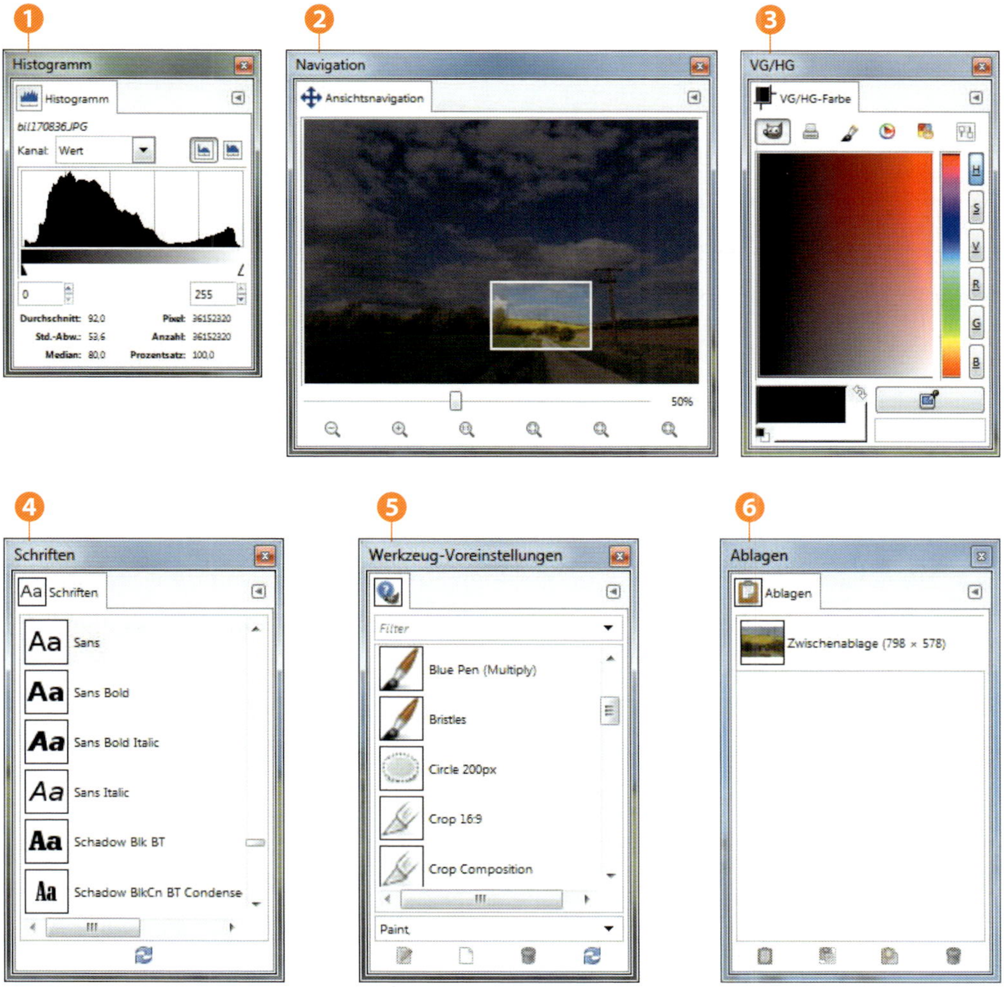

Zusätzliche Dialogfeld-Optionen

Auch wenn – je nach ausgewähltem Dialogfeld – unterschiedliche Funktionen bereitgestellt werden, ist doch die grundsätzliche Bedienung für alle Fenster identisch. Die Funktionen, die Sie im mittleren Bereich finden, sind sehr unterschiedlich. Sie passen Einstellungen beispielsweise durch Eingabefelder 1 oder mit den Pfeiltasten 3 (prozentual) an. Am Balken in der Bezeichnung erkennen Sie die Stärke der aktuellen Einstellung 2.

Häufig benötigte Funktionen gibt es in der Fußzeile 4. Wenn Sie mit dem Mauszeiger einen Moment über einer dieser Schaltflächen verweilen, wird ein Hilfeschildchen mit erläuternden Texten eingeblendet 5.

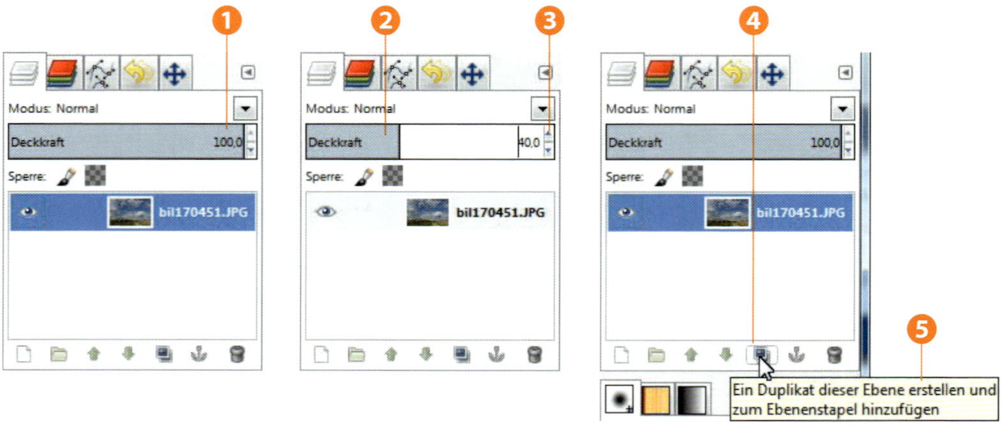

In jedem Dialog finden Sie oben rechts einen kleinen Pfeil 6, mit dem Sie ein Menü öffnen. Hier sehen Sie zunächst Optionen, die sich auf das Dialogfeld selbst beziehen. So können Sie den Reiter beispielsweise schließen oder ihn mit der Funktion *Reiter lösen* in ein frei schwebendes Fenster umwandeln.

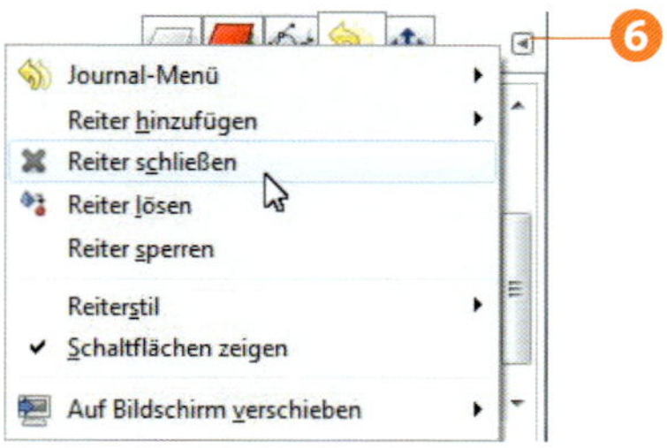

> ## Tipp
> Die Funktionen des ersten Menüpunkts erreichen Sie auch über das sogenannte **Kontextmenü**. Das Kontextmenü öffnen Sie, indem Sie innerhalb des Dialogfelds mit der rechten Maustaste klicken.

Mit dem ersten Menüpunkt öffnen Sie jeweils ein Untermenü, in dem spezielle Optionen für die Dialogfeld-Aufgabe untergebracht sind – wie etwa zur Verwaltung der Ebenen 7. Die Menge der angebotenen Funktionen differiert sehr stark – je nach ausgewähltem Dialogfeld 8.

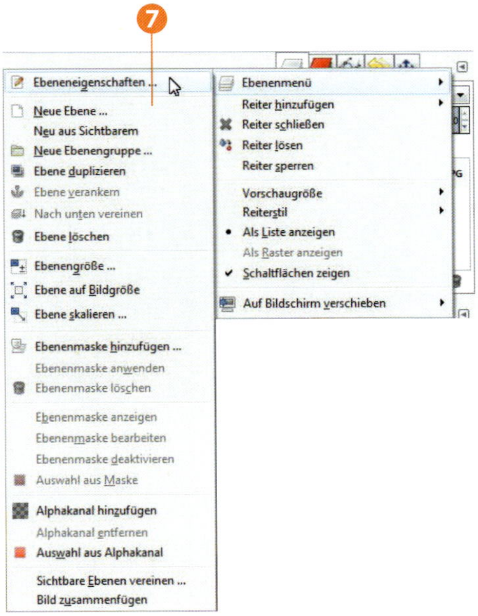

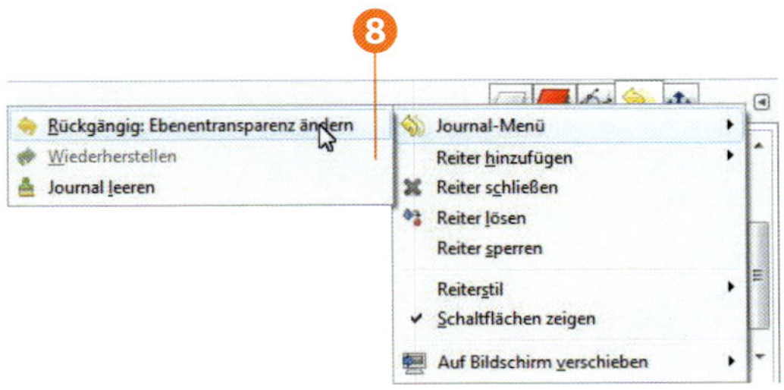

Der Bildbereich

Weil es ja bei Gimp um die Bearbeitung von Bildern geht, nimmt natürlich der Bildbereich den größten Teil des Arbeitsbereichs ein. Wenn kein Bild geöffnet ist, ziert Wilber den Hintergrund.

Wird ein Foto geöffnet, wird es standardmäßig so verkleinert, dass es vollständig im Bildfenster zu sehen ist. Außerdem werden Lineale eingeblendet, die Sie aber bei Bedarf über das *Ansicht*-Menü ausblenden können.

Haben Sie mehrere Bilder geöffnet, sehen Sie über dem Bild Registerkartenreiter mit einer kleinen Vorschau ❶. Mit dem Kreuzchen ❷ rechts daneben lässt sich jedes Bild schließen. Wird der betreffende Registerkartenreiter angeklickt, tritt dieses Bild in den Vordergrund.

Das Auswählen eines Bildes ist aber zusätzlich auch über das *Fenster*-Menü oder das *Bilder*-Dialogfeld möglich.

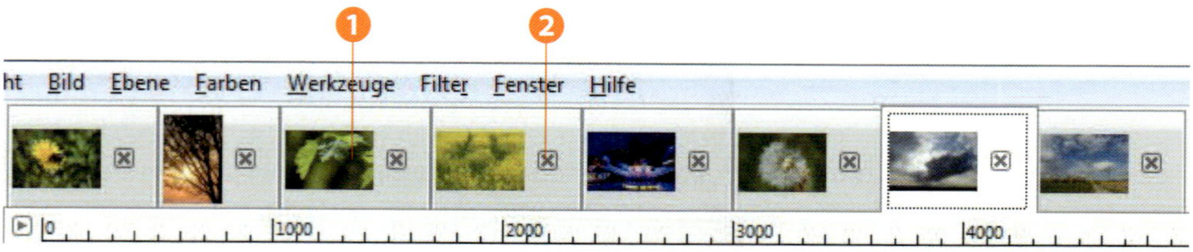

Welche Maßeinheit bei den Linealen verwendet wird, stellen Sie im Listenfeld links neben der Darstellungsgröße in der Fußzeile des Fensters ein.

Um die Darstellungsgröße anzupassen, öffnen Sie das Listenfeld 2 unten links im Fenster. Hier finden Sie einige Vorgabewerte. Ist der gewünschte Vergrößerungsfaktor nicht in der Liste enthalten, tippen Sie den Wert einfach in das Eingabefeld 1 ein.

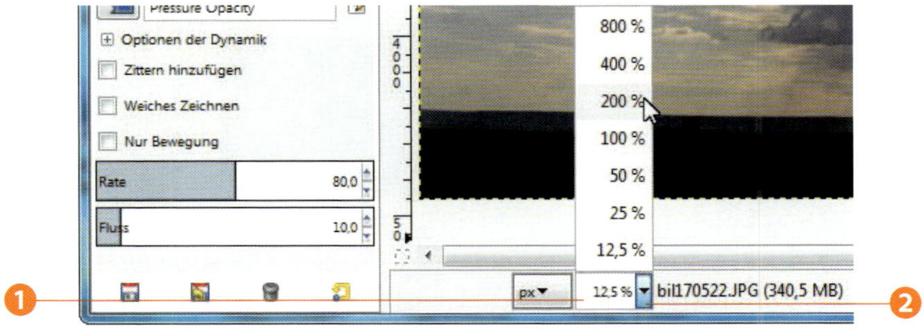

Erweiterte Funktionen im Bildfenster

Im Bildfenster sind einige zusätzliche Funktionen verborgen, die nicht auf Anhieb zu erkennen sind. Sie erleichtern aber die Arbeit enorm und sollten daher beachtet werden. Wenn Sie auf die Schaltfläche in der linken Ecke des Fotos 1 klicken, wird ein Menü geöffnet, das alle Hauptmenüfunktionen enthält – das ist allerdings ein wenig »doppelt gemoppelt«.

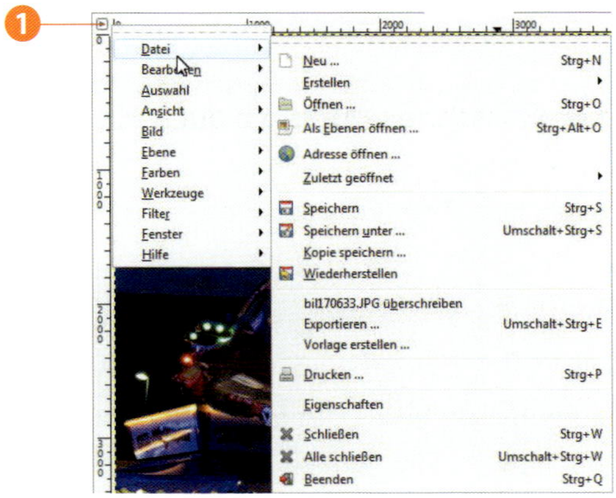

Wird die Schaltfläche oben rechts 2 aktiviert, wird das Bild vergrößert, wenn Sie die Fenstergröße ändern. Das ist praktisch, da standardmäßig die Bildgröße unverändert bleibt. Wollen Sie Teile des Bildes bearbeiten und dazu mit Masken arbeiten (dazu später mehr), können Sie mit der Schaltfläche unten links 3 die Schnellmaske aktivieren. Das Feld unten rechts 4 können Sie nutzen, um bei vergrößerten Ansichten den sichtbaren Bildausschnitt anzupassen. Wenn Sie auf diese Möglichkeit zurückgreifen, können Sie sich den Aufruf des *Navigation*-Andockdialogs sparen.

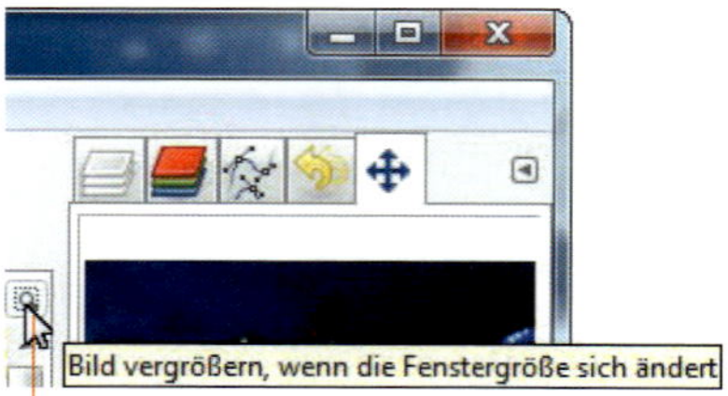

Rechts neben dem Zoomfeld der Darstellungsgröße werden der Bildname und die Dateigröße 5 angezeigt. Wird aber der Mauszeiger in das Bild gehalten, dient der Bereich als Informationszeile 6, um die Wirkungsweise des Werkzeugs knapp zu erläutern. So haben Sie eine gute Orientierung, wie das ausgewählte Werkzeug bedient werden muss.

5

6

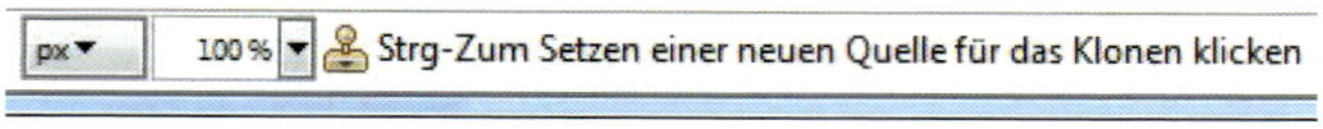

Tipp

Rufen Sie die Funktion *Bearbeiten/Einstellungen* auf und wechseln Sie zur Rubrik *Hilfe-system*. Deaktivieren Sie dort die Option *Minihilfen anzeigen*. Standardmäßig werden bei allen Funktionen Hilfeschildchen angezeigt – wenn Sie dies stört, deaktivieren Sie sie.

Ansichtsoptionen

Es gibt einige nützliche Optionen bei der Ansicht von Dokumenten, die Ihnen die Arbeit erleichtern. So finden Sie im Menü *Ansicht/Vergrößerung* zusätzlich zu einigen numerisch exakten Angaben ❷ auch Optionen, um das Bild beispielsweise an die Fenstergröße anzupassen ❶.

Am Ende der Liste sind auch einige Optionen untergebracht, um festzulegen, was im Bildfenster angezeigt werden soll – wie etwa Lineale ❸. Raster können beispielsweise für die Ausrichtung von Objekten sinnvoll sein. Alle Optionen, die mit einem Haken vor dem Eintrag gekennzeichnet sind, sind aktiviert.

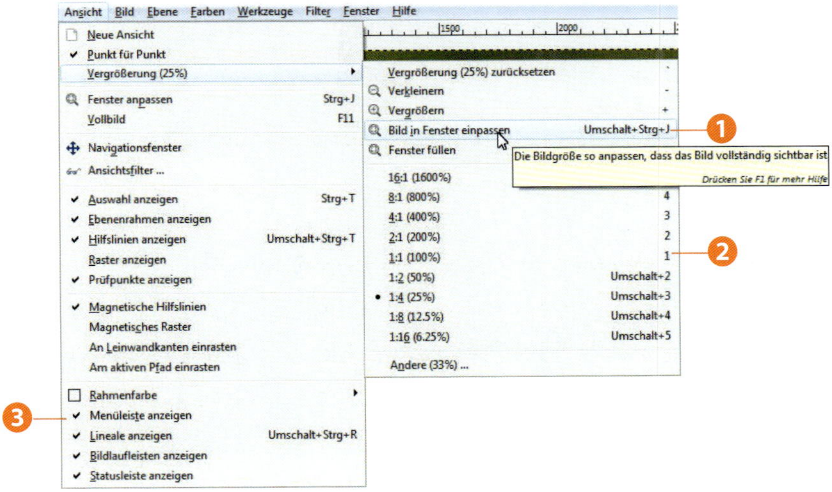

Für bestimmte Aufgabenstellungen kann die Funktion *Ansicht/Ansichtsfilter* interessant sein. So können Sie beispielsweise einstellen, wie ein Mensch mit einer bestimmten Farbenblindheit das aktuelle Bild sieht.

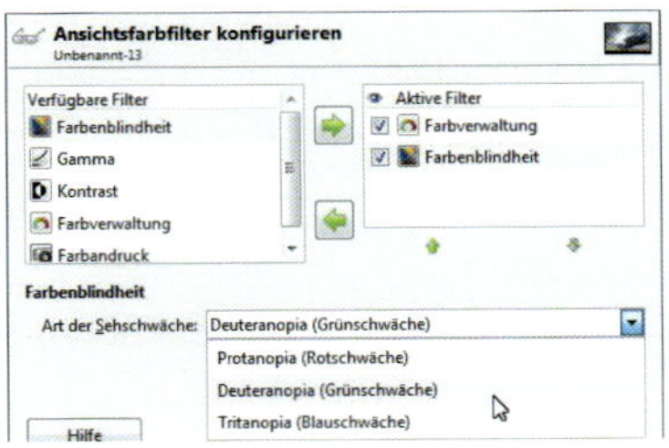

Die Vollbildansicht

Über das *Ansicht*-Menü erreichen Sie auch die *Vollbild*-Ansicht, die Sie alternativ dazu auch mit dem Tastenkürzel F11 aufrufen können. Nach dem Aufruf füllt das Bild den größten Teil des Bildschirms aus – haben Sie den Einzelfenster-Modus deaktiviert, sogar den gesamten Bildschirm. Die Docks überlagern dann rechts und links das Foto.

Dieser Vollbild-Modus ist sinnvoll, wenn Sie Details im Bild bearbeiten und möglichst wenig von der möglichen Arbeitsfläche »verschenken« wollen.

> **Tipp**
>
> Sie können noch mehr »Platz schaffen«, wenn Sie die Tabulator-Taste drücken. Damit blenden Sie nämlich die Docks vorübergehend aus. Ein erneutes Drücken der Taste blendet sie dann wieder ein. Durch die schnellen Tastaturaufrufe bietet sich der Vollbildmodus für viele Aufgabenstellungen geradezu an.

Kapitel 2

Bilder auf den Rechner bringen

Die Bilder sind »im Kasten«. Sie müssen nun auf den Rechner gebracht werden, um sie anschließend in Gimp bearbeiten zu können. Wie Sie Bilder in Gimp öffnen und welche anderen Importoptionen Sie besitzen, erfahren Sie in diesem Kapitel. Außerdem gebe ich Ihnen Tipps zur Bildverwaltung mit dem – ebenfalls kostenlosen – Programm XnView.

Die Fotos sind im Kasten

Nach der Fototour müssen Sie die Bilder von der Speicherkarte auf den Rechner übertragen, um sie anschließend bearbeiten zu können.

1 Entnehmen Sie die Speicherkarte aus Ihrer Kamera 1. Im Beispiel handelt es sich übrigens um eine Spiegelreflexkamera von Nikon.

Die SD-Speicherkarten sind heute weit verbreitet. Es gibt sie in vielen unterschiedlichen Kapazitäten. Die Kapazitäten werden immer größer. Inzwischen erhalten Sie schon Karten mit 64 GByte 2.

2 Stecken Sie die aus der Kamera entnommene Speicherkarte in den Kartenleser Ihres Rechners 3.

Tipp

Falls Sie kein Speicherkartenlesegerät besitzen, ist dies nicht unbedingt schlimm. Die allermeisten Kameras lassen sich per USB-Kabel direkt an den Rechner anschließen, sodass das Übertragen der Bilder möglich ist.

3 Nutzen Sie nun beispielsweise den Windows-Explorer, um die Fotos von der Speicherkarte auf den Rechner zu kopieren. Windows erkennt die Speicherkarte ④ und behandelt sie wie eine Festplatte.

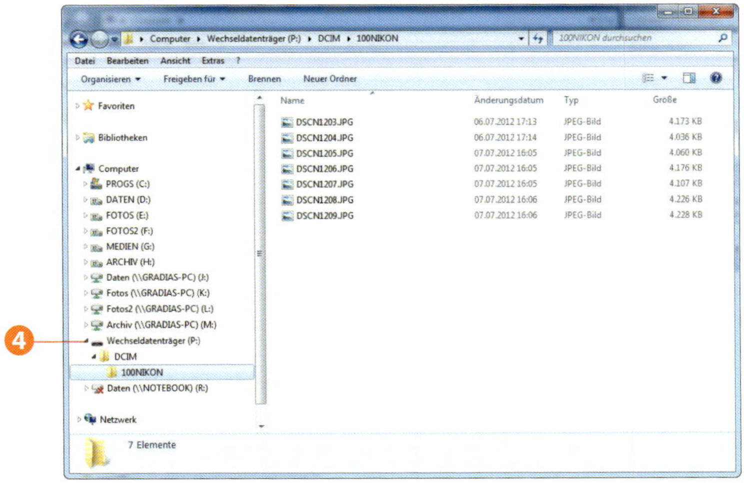

Bilder in Gimp laden

Wenn Sie Gimp bereits gestartet haben, können Sie die übertragenen Bilder nun in Gimp öffnen, um sie zu bearbeiten. Gimp bietet Ihnen dabei verschiedene Optionen an.

1 Rufen Sie zum Öffnen eines Fotos aus dem Menü die Funktion *Datei/Öffnen* auf ①.

Gimp unterstützt alle gängigen Bildformate. So können Sie beispielsweise neben den JPEG-Fotos, die Sie von der Kamera laden, auch Bilder öffnen, die in den weit verbreiteten Formaten BMP, TIFF oder auch GIF vorliegen.

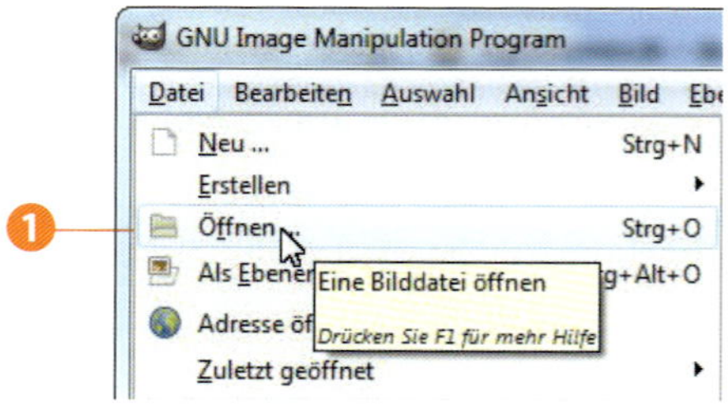

2 Das Dialogfeld *Bild öffnen* teilt sich in verschiedene Bereiche auf. So wählen Sie links den gewünschten Ordner und in der Mitte das Foto, das Sie öffnen wollen. Um einen Ordner als Lesezeichen zu definieren, sodass er später schnell wiedergefunden werden kann, klicken Sie auf die Schaltfläche unter dem *Orte*-Bereich.

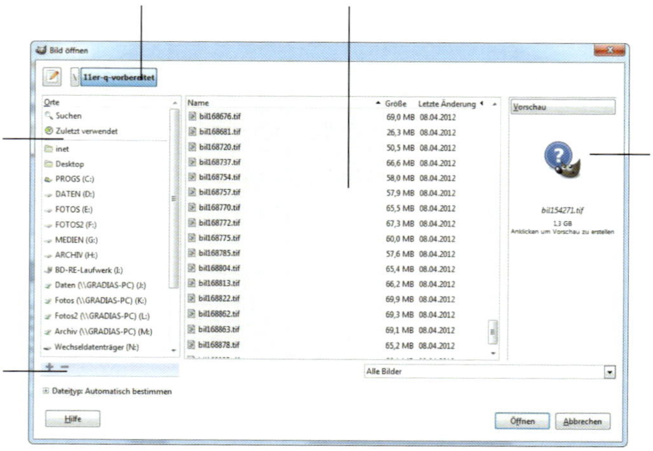

Nach dem Anklicken des Vorschaubereichs sehen Sie ein Miniaturbild mit dem Dateiinhalt **2** – darunter den Namen **3** und die Datei- sowie die Bildgröße **4**.

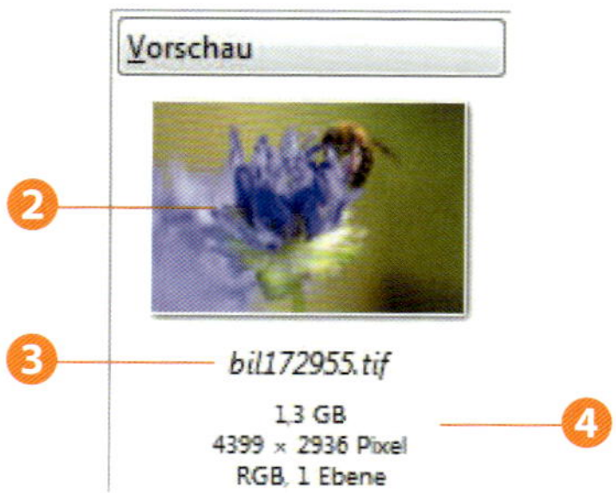

3 Sollen nur die Dateien eines bestimmten Dateityps in der Bilderliste angezeigt werden, klicken Sie auf den Pfeil ❻ und wählen Sie in der Liste den gewünschten Dateityp aus ❺.

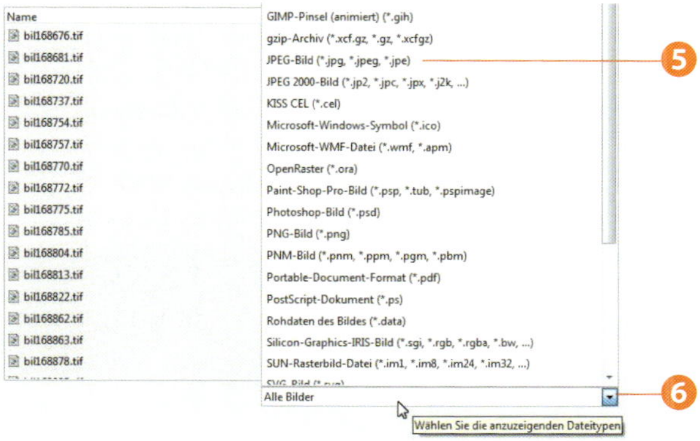

Bilder elegant öffnen

Sie haben noch eine andere – sehr elegante – Option, um Bilder zu laden. Da Gimp Drag & Drop unterstützt, können Sie das Foto nach dem Markieren im Windows-Explorer ❶ einfach mit gedrückter linker Maustaste in den Gimp-Arbeitsbereich ❷ ziehen. Wenn Sie die Maustaste loslassen, wird das Bild geöffnet.

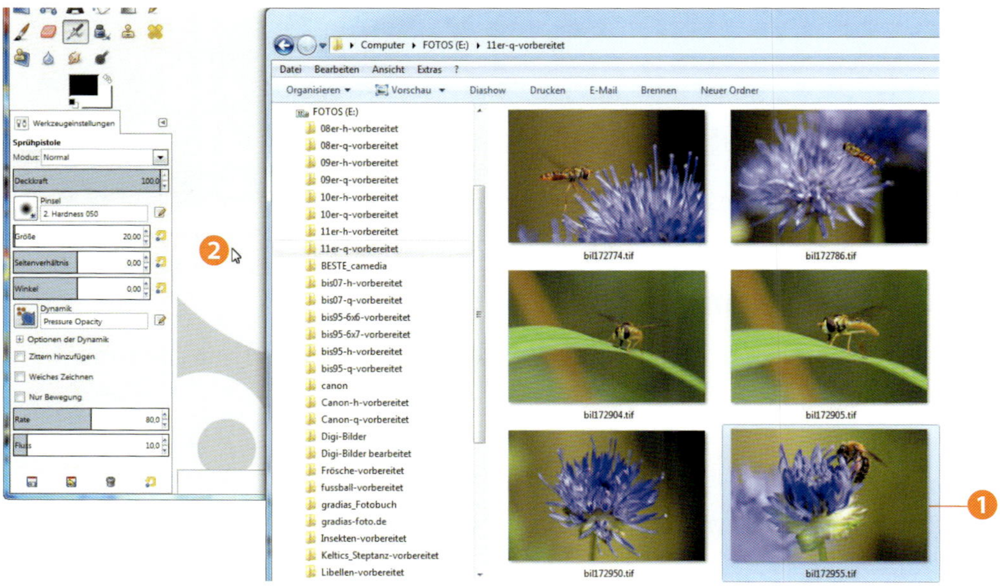

Mit dem Drag & Drop-Verfahren lassen sich auch mehrere Bilder in »einem Rutsch« in Gimp öffnen. Klicken Sie dazu die betreffenden Bilder im Windows-Explorer nacheinander mit gedrückter Strg-Taste an.

Nach dem erfolgreichen Laden des Bildes wird das Foto im Bildfenster angezeigt und standardmäßig so in das Fenster eingepasst, dass es vollständig zu sehen ist – Sie sehen dies im folgenden Beispielbild.

Bilder einscannen

Wenn Sie Papierabzüge digitalisieren wollen, können Sie diese mithilfe von Gimp einscannen. So können Sie Ihre analogen Schätze auch nachträglich am PC bearbeiten.

1 Rufen Sie das Scan-Modul Ihres Scanners mit der Funktion *Datei/Erstellen/Scanner/Kamera* ① auf.

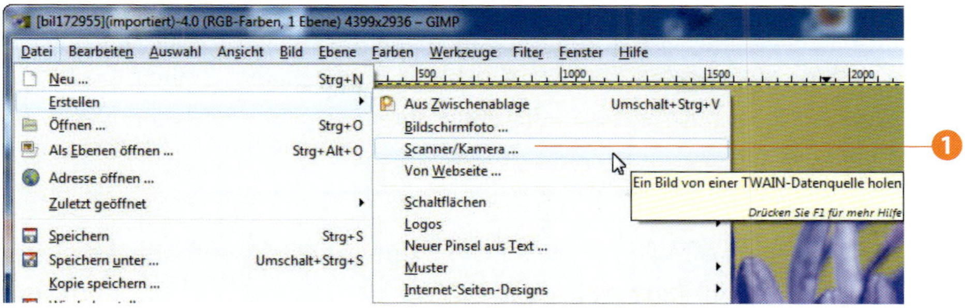

2 Wählen Sie in dem Dialogfeld, das dann geöffnet wird, das betreffende Modell aus der Liste der verfügbaren Modelle aus, das zum Scannen genutzt werden soll ❷.

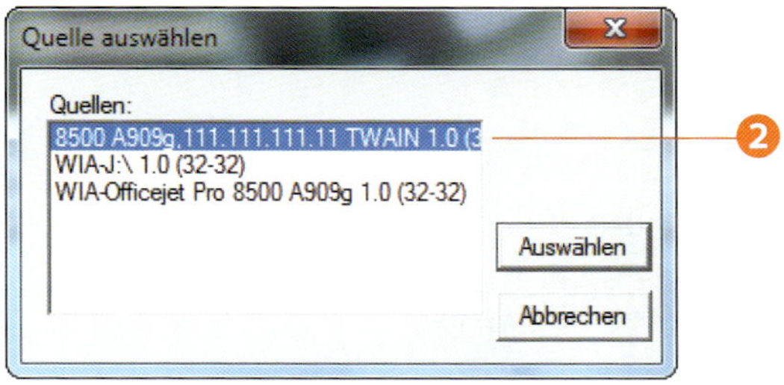

Das TWAIN-Modul Ihres Scanners zeigt dann ein Vorschaubild der Aufsichtsvorlage – im Beispiel ein Fotoabzug – an ❸.

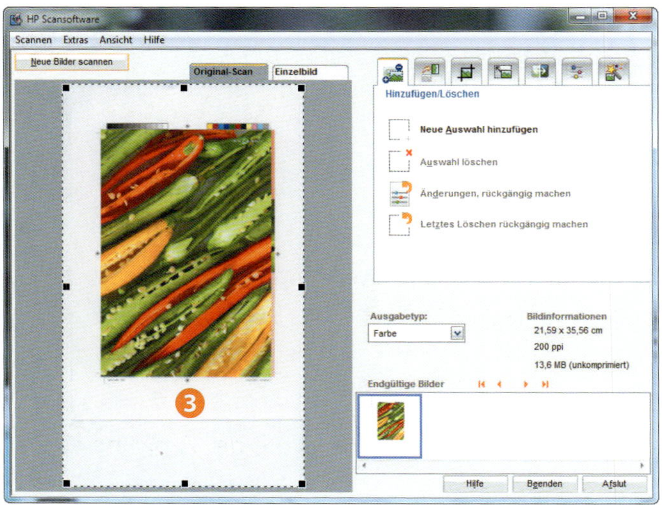

Jedem Scanner liegt ein Programm zum Scannen bei. Dieses Programm nennt man **TWAIN-Modul**. Die Funktionalität des Moduls unterscheidet sich von Scanner zu Scanner. Daher müssen Sie im Handbuch Ihres Scanners nachsehen, wie die Einstellungen vorgenommen werden.

3 Nutzen Sie die acht Markierungspunkte ④, um den Bildausschnitt festzulegen, den Sie scannen wollen. Ziehen Sie dazu die Markierungspunkte mit gedrückter linker Maustaste. Verwenden Sie die *Beenden*-Schaltfläche ⑤ unten rechts im Dialogfeld, um den Scanvorgang zu starten und das Bild in Gimp zu übertragen.

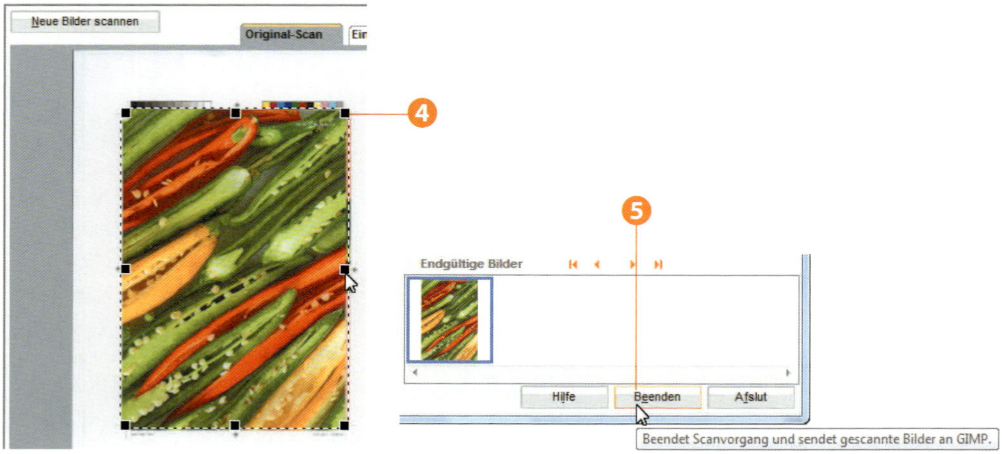

Die so gescannte Vorlage wird in das Bildfenster übertragen, wobei die Ansichtsgröße automatisch so angepasst wird, dass das Bild vollständig zu sehen ist.

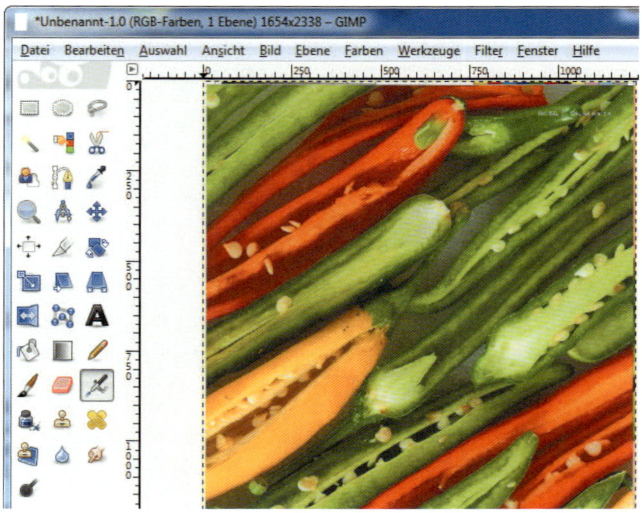

Erweiterte Importmöglichkeiten

Gimp bietet beim Import verschiedene nützliche Optionen an. So können Sie zum Beispiel einzelne Bilder von Webseiten – oder auch eine ganze Webseite – direkt aus dem Internet in Gimp laden. Sie müssen allerdings dabei beachten, dass Sie bei deren Verwendung keine Urheberrechte verletzen.

1 Stellen Sie sicher, dass Sie mit dem Internet verbunden sind, und rufen Sie die Funktion *Datei/Erstellen/Von Webseite* auf ❶.

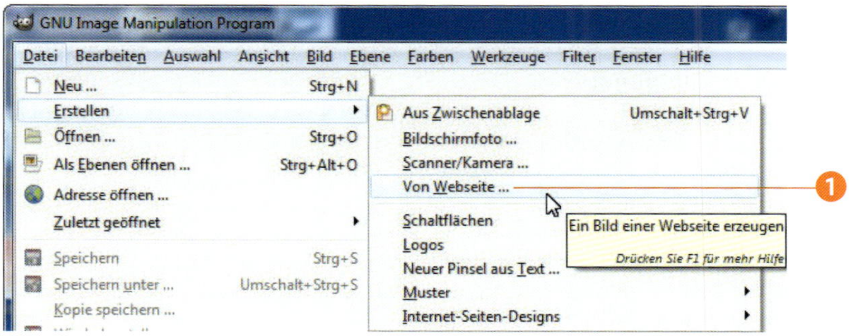

2 Tippen Sie in dem Dialogfeld, das dann geöffnet wird, die Webadresse des Bildes oder der Webseite ein ❷. Die Breite des Bildes kann mit dem Feld im Eingabefeld *Breite (Pixel)* festgelegt werden ❸.

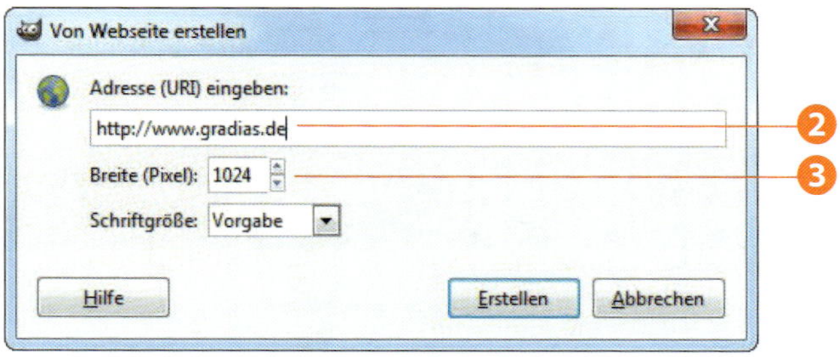

Tipp

Wenn Sie in Ihrem Webbrowser eine Webseite geöffnet haben, können Sie auch ein Bild markieren und es mit der Tastenkombination Strg+C in die Zwischenablage kopieren. Mit der Funktion *Datei/Erstellen/Aus Zwischenablage* lässt sich das Bild dann in Gimp übertragen.

Nach dem Bestätigen wird das Bild (oder die Webseite – wie im Beispiel) im Bildfenster geladen. Alternativ dazu wäre es übrigens auch möglich, ein Bild einer Webseite per Drag & Drop in Gimp zu übertragen.

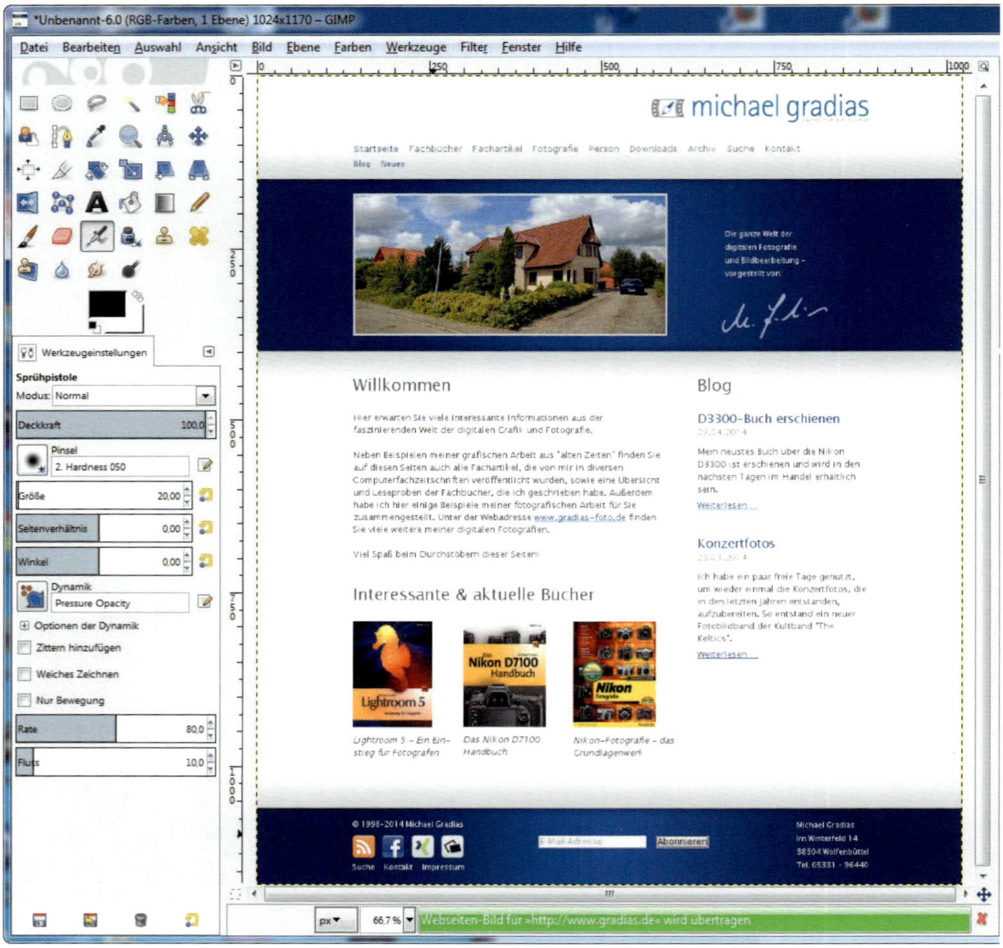

Außerdem finden Sie im Menü *Datei/Erstellen* noch die Option *Bildschirmfoto*. Damit können Sie einen Screenshot erstellen. Im Dialogfeld, das nach dem Aufruf geöffnet wird, legen Sie fest, ob ein einzelnes Fenster oder die gesamte Fläche des Bildschirms aufgenommen werden soll. Zudem können Sie eine Zeitspanne für eine Pause angeben, die eingelegt wird, nachdem die *Aufnehmen*-Schaltfläche gedrückt wurde.

Bildverwaltung mit XnView

Gimp bietet keine Funktionen zur Bildverwaltung an. Hier können Sie sich mit einem anderen Programm behelfen, das bei privater Nutzung ebenfalls kostenlos im Internet erhältlich ist: XnView. Dies können Sie nutzen, um Ihre Fotos zu sortieren oder auch um Bilder in ein anderes Dateiformat zu konvertieren.

1 Laden Sie die Webseite http://www.xnview.de.

2 Folgen Sie den Links, um in den Download-Bereich zu gelangen. Laden Sie die Programmdatei herunter ① und installieren Sie XnView auf Ihrem Rechner.

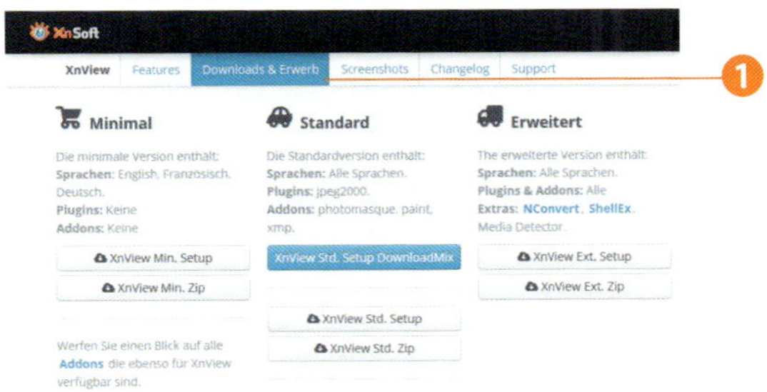

Der Arbeitsbereich von XnView ähnelt ein wenig dem des Windows-Explorers. Im rechten Bereich sind die Miniaturbilder 2 und eine größere Ansicht 3 des markierten Fotos zu sehen – links ist die Ordneransicht 4 untergebracht.

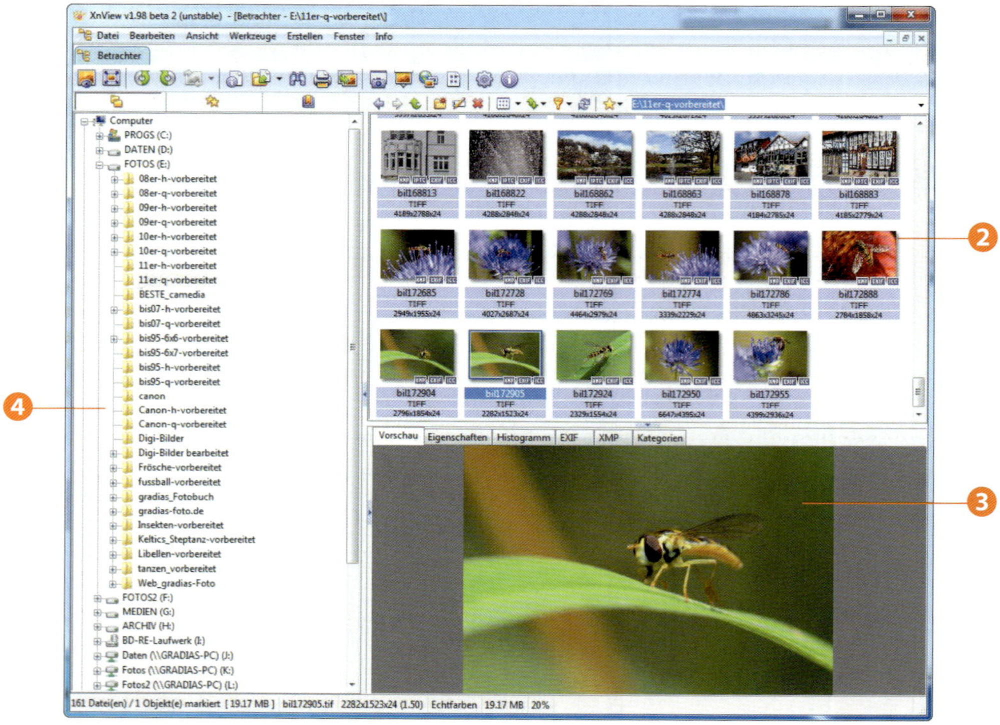

XnView bietet einige sehr interessante Funktionen an. So können Sie beispielsweise viele verschiedene Bilder in »einem Rutsch« in ein anderes Dateiformat konvertieren. Dieser Automatikmodus spart viel Arbeitszeit.

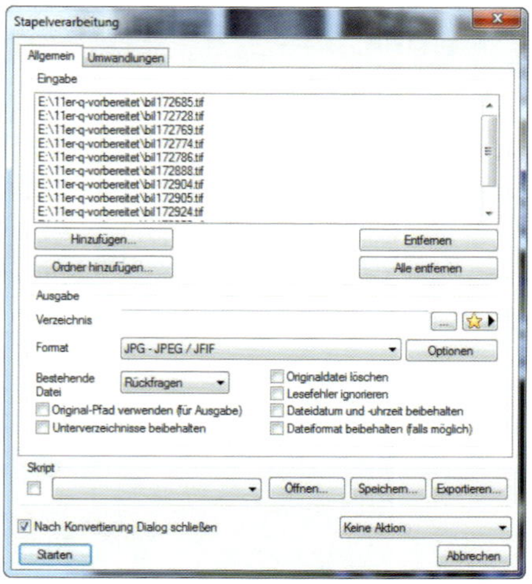

Kapitel 3

Arbeitserleichterungen und Voreinstellungen

Falls einmal etwas schiefgehen sollte, ist das kein Problem: Gimp bietet unterschiedliche Hilfestellungen an. Außerdem gibt es einige Tools, mit denen Sie Gimp erweitern können – zum Beispiel, um RAW-Dateien laden zu können. Sie lernen diese Tools in diesem Kapitel kennen. Zudem beschreibe ich im Folgenden, wie Sie die Voreinstellungen anpassen, um Ihre Arbeit zu erleichtern.

Arbeitsschritte zurücknehmen

Niemand arbeitet fehlerfrei – das ist völlig normal. Das macht aber nichts. Natürlich stellt Gimp Möglichkeiten zur Verfügung, um Fehler zu korrigieren. So können Sie beispielsweise Arbeitsschritte zurücknehmen, wenn Sie sich vertan haben.

1 Nutzen Sie die Menüfunktion *Bearbeiten/Rückgängig*, um den letzten Arbeitsschritt zurückzunehmen ❶. Klicken Sie auf den Menüeintrag darunter ❷, um einen zuvor zurückgenommenen Arbeitsschritt wiederherzustellen. Es lohnt, sich die Tastenkombination für diese beiden Funktionen einzuprägen: Strg+Z beziehungsweise Strg+Y.

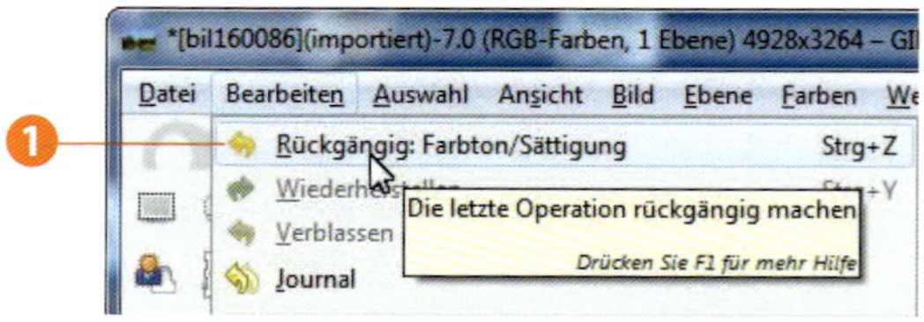

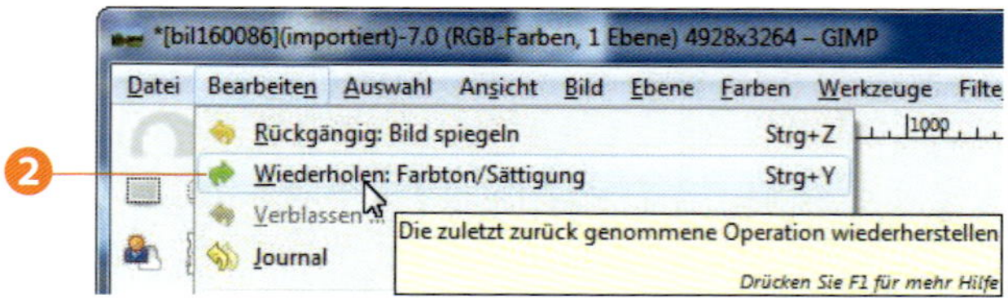

2 Rufen Sie aus dem Untermenü *Fenster/Andockbare Dialoge* die Option *Journal* auf ❸.

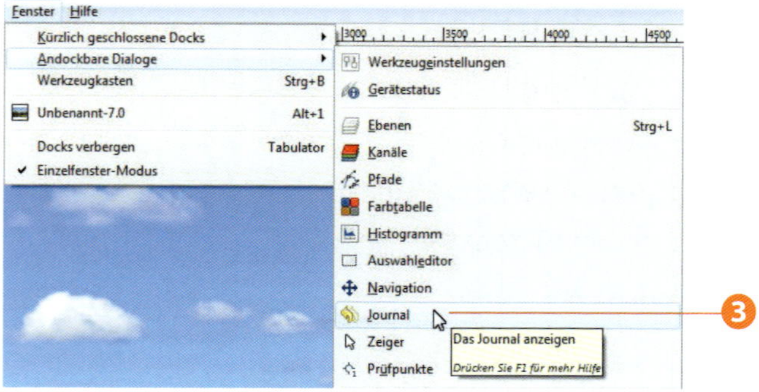

In dem Dialog, der damit geöffnet wird, listet Gimp alle Arbeitsschritte auf, die Sie seit dem Öffnen des Dokuments vorgenommen haben. Um zu einem vorherigen

Tipp

Mit der *Rückgängig*-Funktion im *Bearbeiten*-Menü lassen sich auch mehrere Arbeitsschritte zurücknehmen. Rufen Sie dazu die Funktion einfach mehrmals nacheinander auf.

Arbeitsstadium zurückzukehren, klicken Sie einfach auf den betreffenden Eintrag in der Liste 4. Wenn Sie nun an diesem neuen (alten) Stadium weiterarbeiten, »verfallen« übrigens die danach folgenden Stadien.

Wenn Sie alle Arbeitsschritte zurücknehmen wollen, die Sie seit der letzten Speicherung des Dokuments vorgenommen haben, rufen Sie die Menüfunktion *Datei/Wiederherstellen* auf.

Den Einzelfenster-Modus verlassen

Wenn Sie bereits mit einer Vorgängerversion von Gimp 2.8 gearbeitet haben, haben Sie sich vielleicht daran gewöhnt, dass drei Fenster bereitgestellt wurden – was für Windows-Programme eher unüblich ist. Sie können den *Einzelfenster-Modus* über das *Fenster*-Menü deaktivieren 1.

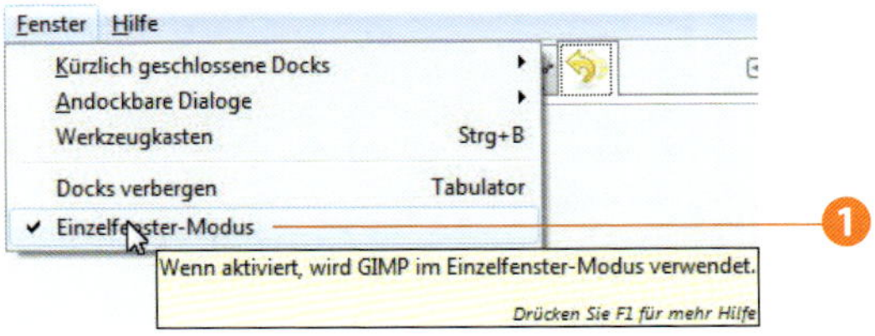

Anschließend sehen Sie die alte Aufteilung der Gimp-Fenster.

Voreinstellungen anpassen

Es ist durchaus empfehlenswert, einmal einen Blick in die Voreinstellungen zu werfen. So können Sie sich die Arbeit mit Gimp ein wenig erleichtern.

1 Rufen Sie die Voreinstellungen mit der Menüfunktion *Bearbeiten/Einstellungen* ① auf.

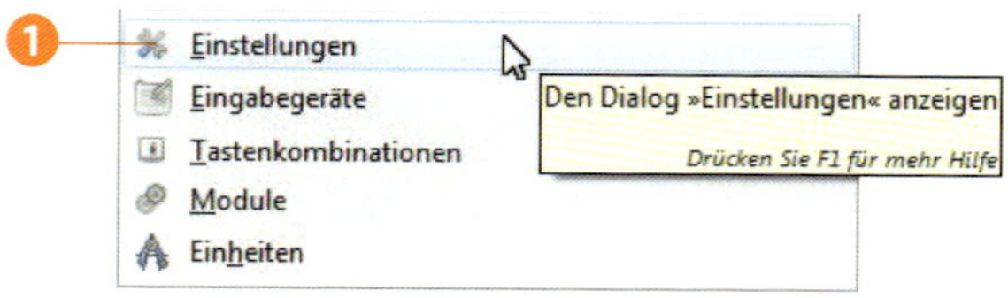

2 Wählen Sie die gewünschte Rubrik über das Listenfeld links aus ②. Die Voreinstellungen sind thematisch gegliedert.

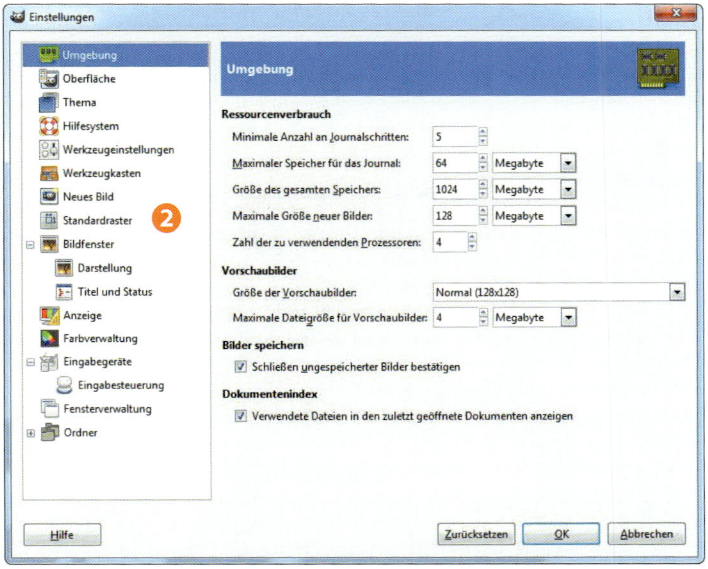

In der Rubrik *Werkzeugeinstellungen* ③ haben Sie beispielsweise die Möglichkeit, die aktuellen Werkzeugeinstellungen zu speichern ④ oder auf die Ausgangswerte zurückzusetzen ⑤. Das ist nützlich, wenn Sie bei den Werkzeugeinstellungen »zu viel des Guten« verändert haben und schnell wieder alles beim Alten haben wollen.

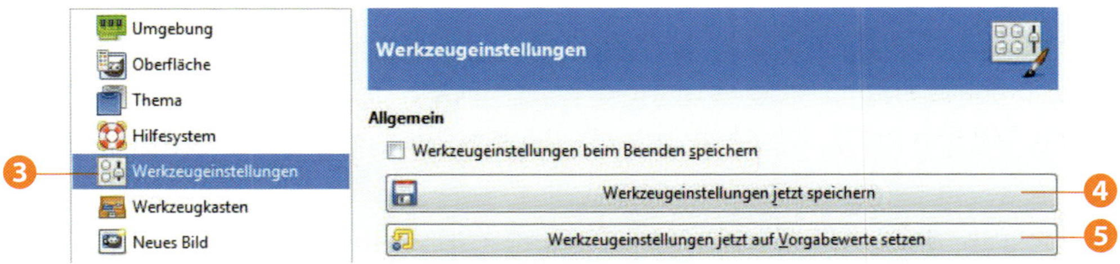

Die Rubrik *Bildfenster/Darstellung* können Sie nutzen, um festzulegen, was im normalen Ansichtsmodus beziehungsweise in der Vollbildansicht angezeigt werden soll und was nicht. So könnten Sie zum Beispiel die Lineale ausblenden ⑥, wenn Sie diese nicht benötigen.

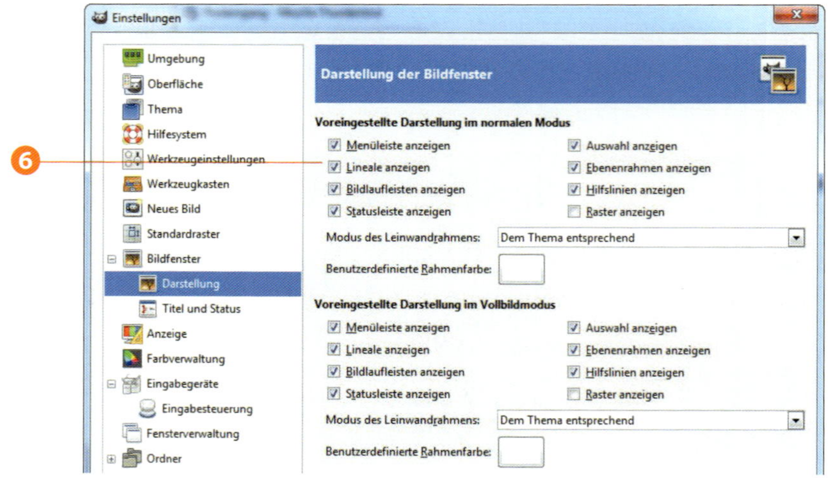

Wichtig ist die Option *Maximaler Speicher für das Journal* 7 in der *Umgebung*-Rubrik. Damit legen Sie fest, wie viele Arbeitsschritte sich Gimp »merkt«. Je höher der Wert ist, umso mehr Arbeitsschritte können Sie zurücknehmen. Der voreingestellte Wert ist relativ gering. Erhöhen Sie den Wert deutlich, wenn Sie häufiger viele Arbeitsschritte zurücknehmen.

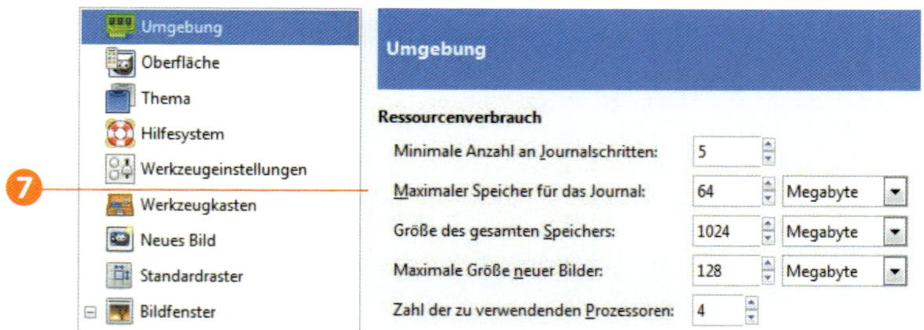

Standardmäßig verwendet Gimp die Systemsprache. Falls Sie die Sprache ändern wollen, wechseln Sie zur *Oberfläche*-Rubrik 8. Wenn Sie die Liste aufklappen 9, finden Sie eine große Anzahl an verschiedenen Sprachen vor.

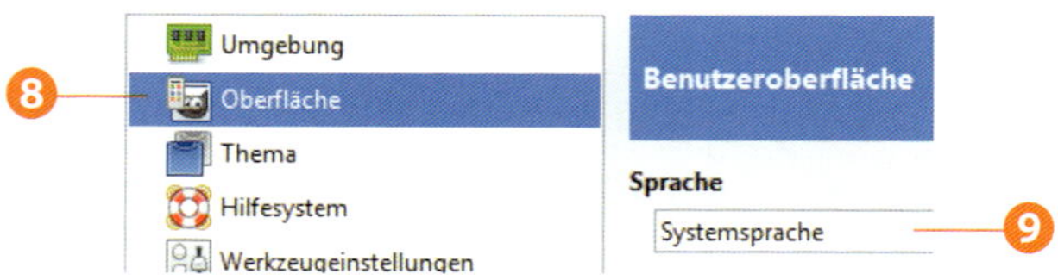

Tastenkürzel sind nützlich – daher lohnt es sich, sie zu erlernen. Der Aufruf einer Funktion mithilfe eines Tastenkürzels ist viel schneller, als wenn Sie den Umweg über das Menü gehen.

Tastenkombinationen zuweisen

Gimp bietet viele Möglichkeiten zur Personalisierung an. So können Sie beispielsweise auf unterschiedliche Art und Weise die Tastenkürzel Ihren Bedürfnissen anpassen. Es lassen sich zwar standardmäßig diverse Funktionen per Tastenkürzel aufrufen, aber nicht alle ②. Die verfügbaren Tastenkürzel sehen Sie am Ende der Funktionseinträge ①.

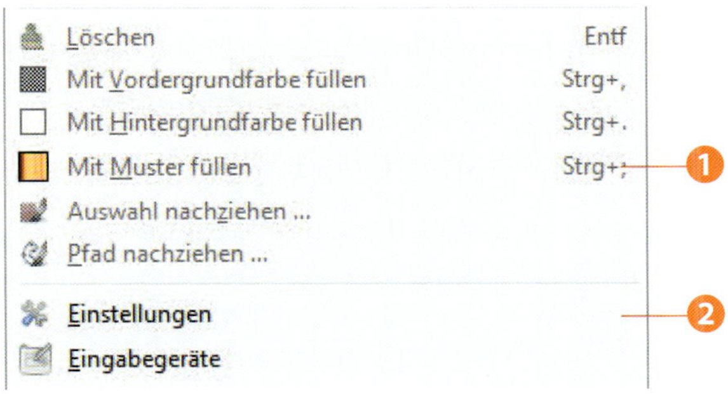

1 Aktivieren Sie in der *Oberfläche*-Rubrik ③ der Einstellungen die Option *Dynamische Tastenkombinationen benutzen* ④.

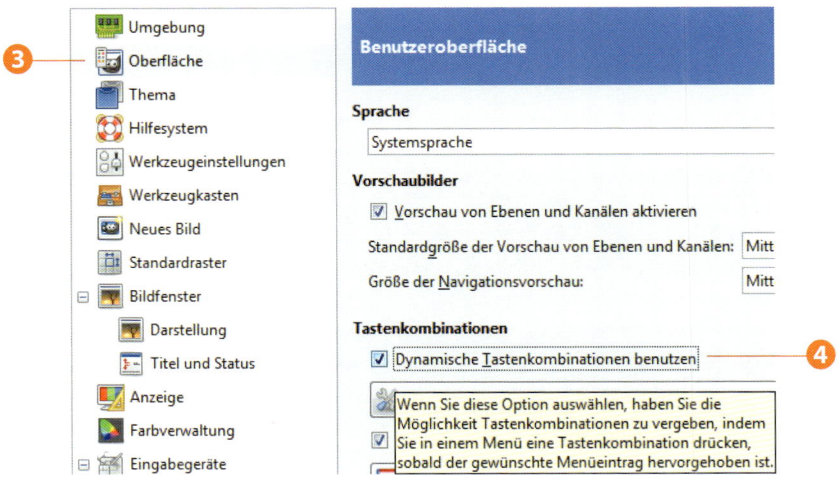

2 Klicken Sie im Menü auf die Funktion, der Sie ein Tastenkürzel zuweisen wollen, und bewegen Sie den Mauszeiger einen Moment nicht. Geben Sie mit der Tastatur die gewünschte Tastenkombination ein, die dann auch gleich hinter dem betreffenden Eintrag erscheint 5.

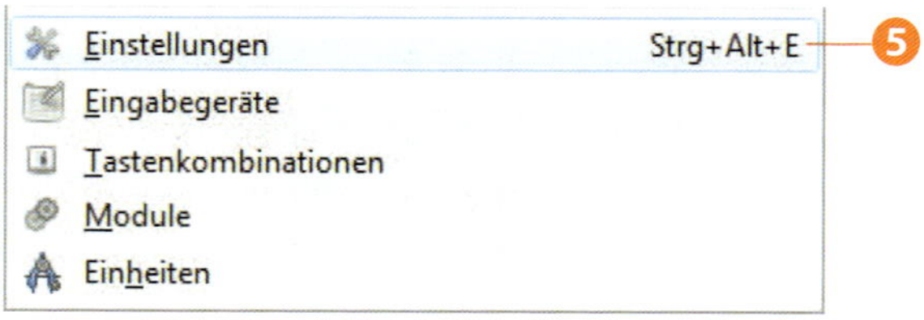

»Viele Wege führen nach Rom« – alternativ zur gerade vorgestellten Vorgehensweise können Sie auch in der *Oberfläche*-Rubrik der Einstellungen die Schaltfläche *Tastenkombinationen konfigurieren* aufrufen 6. Klicken Sie bei der zu ändernden Funktion auf den Eintrag *Deaktiviert* 7. Sie können nun die gewünschte neue Tastenkombination eingeben, die dann gleich angezeigt wird 8.

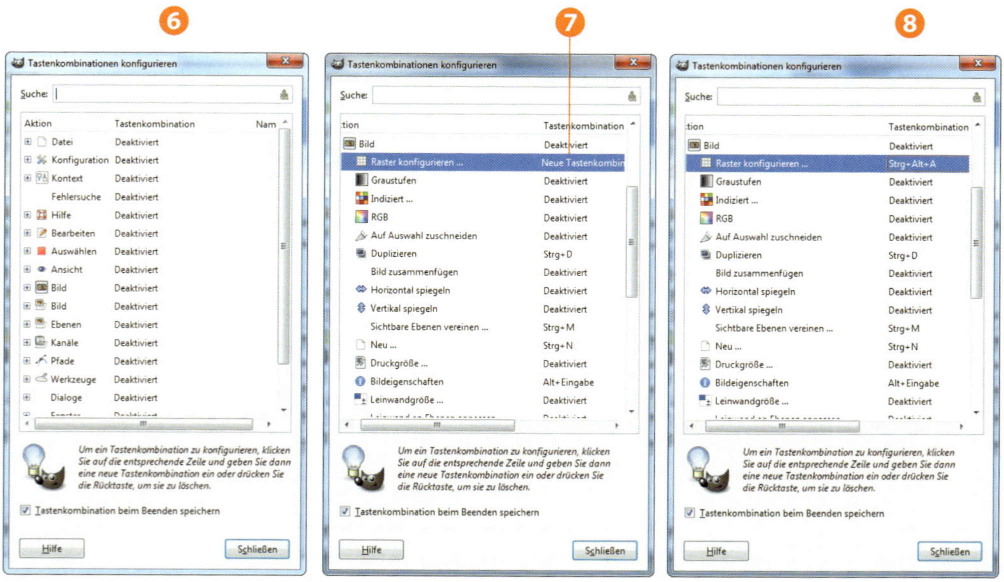

> Falls Sie übrigens eine Tastenkombination angeben, die bereits für eine andere Funktion verwendet wird, erhalten Sie einen entsprechenden Hinweis mit der Option, ob sie überschrieben werden soll.

UFRaw installieren

Von Hause aus können Sie mit Gimp keine RAW-Bilder öffnen. Wenn Sie gerne in diesem beliebten »Rohdaten«-Format fotografieren, können Sie sich aber aus dem Internet ein kostenloses Plug-in herunterladen.

Das kleine Programm kann entweder mit Gimp zusammenarbeiten oder als Stand-alone-Variante genutzt werden. Das Tool heißt UFRaw. Da dieses Tool sehr leistungsfähig ist, ist es uneingeschränkt zu empfehlen.

1 Laden Sie die Webseite http://ufraw.sourceforge.net und rufen Sie dort im linken Bereich den Link *Download & Install* auf ❶.

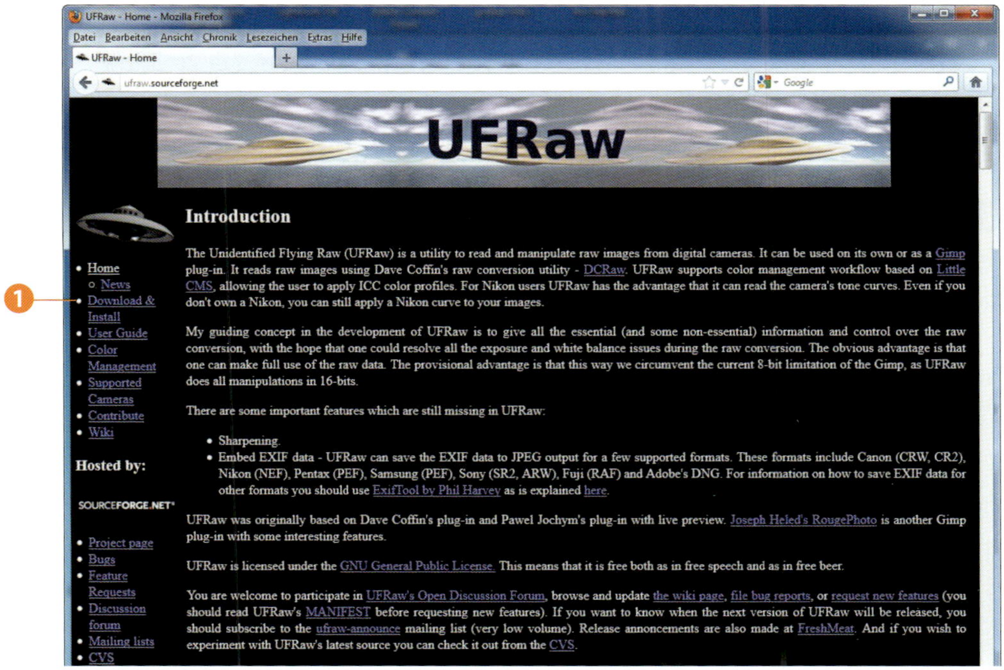

RAW-Dateien werden bei der digitalen Fotografie verwendet, um die Kamera-Rohdaten zu erhalten. Die Einstellungen – wie beispielsweise der Weißabgleich oder auch Belichtungskorrekturen – werden dann nachträglich im Bildbearbeitungsprogramm vorgenommen. Diese Aufgabenstellung können Sie mit dem Tool **UFRaw** erledigen.

2 Suchen Sie dann auf der neuen Seite den *MS-Windows*-Abschnitt und laden Sie die Programmdatei ❷ herunter.

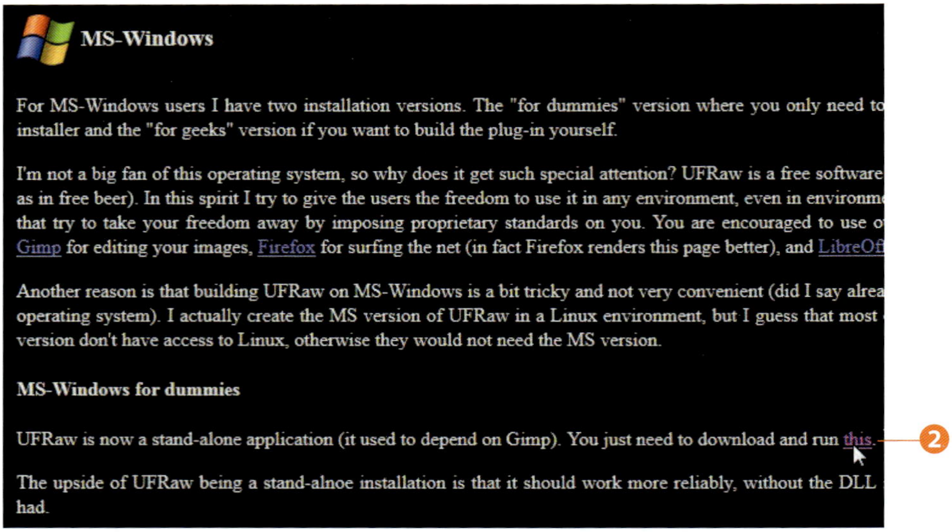

3 Starten Sie das Setup-Programm. Ein Assistent ❸ begleitet Sie durch die jeweils notwendigen Arbeitsschritte. Mit der *Next*-Schaltfläche ❹ gelangen Sie dann zum nächsten Schritt.

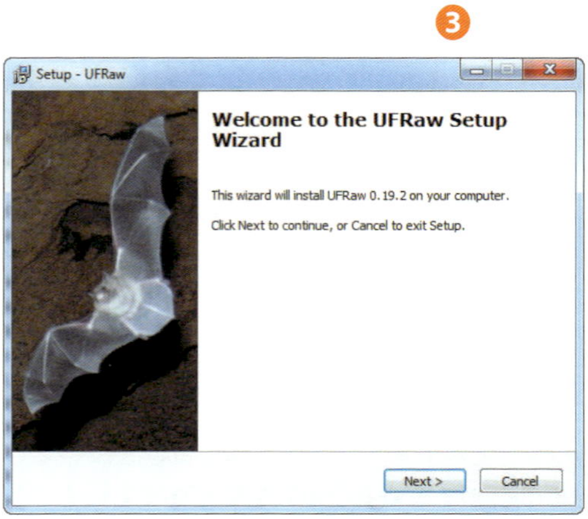

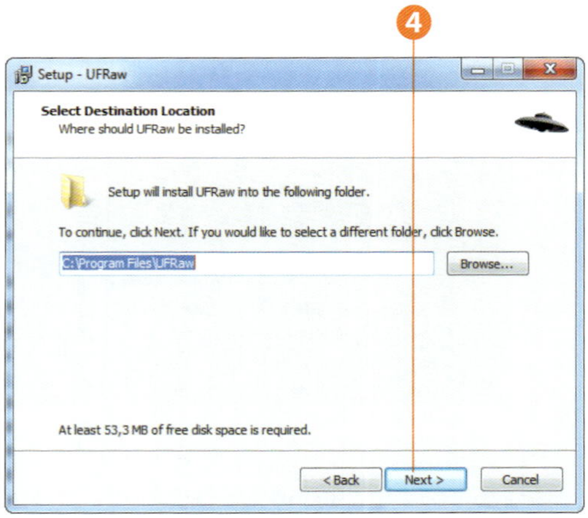

4 Legen Sie im letzten Schritt ❺ fest, mit welchen Dateitypen das Plug-in verknüpft werden soll. Wenn Sie dann im Windows-Explorer eine RAW-Datei doppelt anklicken, wird automatisch das Plug-in gestartet und die Datei damit geöffnet.

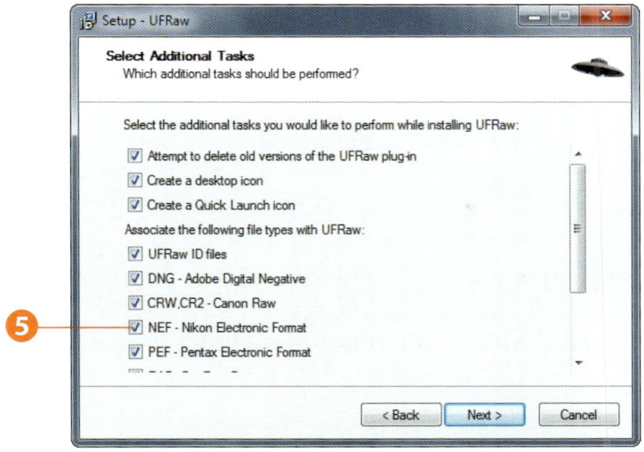

Aus Gimp heraus wird das Tool ganz einfach mit der Option *Datei/Öffnen* aufgerufen, wenn Sie ein RAW-Bild öffnen, wie im Beispiel eine NEF-Datei 6 – so nennt Nikon seine RAW-Dateien.

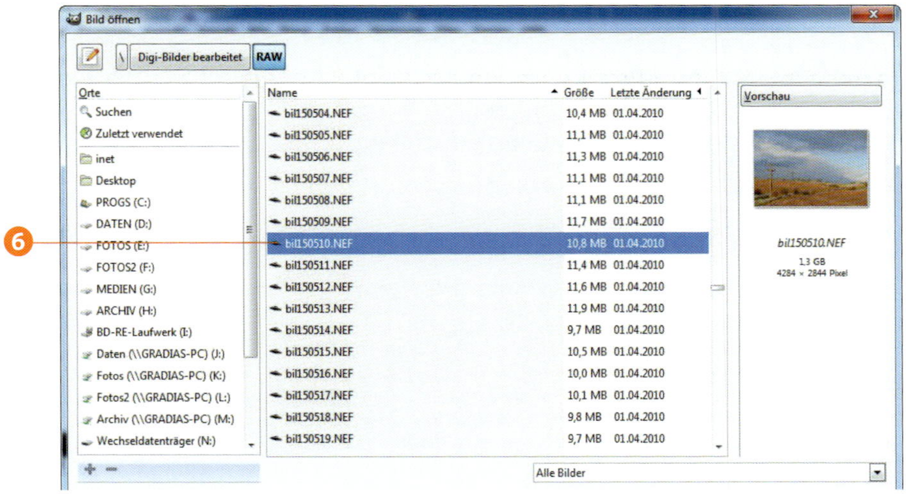

Bei RAW-Dateien gibt es leider keinen allgemeinen Standard. So nennen die Kamerahersteller die Dateien auch ganz unterschiedlich. Während RAW-Dateien bei Nikon-Spiegelreflexkameras die Endung NEF tragen, heißen Sie bei Nikons Kompaktkameras NRW. Canon benennt sie mit CR2 und Pentax mit PEF. Kommen neue Kameras auf den Markt, muss meist auch das RAW-Bildentwicklungstool aktualisiert werden.

UFRaw stellt ein eigenständiges Arbeitsfenster 7 für die Funktionen bereit. Sie haben hier vielfältige Möglichkeiten der Bildoptimierung.

Wenn Sie zunächst die automatischen Einstellungen ausprobieren wollen, klicken Sie auf diese Schaltfläche 8. Sie erkennen sofort einen deutlichen Unterschied zum Ausgangsbild.

Die vielen Optionen zum Anpassen der Bildqualität werden auf insgesamt neun verschiedenen Registerkarten bereitgestellt. Neben den Standardoptionen, wie etwa Helligkeit, Kontrast und Schärfe, können auch Objektivfehler 9 entfernt werden und auch Korrekturen des unschönen Bildrauschens, das bei höheren Empfindlichkeiten auftreten kann, sind möglich.

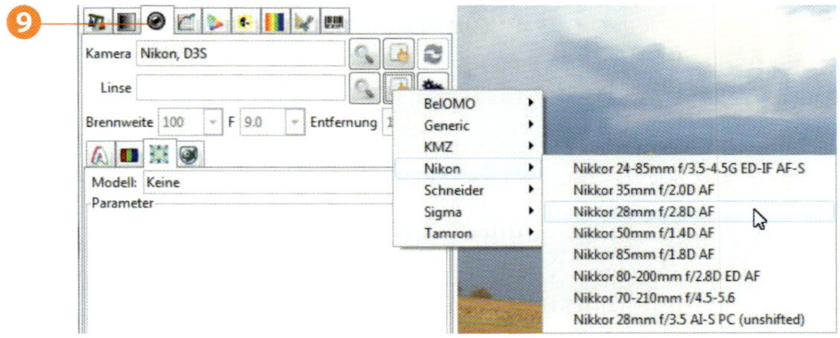

Sind alle Einstellungen vorgenommen, können Sie das Bild mit der *OK*-Schaltfläche in Gimp laden und dort wie gewohnt bearbeiten. Es handelt sich nach dem Import um ein »ganz normales« Bild. Sie müssen es dann allerdings unter einem anderen Dateiformat speichern, da RAW-Dateien nur gelesen, nicht aber geschrieben werden können.

Skript-Fu installieren

Gimp unterstützt nützliche Erweiterungen. Bei Skript-Fu handelt es sich um Textdateien, mit denen Gimp angewiesen wird, bestimmte Befehlsfolgen selbstständig auszuführen. Im Internet finden Sie diverse Skripte, mit denen Sie Gimp erweitern können.

1 Rufen Sie beispielsweise die Webseite http://registry.gimp.org auf. Es ist sehr praktisch, dass Sie diese Webseite auch direkt aus Gimp heraus aufrufen können, wenn Sie online sind: Nutzen Sie dazu die Menüfunktion *Hilfe/Gimp im Internet/Plugin-Registrierung*. Rufen Sie den Link *Browse alphabetically* ① auf.

2 In der alphabetischen Auflistung finden Sie Details ② zu den Skripten. Es ist sinnvoll, die Hinweise zu den Skripten zu lesen. Oft erfahren Sie hier auch die Voraussetzungen für den Einsatz oder für welche Bilder sich das Skript gut eignet. Stöbern Sie ein wenig auf der Webseite – es lohnt sich!

Für ein Beispiel habe ich das Skript *Antique Photo Border* ausgesucht ❸.

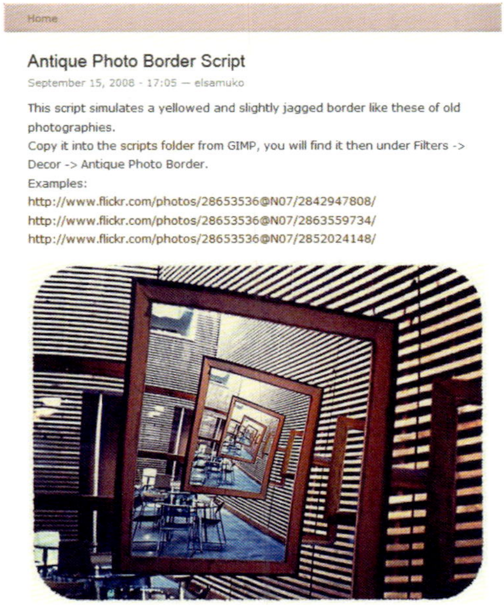

Sehen Sie in den Gimp-Einstellungen in der Rubrik *Ordner/Skripte* nach, wo Ihre Gimp-Skripte gespeichert sind ❹. Speichern Sie das Skript dann in diesem Verzeichnis ❺. Es ist wichtig, dass Sie die Skripte im richtigen Verzeichnis speichern, damit Gimp sie anschließend finden kann.

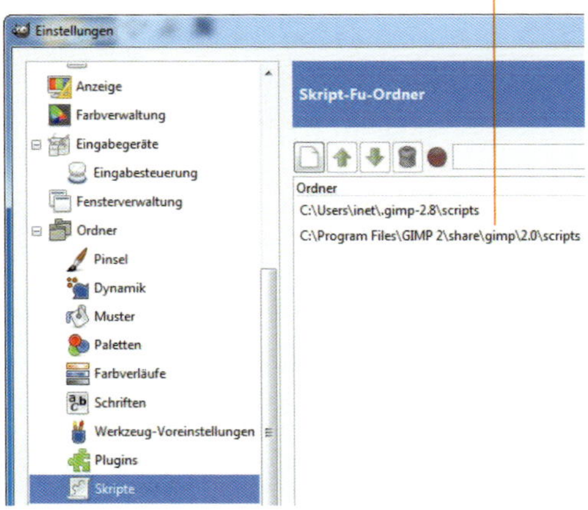

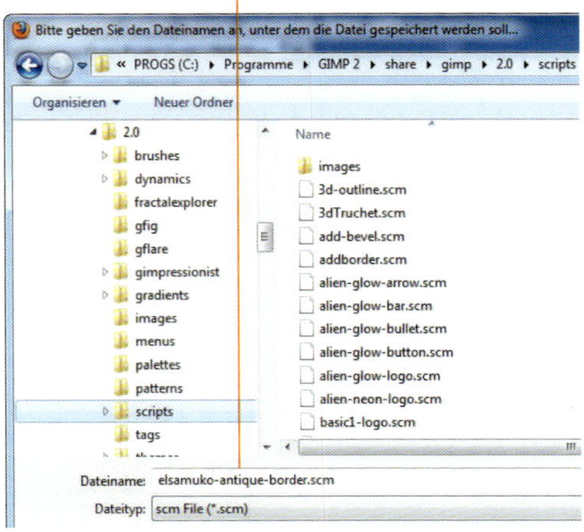

Um das neue Skript verfügbar zu machen, müssen Sie die Menüfunktion *Filter/Skript-Fu/Skripte auffrischen* aufrufen 6. Danach finden Sie das neu aufgenommene Skript im Menü *Filter/Dekoration* 7.

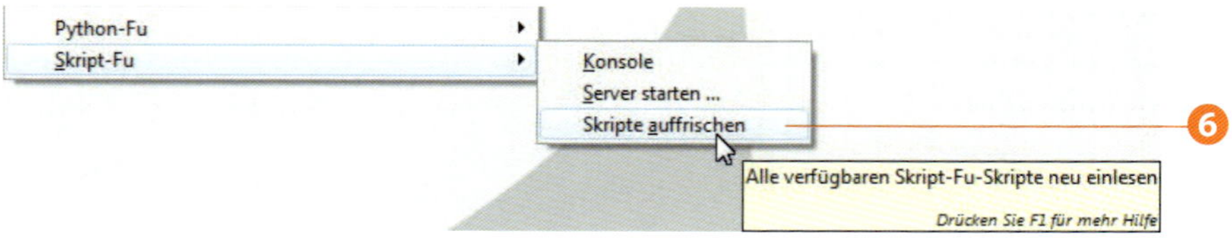

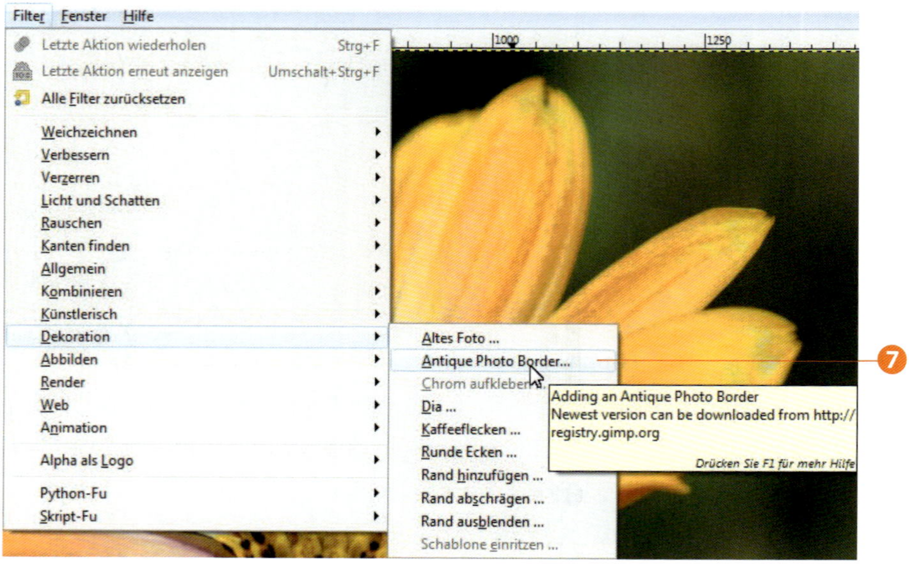

Skript-Fu-Filter anwenden

Die Skript-Fu-Skripte werden wie »gewöhnliche« Filter angewendet. So können Sie im Dialogfeld unterschiedliche Parameter der Effekts variieren.

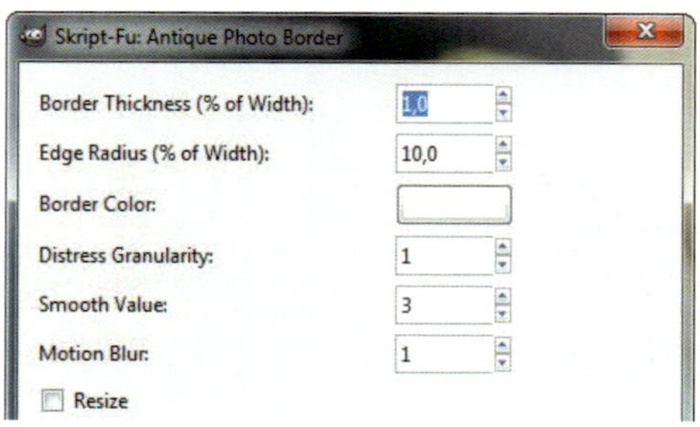

Mit den gezeigten Werten erzielen Sie beispielsweise das folgende Ergebnis.

FX-Foundry installieren

Eine Skriptsammlung ist noch besonders erwähnenswert: FX-Foundry. Bald 100 Skripte enthält dieses Paket. Darunter sind viele nützliche Filter, um beispielsweise Bilder zu verfremden.

1 Suchen Sie auf der Webseite http://registry.gimp.org nach *FX-Foundry*. ❶ Laden Sie die Datei ❷ herunter – es ist eine gepackte Datei.

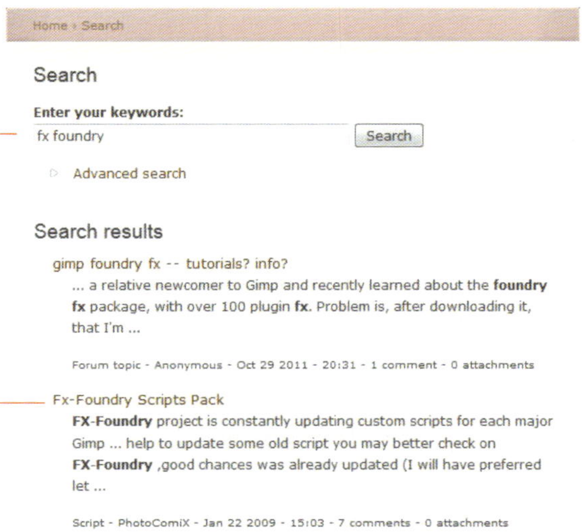

Verschiedene Skripte dieses Pakets arbeiten mit Ebenen – andere verändern das Gesamtbild.

2 Extrahieren Sie die Skripte, bevor Sie die Plug-ins auffrischen, da die Skriptsammlung in einem Zip-Archiv verpackt ist. Die Effekte sind dann in unterschiedlichen Untermenüs im *Filter*-Menü zu finden ③.

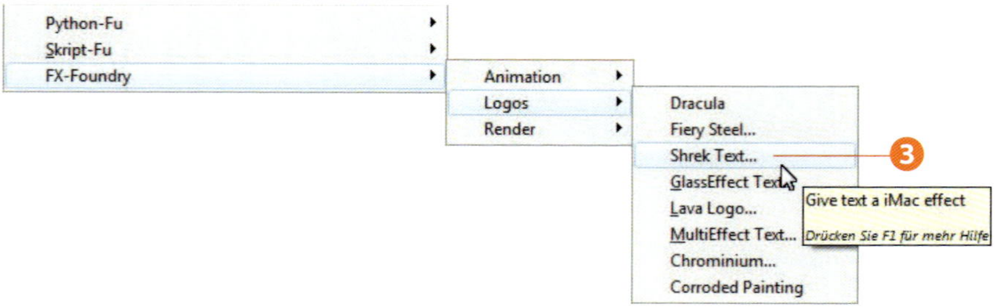

3 Rufen Sie das Menü *FX-Foundry* ④ auf, das ebenfalls FX-Foundry-Skripte enthält.

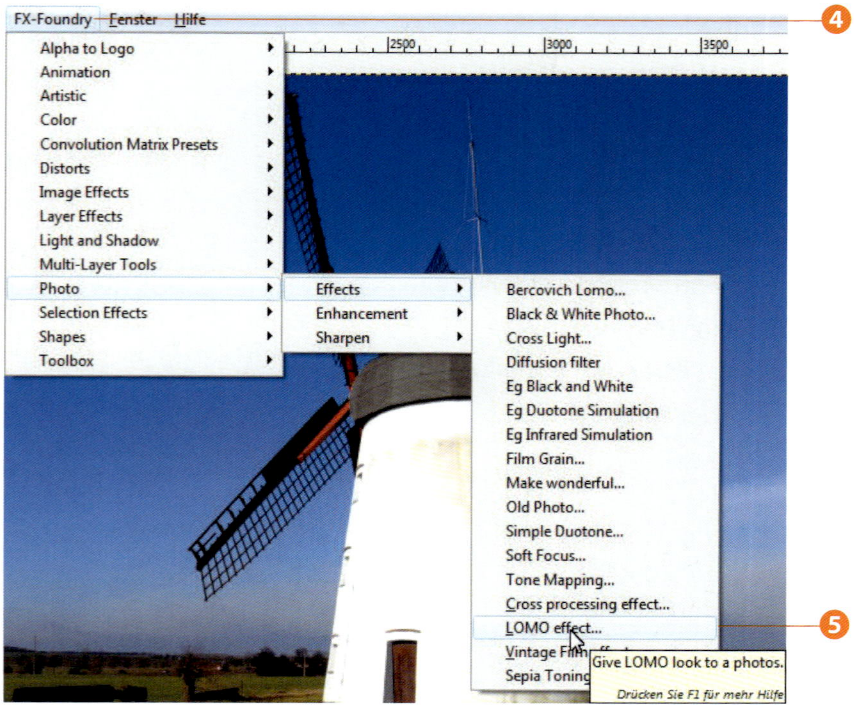

Zur Demonstration habe ich die Funktion *FX-Foundry/Photo/Effects/LOMO effect* 5 ausprobiert, die zu folgendem Ergebnis führte.

Zusätzliche Pinsel installieren

Gimp kann in vielen Bereichen erweitert werden. So können Sie beispielsweise auch zusätzliche Pinselspitzen aus dem Internet herunterladen.

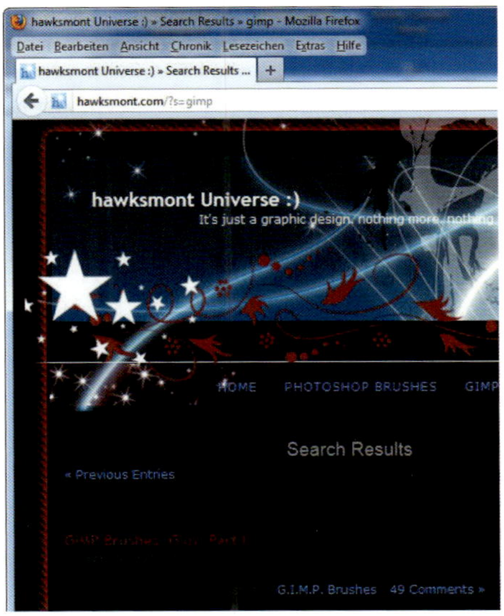

Rufen Sie zum Beispiel die Webseite http://hawksmont.com auf und geben Sie als Suchbegriff *Gimp* ein, um die Gimp-Pinsel zu suchen. Sie erhalten dann eine große Anzahl an verschiedenen Pinselsätzen.

1 Sehen Sie in den Gimp-Einstellungen in der Rubrik *Ordner/Pinsel* ❶ nach, wo die Pinsel gespeichert werden, und extrahieren Sie dorthin alle Dateien im Zip-Archiv mit der Endung *.gbr* ❷.

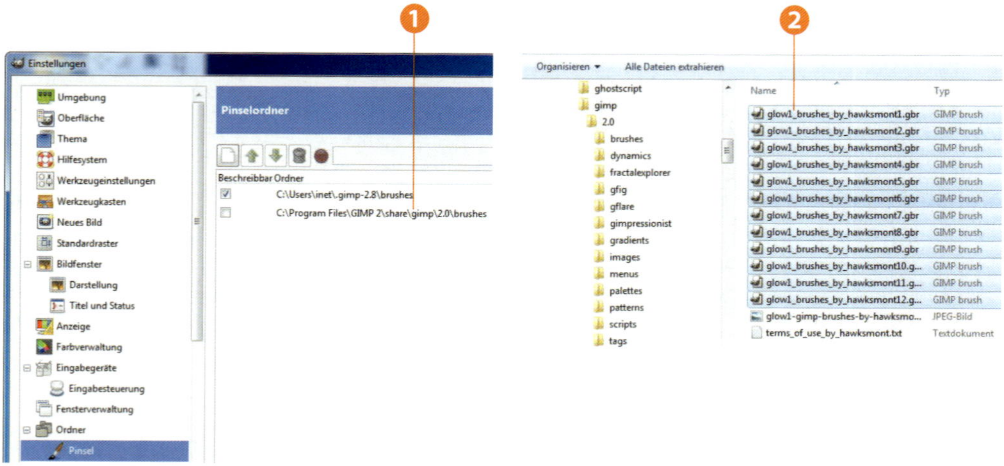

2 Wechseln Sie zum *Pinsel*-Dialog und rufen Sie zum Erneuern der Liste die Schaltfläche ganz rechts ❸ auf. Anschließend sind die zusätzlichen Pinsel zum Einsatz bereit ❹.

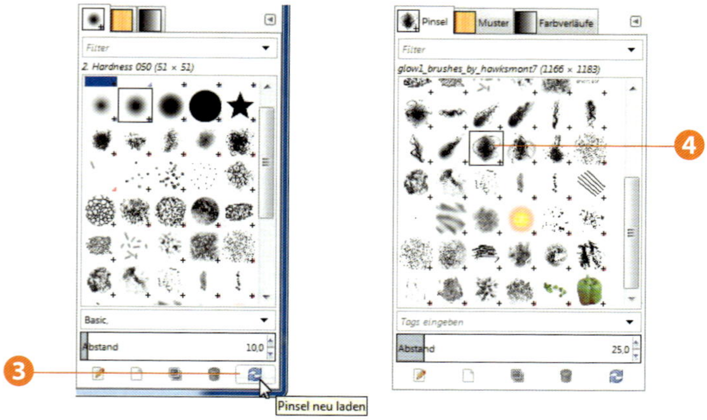

Pinsel müssen nicht einfach rund sein und einen harten oder weichen Rand haben. Sie können auch Pinsel mit sehr komplexen Formen zum Malen verwenden.

Kapitel 4

Schnelle Korrekturen

Dass Fotos nicht immer ganz perfekt gelingen, ist durchaus normal. Auch bei der digitalen Fotografie kommt es vor, dass ein Bild eventuell zu hell oder zu dunkel ist oder der Kontrast zu wünschen übrig lässt. Solche Bilder lassen sich mit Gimp schnell optimieren. Wie das klappt, erfahren Sie in diesem Kapitel.

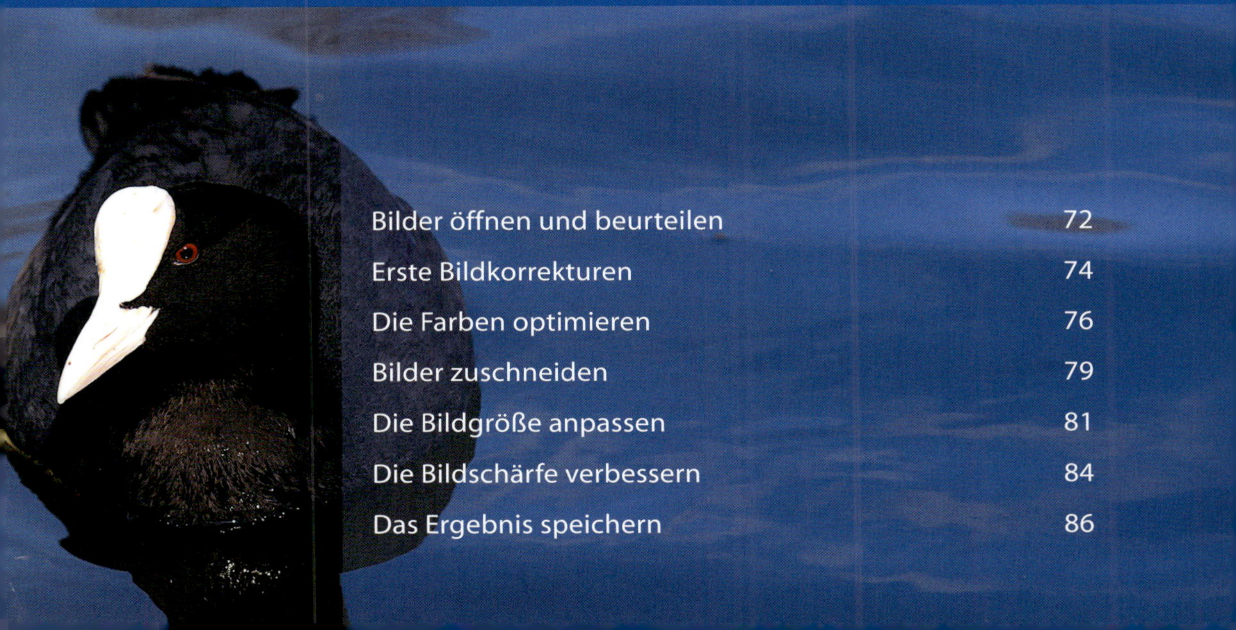

Bilder öffnen und beurteilen

Als Erstes sollten Sie nach dem Öffnen eines Fotos die Bildqualität begutachten. Dafür bietet Gimp ein nützliches Hilfsmittel an: das Histogramm. Im Histogramm werden die im Bild vorhandenen Tonwerte grafisch aufbereitet dargestellt.

So erkennen Sie beispielsweise, ob viele dunkle oder helle Tonwerte im Bild vorhanden sind. Auch etwaige Farbstiche lassen sich im Histogramm erkennen – wenn man sich die Tonwerte in den einzelnen Farbkanälen etwas genauer anschaut.

Öffnen Sie den andockbaren Dialog *Histogramm* über das *Fenster*-Menü ①. Wenn Sie sich die Tonwerte eines der drei Farbkanäle ansehen wollen, klicken Sie auf das *Kanal*-Listenfeld und wählen Sie den gewünschten Farbkanal aus ②.

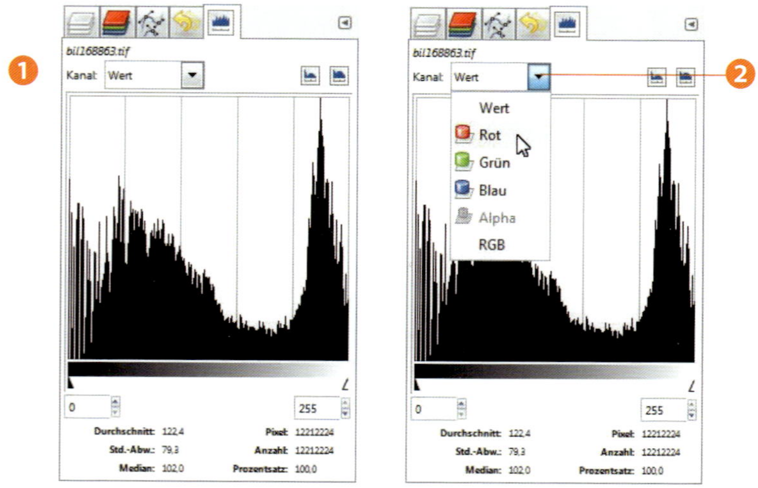

Helle Bereiche im Bild nennt man **Lichter** – zum Beispiel helle Wolken. Dunkle Partien (Schattenbereiche) werden dagegen **Tiefen** genannt. Außerdem gibt es noch die **Mitteltöne**.

Bei ausgewogen belichteten Fotos erstreckt sich der Tonwertbereich über die gesamte Breite des Histogramms. Es sollten weder rechts noch links größere leere Bereiche vorhanden sein, wie beim folgenden Beispielbild.

Ist ein Foto falsch belichtet, sind Lücken im Tonwertbereich zu sehen. So sind beim folgenden Bild kaum helle Tonwerte – die rechts im Histogramm zu sehen sind – vorhanden. Dafür gibt es viele dunkle Tonwerte. Daher ist das Foto etwas zu dunkel, was sich aber leicht korrigieren lässt.

Erste Bildkorrekturen

Das Korrigieren der Tonwerte ist eine der wichtigsten Aufgaben bei der Optimierung von digitalen Fotos. Selbst bei guten Bildern lässt sich mit der Tonwerte-Korrektur meist noch ein wenig Qualität aus dem Bild »herauskitzeln«, daher ist die Korrektur stets einen Versuch wert.

Im *Farben*-Menü finden Sie im oberen Bereich ❶ diverse Funktionen, um missratene Bilder zu verbessern.

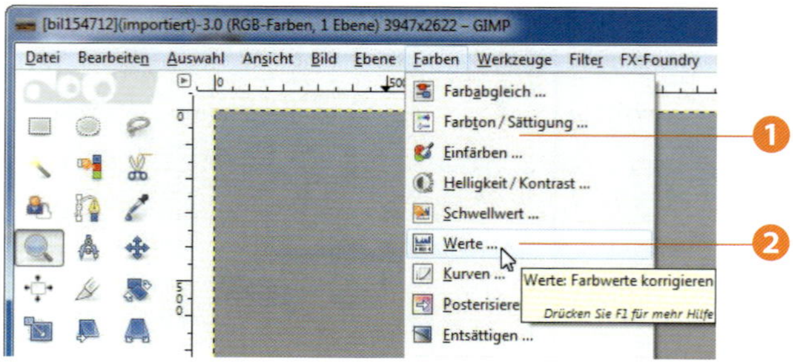

1 Rufen Sie die *Werte*-Funktion ❷ auf, die Sie nutzen können, um die Tonwerte des Bildes anzupassen. Bei vielen Fotos erreichen Sie mit der *Automatisch*-Option ❸ bereits gute Ergebnisse. Beim folgenden Beispielbild klappt dies nicht, da es bei abendlichem, rötlichem Licht aufgenommen wurde und die Automatik daher die Stimmung verdirbt.

2 Nutzen Sie die *Zurücksetzen*-Schaltfläche ④, um die Änderungen zu verwerfen, da die Automatik in diesem Fall kein gutes Ergebnis bringt.

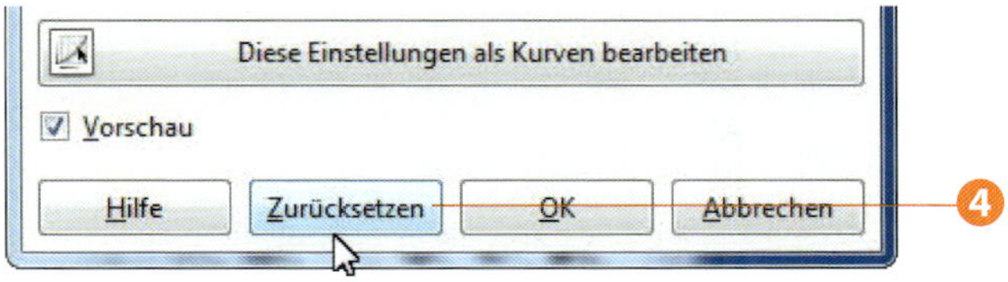

3 Tippen Sie im linken Eingabefeld ⑤ unter dem Histogramm den Wert *10* ein, um das »Loch« im Bereich der dunklen Tonwerte zu korrigieren. Wenn Sie zusätzlich im rechten Eingabefeld ⑦ den Wert *220* eingeben, wird der Kontrast des Bildes verbessert. Im mittleren Feld ⑥ wird der Wert *1,10* benötigt, um die mittleren Tonwerte im Bild ein wenig aufzuhellen. Werte unter dem Standardwert 1,0 dunkeln die Mitteltöne übrigens ab.

Tipp

Das Eintippen der Werte ist die präziseste Art und Weise der Anpassung. Wenn es allerdings nicht »ganz so genau« sein muss, ist es schneller, die kleinen Dreiecke unter dem Histogramm mit gedrückter linker Maustaste zu ziehen.

Die Farben optimieren

Es sollte bei der heutigen modernen Technik der Digitalkameras nicht passieren – dennoch werden Ihnen hin und wieder Bilder mit einem Farbstich begegnen. Er kann beispielsweise durch das natürliche Licht entstehen, das sich im Lauf des Tages ändert. Während das Licht morgens und abends rötlicher erscheint, ist es gegen Mittag bläulicher.

Im *Farben*-Menü finden Sie unterschiedliche Optionen, um Farbstiche aus dem Bild zu entfernen – so können Sie dafür zum Beispiel die beiden ersten Funktionen nutzen ❶.

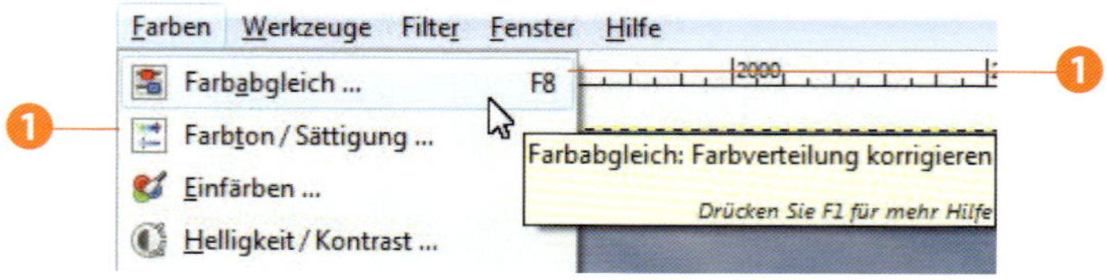

Ich möchte Ihnen aber eine andere – elegantere – Variante vorstellen, um Farbstiche aus dem Bild zu entfernen. Dazu benötigen Sie erneut die *Werte*-Funktion aus dem *Farben*-Menü. Wenn Sie eine der drei Schaltflächen ❷ – ❹ anklicken, können Sie einen Schwarz-, Grau- oder Weiß-Punkt festlegen. Klicken Sie nach dem Aufruf der Schaltfläche *Grau-Punkt wählen* ❸ auf eine Stelle im Bild, von der Sie wissen, dass sie neutralgrau sein sollte – im Beispiel ist dies die Straße ❺.

Sie können die Werte-Funktion übrigens auch mehrfach nacheinander anwenden, wenn Sie die Arbeitsschritte nicht alle auf einmal durchführen wollen. So kann es sinnvoll sein, zuerst nur die Helligkeit und den Kontrast zu optimieren und erst in einem anschließenden zweiten Arbeitsschritt etwaige Farbstiche zu entfernen.

Einstellungen speichern

Eins ist sehr praktisch: Wenn Sie auf das Pluszeichen oben rechts ❶ klicken, können Sie die Einstellungen für eine spätere Verwendung sichern. Tippen Sie in das Dialogfeld, das damit geöffnet wird, eine aussagekräftige Bezeichnung ❷ ein. Die neu gesicherte Einstellung wird dann in die obere Liste aufgenommen und kann nun leicht auf andere Bilder angewendet werden. Das spart eine Menge an Arbeitszeit!

Die Farbsättigung verbessern

Als nächster Schritt der Optimierung soll noch die Farbsättigung verbessert werden, damit »strahlende Farben« entstehen.

Die Arbeitsschritte bei der Bildoptimierung sind im Prinzip bei allen Fotos gleich. Es ist auch durchaus sinnvoll, immer dieselbe Reihenfolge der Arbeitsschritte beizubehalten. So wäre es wenig sinnvoll, zuerst die Farbkräftigkeit einzustellen, weil am Beginn der Bearbeitung ja die Helligkeit und der Kontrast im Bild noch gar nicht stimmen, sodass ein verfälschter Eindruck entstehen würde.

1 Rufen Sie aus dem *Farben*-Menü die Funktion *Farbton/Sättigung* auf. Sie sollten die Sättigung allerdings nicht allzu stark erhöhen, damit kein unnatürlich wirkendes Ergebnis entsteht. Werte von *10* oder *20* ❶ reichen in den allermeisten Fällen aus.

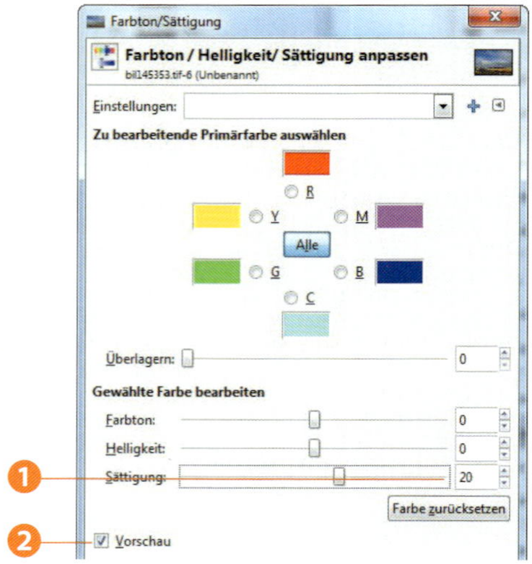

2 Beobachten Sie die Veränderung am Bild, die angezeigt wird, wenn die *Vorschau*-Option ❷ aktiviert wurde.

Durch die Tonwertkorrekturen und die verstärkte Farbsättigung entsteht ein brillantes Ergebnis ❸.

Tipp

Wenn es das Bild erfordert, ist es empfehlenswert, das Zuschneiden als ersten Arbeitsschritt vorzunehmen. Damit stellen Sie sicher, dass sich beispielsweise Tonwertänderungen nur auf den wirklich letztlich verwendeten Bereich beziehen.

Bilder zuschneiden

Hin und wieder wird es vorkommen, dass Sie nicht alle Teile – sondern nur einen bestimmten Bereich – des Fotos benötigen. Die aktuellen digitalen Spiegelreflexkameras bieten oft eine so hohe Megapixelzahl, dass genügend Reserven vorhanden sind, um einen Teil des Bildes abzuschneiden und dennoch einen großen Ausdruck in optimaler Qualität anfertigen zu können. Gimp bietet auch für diese Aufgabenstellung das geeignete Werkzeug an.

1 Rufen Sie nach dem Öffnen des Bildes aus dem Werkzeugkasten das *Zuschneiden*-Werkzeug ❶ auf.

2 Klicken Sie in das Bild und ziehen Sie einen Rahmen auf ❷, der das gesamte Foto umfasst.

Das Erfassen des gesamten Bilds ist nützlich, wenn Sie danach das Seitenverhältnis beim Freistellen erhalten wollen.

Wenn Sie nun nämlich eine Ecke verziehen 3 und dabei die [⇧]-Taste gedrückt halten, bleibt das Seitenverhältnis von Höhe zu Breite erhalten.

3 Klicken Sie in den Markierungsbereich und verschieben ihn mit gedrückter linker Maustaste 4, wenn Sie den Markierungsrahmen auf eine neue Position schieben wollen.

4 Klicken Sie an den Bildkanten in der Mitte, wird ein Rechteck angezeigt, das symbolisiert, dass damit der Rahmen gedehnt werden kann – dabei bleibt das Seitenverhältnis nicht erhalten. Diese Markierung 5 wird an allen vier Kanten des Bildes angezeigt.

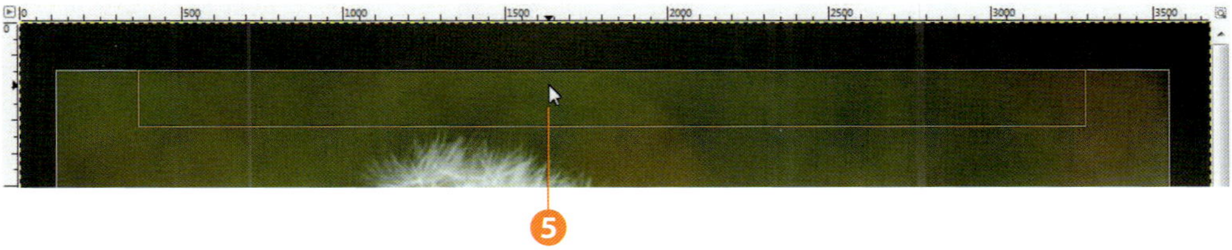

5 Klicken Sie doppelt innerhalb des Markierungsrahmens, um die Freistellung zuzuweisen. So habe ich beim Beispielbild rundherum ein wenig abgeschnitten, um die Pusteblumen etwas mehr hervorzuheben.

Beim Abschneiden der Bildteile wird die Ansichtsgröße standardmäßig nicht angepasst. Soll aber die Darstellungsgröße automatisch angepasst werden, markieren Sie die Schaltfläche in der rechten oberen Ecke des Bildes (siehe Seite 36).

Die Bildgröße anpassen

Die aktuellen digitalen Kameras bieten meist eine derart hohe Megapixelzahl, dass ein Verkleinern des Bildes oft sinnvoll ist. Nur in sehr seltenen Fällen werden

Sie das Bild so groß ausdrucken wollen, dass die volle Pixelzahl des Bildes benötigt wird. Auch um Speicherplatz zu sparen, ist es sinnvoll, die Bilder auf die wirklich benötigte Pixelanzahl zu reduzieren.

1 Verändern Sie die Größe des Fotos mit der Menüfunktion *Bild/Bild skalieren* ❶.

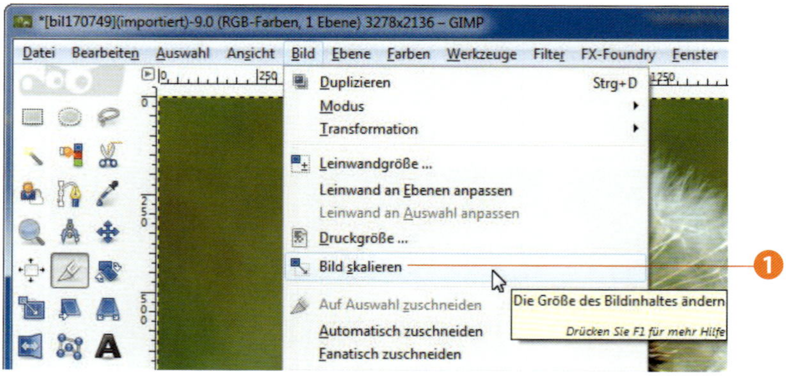

Im Dialogfeld, das Sie damit öffnen, werden die Optionen zur Größenänderung bereitgestellt. In den *Breite*- ❷ und *Höhe*-Feldern ❹ sehen Sie die aktuelle Bildgröße. Im *Qualität*-Listenfeld sind drei Optionen für die Art der Bildberechnung (Interpolation). *Kubisch* ❺ ist eine empfehlenswerte Option, weil dabei eine gute Bildqualität entsteht. Wenn das aktuelle Seitenverhältnis nicht beibehalten werden soll, klicken Sie auf das Kettensymbol ❸ rechts neben den Eingabefeldern. Standardmäßig bleiben die Proportionen erhalten.

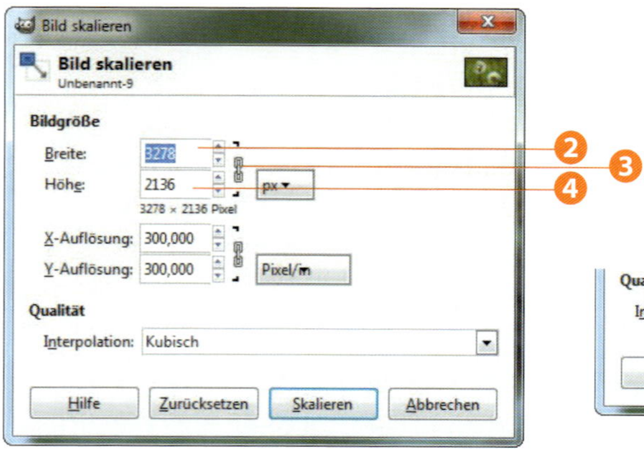

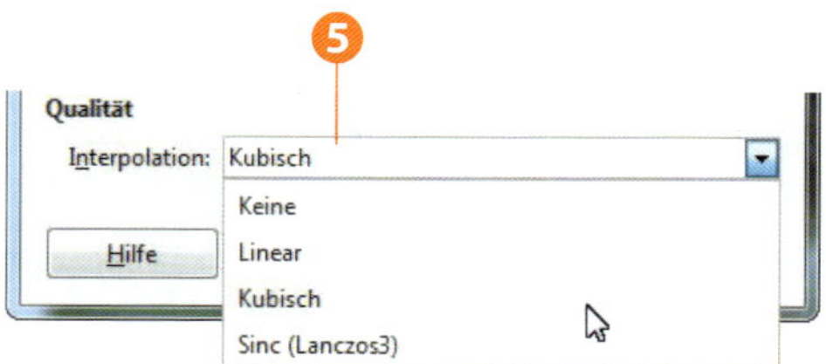

2 Wählen Sie im oberen Listenfeld die Maßeinheit **6** aus, die Sie verwenden wollen – beispielsweise Millimeter. Tippen Sie die neuen Maße in die Eingabefelder **7** ein und bestätigen Sie das Neuberechnen des Bildes mit der *Skalieren*-Schaltfläche **8**.

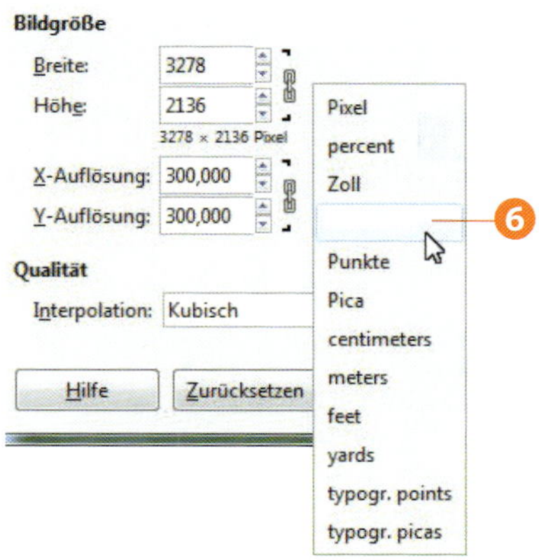

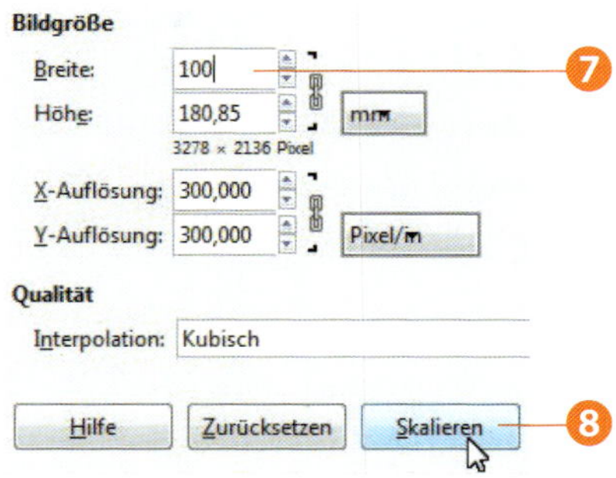

Da im Beispiel das Bild deutlich verkleinert wurde, ist es normal, dass es nach dem Skalieren nur noch einen kleinen Teil des Bildfensters einnimmt. Passen Sie gegebenenfalls die Darstellungsgröße mit den Funktionen im *Ansicht*-Menü wieder an.

Die Bildschärfe verbessern

Der letzte Arbeitsschritt einer jeden Bildoptimierung sollte sich immer dem Verbessern der Bildschärfe widmen.

Auch wenn digitale Fotos gut geworden sind, lässt sich die Schärfe noch ein wenig verbessern. Das ist normal und kein Manko der digitalen Fotografie. Verschiedene Kameras bieten allerdings auch die Möglichkeit an, die Bilder kameraintern gleich nach der Aufnahme zu speichern. Die Schärfung lässt sich aber präziser mit Gimp steuern.

1 Rufen Sie die Funktion *Ansicht/Vergrößerung/Bild in Fenster einpassen* ❶ auf, damit das im vorherigen Arbeitsschritt skalierte Bild wieder an die Größe des Bildfensters angepasst wird.

❶
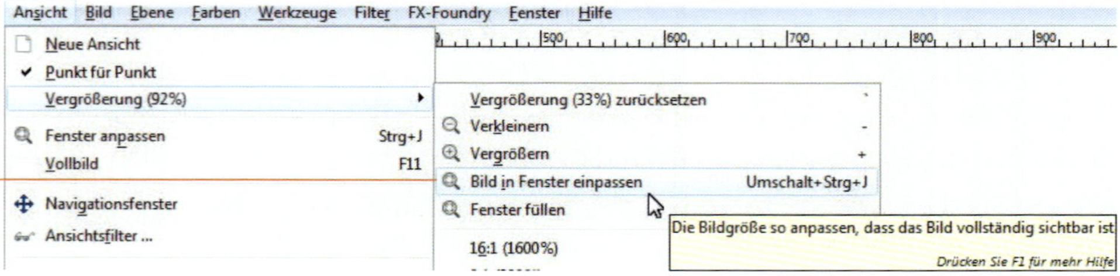

Gimp bietet zum Bildschärfen mehrere Funktionen an. Am besten eignet sich die Funktion *Filter/Verbessern/Unscharf maskieren* ❷, da hier verschiedene Optionen bereitgestellt werden.

❷
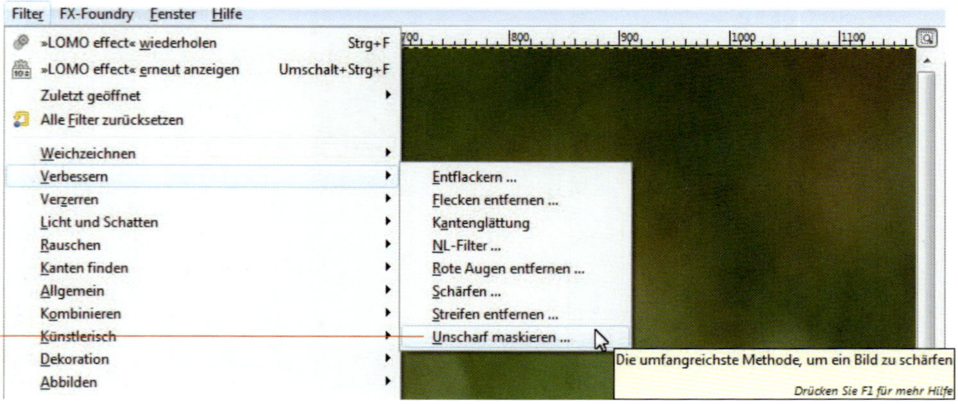

Der Begriff **Vorschau** ist in diesem Fall übrigens ein wenig missverständlich. Das zu erwartende Ergebnis wird nämlich nicht etwa im Bildfenster angezeigt, sondern lediglich im Dialogfeld.

2 Suchen Sie im Vorschaubild (das Bild wird hier in einer Darstellungsgröße von 100 % angezeigt) mit den beiden Scrollbalken ❸ eine repräsentative Stelle im Bild, an der die Schärfe gut beurteilt werden kann – im Beispiel ist dies der Blütenstand der Pusteblume.

3 Passen Sie Werte durch Ziehen der Schieberegler ❹ oder Eintippen in den Eingabefeldern ❺ rechts daneben an. Die für das Beispielbild geeigneten Werte sehen Sie abgebildet. Man muss dabei aber bedenken, dass bei Bildern mit einer anderen Größe völlig andere Einstellungen geeignet sein könnten.

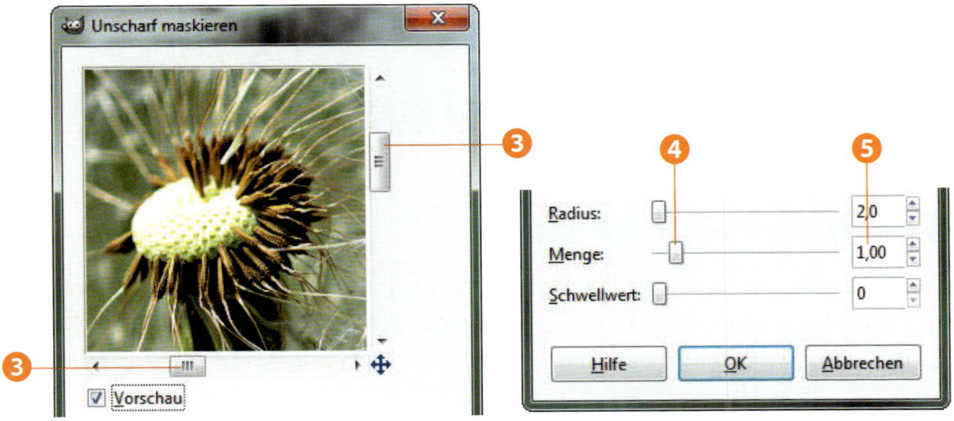

Das geschärfte Ergebnis sieht »professioneller und brillanter« aus als der vorherige Zwischenschritt. Sie sehen das Ergebnis auf der nächsten Seite oben abgebildet.

Tipp

Mit dem *Menge*-Wert bestimmen Sie die Stärke der Schärfung. Der *Radius*-Wert legt fest, inwieweit benachbarte Pixel in die Berechnung mit einbezogen werden sollen. Der *Schwellwert* bestimmt, wie ähnlich Farbwerte sein müssen, um von der Schärfung betroffen zu sein.

Das Ergebnis speichern

Zum Abschluss der Bearbeitung muss das Ergebnis noch gesichert werden. Dabei können Sie zwischen verschiedenen Formaten wählen, die auch unterschiedliche Optionen bereitstellen.

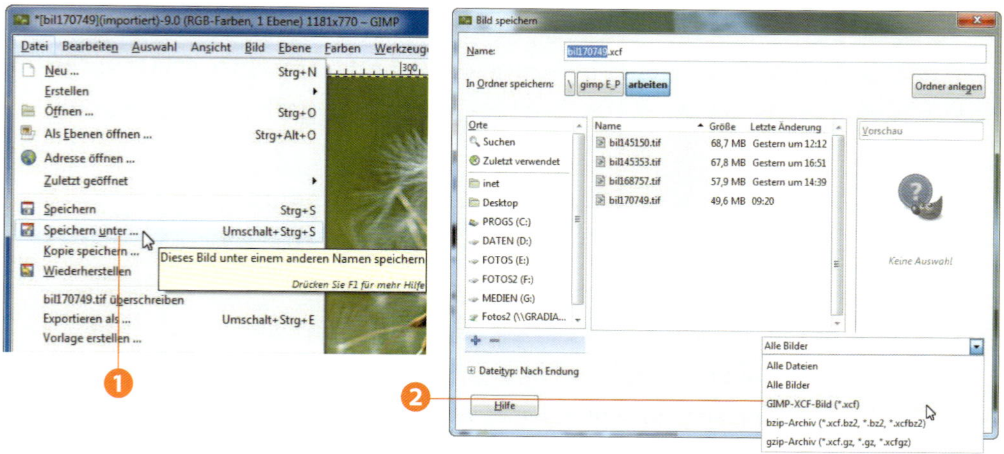

Sie können beispielsweise die Funktion *Datei/Speichern unter* ❶ aufrufen. Damit sichern Sie das Bild im »hauseigenen« Gimp-Format. In diesem Format werden auch alle Gimp-spezifischen Dinge mitgespeichert – wie etwa Ebenen (dazu später mehr). Diese Dateien erhalten die Endung *.xcf ❷. Wenn Sie das Bild in einem anderen gängigen Dateiformat – wie etwa JPEG oder TIFF – speichern, benötigen Sie die Funktion *Datei/Exportieren als* ❸.

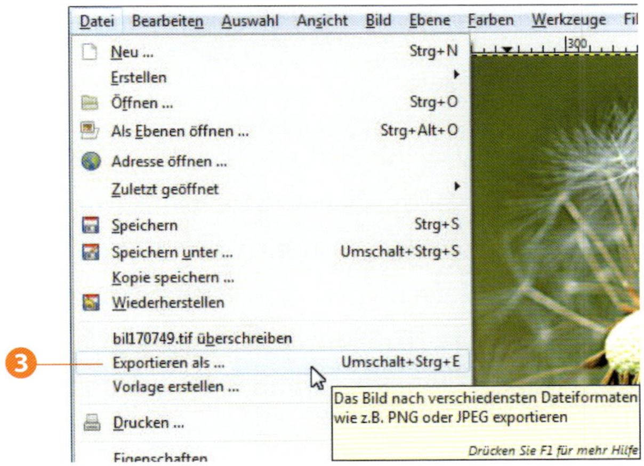

1 Im Dialogfeld *Bild speichern* finden Sie unten die Option *Dateityp* ❹. Klicken Sie auf das Pluszeichen vor dem Eintrag – damit wird eine Liste eingeblendet, die alle Dateiformate aufzeigt, die für den Export verfügbar sind.

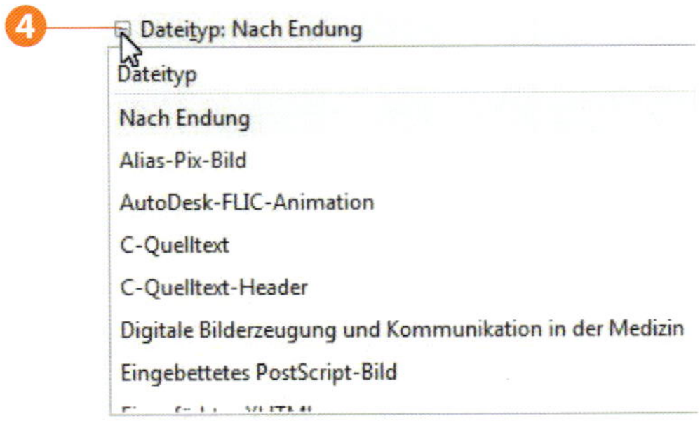

JPEG ist ein gängiges Dateiformat für Digitalfotos und für Bilder, die im Internet veröffentlicht werden. **TIFF**-Dateien werden dagegen benötigt, wenn Sie die Ergebnisse in Druckerzeugnissen publizieren wollen.

2 Geben Sie nach der Auswahl des gewünschten Dateityps im *Name*-Feld den neuen Dateinamen ein **5**.

Nach dem Bestätigen mit der *Speichern*-Schaltfläche unten rechts im Dialog werden in einem gesonderten Dialogfeld Optionen angeboten. Die Art und Anzahl der verfügbaren Optionen unterscheiden sich deutlich – je nach dem ausgewählten Dateiformat. So gibt es beim TIFF-Format **6**, ebenso wie beim JPEG-Format **7**, unterschiedliche Optionen zum Komprimieren der Dateien.

6

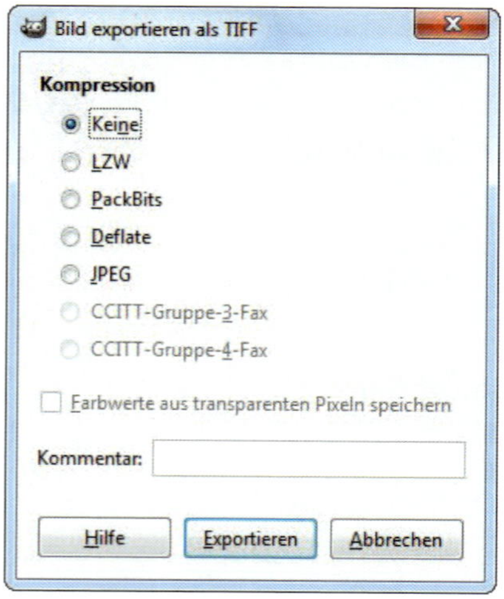

7

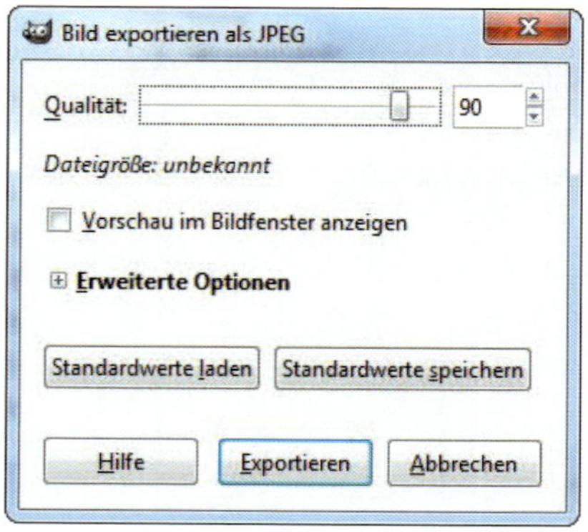

Wenn Sie eine optimale Bildqualität erhalten wollen, sollten Sie beim JPEG-Dateiformat einen hohen *Qualität*-Wert einstellen, beispielsweise 90 oder sogar noch höher.

Kapitel 5

Komplexe Korrekturen

Gimp bietet eine ganze Menge an ausgefeilten Werkzeugen an, um auch aufwendigere Bildkorrekturen vornehmen zu können. Ob Sie stürzende Linien korrigieren oder den Horizont gerade rücken wollen – vieles ist mit relativ wenig Aufwand zu bewerkstelligen. Wie es am besten klappt, erfahren Sie in diesem Kapitel.

Bilder gekonnt zuschneiden

Bei vielen Werkzeugen, die Gimp anbietet, gibt es diverse interessante zusätzliche Optionen – so auch beim *Zuschneiden*-Werkzeug, das Sie im letzten Kapitel kurz kennengelernt haben.

1 Öffnen Sie das Bild, das zugeschnitten werden soll, und rufen Sie aus dem Werkzeugkasten das *Zuschneiden*-Werkzeug auf. Die zusätzlichen Optionen, die die Werkzeuge anbieten, werden im unteren Teil des Arbeitsbereichs bereitgestellt.

2 Rufen Sie aus dem untersten Listenfeld die Option *Goldener Schnitt* auf ❶.

Bilder, bei denen das fotografierte Hauptobjekt in etwa im sogenannten »Goldenen Schnitt« liegt, wirken besonders harmonisch und sprechen daher den Betrachter des Fotos eher an.

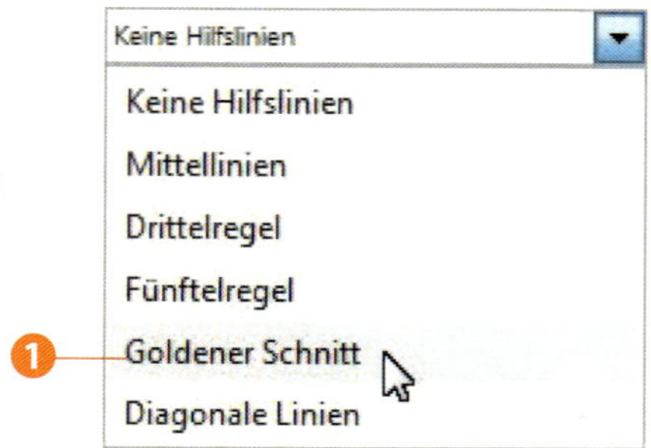

3 Ziehen Sie wie gewohnt den Markierungsrahmen auf. Sie sehen dabei die Hilfslinien, deren Schnittpunkte den Goldenen Schnitt kennzeichnen **2**.

2

3

4 Skalieren Sie anschließend den Rahmen an den Eckpunkten mit gedrückter [⇧]-Taste, (damit das Seitenverhältnis erhalten bleibt) auf die neue Größe. Beachten Sie beim Skalieren die Hilfslinien. So sehen Sie im Bild, dass die Blüte nun im Goldenen Schnitt platziert ist **3**.

Standardmäßig ist es so, dass alles, was nach dem Zuweisen des Abschneidens vom Bild entfernt wird, zur Verdeutlichung abgedunkelt dargestellt wird. Wenn Sie dies stört, können Sie die *Hervorheben*-Option in den *Werkzeugeinstellungen* deaktivieren **4**.

5 Klicken Sie zum Abschluss innerhalb des Markierungsrahmens, um das Bild zuzuschneiden.

Das Seitenverhältnis variieren

Sie können das *Zuschneiden*-Werkzeug auch nutzen, um ein festgelegtes Seitenverhältnis zu erhalten. Das ist wichtig, wenn Sie zum Beispiel auf Fotopapier ausdrucken wollen. Fotopapier ist meist im Seitenverhältnis 3:2 verfügbar – das stammt aus Zeiten der analogen Fotografie. Viele kompakte Digitalkameras besitzen aber ein Seitenverhältnis 4:3, sodass nicht das komplette Bild gedruckt werden kann, wenn das Papier formatfüllend bedruckt werden soll. Um nicht willkürlich Bildteile abzuschneiden, können Sie vor dem Druck selbst bestimmen, was abgeschnitten wird.

1 Aktivieren Sie in den Werkzeugeinstellungen des *Zuschneiden*-Werkzeugs die *Fest*-Option ①. In der Liste legen Sie fest, was fixiert werden soll. Wählen Sie hier die Option *Seitenverhältnis* ②.

2 Tippen Sie nun im Eingabefeld darunter das gewünschte Seitenverhältnis ein – also im Beispiel 3:2 ③.

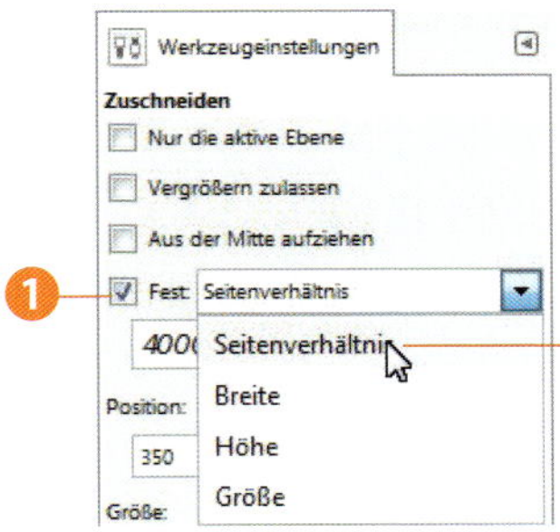

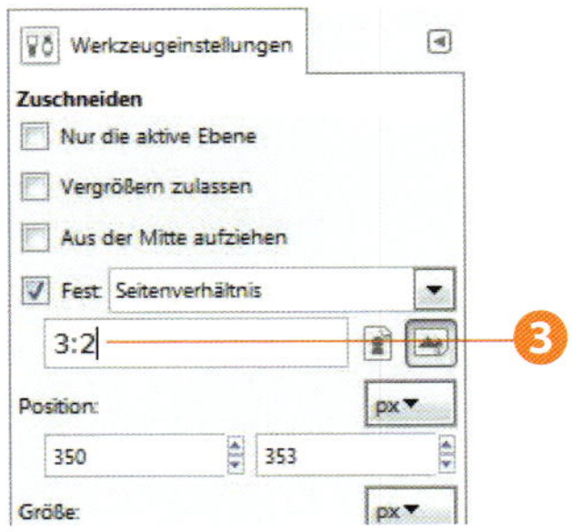

Wenn Sie jetzt den Markierungsrahmen aufziehen, bleibt stets das festgelegte Seitenverhältnis beibehalten. Nach dem Aufziehen des Rahmens lässt er sich wie gewohnt bearbeiten. So skalieren Sie den Rahmen mit den Markierungen in den vier Ecken ④.

Wird an den Kanten ⑤ die Höhe oder Breite des Markierungsrahmens verändert, bleibt das Seitenverhältnis ebenso erhalten.

3 Klicken Sie zum Ändern der Position des Markierungsrahmens innerhalb des Rahmens ⑥ und verschieben ihn mit gedrückter linker Maustaste.

Wenn Sie es übrigens extrem genau nehmen wollen, haben Sie nach dem Aufziehen des Markierungsrahmens auch die Möglichkeit, die *Position* ⑦ und die *Größe* ⑨ numerisch präzise einzustellen. Dabei kann die Maßeinheit in diesem Listenfeld ⑧ eingestellt werden.

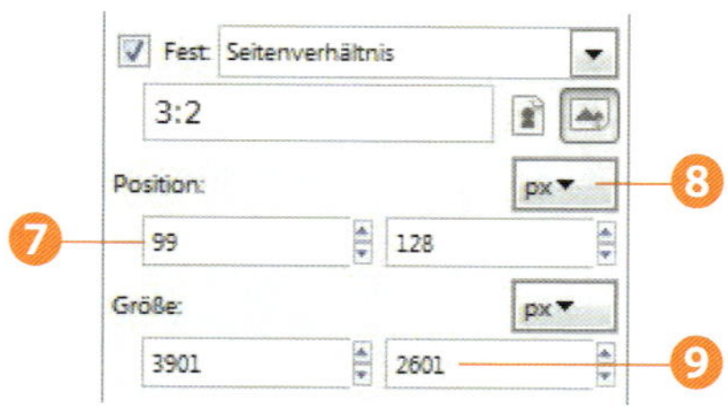

Die Leinwandgröße verändern

Viele Wege führen nach Rom – das gilt auch für die Bildbearbeitung mit Gimp. So können Sie oft viele unterschiedliche Varianten einsetzen, um zum selben Ziel zu kommen. Dies will ich Ihnen anhand des Zuschneidens von Bildern einmal demonstrieren.

1 Schneiden Sie Bildteile mit der Funktion *Bild/Leinwandgröße* ❶ ab – dies ist eine weitere Alternative.

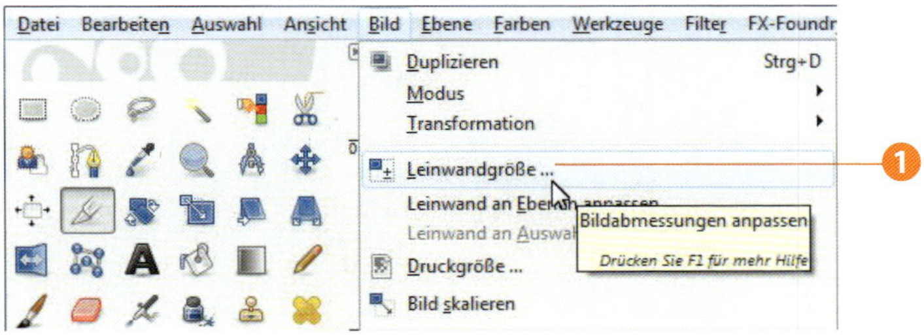

2 Tippen Sie in den oberen Eingabefeldern ❷ ein, wie viele Pixel des Bildes Sie erhalten wollen. Im Vorschaubereich ❹ zeigt ein Rahmen an, was nach dem Bestätigen vom Bild abgeschnitten wird. Sie können das Vorschaubild anklicken, um die Position zu verändern. Alternativ dazu lassen sich auch die Eingabefelder im *Versatz*-Bereich ❸ nutzen. Rufen Sie abschließend die Schaltfläche *Größe ändern* ❺ auf, um die Bildteile abzuschneiden.

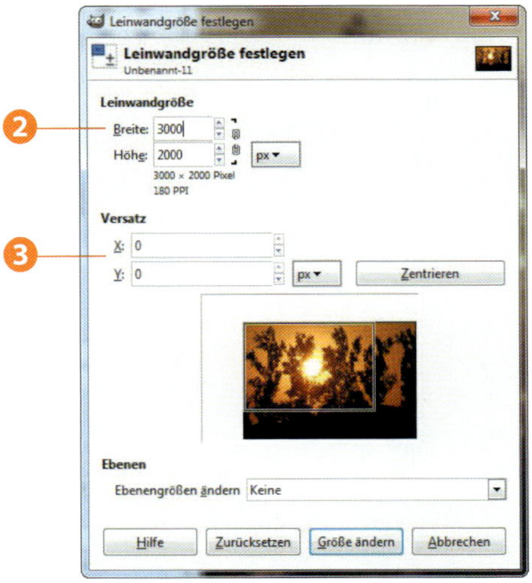

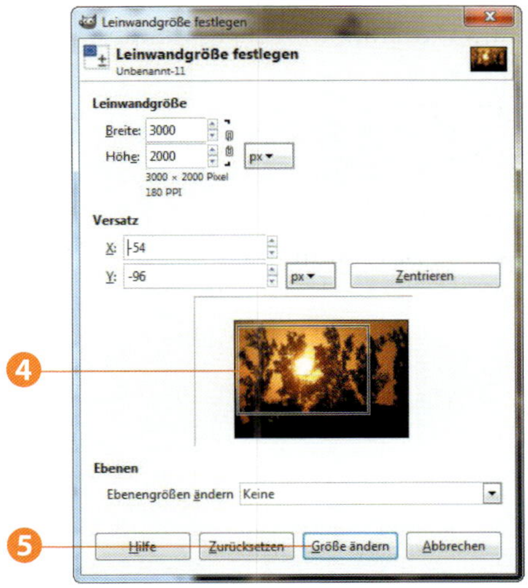

3 Rufen Sie aus dem Werkzeugkasten das Werkzeug *Rechteckige Auswahl* ❻ auf und ziehen im Bild mit gedrückter linker Maustaste den Bereich auf ❼, der

> **Leinwand** ist eine etwas irritierende Bezeichnung. In anderen Programmen wird sie **Arbeitsfläche** genannt, was verständlicher erscheint.

anschließend erhalten bleiben soll. Dies ist eine weitere Möglichkeit, um einen ausgewählten Bildbereich zuzuschneiden.

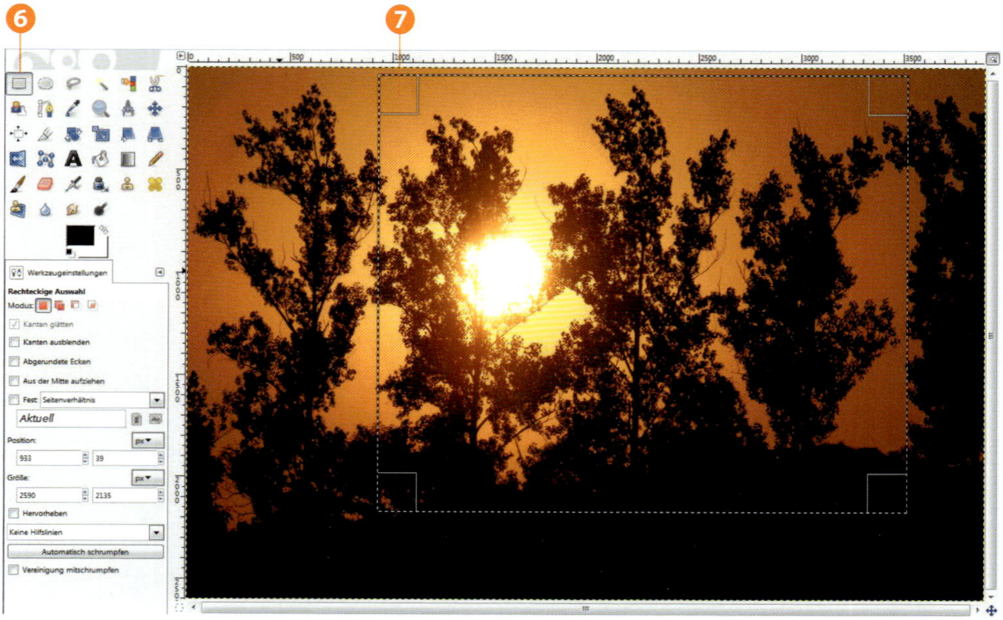

Wenn Sie nun die Menüfunktion *Bild/Auf Auswahl zuschneiden* 8 aufrufen, werden alle Bildteile abgeschnitten, die sich außerhalb des ausgewählten Bereichs befinden.

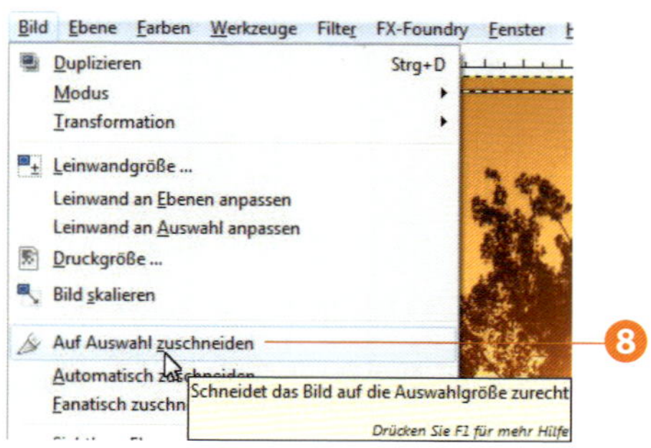

Tipp

Sie können auch andere Auswahl-Werkzeuge verwenden. Wird aber beispielsweise eine Ellipse markiert, ist das zugeschnittene Ergebnis dennoch rechteckig.

Die Perspektive bearbeiten

Bei Gebäudeaufnahmen lässt es sich nicht vermeiden, dass »stürzende Linien« entstehen. Diese perspektivische Verzerrung tritt immer dann auf, wenn Sie die Kamera bei der Aufnahme neigen. Viele Fotografen mögen dies nicht. Dieser Fehler kann aber mit Gimp leicht korrigiert werden.

1 Stellen Sie nach dem Öffnen des Bildes eine kleinere Darstellungsgröße ein, bei der ein wenig vom Umfeld **2** zu sehen ist – im Beispiel sind es *25 %* **1**.

Die kleinere Darstellungsgröße ist notwendig, da bei der Verzerrung die Verzerrungspunkte des Markierungsrahmens nach außen gezogen werden. Wenn das Bild das Bildfenster füllen würde, könnten Sie nicht erkennen, wohin Sie die Punkte ziehen.

2 Rufen Sie aus dem Werkzeugkasten das *Perspektive*-Werkzeug auf **3**. Nach dem Aufruf wird das *Perspektive*-Dialogfeld eingeblendet, nachdem Sie in das Bild geklickt haben. Im Dialogfeld **4** werden die Daten der Verzerrung angezeigt – sie dienen aber nur zur Information. Ändern können Sie die Daten hier nicht.

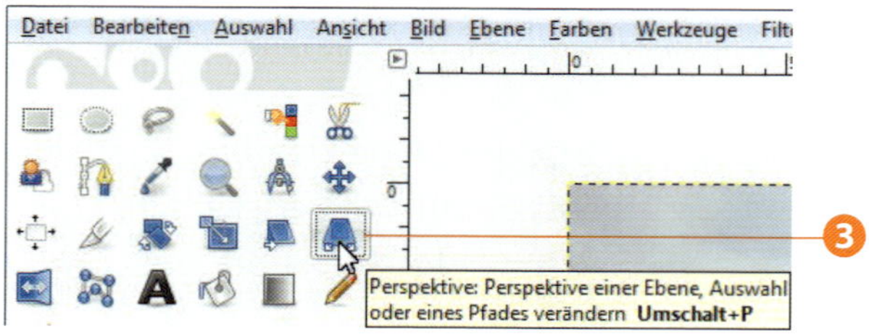

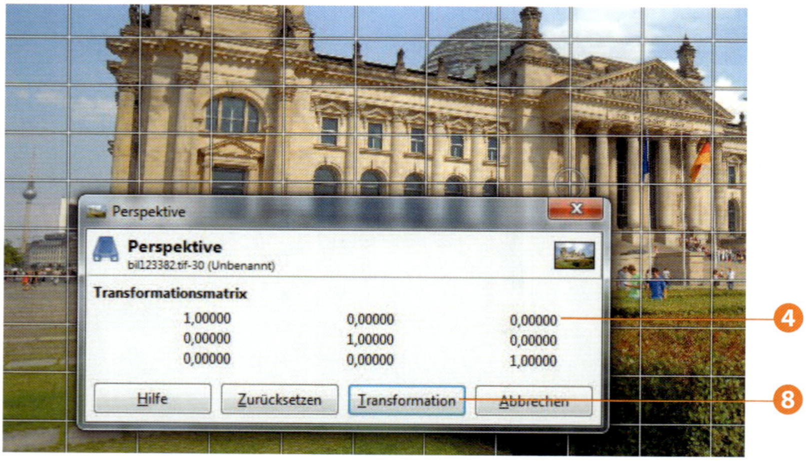

3 Klicken Sie zur Perspektivkorrektur die Markierungsquadrate **5** an den Ecken an und verziehen Sie diese mit gedrückter linker Maustaste. Beachten Sie die Hauskante **6** und ziehen Sie den Eckpunkt so weit, bis die Hauskante senkrecht erscheint.

4 Verfahren Sie genauso mit dem rechten oberen Eckmarkierungspunkt 7. Auch er muss nach außen gezogen werden – wenn auch nicht so weit wie der linke Markierungspunkt.

5 Weisen Sie die Transformation zu, indem Sie die *Transformation*-Schaltfläche 8 im Dialogfeld drücken. Je nachdem, wie groß das zu bearbeitende Bild ist, kann es einen Moment dauern. Sie sehen während der Berechnung ein Fortschrittssymbol 9. Dies ist das Endergebnis 10:

Bilder gerade rücken

Sie sollten schon beim Fotografieren darauf achten, dass die Kamera gerade ausgerichtet ist. Oft bieten die digitalen Kameras dafür Hilfestellung an – wie beispielsweise Gitterlinien. Falls aber trotzdem einmal bei der Aufnahme etwas »schiefgegangen« ist, können Sie dies mit wenigen Arbeitsschritten in Gimp korrigieren. Der Weg, den ich Ihnen vorschlagen möchte, ist zwar ein wenig kompliziert – dafür ist es aber eine sehr präzise Vorgehensweise.

1 Öffnen Sie das zu bearbeitende Bild und rufen Sie aus dem Werkzeugkasten das *Maßband*-Werkzeug ❶ auf. Aktivieren Sie in den Werkzeugeinstellungen die Option *Info-Fenster verwenden* ❷ – standardmäßig ist die Option deaktiviert.

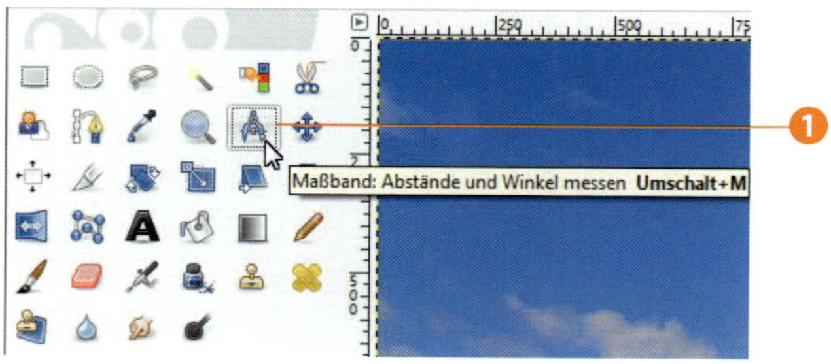

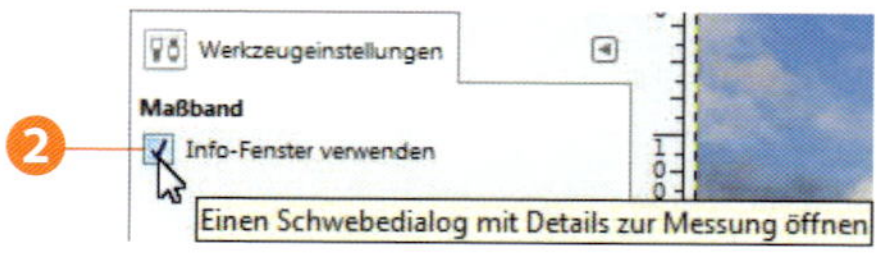

2 Ziehen Sie mit gedrückter linker Maustaste das Maßband über den schief geratenen Horizont ❸ auf.

3 Lesen Sie im Dialogfeld unter dem *Winkel*-Wert **4** ab, wie schief das Bild ist, und merken Sie sich diesen Wert – im Beispiel sind es *1,23 °*.

4 Drehen Sie das Bild nun – dazu benötigen Sie das *Drehen*-Werkzeug **5** aus dem Werkzeugkasten. Im *Richtung*-Bereich **6** können Sie festlegen, ob das Bild im Uhrzeigersinn oder entgegen dem Uhrzeigersinn gedreht werden soll. Aktivieren Sie im *Beschneidung*-Listenfeld die Option *Auf Ergebnis beschneiden* **7**.

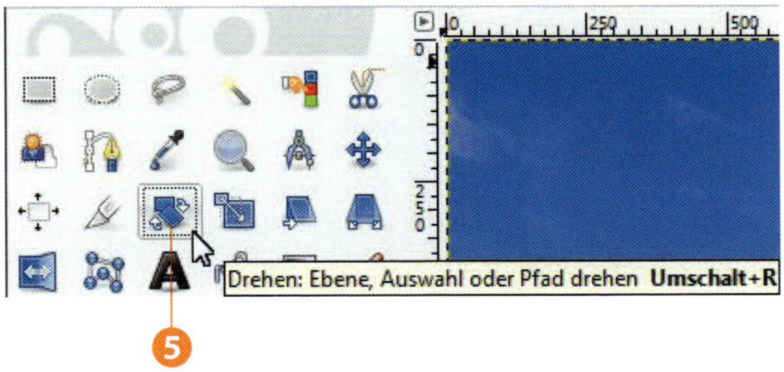

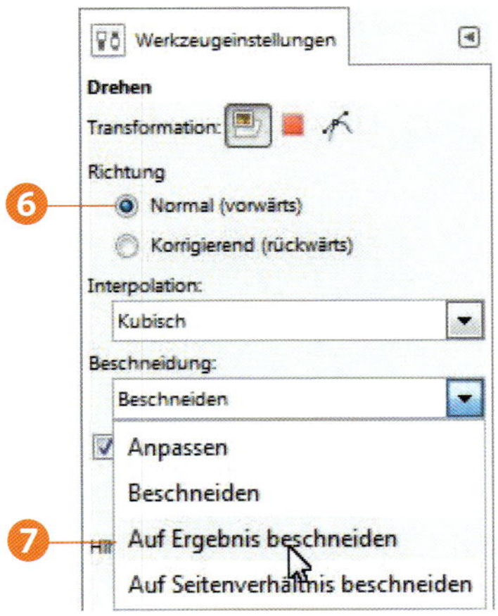

> Beim Drehen des Bildes entstehen an den Kanten leere Bereiche. Damit diese Bereiche automatisch entfernt werden, ist die Option *Auf Ergebnis beschneiden* sehr nützlich.

5 Klicken Sie nun in das Bild und stellen Sie im Dialogfeld, das dann geöffnet wird, im *Winkel*-Eingabefeld den zuvor ermittelten Wert ein. Die Drehrichtung können Sie auch anstatt bei der *Richtung*-Option einfach bei der Werteingabe bestimmen. So wird das Bild bei positiven Werten rechts und bei negativen Werten 8 – wie im Beispiel erforderlich – links herumgedreht.

Nach dem Aufruf der *Rotieren*-Schaltfläche 9 wird das Bild gerade gerückt und zugeschnitten. Das Berechnen dauert einen Moment – ein Symbol in der Bildmitte zeigt den Fortschritt an.

Mit Kurven Bilder optimieren

Sie können Fotos auf ganz unterschiedliche Art und Weise optimieren. Das Korrigieren der Tonwerte mit der Funktion *Farben/Werte* haben Sie ja bereits kennengelernt. Nun möchte ich Ihnen eine etwas komplexere Möglichkeit vorstellen, bei der Gradationskurven eingesetzt werden, die etwas leistungsfähiger sind.

1 Öffnen Sie ein Foto, bei dem Sie beispielsweise den Kontrast optimieren wollen, und rufen Sie die Funktion *Farben/Kurven* ❶ auf.

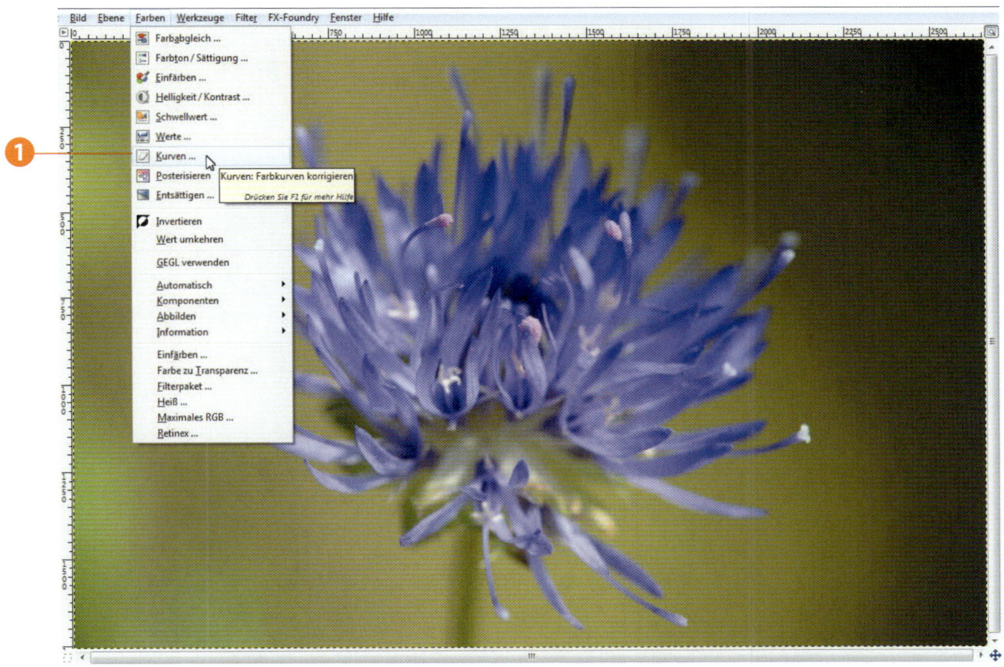

2 Sehr praktisch: Wenn Sie die Funktion *Farben/Werte* aufgerufen hatten und dort Einstellungen vorgenommen haben, können Sie diese ganz leicht in das *Kurven*-Dialogfeld übertragen. Klicken Sie dazu auf die Schaltfläche *Diese Einstellungen als Kurven bearbeiten* ❷. Damit wechselt Gimp automatisch zum *Kurven*-Dialog und überträgt die Einstellungen.

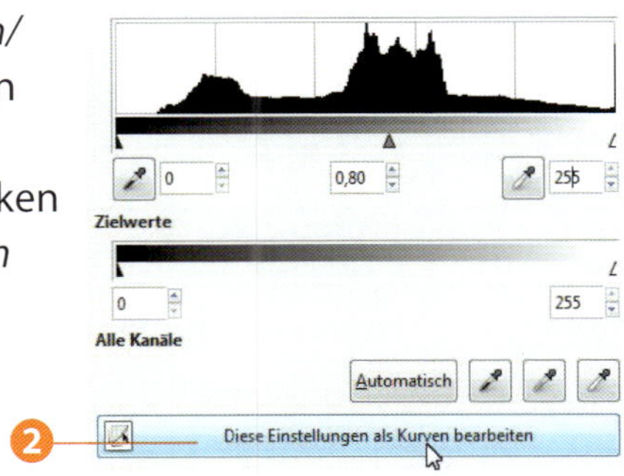

Im *Kurven*-Dialogfeld ist ebenfalls ein Histogramm ④ zu sehen – so wie Sie es vom *Werte*-Dialogfeld kennen. Die Veränderungen werden hier durch Verziehen der Kurve ③ mit gedrückter linker Maustaste erledigt. Dabei kann man mehrere Kontrollpunkte festlegen, die die Form der Kurve definieren. Klicken Sie dazu einfach an eine Stelle der Kurve, um einen neuen Kontrollpunkt festzulegen.

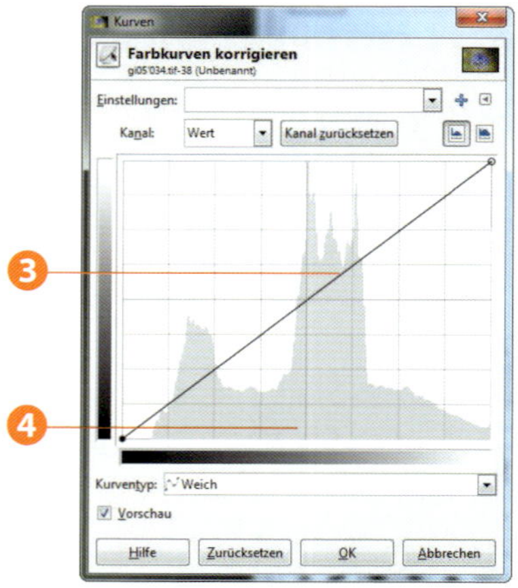

3 Erzeugen Sie so eine leichte S-Form ⑤, um den Kontrast des Bildes zu verbessern.

> Im Dialogfeld werden die **Tiefen** (die dunklen Bildbereiche) links unten angezeigt und die **Lichter** (die hellen Bildbereiche) rechts oben.

Zum Erhöhen des Kontrastes müssen Sie nicht zwingend neue Kontrollpunkte erstellen – auch das Verschieben der beiden Standardpunkte ⑥ reicht aus. Wird ein neuer Kontrollpunkt wie abgebildet ⑦ eingefügt, werden nur die hellen Bereiche des Bildes abgedunkelt. Die dunklen Bereiche bleiben dagegen, wie sie sind.

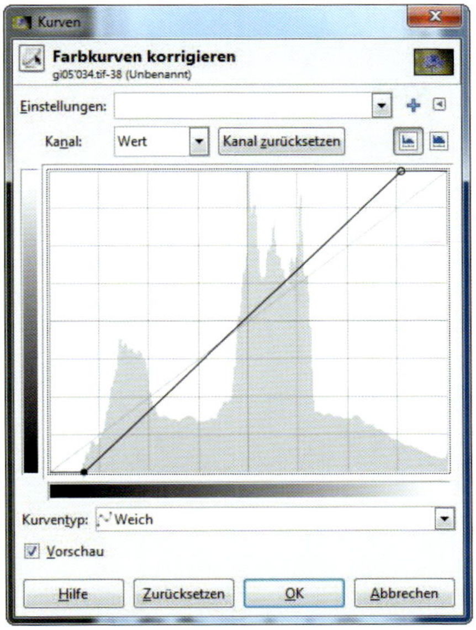

6

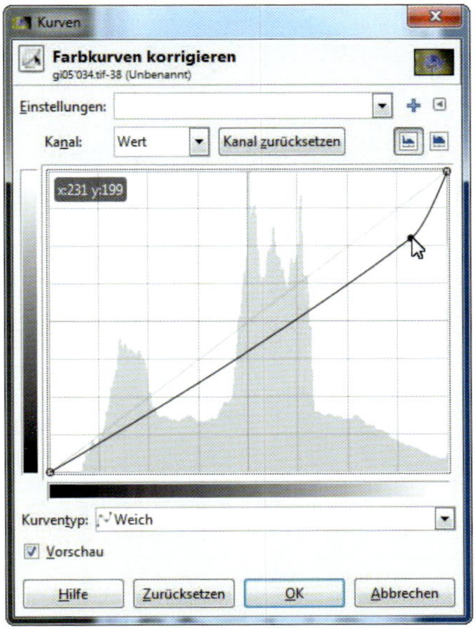

7

Sie haben diverse weitere Möglichkeiten, um die Tonwerte des Fotos zu verändern. So hellen Sie mit dieser Kurveneinstellung 8 die dunklen Bereiche im Bild auf. Wird die Kurve auf diese Art und Weise 9 verbogen, werden die hellen Bereiche im Foto aufgehellt.

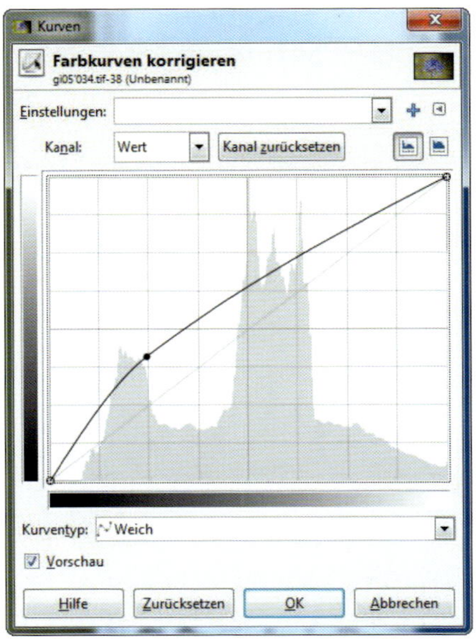

8

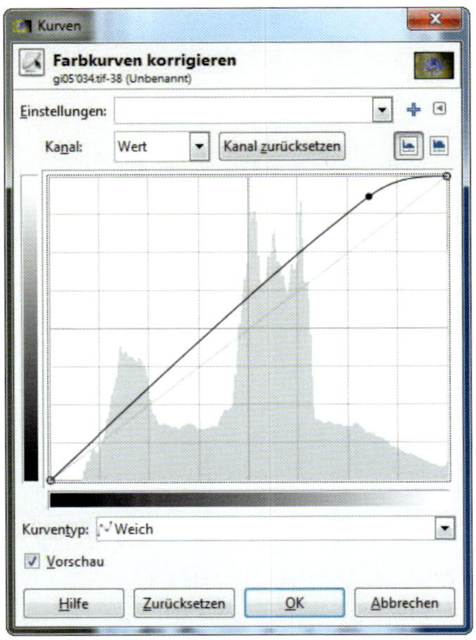

9

Tipp

Sie können die *Kurven*-Option praktisch für alle Bildkorrekturen einsetzen – wie etwa Helligkeit- und Kontraständerungen oder auch Farbstichkorrekturen.

4 Wenn Sie Farbstiche entfernen wollen, wählen Sie den betreffenden Farbkanal aus der *Kanal*-Liste aus ⑩. Sie erkennen den ausgewählten Kanal anschließend an der farbigen Unterlegung der Skala ⑪.

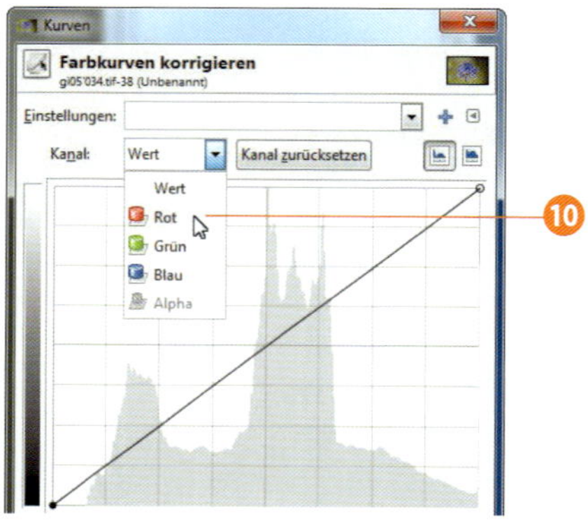

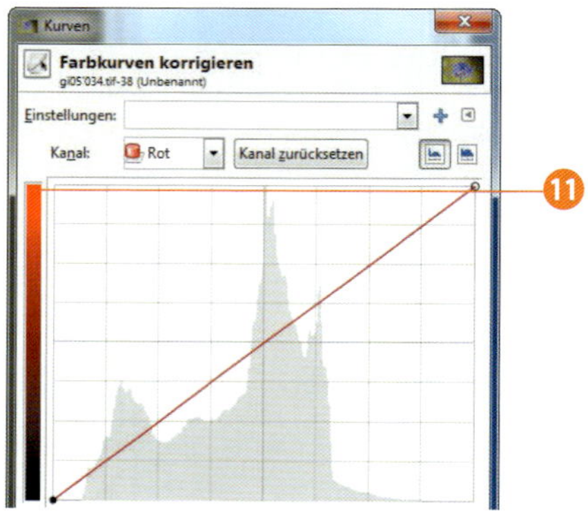

Kurven für Effekte nutzen

Sie können die *Kurven*-Funktion auch einsetzen, um Bilder zu »verfremden«. So erstellen Sie mit der folgenden Einstellung eine negative Variante des Fotos ⑫.

Wenn Sie viele verschiedene Kontrollpunkte einfügen und diese wie abgebildet verziehen ❶, entsteht eine Art »Kunstwerk« – und das, ohne dass einer der vielen verfügbaren Effektfilter zum Einsatz kam.

Im *Kurventyp*-Listenfeld finden Sie neben der Standardoption *Weich* noch die *Freihand*-Option ❷, bei der die Kurve nicht automatisch geglättet wird. So entstehen noch stärker verfremdete Ergebnisse.

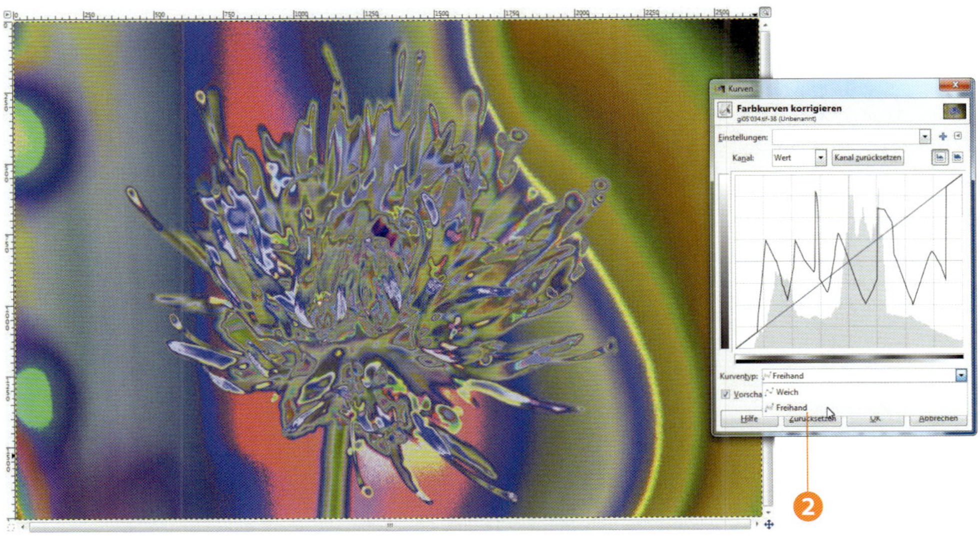

Einstellungen speichern

Wenn Ihnen eine Einstellung besonders gut gefällt, können Sie diese sichern und gegebenenfalls auf andere Bilder übertragen. Klicken Sie dazu auf das Plus-Symbol ❶ rechts neben dem *Einstellungen*-Listenfeld. Um Einstellungen als Datei zu speichern oder zu laden, klicken Sie auf den Pfeil rechts neben dem Plus-Symbol ❷, mit dem ein gesondertes Menü ❸ geöffnet wird.

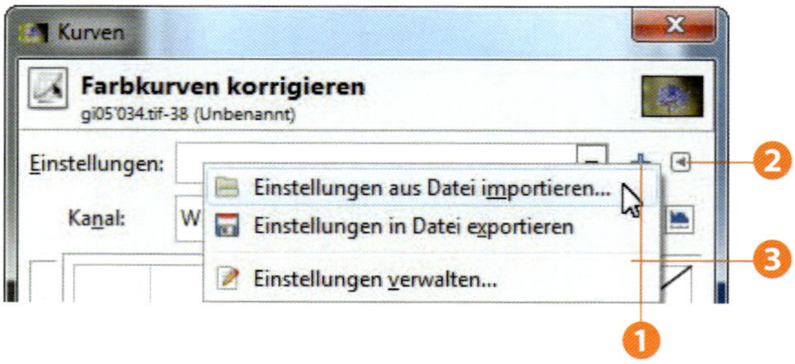

Hochwertiges Scharfzeichnen

Mit der Art des Schärfens, die ich Ihnen nun vorstelle, wird nur der Helligkeitskanal scharfgezeichnet. So kann man Lichthöfe vermeiden, die beim Überschärfen von Bildern entstehen können und sich negativ auf die Bildqualität auswirken. Daher ist diese Art professioneller als das einfache Schärfen, das Sie bereits im letzten Kapitel kennengelernt haben. Um später eine Vergleichsmöglichkeit zu haben, ist es empfehlenswert, die aktuelle Hintergrundebene zu duplizieren.

1 Dies erreichen Sie am schnellsten, wenn Sie die Hintergrundebene ❶ mit gedrückter linker Maustaste auf dieses Symbol ❷ in der Fußzeile des *Ebenen*-Dialogs ziehen.

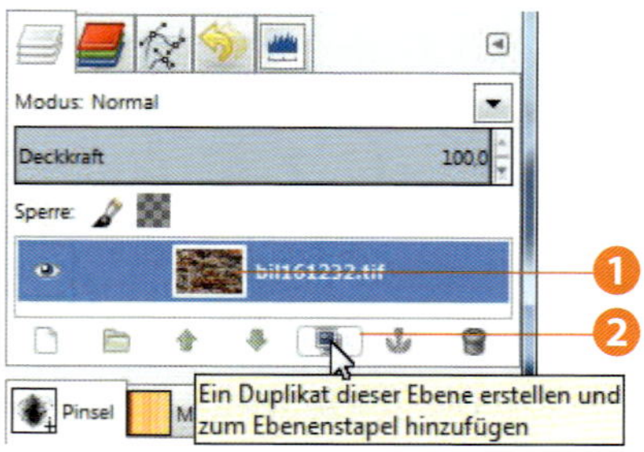

2 Das Bild soll nun in seine »Einzelteile« zerlegt werden. Rufen Sie dazu die Funktion *Farben/Komponenten/Zerlegen* **3** auf.

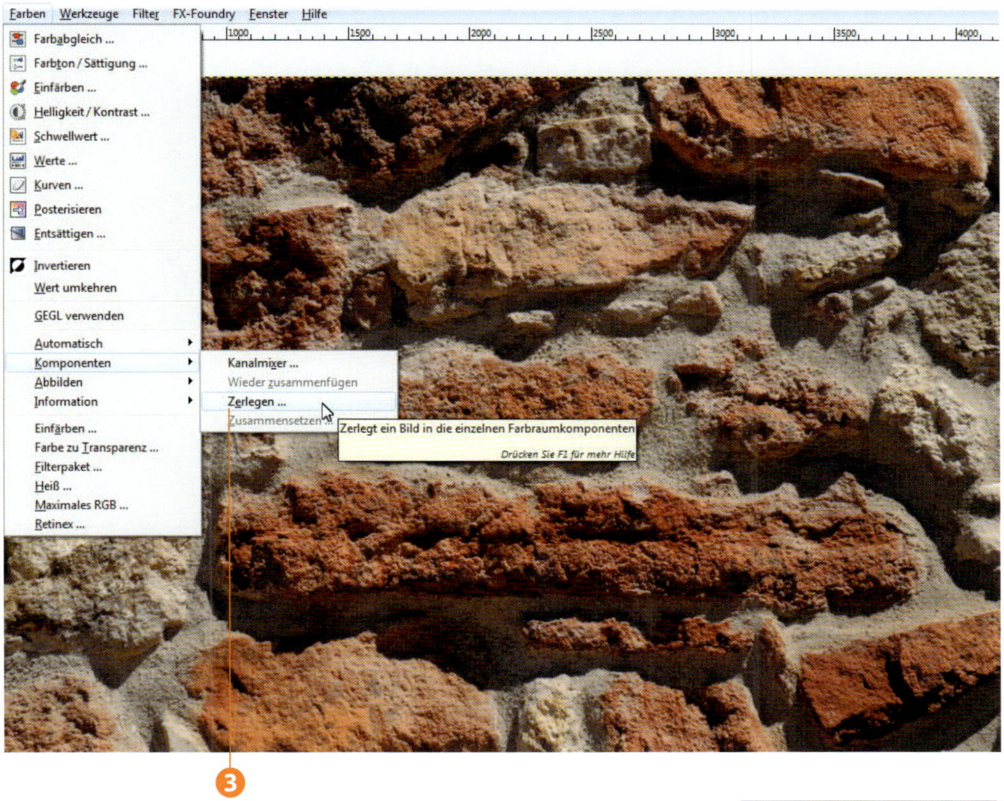

3 In einem gesonderten Dialogfeld wählen Sie aus, auf welche Art und Weise das Bild aufgeteilt werden soll – Gimp bietet eine Menge verschiedener Möglichkeiten an. Wählen Sie die Option *HSV* **4**.

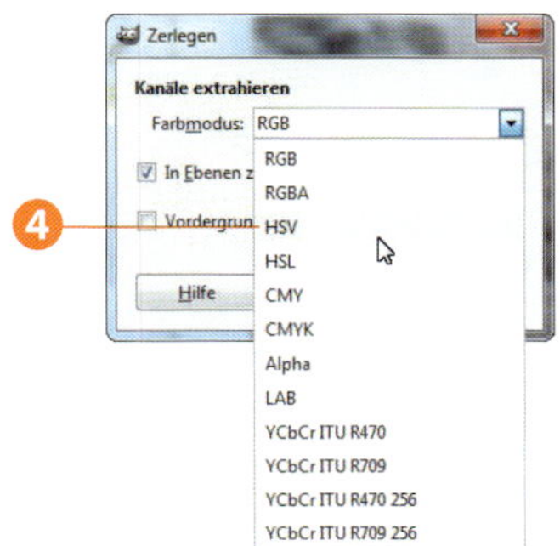

Gimp erstellt dann ein neues Dokument – Sie erkennen das an der zusätzlichen Registerkarte über dem Bildfenster **5**.

> Beim **HSV**-Farbmodell wird das Bild in den Farbton (**H**ue), die Sättigung (**S**aturation) und den Helligkeitswert (**V**alue) aufgeteilt.

4 Klicken Sie bei den Ebenen mit der Bezeichnung *Farbton* 6 und *Sättigung* 7 auf das Augensymbol vor dem Eintrag, um diese Ebenen auszublenden – sie werden zum Schärfen nicht benötigt.

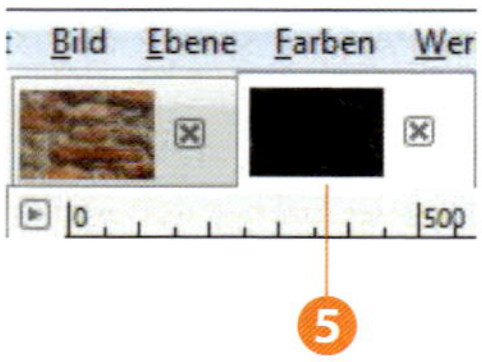

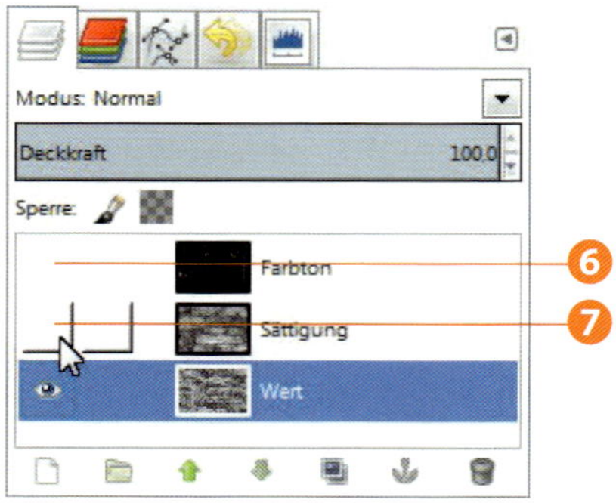

5 Verwenden Sie zum Schärfen des übrig gebliebenen *Wert*-Kanals die bereits bekannte Funktion *Filter/Verbessern/Unscharf maskieren* 8.

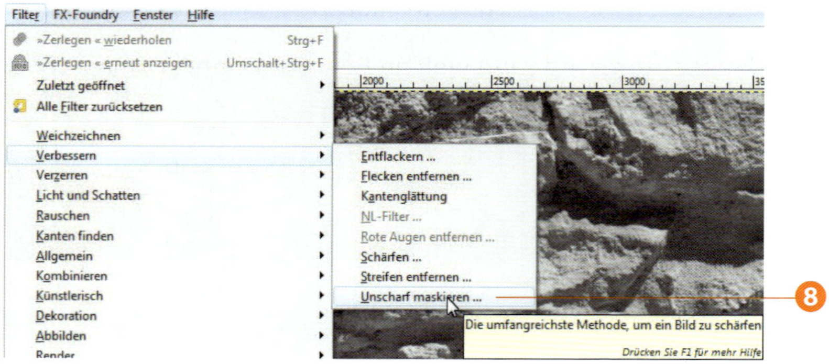

6 Wählen Sie mit den Scrollbalken 9 im *Vorschau*-Bereich einen repräsentativen Bildausschnitt aus und stellen Sie die abgebildeten Werte 10 ein. Beim Schärfen muss man stets beachten, dass die Auflösung des Bildes von Bedeutung ist. Bei viel größeren oder kleineren Bildern wären ganz andere Werte geeignet – hier sind ein paar Versuche notwendig. Damit entsteht das abgebildete Ergebnis 11.

> Die **Auflösung** des Bildes bestimmt, wie viele Pixel auf einer bestimmten Strecke vorhanden sind – zum Beispiel einem Zentimeter. Je mehr Pixel es sind, umso detaillierter wirkt das Ergebnis. 300 Pixel (dots) pro Inch (dpi) sind ein gängiger Wert für hochwertige Druckerzeugnisse.

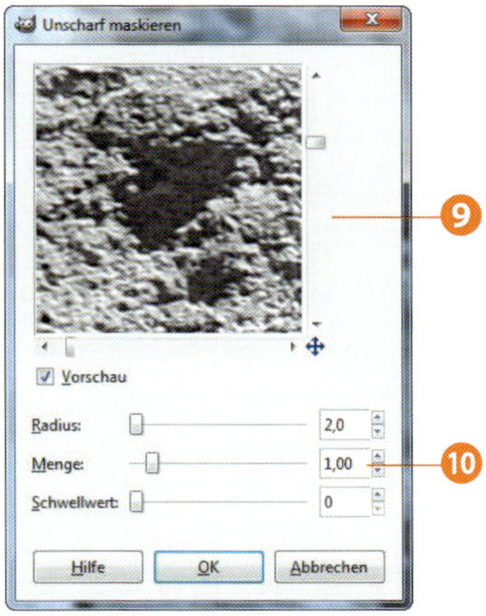

Das Ergebnis wieder zusammensetzen

Die Arbeit des Schärfens ist nun erledigt, sodass die Kanäle des Bildes wieder zusammengesetzt werden können, um ein »komplettes« Bild zu erhalten.

Gimp erkennt dabei automatisch, wo welche Ebene hingehört, und aktualisiert nach dem Aufruf der Funktion *Farben/Komponenten/Wieder zusammenfügen* 1 das Originalbild.

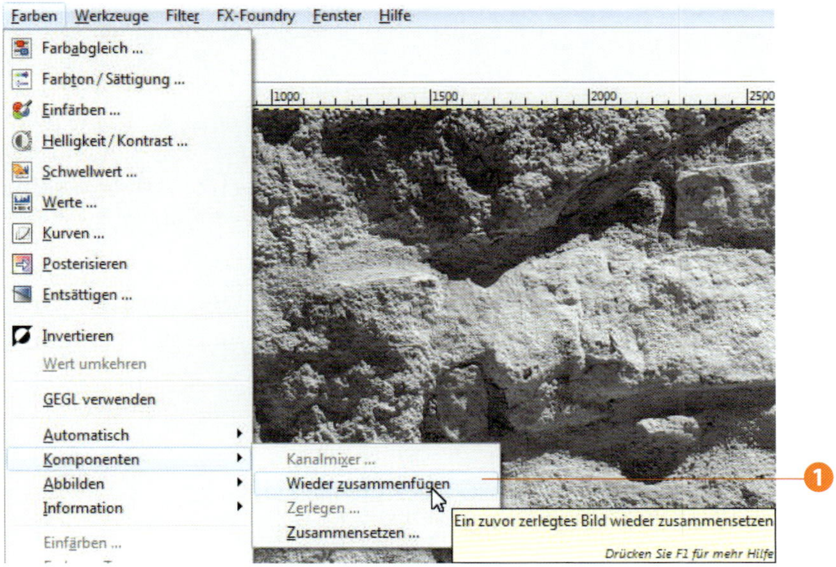

Tipp

Alternativ zur vorgestellten Verfahrensweise können Sie auch den **LAB**-Modus beim Zerteilen des Bildes verwenden. Dann muss die Ebene mit der Bezeichnung *L* (für **L**uminanz = Helligkeit) beim Schärfen genutzt werden. Alle anderen Arbeitsschritte sind dann identisch zu den bereits beschriebenen.

Ist das Bild wieder zusammengefügt, erhalten Sie das folgende Endergebnis dieses Workshops.

Das zweite Bild, das beim Teilen automatisch erstellt und geschärft wurde, wird nach der Bearbeitung nicht automatisch geschlossen. Da es jetzt nicht mehr benötigt wird, können Sie es mit einem Klick auf das Kreuz 2 neben dem Vorschaubild auf der Registerkarte über dem Bildfenster schließen.

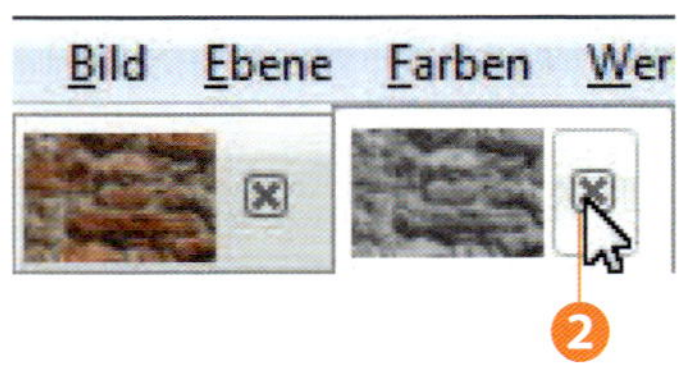

Da dieses »Zwischenergebnis« keinen weiteren Nutzen hat, können Sie es nach der Abfrage ohne Abspeichern schließen ③.

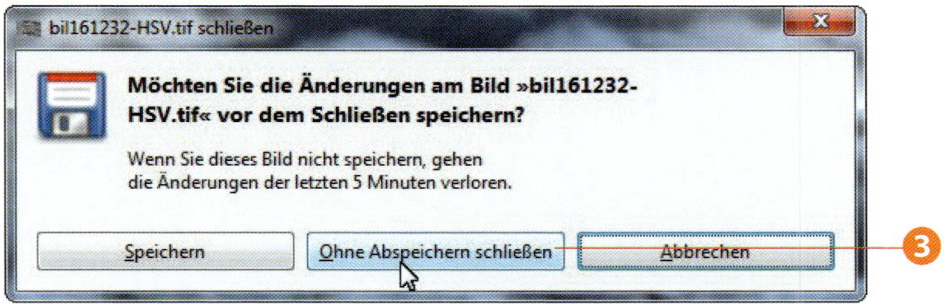

Moirés entfernen

Da Druckerzeugnisse – wie beispielsweise Bücher oder Zeitschriften – aus Druckpunkten zusammengesetzt sind, kommt es beim Scannen solcher Vorlagen zu unschönen Moirés. Um die Bildqualität zu verbessern, haben Sie mit Gimp verschiedene Möglichkeiten.

1 Scannen Sie nach dem Aufruf der Funktion *Erstellen/Scanner/Kamera* die Vorlage so, wie Sie es bereits in Kapitel 2 kennengelernt haben.

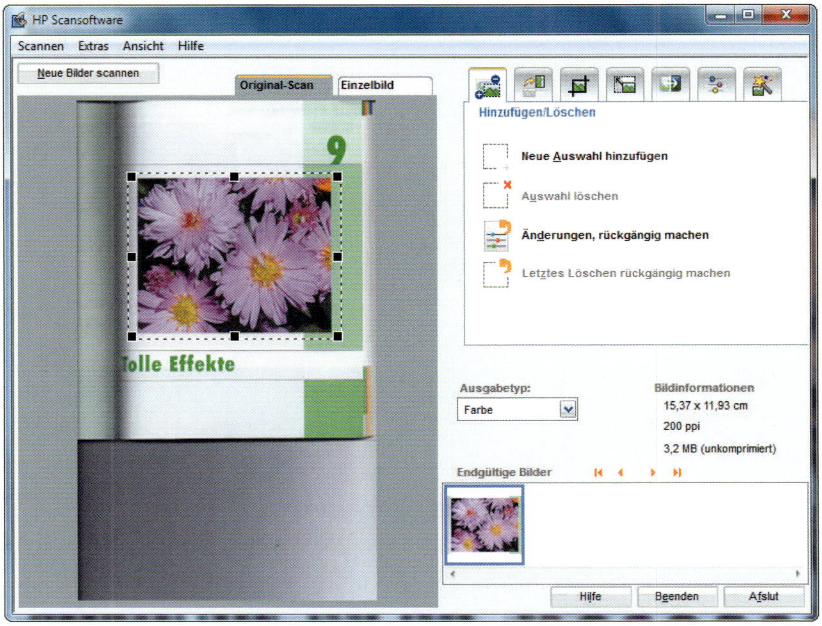

2 Stellen Sie nach dem Öffnen des Bildes eine Darstellungsgröße von 100 % oder größer ein, damit die Druckpunkte zu erkennen sind, die zu den unschönen Moirés führen.

3 Setzen Sie zur Korrektur beispielsweise die Menüfunktion *Filter/Verbessern/NL-Filter* ❶ ein. Diese Funktion ist normalerweise dafür gedacht, um beispielsweise Bildrauschen zu entfernen, das entstehen kann, wenn Sie mit hohen Empfindlichkeitswerten fotografieren.

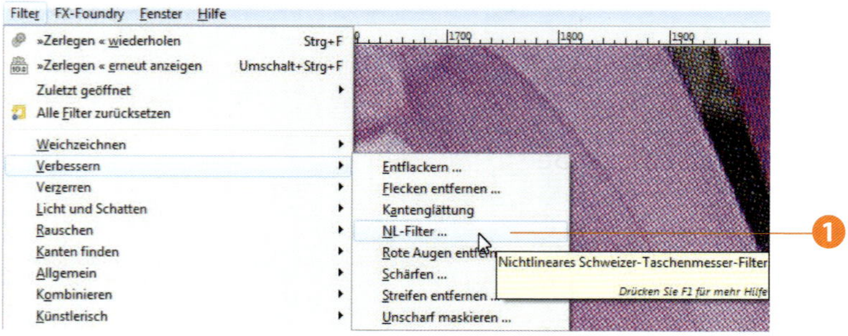

4 Verwenden Sie zum Beispiel die abgebildeten Werte ❸. Probieren Sie aus, ob mit der Option *Alphabasierter Mittelwert* oder der Option *Optimale Schätzung* beziehungsweise *Kantenverstärkung* ❷ ein besseres Ergebnis entsteht – beobachten Sie die Veränderungen im Vorschaubild.

Die geeigneten Einstellungen hängen auch bei diesem Beispiel von der Bildgröße ab und können daher nicht verallgemeinert werden.

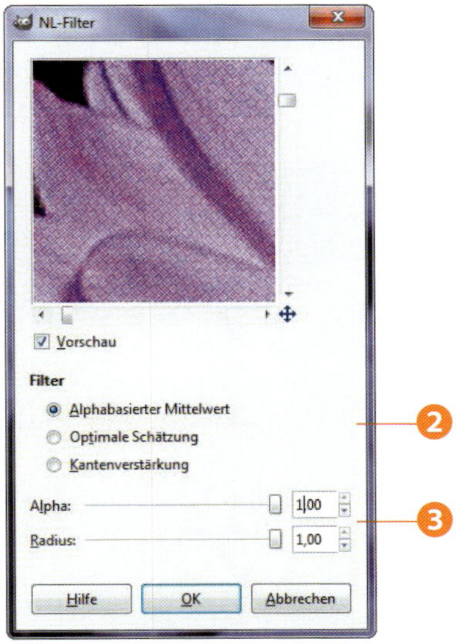

Eine Alternative

Auch bei dieser Aufgabenstellung möchte ich Ihnen ein ganz anderes Verfahren als Alternative vorschlagen.

Es ist zwar etwas aufwendiger – dafür kommen im Normalfall damit aber etwas bessere Ergebnisse zustande.

1 Rufen Sie dazu die Menüfunktion *Filter/ Weichzeichnen/Gaußscher Weichzeichner* ① auf.

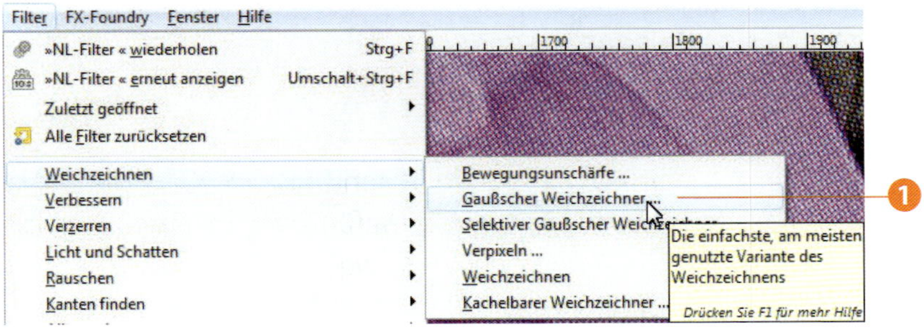

2 Stellen Sie im *Horizontal-* ② und *Vertikal*-Eingabefeld ③ einen Wert ein, bei dem die Rasterpunkte miteinander verschmelzen. Im Beispiel sind das 4 Pixel.

Ist das Kettensymbol ④ – wie im Beispiel – verschlossen, brauchen Sie nur einen Wert einzugeben, der dann automatisch auch für die andere Option genutzt wird.

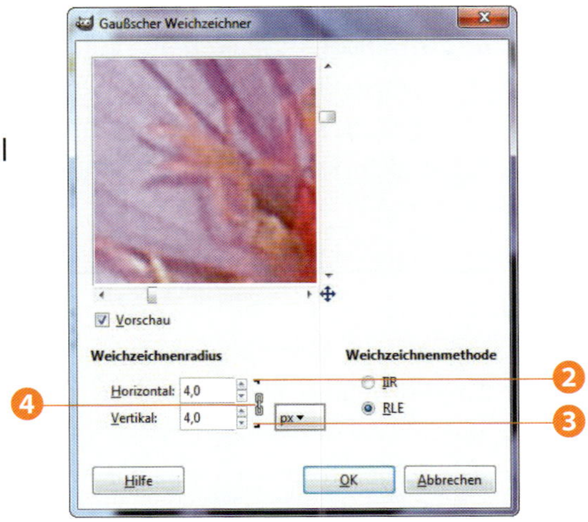

Die Druckpunkte, die zum Moiré führten, sind nun zwar verschwunden, dafür ist das Bild aber ein wenig unscharf geworden.

3 Um nun die Schärfe des Bildes wieder zu verbessern, rufen Sie die Funktion *Filter/ Verbessern/Unscharf maskieren* auf. Verwenden Sie beispielsweise die gezeigten Werte **5**. Sie erhalten mit diesen Arbeitsschritten ein Ergebnis mit akzeptabler Schärfe – ohne das störende Moiré.

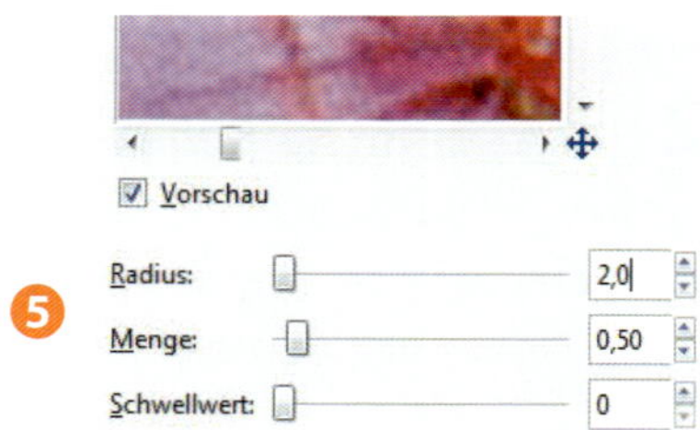

Bei dieser vorgestellten Variante ist es normal, dass man meist mehrere Versuche benötigt, ehe der optimale Kompromiss zwischen dem Weichzeichnen und Nachschärfen gefunden ist. Wenn Sie das Verfahren häufig anwenden, werden Sie schnell ein Gefühl für die optimalen Werte entwickeln.

Bildpartien ausbessern

Mit Gimp haben Sie vielseitige Möglichkeiten zur Bildbearbeitung – bis hin zu komplexen Bildretuschen. So können Sie störende Bildteile leicht entfernen oder austauschen. Wenn Sie wollen, können Sie Personen an andere Orte »verfrachten«. Vielleicht wollten Sie ja schon immer einmal nach Hawaii. Mit Gimp ist das kein Problem.

Die digitale Spiegelreflexfotografie bringt durch die Möglichkeit, die Objektive tauschen zu können, einen Nachteil mit sich: Schnell kann es passieren, dass der Sensor verschmutzt, was sich im Bild an mehr oder minder großen Flecken (1) zeigt.

Sie sehen nachfolgend ein solches Negativbeispiel. Es ist aber ein Leichtes, solche Bildfehler mit Gimp zu entfernen. Dazu sind nur einige wenige Arbeitsschritte notwendig, die ich Ihnen nun vorstelle.

1 Rufen Sie zum Korrigieren des Fehlers aus dem Werkzeugkasten das *Klonen*-Werkzeug 2 auf. Wählen Sie in den Werkzeugeinstellungen 3 eine geeignete Pinselspitze aus 4. Sie sollte einen weichen Rand 5 besitzen, damit die späteren Korrekturen nicht auffallen.

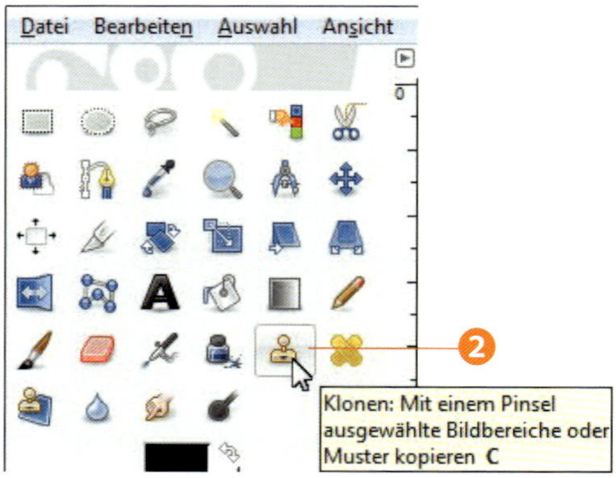

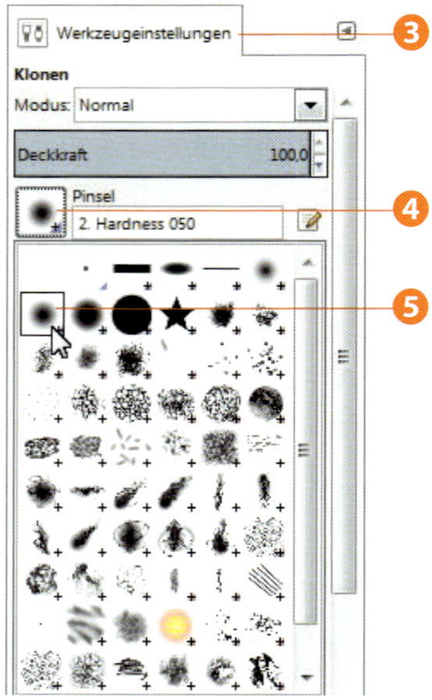

2 Mit der letzten Schaltfläche in der Fußzeile der Liste 6 rufen Sie übrigens den Pinselauswahldialog auf, der am rechten Rand des Arbeitsbereichs untergebracht ist. Hier klappt die Pinselauswahl 7 ebenso.

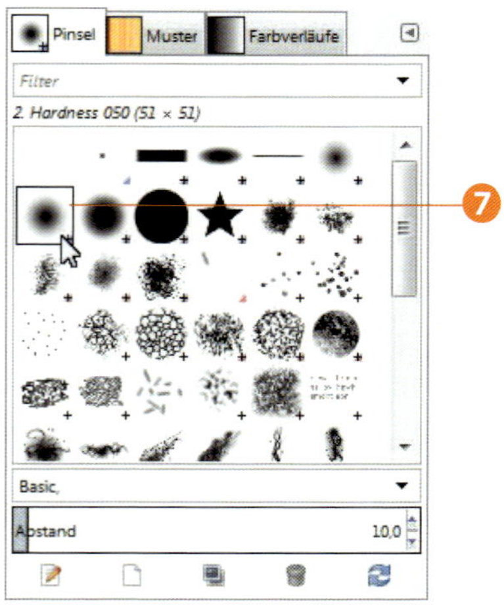

Nach der Auswahl der Pinselspitze müssen Sie in den Werkzeugeinstellungen noch die *Größe* festlegen. Sie können dazu entweder die Pfeiltasten 9 oder den Schieberegler 8 verwenden. Alternativ dazu lässt sich der gewünschte Wert auch einfach in das Eingabefeld 10 eintippen. Bei meinem Beispiel ist *30* ein geeigneter Wert.

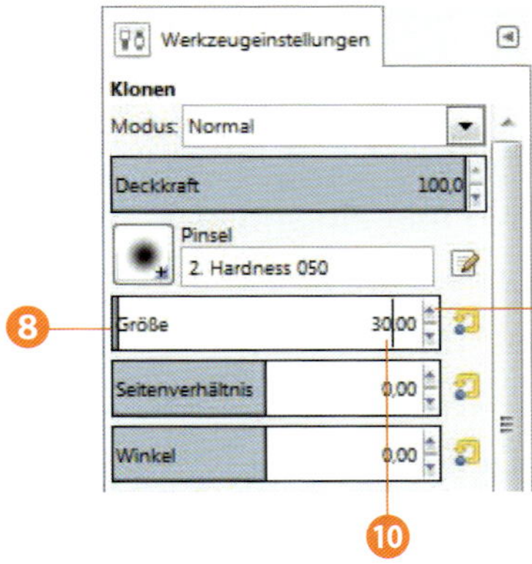

Korrekturen vornehmen

Die folgenden Bildkorrekturen sollten Sie bei einer Darstellungsgröße von 100 % – oder größer – vornehmen, um alle Details gut erkennen zu können. Klicken Sie mit gedrückter Strg-Taste auf eine Stelle 1 knapp neben dem zu retuschierenden Fussel. Damit definieren Sie den Ursprungspunkt. Nach dem Loslassen der Strg-Taste übermalen Sie den Fussel 2.

Tipp

Beim Retuschieren ist es so, dass Sie die Fehler nicht etwa aus dem Bild »entfernen« – das geht nicht. Die Bildfehler werden lediglich sozusagen »überdeckt«. Dazu werden ähnlich aussehende Bildteile verwendet, sodass das Retuschieren dem Betrachter nicht auffällt.

Wenn Sie einen neuen Ursprungspunkt definieren wollen, drücken Sie erneut die Strg-Taste und klicken auf den neuen Ursprungspunkt 3. Das Wechseln der Ursprungspunkte ist nötig, damit immer ein ähnlicher Bildteil der zu übermalenden Stelle ausgewählt ist. Andernfalls würde die Retusche auffallen. Arbeiten Sie sich auf diese Art und Weise voran 4, bis der komplette Fussel verschwunden ist.

3

4

Das Heilen-Werzeug einsetzen

Das nächste Werkzeug, das Sie zum Ausbessern von Bildteilen einsetzen können, ist das *Heilen*-Werkzeug. Das *Klonen*- und das *Heilen*-Werkzeug arbeiten fast identisch.

Beim Klonen werden allerdings die Originalpartien 1:1 übertragen. Das *Heilen*-Werkzeug 1 berücksichtigt dagegen auch die Strukturen der ausgebesserten Stelle – das ist zwar praktisch, aber auch etwas »unbeherrschbarer«. So müssen Sie von Fall zu Fall entscheiden, ob das eine oder das andere Werkzeug besser zur Korrektur des Bildfehlers geeignet ist.

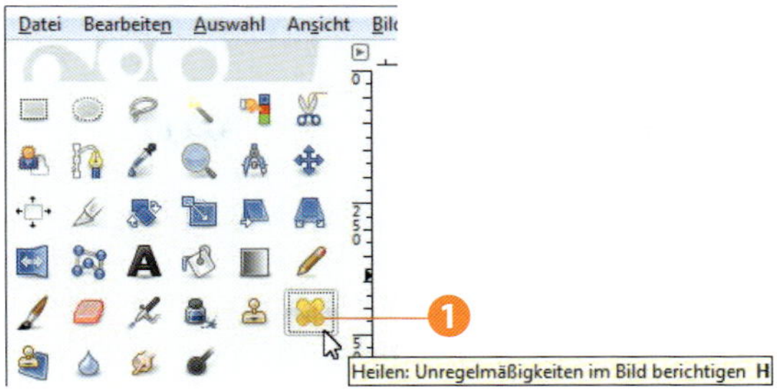

Im Ausgangsbild stört ein Frackteil 2 links im Bild, der von einem anderen Tänzer stammt. Dies war bei der Aufnahme nicht zu vermeiden.

1 Rufen Sie im Zoom-Listenfeld 3 die Darstellungsgröße von *100 %* auf, um die kommenden Veränderungen gut beurteilen zu können.

2 Wählen Sie aus dem Menü *Fenster/Andockbare Dialoge* die Option *Navigation* aus. Ziehen Sie den weißen Markierungsrahmen 4 auf den Bildausschnitt, der angezeigt werden soll. In der Fußzeile des Fensters finden Sie übrigens einige nützliche Optionen, um die Darstellung an bestimmte Größen anzupassen – beispielsweise an die Fenstergröße 5.

3 Stellen Sie in den Werkzeugeinstellungen des *Heilen*-Werkzeugs die passende Pinselgröße ein – im Beispiel ist der Wert *50* **6** gut geeignet.

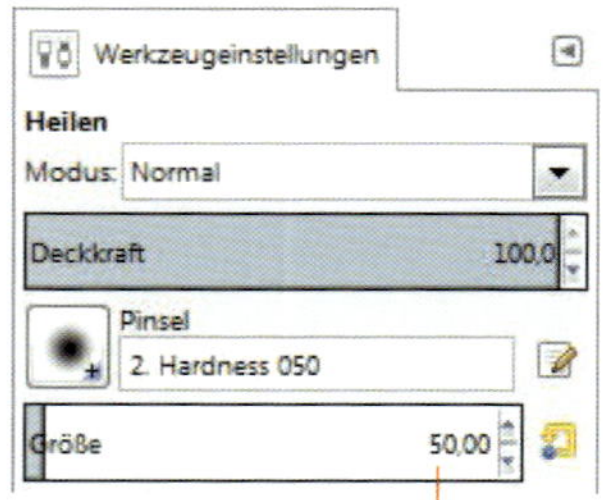

6

4 Wie schon vom *Klonen*-Werkzeug bekannt, müssen Sie nun mit der [Strg]-Taste einen Ursprungspunkt **7** festlegen. Anschließend wird mit gedrückter linker Maustaste die Stelle im Bild übermalt **8**, die entfernt werden soll. Tupfen Sie sich so Stück für Stück ans Ziel **9** – hier ist ein klein wenig Geduld nötig.

7

8

Prinzipiell ist es egal, ob Sie die Fehler »zutupfen« oder mit gedrückt gehaltener linker Maustaste »übermalen«. Oft ist das Zutupfen aber praktischer, weil das Arbeiten mit der Maus nicht immer ganz einfach ist. Hinzu kommt, dass Sie Aktionen dann leichter rückgängig machen können, weil das »Zumalen« ja als ein einziger Schritt gewertet wird – das »Zutupfen« dagegen als viele Einzelschritte, die gegebenenfalls alle einzeln zurückgenommen werden könnten.

9

Perspektivisch klonen

Das dritte *Klonen*-Werkzeug ist geeignet, wenn Sie perspektivische Verzerrungen beim Klonen korrekt ausführen wollen. So eignet sich das Werkzeug *Perspektivisches Klonen* zum Beispiel gut, um Fehler bei Gebäuden zu korrigieren, die perspektivisch aufgenommen wurden. Ich will bei diesem Werkzeug aber nicht verschweigen, dass ein wenig Übung nötig ist, ehe Sie es effektiv einsetzen können.

1 Rufen Sie aus dem Werkzeugkasten das Werkzeug *Perspektivisches Klonen* 1 auf und aktivieren Sie in den Werkzeugeinstellungen die Option *Perspektive ändern* 2. Dies ist wichtig, weil Gimp zunächst einmal die Perspektive des Bildes kennen muss, bevor Bildteile erfolgreich geklont werden können.

1

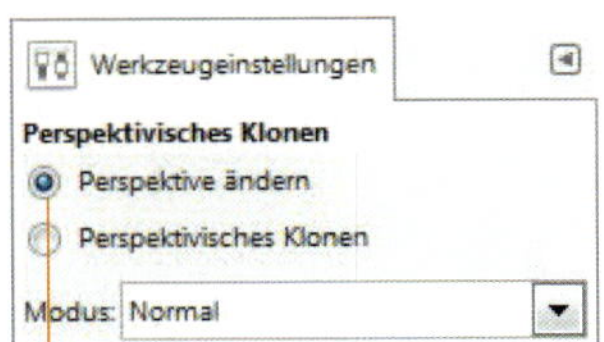

2

2 Klicken Sie in das Bild, um eine Markierungslinie mit Griffpunkten **4** an den vier Ecken zu sehen. Diese Markierungsquadrate **3** müssen an die Gebäudekanten angepasst werden.

3 Platzieren Sie auf diese Art und Weise alle vier Eckmarkierungspunkte an den Gebäudekanten.

4 Nach dem Festlegen der Perspektive muss die Option *Perspektivisches Klonen* **5** in den *Werkzeugeinstellungen* aktiviert werden. Stellen Sie außerdem im *Ausrichtung*-Listenfeld die Option *Ausgerichtet* **6** ein und legen Sie die Größe des Pinsels **7** fest.

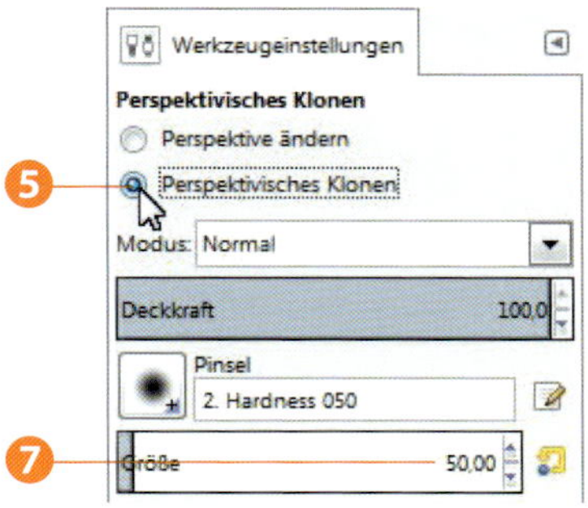

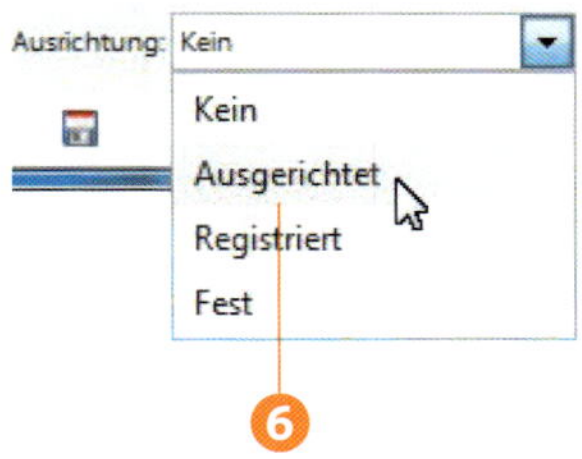

5 Übermalen Sie nach dem Festlegen des Ursprungspunkts **8** (mit gedrückter Strg-Taste) mit gedrückter linker Maustaste die Stellen im Bild **9**, die Sie überdecken wollen.

6 Arbeiten Sie sich so Stück für Stück voran. Hier wurde die Radfahrerin **10** vollständig entfernt.

> **Tipp**
>
> Wenn Sie das Werkzeug wechseln, bleibt übrigens die festgelegte Perspektive nicht erhalten. Stellen Sie daher das Klonen erst komplett fertig, bevor Sie das Werkzeug wechseln.

Bildrauschen reduzieren

Wenn Sie bei schlechten Lichtverhältnissen die Empfindlichkeit erhöhen, kann es zu unschönem Bildrauschen kommen – besonders, wenn Sie eine etwas ältere Digitalkamera besitzen. Oft bieten Kameras Optionen an, um kameraintern das Bildrauschen zu reduzieren – Sie können diese Aufgabe aber auch nachträglich mit Gimp erledigen. Dafür haben Sie unterschiedliche Möglichkeiten.

1 Öffnen Sie das zu bearbeitende Bild und stellen Sie als Erstes eine Darstellungsgröße von *100 %* ① – oder größer – ein, um die Bildfehler gut erkennen zu können.

2 Rufen Sie die Funktion *Filter/Verbessern/Flecken entfernen* **2** auf. Scrollen Sie das Vorschaubild zu einer relevanten Position, an der das Rauschen gut zu erkennen ist. Experimentieren Sie ein wenig mit verschiedenen Einstellungen **3**. Für jedes Bild werden unterschiedliche Einstellungen passend sein – hier kann man nichts verallgemeinern.

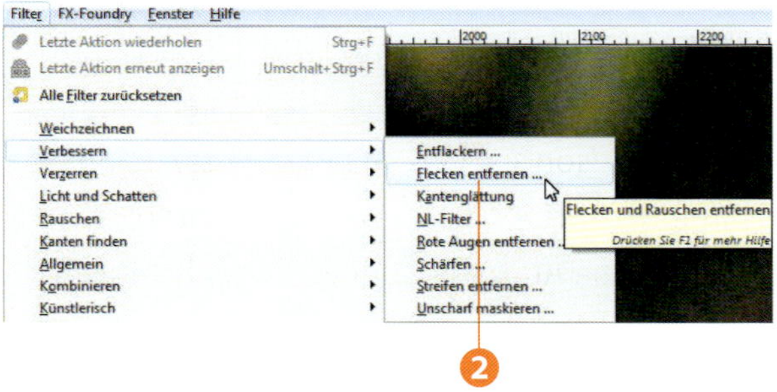

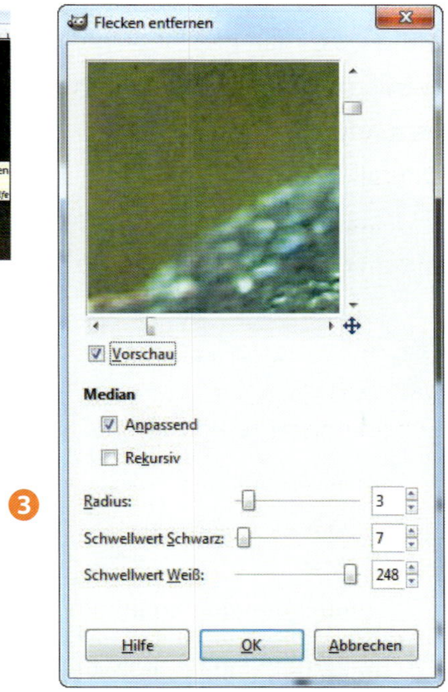

3 Es ist durchaus empfehlenswert, die verschiedenen Filter am Bild auszuprobieren, um festzustellen, mit welcher Funktion das beste Ergebnis entsteht. Probieren Sie daher alternativ dazu auch die Funktion *Filter/Verbessern/NL-Filter* **4** aus, um das Bildrauschen zu reduzieren.

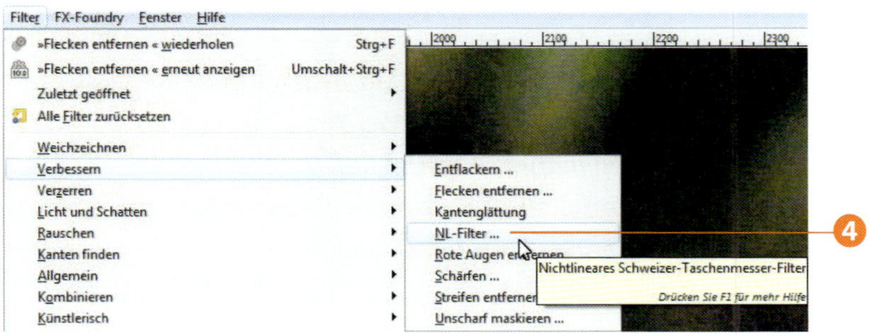

4 Testen Sie zum Beispiel diese Einstellungen **5**.

Nach der Rauschreduzierung wirkt das Ergebnis besser und auch »professioneller«, wobei man aber natürlich anmerken muss, dass man das Rauschen nicht vollständig entfernen kann – das liegt in der Natur der Sache.

5

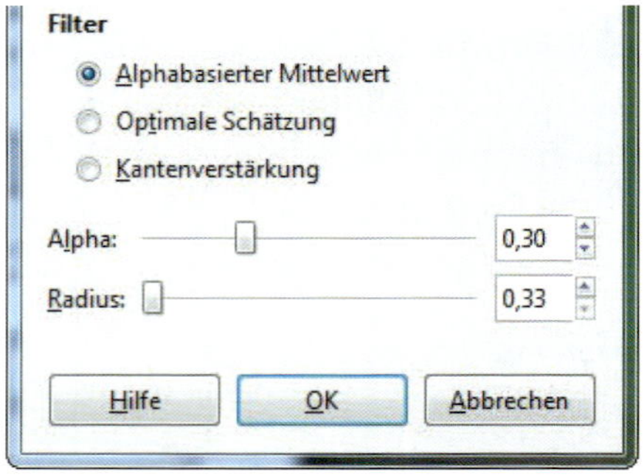

Alternativ zu den vorgestellten Filtern können Sie auch ausprobieren, wie die Bildwirkung ist, wenn Sie den Filter *Gaußscher Weichzeichner* in Kombination mit dem anschließenden Schärfen mithilfe der Funktion *Unscharf maskieren* einsetzen. Das entspricht dem Verfahren, das ich Ihnen beim Entfernen von Moirés vorgestellt habe, die beim Scannen von Druckerzeugnissen entstehen. Natürlich sind hier verschiedene Versuche nötig, ehe ein optimales Ergebnis entsteht.

Kapitel 6

Bildteile auswählen

In den bisherigen Workshops wurde überwiegend das gesamte Bild bearbeitet. Dies muss aber nicht unbedingt so sein. Gimp bietet verschiedene Werkzeuge an, um Teile des Bildes auszuwählen. Die ausgewählten Bildteile können dann getrennt vom restlichen Bild bearbeitet werden. Wie dies klappt, erfahren Sie in diesem Kapitel.

Die Auswahl-Werkzeuge

Gimp stellt insgesamt sieben verschiedene Werkzeuge ❶ bereit, um Teile des Bildes auf unterschiedliche Art und Weise auszuwählen. Die Werkzeuge bieten teilweise unterschiedliche Optionen in den Werkzeugeinstellungen an. Einige Optionen sind aber bei all diesen Werkzeugen identisch.

So legen Sie mit den *Modus*-Optionen fest, ob ausgewählte Bildteile addiert ❷ oder voneinander abgezogen ❼ werden sollen. Auch das Bilden einer Schnittmenge ❸ ist möglich. Mit der ersten – standardmäßig voreingestellten – Option ❻ wird mit jedem Markieren eine neue Auswahl erstellt und die eventuell bestehende Auswahl verworfen. Die Option *Kanten glätten* ❹ ist sinnvoll, wenn die Auswahl nicht nur aus waagerechten oder senkrechten Linien besteht. Ist die Option aktiviert, werden unschöne »Treppenstufen« vermieden – daher sollte die Option stets aktiviert werden. Wenn Sie die Option *Kanten ausblenden* ❺ aktivieren, legen Sie einen *Radius*-Wert fest. Beim Erstellen der nächsten Auswahl wird dann die Kante mit dem *Radius*-Wert weich überblendet.

Einen rechteckigen Bereich auswählen

Die einfachste Art des Erstellens eines Auswahlbereichs erreichen Sie über die erste Schaltfläche im Werkzeugkasten. Damit wird ein rechteckiger Bereich im Bild ausgewählt.

1 Öffnen Sie das Bild und rufen Sie aus dem Werkzeugkasten das Werkzeug *Rechteckige Auswahl* ❶ auf.

2 Stellen Sie in den Werkzeugeinstellungen ein, dass ein neuer Bereich **2** erstellt werden soll. Ziehen Sie mit gedrückter linker Maustaste einen Auswahlrahmen auf **3**.

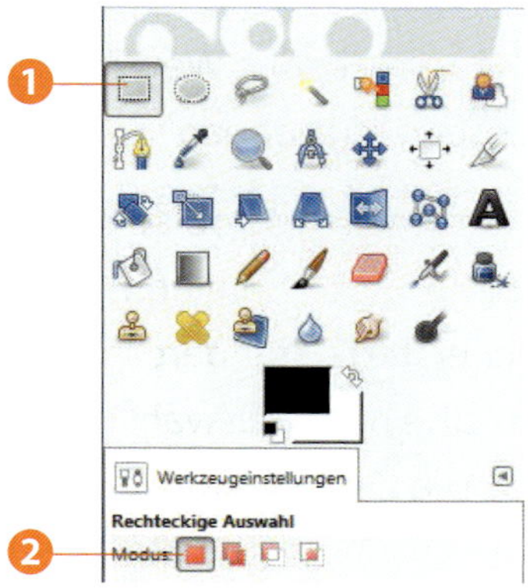

3 Lassen Sie die Maustaste los – Sie sehen dann eine gestrichelte Markierungslinie, die den ausgewählten Bereich markiert **4**.

4 Falls Sie sich übrigens vertan haben, können Sie den Auswahlbereich nachträglich anpassen, indem Sie auf die Markierungslinie klicken. Sie sehen dann die üblichen Markierungen 5 an den Ecken und Kanten, wie Sie sie schon beim Freistellungswerkzeug kennengelernt haben.

5 Rufen Sie die Funktion *Auswahl/Invertieren* auf. Damit wird der zuvor nicht ausgewählte Bereich markiert 6.

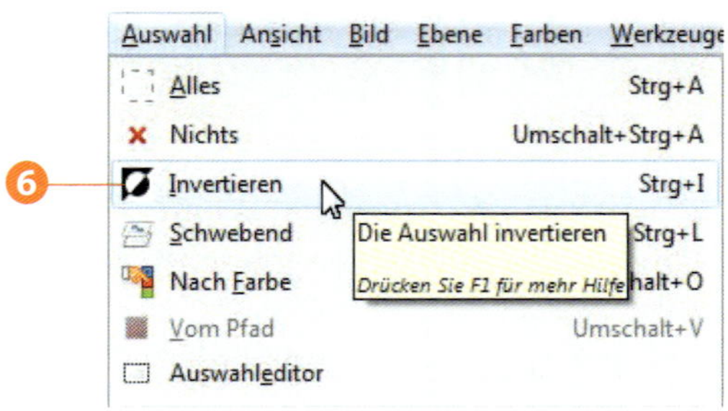

Die umgedrehte Arbeitsweise ist durchaus normal. In vielen Fällen ist es leichter, nicht das auszuwählen, was man benötigt, sonders das, was nicht benötigt wird. Das anschließende Umkehren der Auswahl ist ein schneller und effektiver Weg.

Die Auswahl benutzen

Der nun ausgewählte Bereich lässt sich auf unterschiedliche Art und Weise nutzen. So könnten Sie beispielsweise die bereits vorgestellten Bildoptimierungsfunktionen partiell anwenden. Ich möchte Ihnen bei diesem Workshop aber zeigen, wie Sie einen Effekt an den ausgewählten Bildteilen anwenden können. Das Verfahren, das ich Ihnen nun vorstelle, ist immer dann sinnvoll, wenn Sie Bildteile hervorheben wollen – im Beispiel also die »Baby-Heuschrecke«.

1 Rufen Sie die Funktion *Filter/Weichzeichnen/Gaußscher Weichzeichner* ❶ auf. Klicken Sie in das Vorschaubild ❷, um mit gedrückter linker Maustaste einen neuen Bildausschnitt auszuwählen. Alternativ dazu können Sie auch auf den Doppelpfeil ❸ unten rechts klicken, um den Bildausschnitt in einem Navigationsfenster ❹ auszuwählen.

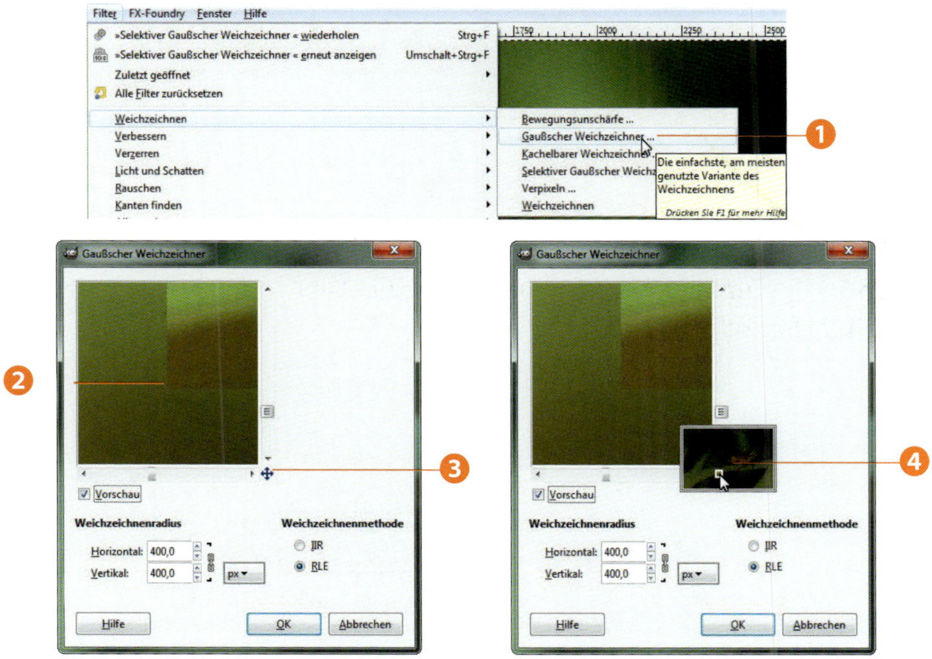

2 Tippen Sie die Werte für die horizontale und vertikale Unschärfe in die Eingabefelder **5** ein. Ich habe absichtlich einen extrem hohen Wert von *400 px* eingestellt, damit eine sehr starke Unschärfe entsteht. Bestätigen Sie die Einstellungen mit der *OK*-Schaltfläche **6**.

3 Rufen Sie die Menüfunktion *Auswahl/Nichts* **7** auf, da die Auswahl nun nicht mehr benötigt wird.

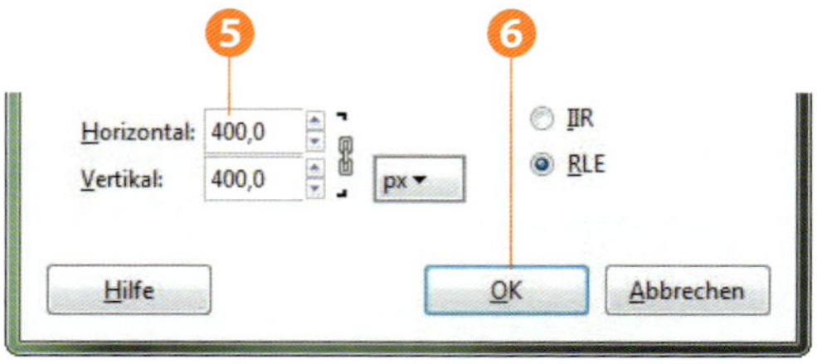

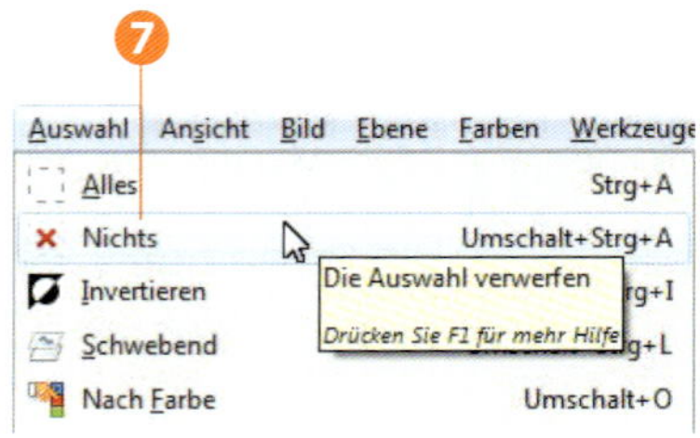

Mit diesen wenigen Arbeitsschritten entsteht das folgende Endergebnis – durch die Unschärfe wird das Hauptmotiv »aufgewertet«. So wirkt das Bild gleich viel interessanter.

Eine elliptische Auswahl erstellen

Das zweite Auswahl-Werkzeug dient zum Erstellen einer elliptischen Auswahl. Nach dem Aufruf der Funktion haben Sie in den Werkzeugeinstellungen mehrere Optionen. Für eine saubere Kante ohne Treppenstufen sollten Sie unbedingt die Option *Kanten glätten* 3 aktivieren. Wenn Sie die Option *Aus der Mitte aufziehen* 1 aktivieren, wird der Kreis vom angeklickten Punkt aus nach außen aufgezogen. Soll ein Kreis anstatt einer Ellipse entstehen, aktivieren Sie die *Fest*-Option 2 und wählen Sie im Listenfeld die Option *Seitenverhältnis* 4.

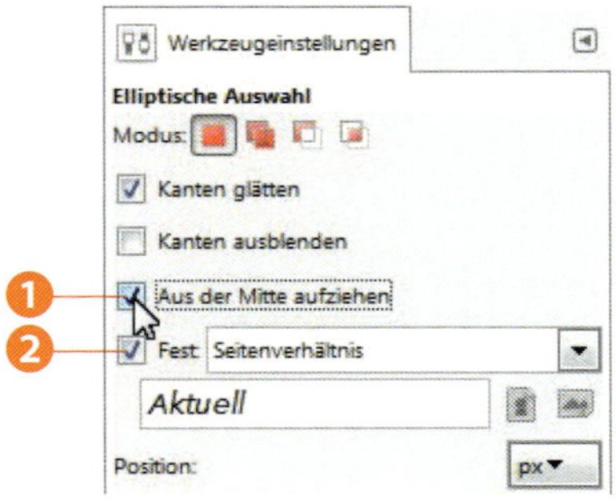

1 Klicken Sie im Bild auf die Position, an der der Mittelpunkt 5 des Kreises sein soll, und ziehen Sie mit gedrückter linker Maustaste die Kreisauswahl 6 auf. Sie sehen währenddessen eine Vorschaulinie.

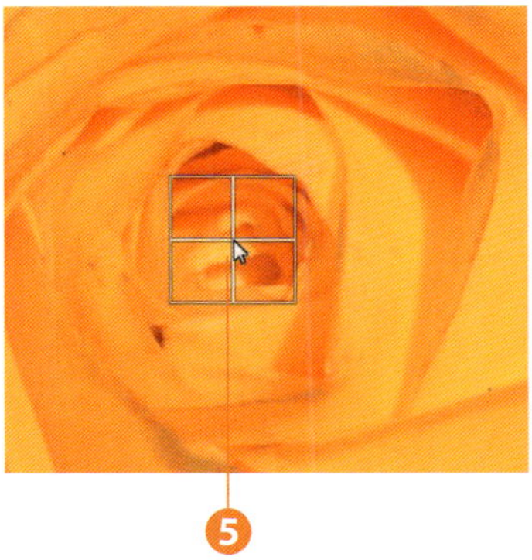

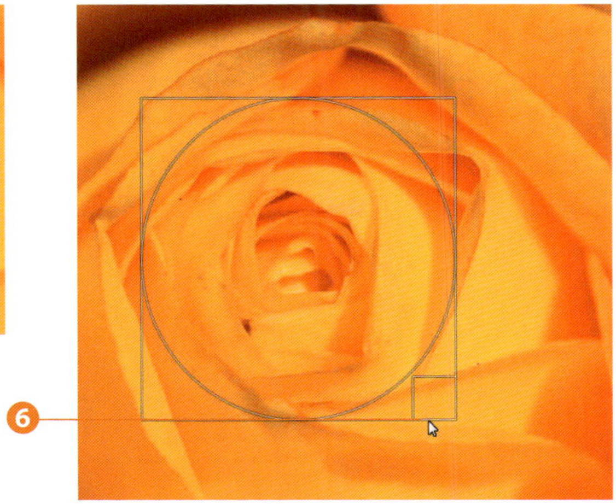

2 Lassen Sie die Maustaste los. Dann wird die Auswahl erstellt und mit einer gestrichelten Linie gekennzeichnet. Gegebenenfalls können Sie die Auswahl noch wie gewohnt editieren. Durch die aktivierte *Fest*-Option bleibt der Kreis stets erhalten – auch wenn Sie eine der Kanten verziehen.

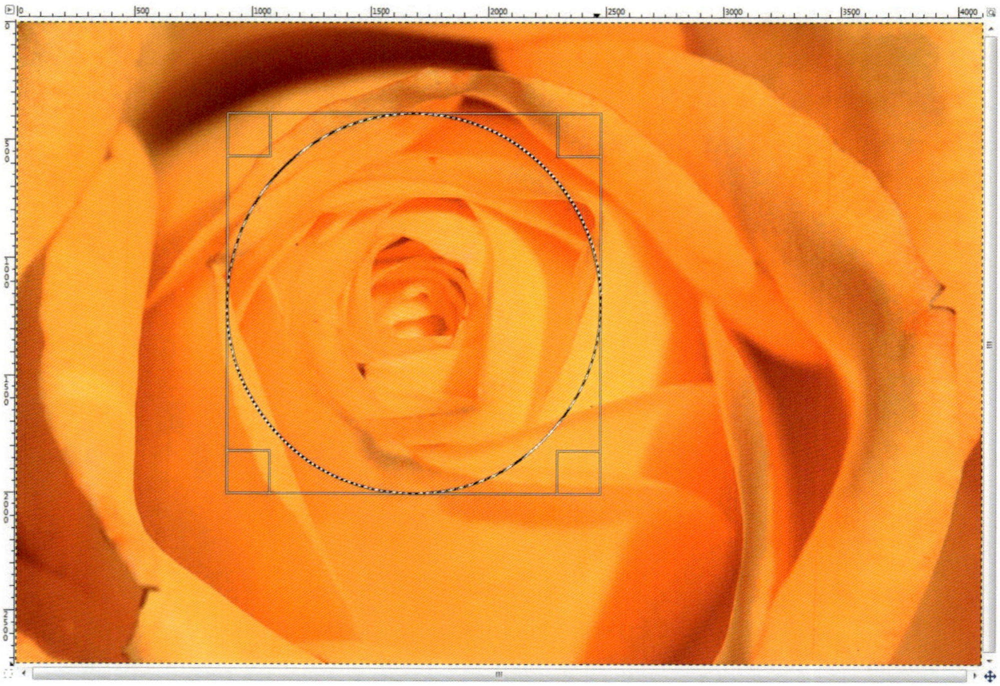

3 Wird die Auswahl wieder invertiert, können Sie das Umfeld des Kreises ganz leicht löschen, indem Sie die Entf-Taste drücken. Der Auswahlbereich wird dann mit der aktuellen Hintergrundfarbe gefüllt – im Beispiel also Weiß.

Eine freie Auswahlform

Sie können nicht nur geometrische Formen für die Erstellung von Auswahlbereichen nutzen – freie Formen sind ebenfalls möglich. Dafür benötigen Sie das dritte Auswahl-Werkzeug – *Freie Auswahl*. Im Workshop will ich Ihnen die Möglichkeiten vorstellen, die Sie mit der Option *Kanten ausblenden* haben.

1 Aktivieren Sie nach dem Aufruf des Werkzeugs *Freie Auswahl* ❶ in den Werkzeugeinstellungen die Option *Kanten ausblenden* ❷. Stellen Sie die Größe ein – im Beispiel wird der Maximalwert *100* ❸ benötigt.

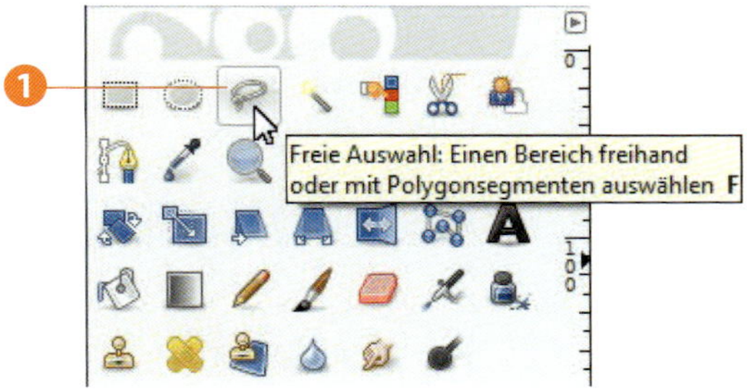

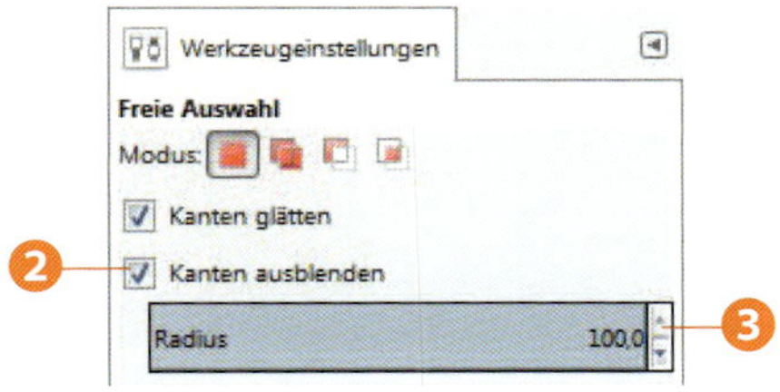

2 Gestalten Sie nun mit einzelnen Mausklicks ❹, ❺ die Form. Auf große Genauigkeit kommt es dabei nicht an – ein grobes »Umfahren« der Form reicht völlig aus.

Bei der Option *Kanten ausblenden* ist es wichtig, dass die Option vor dem Erstellen der Auswahl aktiviert wird. Bei bereits bestehenden Auswahlbereichen bewirkt das Aktivieren der Option nichts.

3 Umfahren Sie die Distel, bis Sie wieder beim Anfangspunkt ❻ angekommen sind. Klicken Sie hier, um die Form zu schließen. Nach dem Schließen der Form sehen Sie die für Auswahlbereiche übliche gestrichelte Linie ❼.

Neue Ebenen aus Auswahlbereichen erstellen

Der ausgewählte Bereich soll nun genutzt werden, um den Inhalt auf einer eigenständigen Ebene zu platzieren. Das ist flexibler, als wenn Sie nur mit der Hintergrundebene arbeiten.

1 Rufen Sie die Funktion *Bearbeiten/Kopieren* ❶ und anschließend die Funktion *Bearbeiten/Einfügen* ❷ auf.

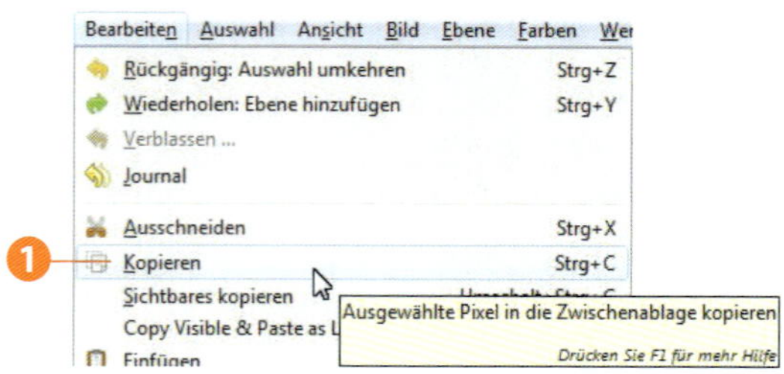

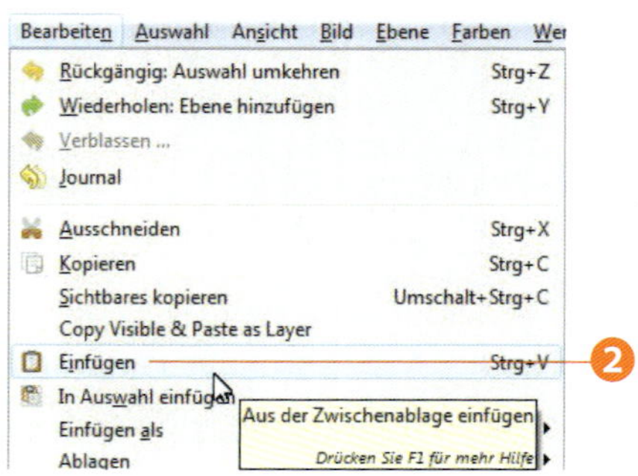

2 Werfen Sie einen Blick in den *Ebenen*-Dialog. Dort sehen Sie, dass Gimp damit den Inhalt des Zwischenspeichers als sogenannte *Schwebende Auswahl* ❸ eingefügt hat. Klicken Sie in der Fußzeile auf das erste Symbol ❹, um eine neue Ebene zu erstellen. Gimp fügt diese dann automatisch mit der schwebenden Auswahl zusammen.

Die **Schwebende Auswahl** ist eine temporäre Ebene. Andere Ebenen können erst dann bearbeitet werden, wenn die schwebende Auswahl mit der Funktion *Ebene/Ebene verankern* mit dem Hintergrund verschmolzen oder eine neue Ebene erstellt wird, die dann für die Verschmelzung genutzt wird.

3 Blenden Sie die untere Ebene mit einem Klick auf das Augensymbol ❺ aus – dann sehen Sie die neu entstandene Ebene, bei der alles außerhalb des ehemaligen Auswahlbereichs nun transparent ist. Transparente Bereiche stellt Gimp mit einem Karomuster ❻ im Bildfenster dar.

4 Klicken Sie auf das Symbol der Vordergrundfarbe **7** im Werkzeugkasten, um eine neue Vordergrundfarbe zu definieren. Die untere Ebene soll nämlich nun mit einer neuen Farbe gefüllt werden.

Damit öffnen Sie ein Dialogfeld. Hier können Sie den gewünschten Farbton entweder visuell im Farbspektrum **9** einstellen, oder Sie tippen einen Farbwert in den Eingabefeldern **8** ein. Alternativ dazu lässt sich der Farbton auch aus dem Bild aufnehmen, wenn Sie das Pipetten-Symbol **10** anklicken und in das Bild klicken. So stammt der verwendete Braunton aus dem Hintergrund des Beispielbildes.

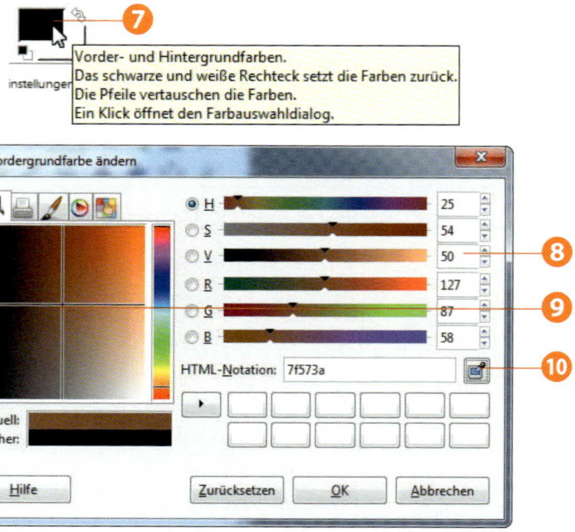

Die neu definierte Farbe soll nun genutzt werden, um die Hintergrundebene damit zu füllen. Klicken Sie daher im *Ebenen*-Dialog auf die untere Ebene, sodass sie markiert ist. Sie erkennen das an der blauen Unterlegung **11** des Eintrags.

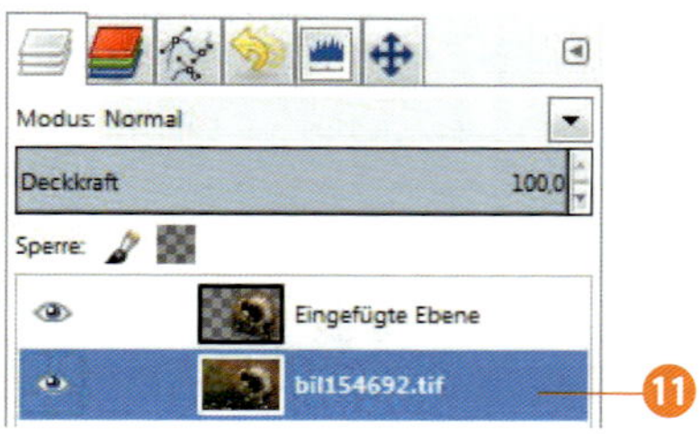

Um die untere Hintergrundebene nun mit der neu festgelegten Vordergrundfarbe zu füllen, benötigen Sie die Menüfunktion *Bearbeiten/Mit Vordergrundfarbe füllen* 12.

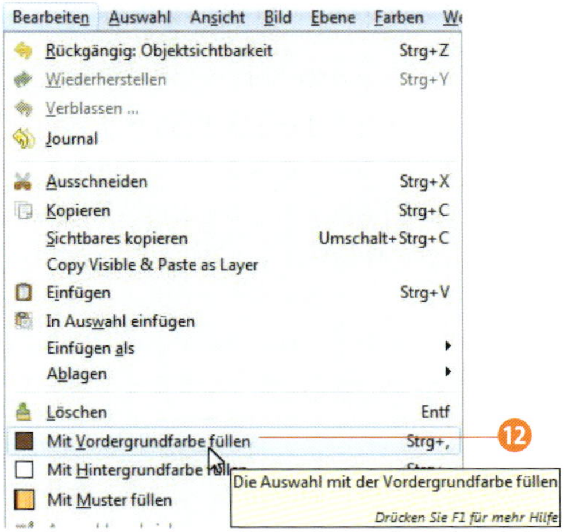

Damit erhalten Sie dieses Endergebnis des Workshops.

Den Zauberstab einsetzen

Gimp bietet mehrere Werkzeuge an, um Farben mit einem ähnlichen Farbton auszuwählen. So ist das *Zauberstab*-Werkzeug ein »Universal-Werkzeug«, das bei vielen Aufgabenstellungen gute Dienste leisten kann. Daher lohnt es sich, den Umgang mit diesem Werkzeug etwas zu üben. Der Zauberstab erfasst aneinander angrenzende Bereiche mit einem ähnlichen Farbton.

1 Aktivieren Sie nach dem Aufruf des *Zauberstab*-Werkzeugs ❶ in den Werkzeugeinstellungen die Option *Kanten glätten* ❸. Stellen Sie den *Schwellwert* ❹ ein – im Beispiel ist *15* der passende Wert. Mit diesem Wert bestimmen Sie, wie ähnlich die Farben sein müssen, um in den Auswahlbereich aufgenommen zu werden. Es ist normal, dass man hier nicht immer sofort den geeigneten Wert findet – gelegentlich sind mehrere Versuche notwendig.

2 Aktivieren Sie außerdem den *Hinzufügen*-Modus ❷, da der Auswahlbereich aus mehreren Mausklicks zusammengestellt werden soll.

Tipp

Man könnte meinen, dass es sinnvoll ist, einen höheren Schwellwert einzustellen, um schneller zum Ergebnis zu kommen. Dabei besteht aber die Gefahr, dass falsche Bereiche mit erfasst werden. Sie sollten daher lieber ein paar Mausklicks mehr in Kauf nehmen, eher der gesamte Bereich erfasst ist.

3 Klicken Sie in die Himmelsfläche **5**, die ausgewählt werden soll. Sie erkennen an der gestrichelten Markierungslinie **6**, dass nicht auf Anhieb der gesamte Himmel ausgewählt wurde – das ist aber völlig normal.

4 Klicken Sie nun in die noch nicht erfassten Bereiche **7**, um sie ebenfalls in die Auswahl aufzunehmen.

Es sind mehrere Mausklicks nötig, ehe der Himmel weitestgehend erfasst ist. So könnten Sie folgendes Zwischenergebnis erhalten.

Mit dem *Zauberstab* erfassen Sie nur Bereiche, die aneinander angrenzen. Daher müssen Sie die Bereiche, die nicht aneinander angrenzen 9, gesondert in die Auswahl aufnehmen – wie beispielsweise bei der Wetterfahne. Um die Details gut beurteilen zu können, sollten Sie eine Darstellungsgröße von *100 %* oder größer einstellen. Bei dieser Darstellungsgröße erkennen Sie auch, dass einzelne Pixel nicht erfasst wurden – die etwa von Unreinheiten des Fotos stammen 8.

5 Durchscrollen Sie das Bild und fügen Sie alle noch nicht erfassten Himmelbereiche zur Auswahl hinzu ⑩.

6 Kehren Sie abschließend die Auswahl wieder mit der Funktion *Auswahl/ Invertieren* um, sodass folgendes Ergebnis entsteht.

Einen neuen Hintergrund einfügen

Der Auswahlbereich soll nun genutzt werden, um einen anderen Hintergrund einzufügen.

1 Kopieren Sie die Auswahl mit *Bearbeiten/Kopieren* und fügen Sie sie mit *Bearbeiten/Einfügen* wieder ins Bild ein. Erstellen Sie dann für die schwebende Ebene eine neue Ebene ❷. Wenn Sie die Hintergrundebene jetzt mit einem Klick auf das Augensymbol ❶ vor den Eintrag im *Ebenen*-Dialog ausblenden, werden die transparenten Bereiche ❸ des Bildes sichtbar.

2 Öffnen Sie das Foto, aus dem der neue Himmel übernommen werden soll.

3 Kopieren Sie das neue Bild mit der Menüfunktion *Bearbeiten/Kopieren* in den Zwischenspeicher. Schneller klappt dies übrigens mit der Tastenkombination Strg + C.

4 Wechseln Sie zurück zum Ausgangsbild. Dies klappt am schnellsten mit einem Klick auf den Registerkartenreiter **4** über dem Bildfenster.

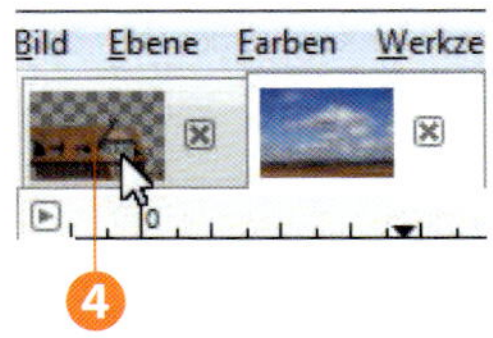

5 Rufen Sie die Funktion *Bearbeiten/Einfügen als/Neue Ebene* auf **5**. Damit fügen Sie den Inhalt der Zwischenablage als neue Ebene in das Dokument ein.

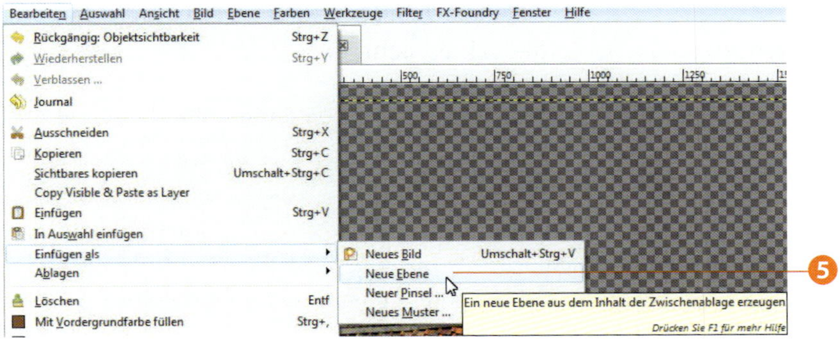

6 Ziehen Sie im *Ebenen*-Dialogfeld die neu eingefügte Ebene **6** mit gedrückter linker Maustaste unter die Ebene mit dem freigestellten Bildinhalt. Ein Strich zeigt die Einfügeposition **7** an. Der alte Hintergrund ist noch im Dokument enthalten. Gegebenenfalls können Sie ihn löschen, wenn Sie Speicherkapazität sparen wollen. Ich behalte diese Ebene allerdings immer, falls ich später noch einmal auf den Inhalt zugreifen möchte.

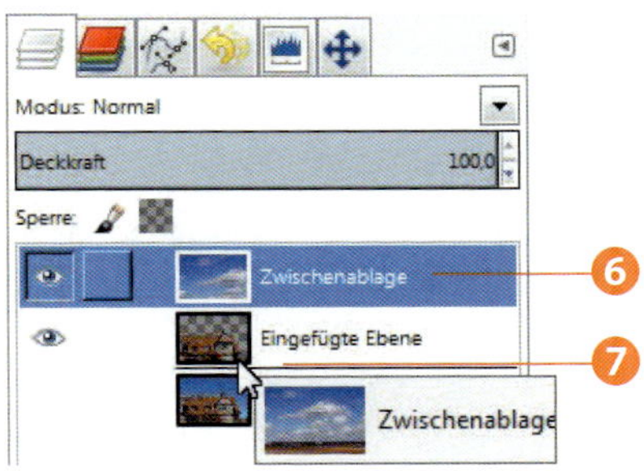

Neu eingefügte Ebenen werden stets oberhalb der aktuell markierten Ebene eingefügt. Wenn Sie also den Hintergrund vor dem Aufruf der Funktion markiert hatten, ist das Ändern der Ebenenposition überflüssig.

Wenn Sie Bilder zusammenmontieren, müssen Sie darauf achten, dass die Bilder farblich zusammenpassen. Auch die Bildgrößen müssen aufeinander abgestimmt sein – wobei es praktisch ist, wenn das Himmelfoto – wie im Beispiel – größer ist, damit die Position ein wenig variiert werden kann.

7 Rufen Sie das *Verschieben*-Werkzeug **8** aus dem Werkzeugkasten auf, da zum Abschluss noch die Position der neuen Ebene angepasst werden muss.

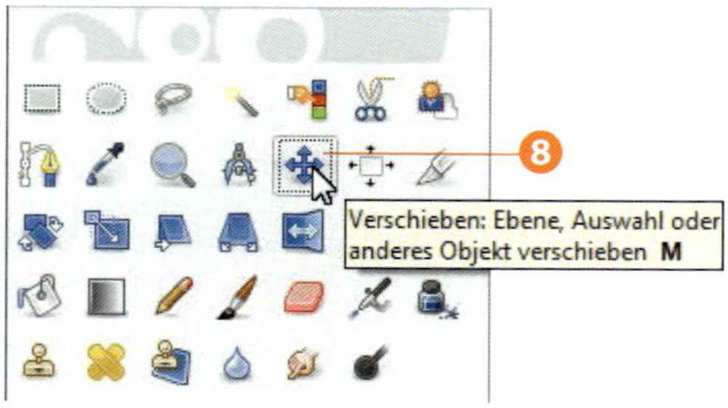

8 Ziehen Sie die Himmelebene mit gedrückter linker Maustaste an eine neue Position, bis sie sich harmonisch in das Bild einfügt.

Bildteile nach Farbe auswählen

Das nächste Auswahl-Werkzeug hat große Ähnlichkeit mit dem *Zauberstab*. Im Gegensatz dazu nimmt das Werkzeug *Nach Farbe auswählen* aber alle Farbtöne aus dem Bild in die Auswahl auf – nicht nur die angrenzenden Farbflächen.

1 Rufen Sie nach dem Öffnen des Bildes das Werkzeug *Nach Farbe auswählen* ❶ aus dem Werkzeugkasten auf. Stellen Sie den *Schwellwert* ❷ ein – im Beispiel ist *25* der geeignete Wert. Der *Schwellwert* legt fest, wie ähnlich Farben sein müssen, um in die Auswahl aufgenommen zu werden.

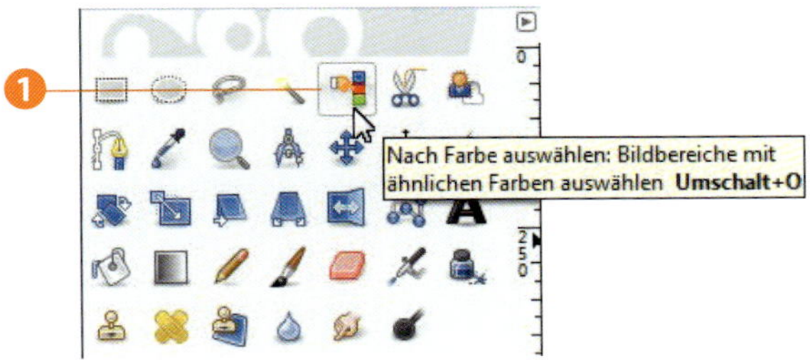

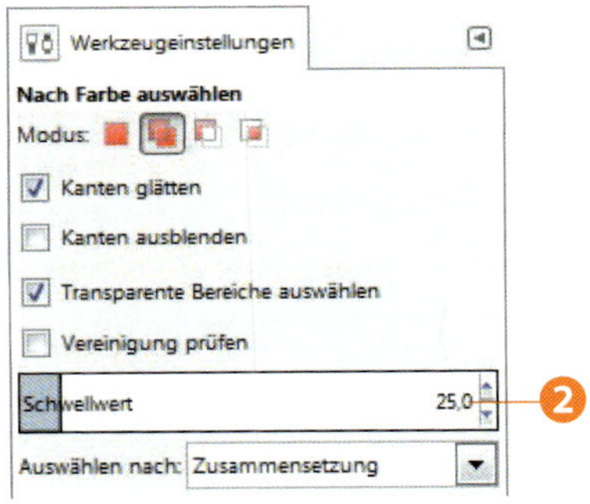

2 Klicken Sie in den Bereich des Hintergrunds ❸, um die Auswahl zu erstellen. Da im Beispiel die Farben sehr ähnlich sind, reicht ein einziger Mausklick aus, um den gewünschten Auswahlbereich zu erstellen.

Auswahlbereiche speichern und anwenden

Sie können Auswahlbereiche speichern. So haben Sie zu einem späteren Zeitpunkt die Möglichkeit, erneut darauf zurückzugreifen. Die Auswahl wird in einem sogenannten Alphakanal gespeichert.

> In **Alphakanälen** sehen Sie Schwarz-Weiß-Bilder. Je schwärzer ein Bereich ist, umso stärker ist er geschützt. Nur die weißen Bereiche können daher vollständig bearbeitet werden.

Wenn Sie die Auswahl für eine spätere Verwendung sichern wollen, rufen Sie die Funktion *Auswahl/In Kanal speichern* ❷ auf. Wenn Sie zum *Kanäle*-Dialogfeld wechseln, sehen Sie dort das Miniaturbild ❶ des neu aufgenommenen Alphakanals.

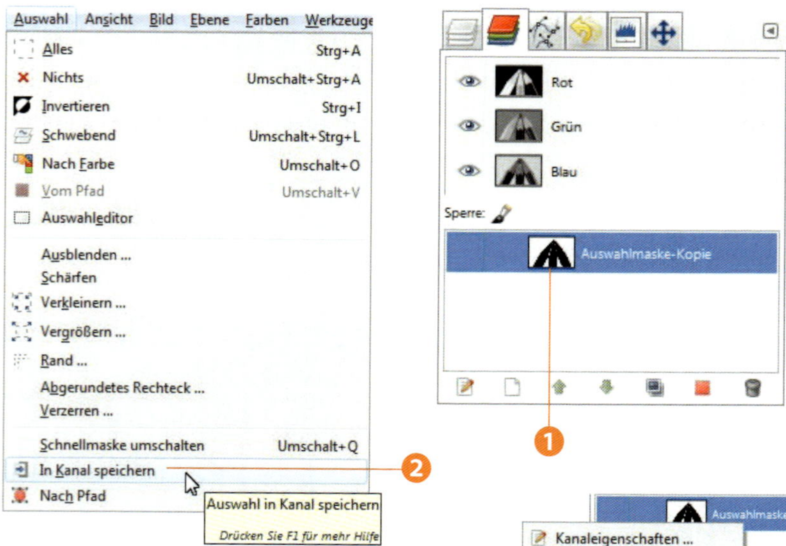

Um eine Auswahl erneut zu laden, rufen Sie aus dem Kontextmenü die Funktion *Auswahl aus Kanal* ❸ auf.

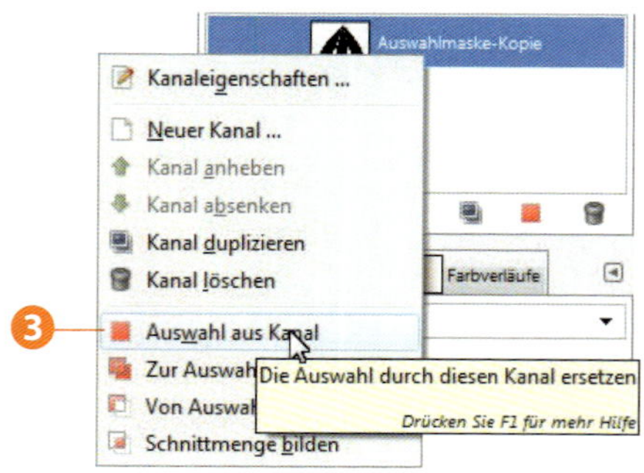

> Das **Kontextmenü** wird übrigens mit einem Klick mit der rechten Maustaste geöffnet.

Den Farbton verändern

Den ausgewählten Bereich können Sie nach Belieben mit den bekannten Funktionen verändern. Ich möchte Ihnen in diesem Workshop zeigen, wie Sie ganz einfach die Farbe verändern können. Rufen Sie die Funktion *Farben/Farbton/Sättigung* ❶ auf.

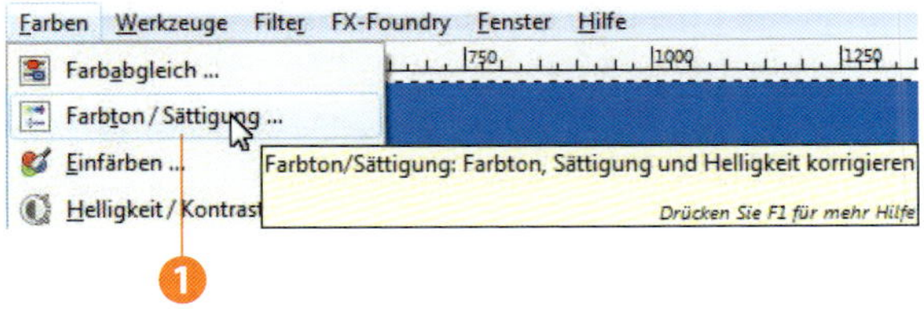

Verändern Sie den *Farbton*-Wert. So entsteht mit dem Wert *90* ❷ beispielsweise ein pinkfarbener Ton. Hier lohnt es sich, ein wenig herumzuexperimentieren, um ein interessantes Ergebnis zu erhalten. Sie können die Farbe über das gesamte Farbspektrum verändern.

Die Magnetische Schere einsetzen

Das gerade verwendete Beispielbild eignet sich auch ganz gut, um Ihnen das nächste Auswahl-Werkzeug vorzustellen: das Werkzeug *Magnetische Schere*. Dieses Werkzeug erkennt automatisch Konturen im Bild und erstellt die Auswahl entlang der gefundenen Konturen.

1 Rufen Sie aus dem Werkzeugkasten das Werkzeug *Magnetische Schere* ① auf.

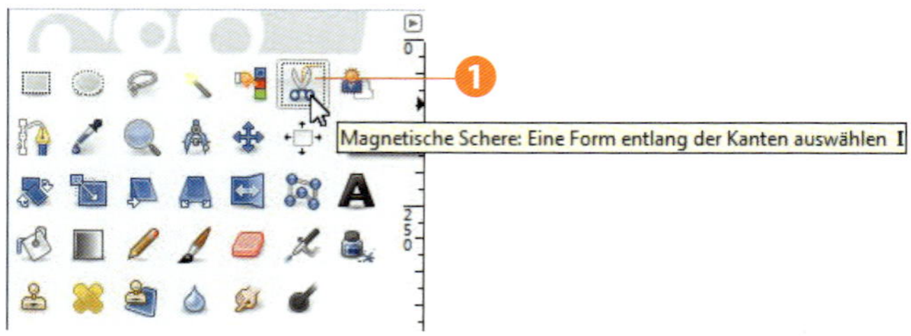

2 Klicken Sie mit der linken Maustaste auf eine Position im Bild, an der eine Kontur zu sehen ist – wie im Bild der Stift links. Ein gefüllter Kreis kennzeichnet die Markierung ②.

3 Platzieren Sie den nächsten Punkt dort, wo sich die Richtung der Kontur deutlich verändert ③. Für einen Moment sehen Sie eine direkte Verbindungslinie ④ zwischen den beiden Punkten.

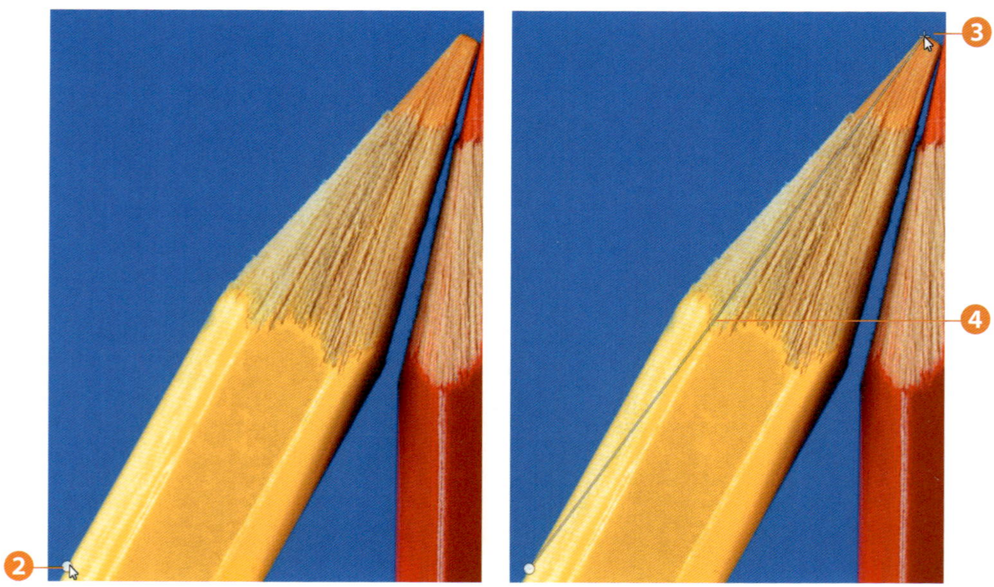

Wenn Sie in den Werkzeugeinstellungen die Option *Interaktive Umrandung* aktiviert haben, wird gleich beim nächsten Mausklick die passende Kontur angezeigt – andernfalls eine gerade Linie zwischen den Punkten.

4 Nach dem Loslassen der Maustaste sucht Gimp die Kontur und zeigt die Linien entlang der Kante des Stifts 4 an. Platzieren Sie weitere Punkte an den Stellen, an denen sich der Konturverlauf ändert 5.

5 Platzieren Sie weitere Punkte, bis Sie wieder am Startpunkt angelangt 6 sind und die Form geschlossen werden kann. Falls Sie Punkte verschieben wollen, können Sie sie anklicken und neu platzieren 7.

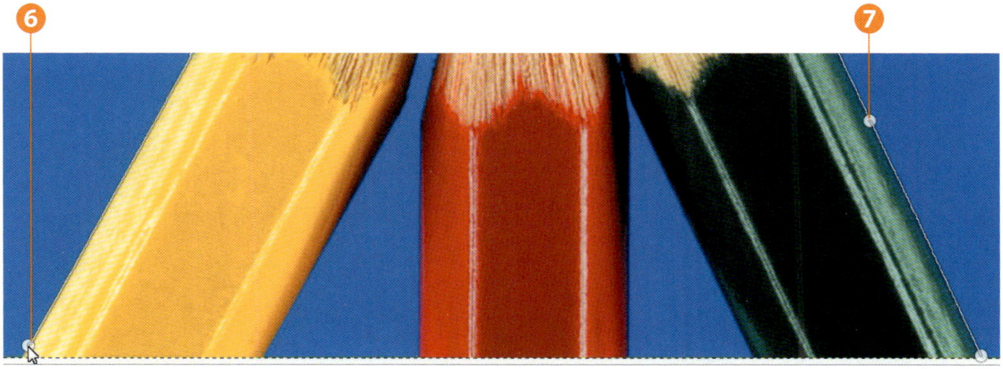

6 Klicken Sie zum Abschluss innerhalb des markierten Bereichs oder drücken Sie die [↵]-Taste, um die Auswahl zu erstellen. Sie können die Auswahl dann wie gewohnt speichern oder den Auswahlbereich bearbeiten.

Den Vordergrund freistellen

Oftmals ist es notwendig, Objekte im Bildvordergrund freizustellen. Um diese Aufgabenstellung möglichst effektiv zu lösen, bietet Gimp ein gesondertes Auswahl-Werkzeug an: das *Vordergrundauswahl*-Werkzeug 1. Es ist das letzte der Auswahl-Werkzeuge.

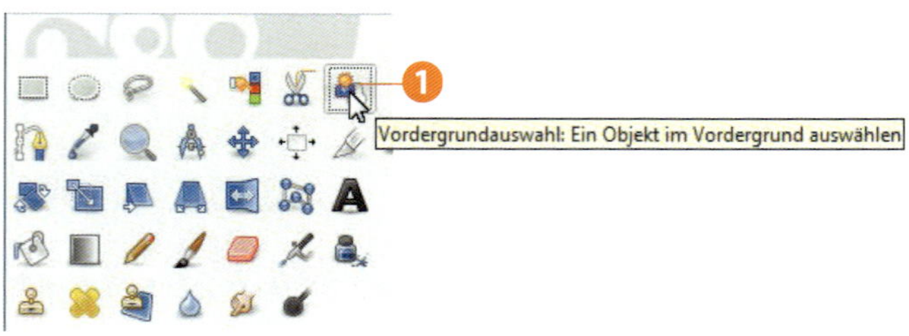

1 Passen Sie mit dem Schieberegler **3** die Pinselgröße an – das klappt nur ungefähr, da numerisch präzise Eingaben hier nicht möglich sind. Im Listenfeld *Vorschaufarbe* stellen Sie ein, wie die Fläche hervorgehoben wird. Sie sollten eine Farbe wählen, die beim geöffneten Foto zu erkennen ist – in unserem Beispiel ist *Grün* **2** geeignet.

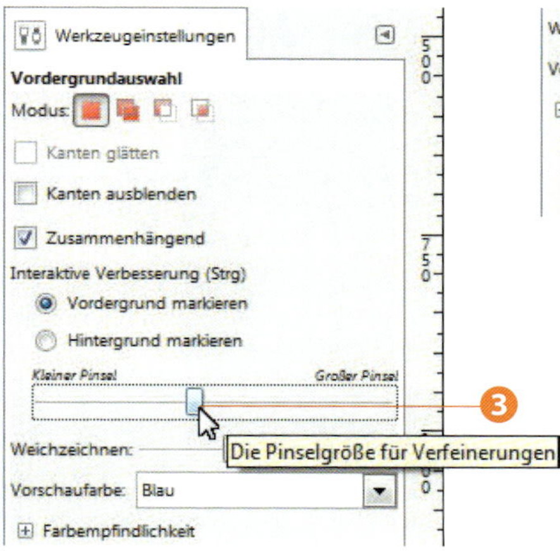

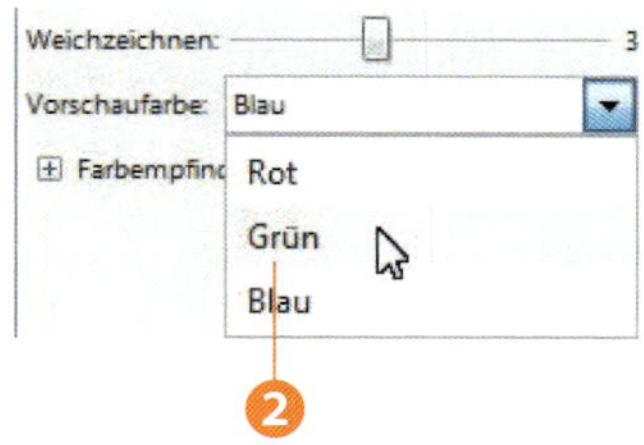

2 Das Werkzeug wirkt zunächst wie ein Polygon-Lasso. Umfahren Sie das freizustellende Objekt ganz grob **4** – auf Genauigkeit kommt es hierbei überhaupt nicht an.

Nach dem Schließen der Form sehen Sie die in der vorgegebenen Farbe hervorgehobene Fläche 5. Das Werkzeug wirkt ab jetzt wie ein Pinsel. Übermalen Sie das Objekt im Vordergrund grob, ohne dass die Form nach außen hin übermalt wird 6.

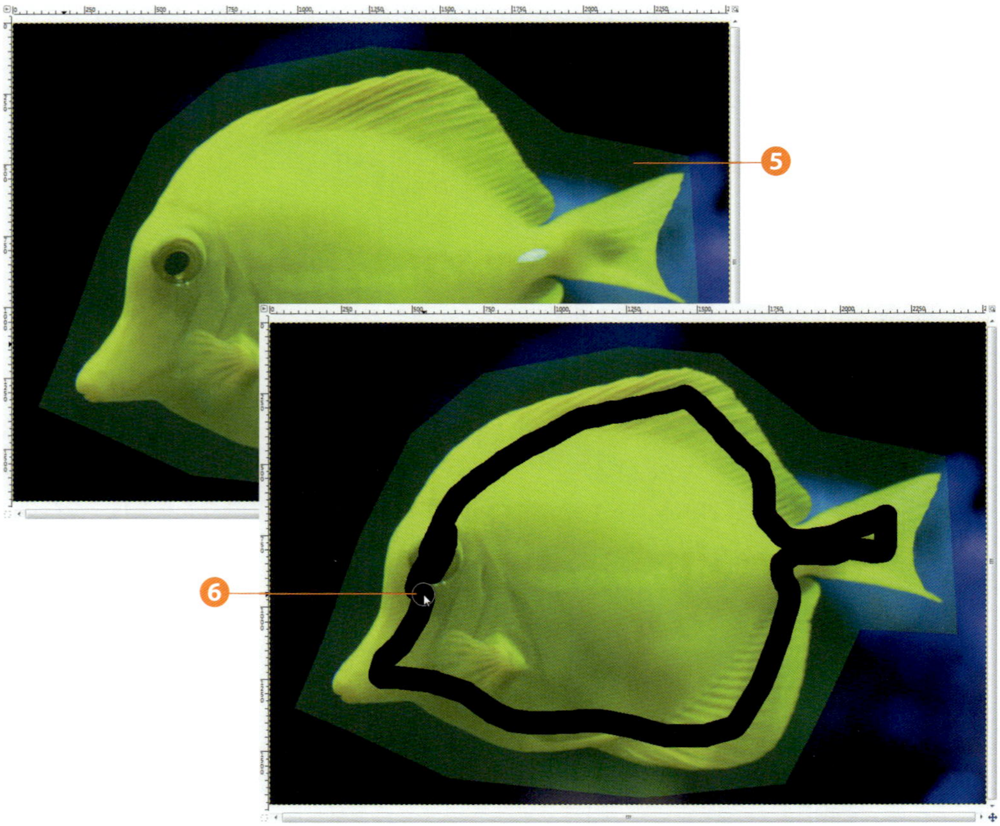

Nach dem Loslassen der linken Maustaste wird das Vordergrundobjekt berechnet, was – je nach Bildgröße – einen Moment dauert. Sie sehen währenddessen in der Bildmitte einen Fortschrittsbalken.

Wenn die Auswahl fertiggestellt wurde, können Sie diese gegebenenfalls mit einem beliebigen Auswahl-Werkzeug erweitern oder reduzieren, falls die automatische Auswahl nicht perfekt geklappt haben sollte.

Sie sehen nach der Berechnung die automatisch ausgewählten Bereiche 7. Durch weiteres Übermalen können Sie den Vorschlag gegebenenfalls korrigieren. Wenn Sie innerhalb des markierten Bereichs klicken oder die [↵]-Taste drücken, wird die Auswahl erstellt 8.

Einen Auswahlbereich »ermalen«

Neben den bereits beschriebenen Auswahl-Werkzeugen haben Sie für eine ganz präzise Auswahlerstellung auch die Möglichkeit, mit den Malwerkzeugen eine Auswahl zu erstellen oder eine bestehende Auswahl anzupassen.

> Der Einsatz von Malwerkzeugen bei der Auswahlerstellung ist sinnvoll, wenn Sie sich nicht auf die anderen »automatischen« Werkzeuge »verlassen« wollen.

1 Erstellen Sie zunächst mit den bereits bekannten Auswahl-Werkzeugen eine Auswahl ①. Rufen Sie dann mit der Schaltfläche links unten am Bildrand ④ die Schnellmaske auf. Alle Bereiche, die in der Auswahl enthalten sind, sind dann klar erkennbar ③. Alle nicht ausgewählten Bildteile werden dagegen rot eingefärbt ②.

2 Rufen Sie aus dem Werkzeugkasten das *Pinsel*-Werkzeug ⑤ auf und wählen Sie in den Werkzeugeinstellungen eine Pinselspitze mit einem harten Rand aus ⑥.

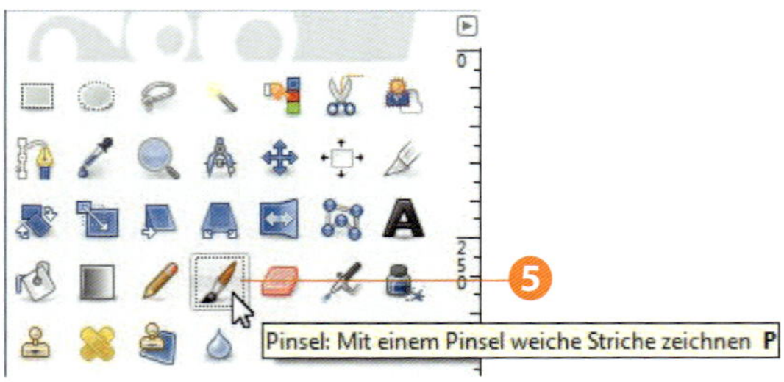

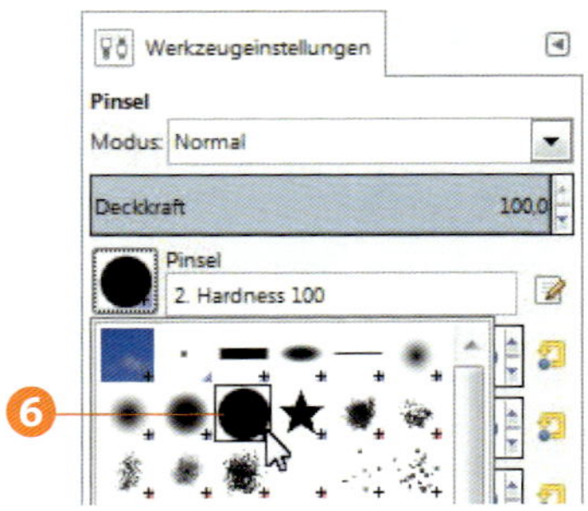

Wenn Sie eine Pinselspitze mit einem weichen Rand einsetzen, wird die Kante nur teilweise in die Auswahl aufgenommen – daher ist eine Pinselspitze mit einem harten Rand in diesem Beispiel die bessere Wahl.

3 Stellen Sie die *Größe* 7 der Pinselspitze ein. Achten Sie darauf, dass im *Kanäle*-Dialog die *Schnellmaske* 8 ausgewählt ist – Sie erkennen dies an der blauen Unterlegung des Eintrags. Abschließend sollten Sie überprüfen, ob als Vordergrundfarbe Weiß 9 eingestellt ist (das ist standardmäßig nicht der Fall), damit die übermalten Bereiche vollständig erfasst werden.

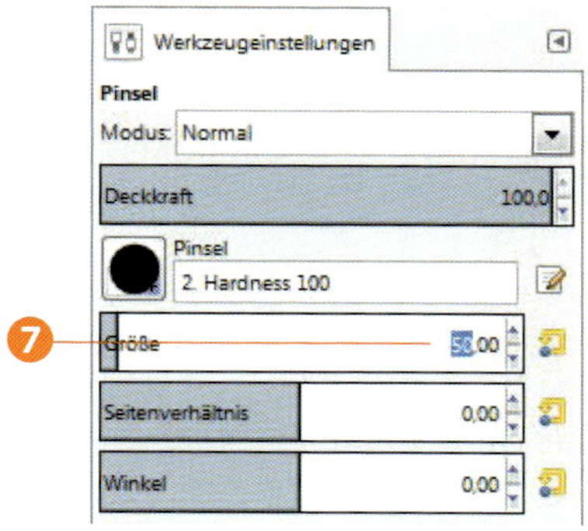

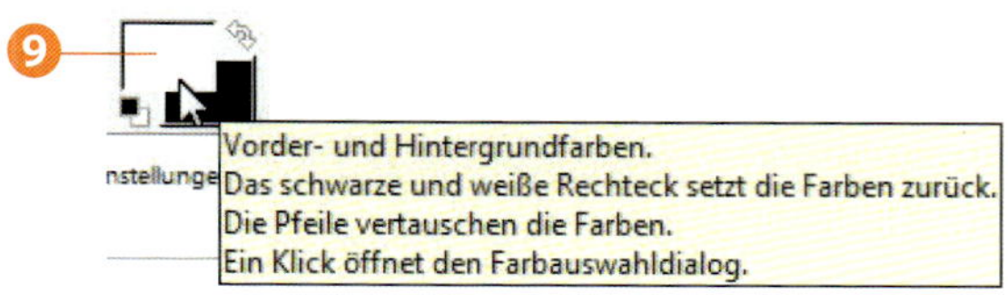

Verwenden Sie beim Malen einen Grauton, würden teildeckende Masken entstehen. Wird Schwarz genutzt, können Sie Teile der bestehenden Auswahl entfernen.

4 Malen 10 Sie nun in den rot gefärbten Bereichen, um weitere Bildteile zur bestehenden Auswahl hinzuzufügen. Sie können sich dabei aussuchen, ob Sie die Bereiche mit gedrückter linker Maustaste »zumalen« wollen oder ob Sie einzelne Mausklicks zum »Zutupfen« einsetzen.

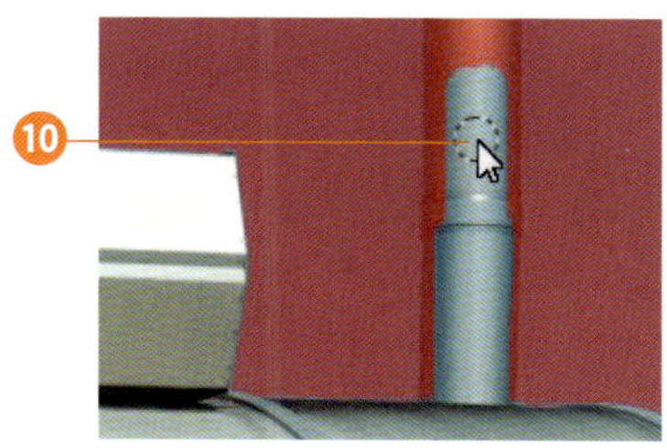

5 Arbeiten Sie sich so voran, bis die gewünschte Auswahl fertiggestellt ist. Wird übrigens die Schnellauswahl wieder deaktiviert, sehen Sie wieder die normale Auswahlansicht mit einer gestrichelten Markierungslinie und ohne Farbmarkierungen.

Weitere Auswahloptionen

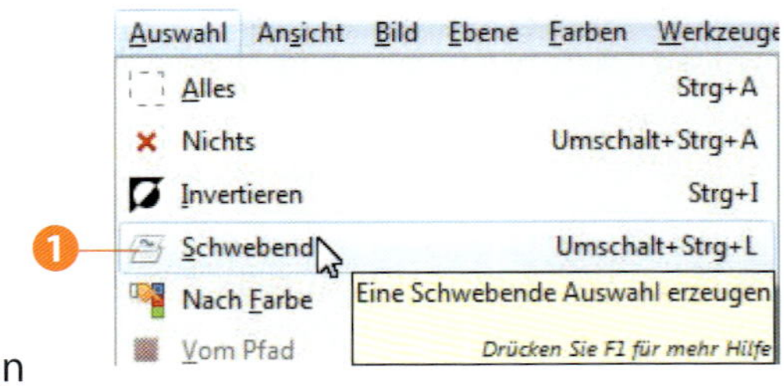

Ist die Auswahl einmal erstellt, haben Sie verschiedene Möglichkeiten, um mit der Auswahl weiterzuarbeiten oder sie beispielsweise zu modifizieren. So können Sie zum Beispiel die Menüfunktion *Auswahl/Schwebend* **1** einsetzen, um den ausgewählten Bereich in eine schwebende Auswahl umzuwandeln, die dann in eine eigene Ebene umgewandelt werden könnte. So sparen Sie sich das Kopieren und erneute Einfügen, wie es bereits beschrieben wurde.

1 Wenn Sie beim Erstellen einer Auswahl die Kanten nicht ausgeblendet haben, können Sie das nachträglich erledigen. Rufen Sie dazu die Funktion *Auswahl/ Ausblenden* **2** auf.

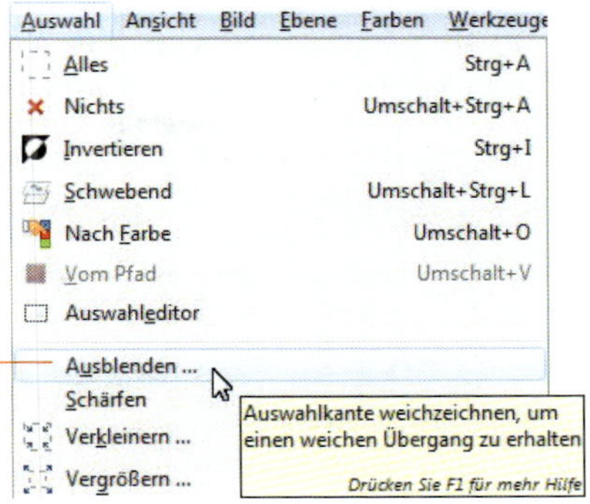

2 Stellen Sie den gewünschten Wert ein **3** und bestätigen die Angabe mit der *OK*-Schaltfläche **4**.

Wenn Sie beispielsweise den ausgewählten Bereich nun löschen – im Beispiel handelte es sich um eine invertierte Auswahl –, werden die weichen Kanten sichtbar **5**. Die einst eckige Polygonform wirkt sich nicht mehr aus.

Sie können auch andersherum vorgehen. Mit der Funktion *Auswahl/Schärfen* 6 entfernt Gimp alle nicht weißen oder schwarzen Flächen aus dem Alphakanal. Sie nehmen also nicht – wie man meinen könnte – die vorherige Weichzeichnung zurück und kehren zur alten Form zurück. Das erkennen Sie beim Beispiel daran, dass die ehemals geraden Polygonlinien nun abgerundet sind 7.

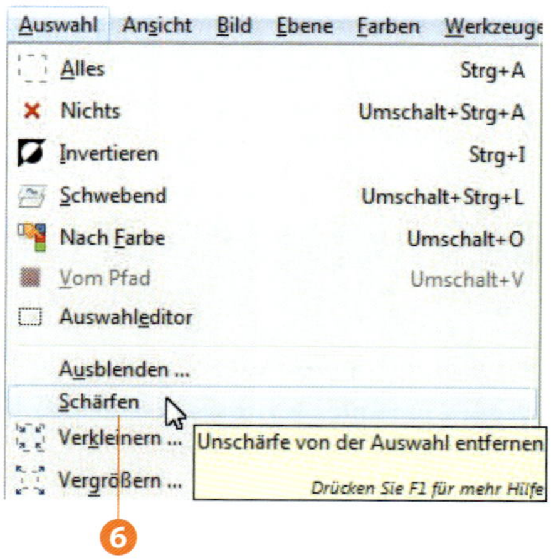

Die Auswahlgröße ändern

Mit den beiden folgenden Funktionen 1 im *Auswahl*-Menü kann die bestehende Auswahl verkleinert beziehungsweise vergrößert werden. Um wie viele Pixel Sie die Auswahl ändern wollen, legen Sie in einem gesonderten Dialogfeld fest 2. Im Listenfeld 3 lässt sich gegebenenfalls eine andere Maßeinheit einstellen.

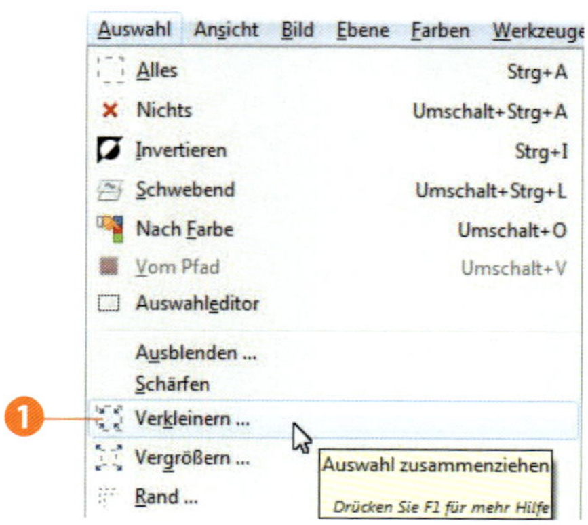

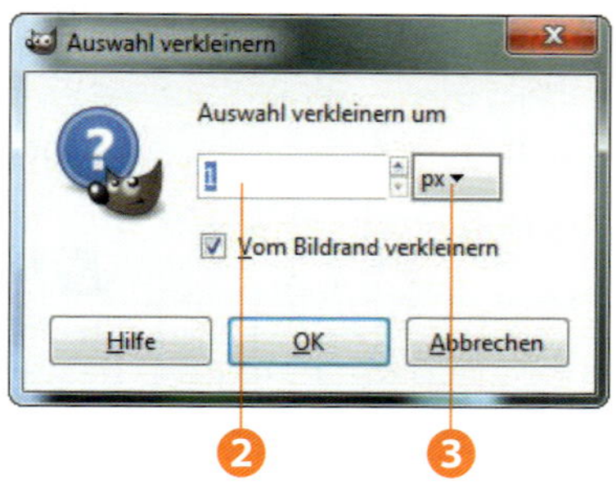

Umrandungen nutzen

Für interessante Bildwirkungen können Sie auch die nächsten Funktionen einsetzen. So habe ich im folgenden Beispiel eine rechteckige Auswahl ❷ erstellt, die nun für einen Rand herhalten soll.

1 Rufen Sie die Funktion *Auswahl/Rand* ❶ auf.

2 Stellen Sie im Dialogfeld ❸ ein, wie kräftig der Rand sein soll.

Nach dem Bestätigen mit der *OK*-Taste können Sie den ausgewählten Rand beispielsweise mit der Funktion *Bearbeiten/Mit Vordergrundfarbe füllen* einfärben. Nach dem Aufheben der Auswahl entsteht dieses Ergebnis ❹. Hier wurde Weiß als Vordergrundfarbe eingestellt.

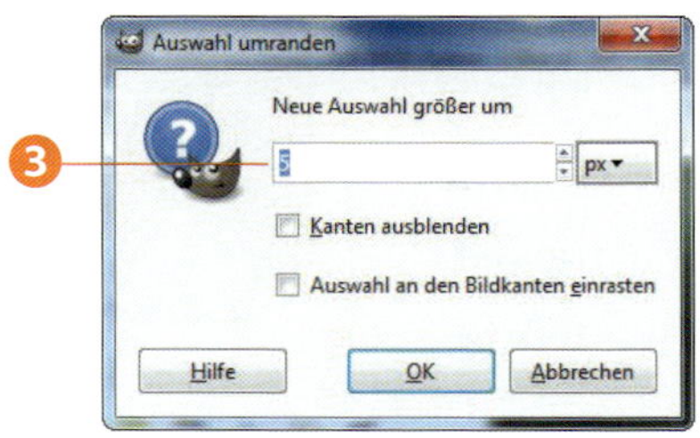

4

Eine andere Möglichkeit der Umrandung bietet die Funktion *Auswahl/Abgerundetes Rechteck* 5. Stellen Sie den *Radius* im Dialogfeld ein 6. Danach rundet Gimp automatisiert die Ecken des Gesamtbildes ab. Im Beispiel wurde die Auswahl invertiert und mit Weiß gefüllt 7.

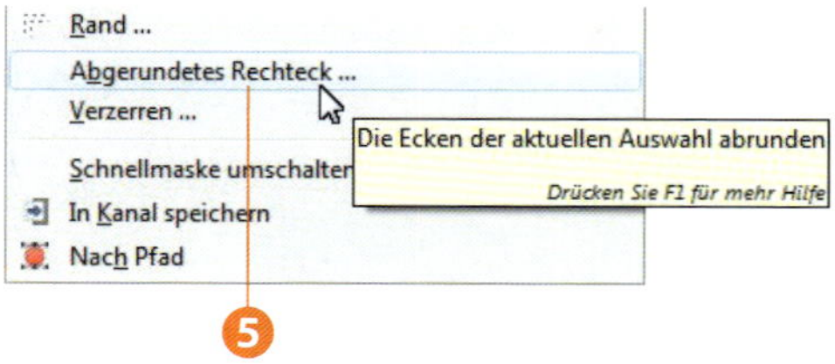

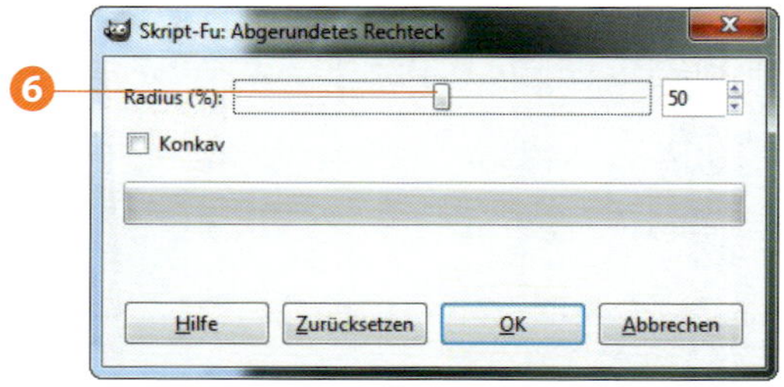

Wenn Sie viel mit Auswahlbereichen arbeiten, kann der andockbare Dialog *Auswahleditor* hilfreich sein, in dem einige wichtige Auswahlfunktionen über Schaltflächen 8 erreichbar sind – das erspart den Umweg über das Menü. Die Funktionen sind bereits aus dem *Auswahl*-Menü bekannt. In der Mitte des Dialogs sehen Sie eine Vorschau der aktuellen Auswahl – sie gehört übrigens zum vorherigen Beispiel.

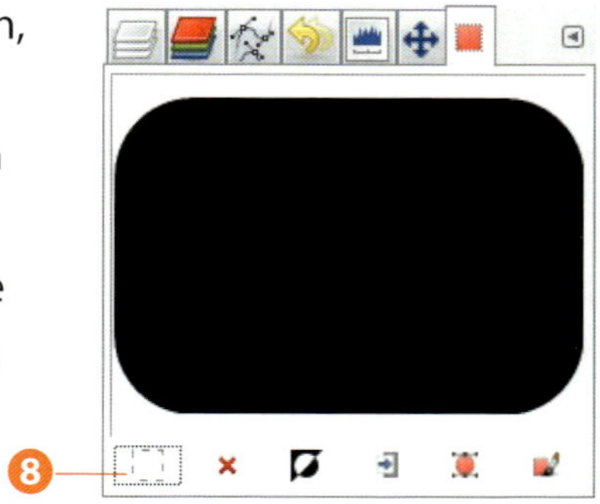

Kapitel 7

Mit Ebenen arbeiten

In den bisherigen Workshops bestand das Bild meist aus einer einzelnen Ebene. Sie haben aber – beispielsweise beim Montieren eines neuen Hintergrunds – schon erfahren, dass Sie in Gimp auch mit mehreren Ebenen arbeiten können. Man kann sich die Ebenen wie »übereinandergestapelte« Folien vorstellen.

Der Umgang mit Ebenen

Die Verwaltung der im Dokument enthaltenen Ebenen erfolgt über den andockbaren Dialog *Ebenen* ❶.

Hier erkennen Sie auch ganz gut das Prinzip der »übereinanderliegenden Folien«. Von der Ebene, die ganz oben ❷ im »Ebenenstapel« liegt, ist alles zu sehen, während von der darunter liegenden Ebene ❸ nur die Teile zu sehen sind, die bei der darüberliegenden Ebene transparent ❺ sind. Da die zweite Ebene ❸ die gesamte Bildfläche bedeckt, ist von der untersten Ebene ❹ gar nichts zu sehen. Sie wirkt sich auf den Bildinhalt nicht aus und könnte daher gelöscht werden.

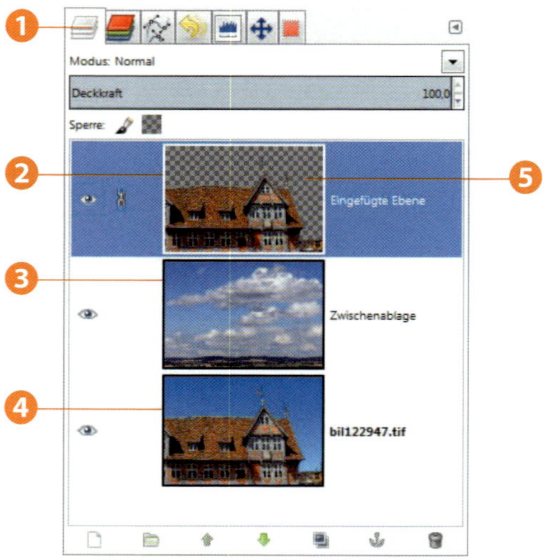

Wie in so vielen Fällen, bietet Gimp Funktionen auf ganz unterschiedliche Art und Weise an – vieles ist »doppelt gemoppelt«. So erreichen Sie beispielsweise die Funktion zum Löschen einer Ebene über die Menüfunktion *Ebene/Ebene löschen* ❻. Dieselbe Funktion ❼ erreichen Sie auch, wenn Sie mit der rechten Maustaste in das geöffnete Bild klicken – sie ist im *Ebene*-Untermenü. Klicken Sie im andockbaren Dialog *Ebenen* auf den kleinen Pfeil ❿, um ein Menü zu öffnen. Im Untermenü *Ebenenmenü* ❾ ist die Funktion zum Löschen einer Ebene ❽ ebenfalls zu finden. Suchen Sie sich die Variante heraus, die Ihnen am einfachsten erscheint – ich bevorzuge meist die Kontextmenü-Variante, weil dies am schnellsten klappt.

Und Sie haben sogar noch eine vierte Möglichkeit, um eine Ebene zu löschen. Markieren Sie dazu im *Ebenen*-Dialog die betreffende Ebene ⓫ – die dann blau unterlegt dargestellt wird – und klicken Sie auf die letzte Schaltfläche ⓬ in der Fußzeile des Dialogfelds.

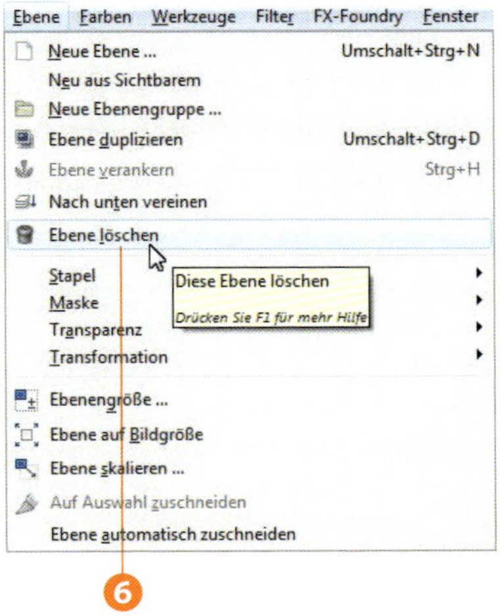

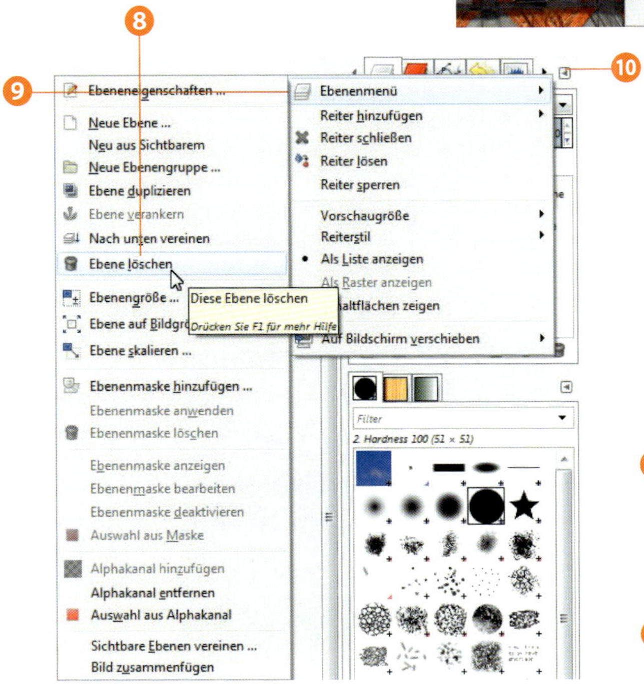

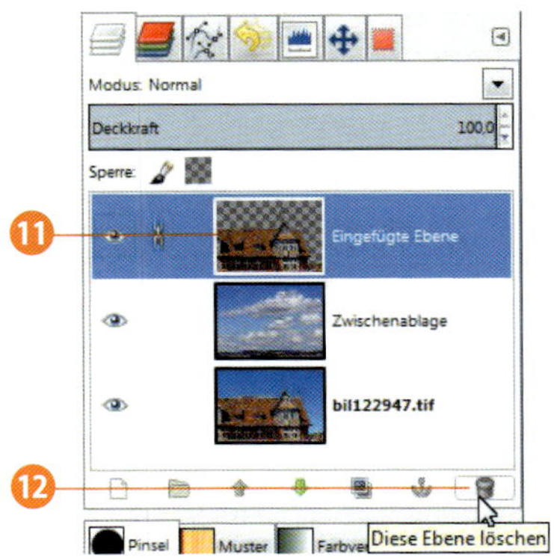

Die Vorschaugröße anpassen

Die Miniaturbilder sind zur Beurteilung des Ebeneninhalts nützlich. Für einige Aufgabenstellungen sind sie relativ klein, sodass eine Beurteilung nicht ganz leichtfällt. Sie können in solchen Fällen die Größe der Miniaturbilder aber variieren.

Öffnen Sie dazu im *Ebenen*-Dialogfeld das Untermenü *Vorschaugröße* 1. Hier finden Sie acht verschiedene Vorgaben 2. Standardmäßig ist die Option *Mittel* 4 eingestellt, die in vielen Fällen ausreichen wird. Die minimale Darstellungsoption *Winzig* 3 und die maximale Größe *Gigantisch* 5 sind eher für Ausnahmefälle geeignet. Falls nicht alles im Dialogfeld zu sehen ist, können Sie es durch Verziehen des Stegs 6 vergrößern.

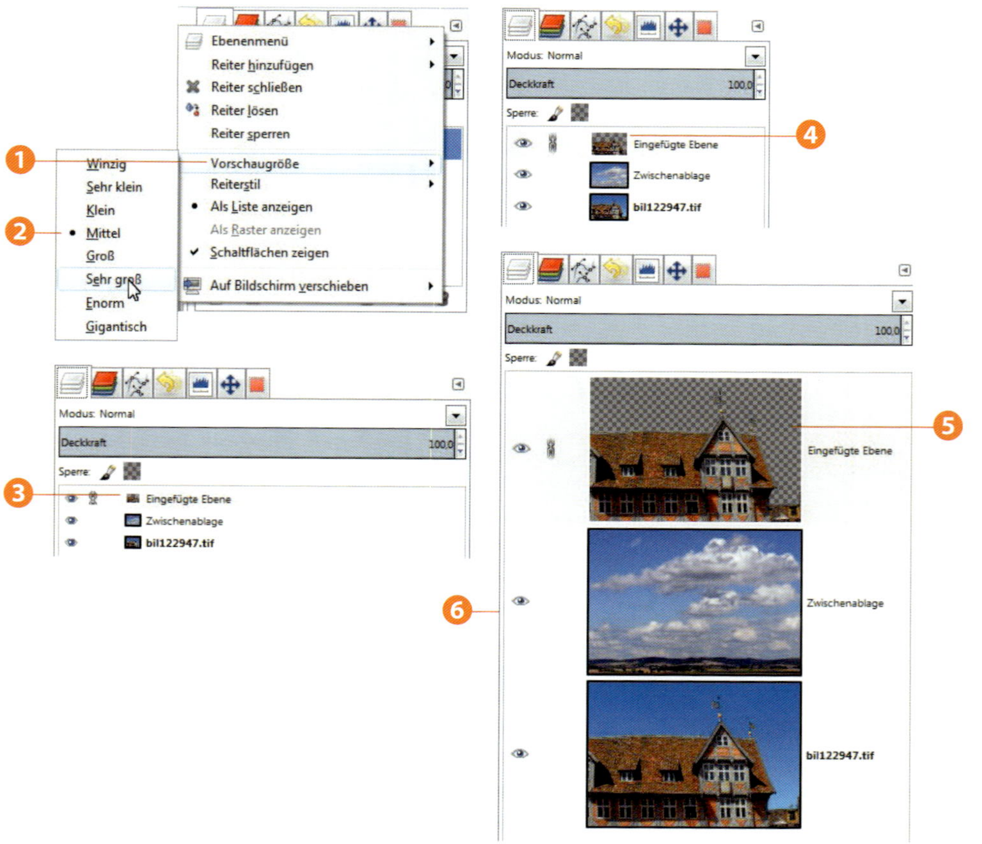

Unterschiedliche Ebenentypen

In diesem ersten Workshop möchte ich Ihnen zunächst einmal die unterschiedlichen Ebenentypen vorstellen, die Ihnen bei der Arbeit mit Gimp begegnen können.

Wenn Sie ein »normales Foto« öffnen, besteht es zunächst einmal nur aus einem Hintergrund ② mit dem Bildinhalt. Auch wenn man ihn gelegentlich als »Hintergrundebene« bezeichnet, stimmt dies nicht. Eine »Ebene« im Sinne einer »durchscheinenden Folie« ist dieses Foto noch nicht.

Dies können Sie sehr leicht feststellen. Wird nämlich ein Auswahlbereich erstellt und dieser mit der Entf-Taste gelöscht, entsteht eine weiße Fläche ① (im Beispiel war die Himmelsfläche markiert). Gimp hat dabei den ausgewählten Bereich einfach mit der Hintergrundfarbe gefüllt.

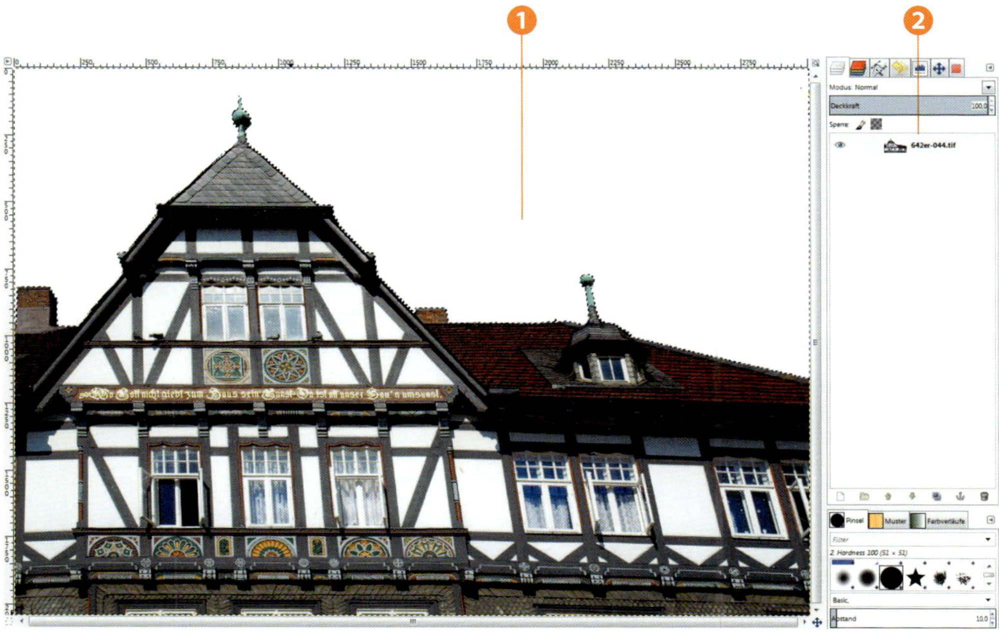

Für »ganz normale« einfache Bildoptimierungen – wie etwa die Korrektur der Bildhelligkeit und des -kontrastes oder der -schärfung – benötigen Sie keine Ebenen. Diese sind erst bei einer erweiterten Bearbeitung von Nutzen.

Um transparente Bereiche zu erzielen, damit Bildpartien wie bei einer Folie durchscheinen können, benötigt das Bild einen sogenannten Alphakanal. Sie hatten dies bereits beim Einsatz der Auswahlbereiche im letzten Kapitel kennengelernt.

Sie können jedem Bild und jeder Ebene einen Alphakanal zuweisen. Rufen Sie dazu aus dem *Ebenenmenü* die Funktion *Alphakanal hinzufügen* 3 auf (um einen bereits bestehenden Alphakanal wieder zu löschen, benötigen Sie die Funktion *Alphakanal entfernen* 4).

Nach dem Aufruf sehen Sie, dass im *Ebenen*-Dialog der Eintrag des Hintergrundes nun nicht mehr fett 5 angezeigt wird – so erkennen Sie schnell, ob bereits ein Alphakanal enthalten ist oder nicht. Im *Kanäle*-Dialogfeld finden Sie außerdem einen neuen Eintrag mit der Bezeichnung *Deckkraft* 7.

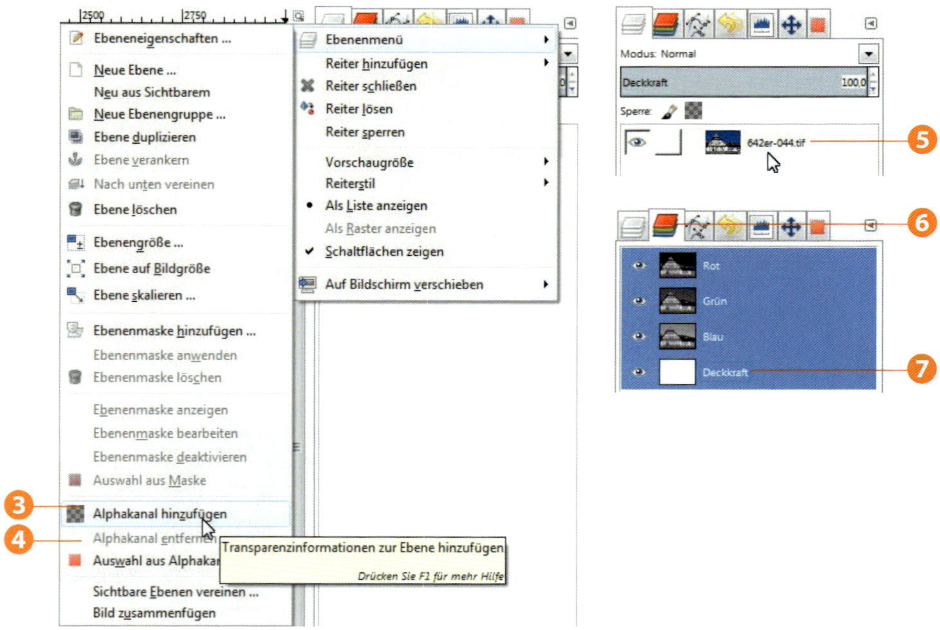

Wenn Sie nun – wie beim vorherigen Beispiel – wieder die Entf-Taste drücken, erscheinen die vorher ausgewählten Bildteile nicht mehr weiß, sondern transparent, was durch das Karomuster 8 symbolisiert wird.

Wenn Sie einen erneuten Blick in den *Kanäle*-Dialog werfen, erkennen Sie, dass im Alphakanal automatisch die zuvor ausgewählten Bereiche schwarz eingefärbt 9 wurden – Gimp hat nämlich automatisch die Auswahl gesichert, sodass Sie diese später jederzeit erneut laden können. Nutzen Sie dazu aus dem Kontextmenü die Option *Auswahl aus Kanal* ⑩.

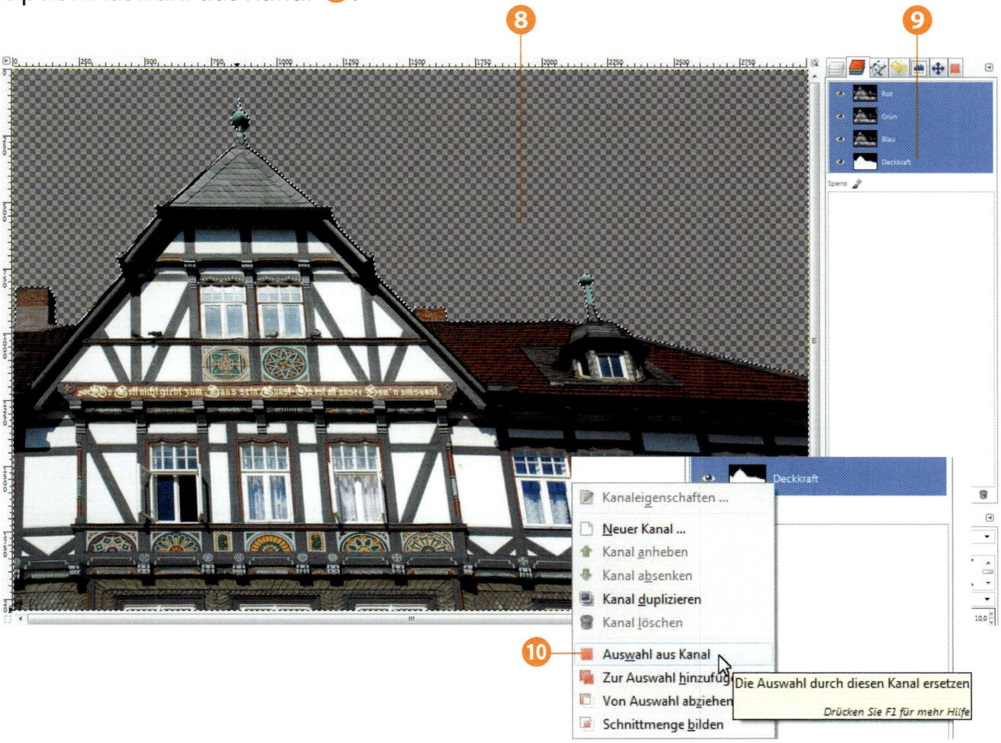

Tipp

Falls Sie nach dem Löschen des Auswahlbereichs nachträglich den Alphakanal mit der Funktion *Alphakanal entfernen* aus dem Kontextmenü wieder löschen, erscheinen nicht etwa wieder die ursprünglichen Bildinformationen – der Hintergrund erscheint dann weiß. Um die Bilddaten zu erhalten, müssen Sie mit den sogenannten **Ebenenmasken** arbeiten – darüber erfahren Sie später in diesem Kapitel Näheres.

Schwebende Auswahl (Ebene)

Ein Sonderfall ist die schwebende Auswahl, die Sie im vergangenen Kapitel bereits kurz kennengelernt haben. Sie wird ebenfalls im *Ebenen*-Dialog aufgeführt, da es sich sozusagen um eine vorübergehende Ebene handelt.

Schwebende Ebenen entstehen, wenn Sie einen ausgewählten Bildbereich in die Zwischenablage kopieren und von dort wieder in das Bild einfügen – auch diese Vorgehensweise haben Sie im vergangenen Kapitel bereits kurz kennengelernt. Die schwebende Auswahl wird im *Ebenen*-Dialog als ein eigener Eintrag angezeigt ❶.

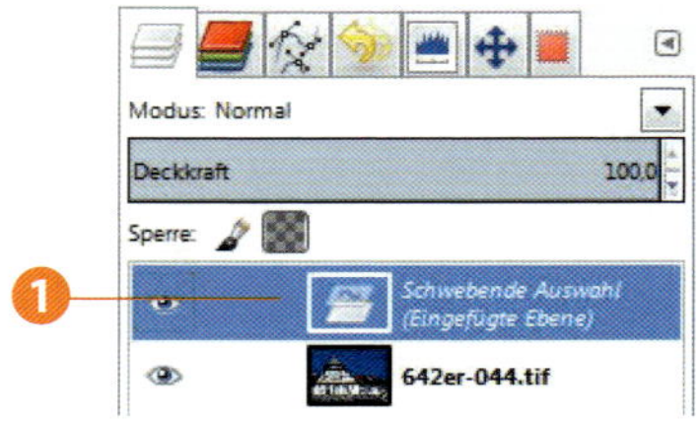

Es kann immer nur eine einzige schwebende Auswahl im Dokument vorhanden sein. Gibt es eine schwebende Auswahl, kann nur diese bearbeitet werden – die Bearbeitung einer anderen Ebene ist erst möglich, wenn die schwebende Auswahl entweder mit einer neuen Ebene oder dem Hintergrund verschmolzen wurde.

Es gibt zwei Möglichkeiten, wie Sie mit einer schwebenden Ebene verfahren können. Nutzen Sie dazu beispielsweise die Funktionen des Kontextmenüs, indem Sie die Ebenenminiatur ❷ mit der rechten Maustaste anklicken. Mit der Option *Zur neuen Ebene* ❸ wird eine neue Ebene erstellt, auf der der Inhalt der schwebenden Auswahl automatisch eingefügt wird. Die Option *Ebene verankern* ❹ sorgt dafür, dass der Inhalt der schwebenden Auswahl auf die darunter liegende Ebene übertragen wird – die beiden Ebenen werden »verschmolzen«.

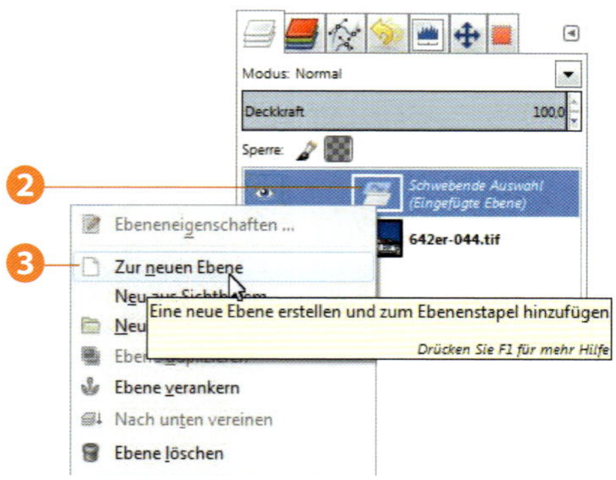

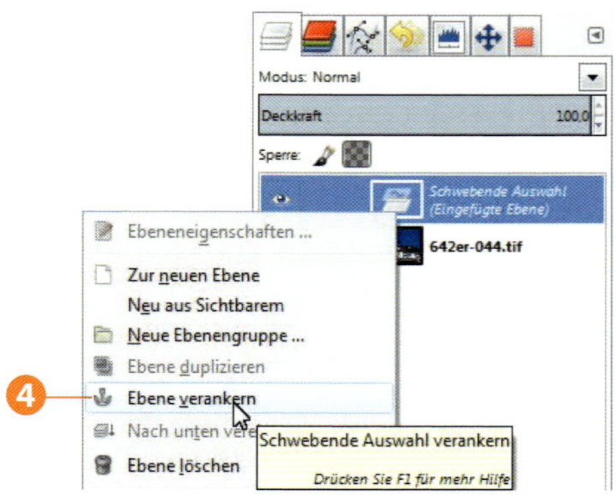

Beachten Sie beim Verschmelzen aber, dass ein späteres »Auftrennen« nicht möglich ist – die Bilddaten werden endgültig zusammengeführt.

Textebenen

Eine besondere Ebenenart wird ganz automatisch erstellt, wenn Sie mit dem *Text*-Werkzeug arbeiten. Gimp erstellt dann eine Textebene, die mit einem entsprechenden Miniaturbild ❶ versehen ist. Die Textebene ❷ wird automatisch benannt. Sie erhält als Bezeichnung den eingetippten Text. Wenn Sie das Kontextmenü einer Textebene aufrufen, gibt es einige zusätzliche Optionen, die speziell auf die Textoptionen ausgerichtet sind ❸. Auf die Texterstellung komme ich später zurück – dafür gibt es ein eigenes Kapitel.

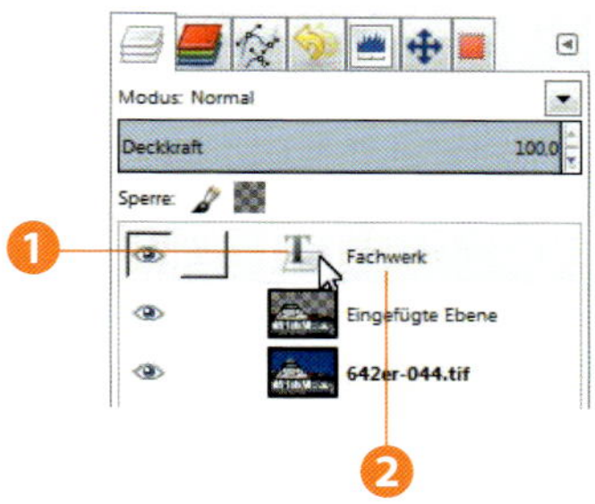

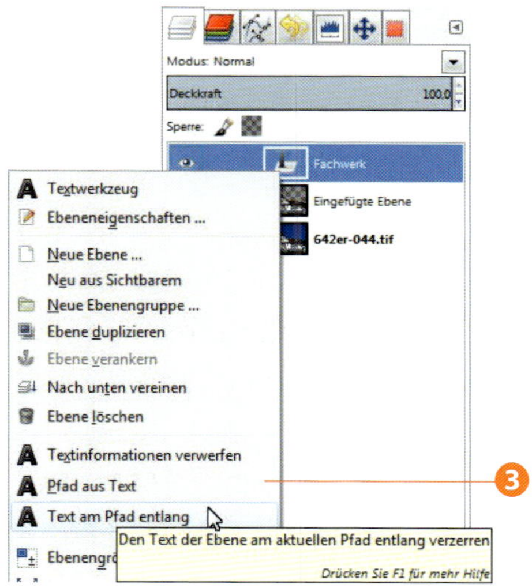

Neue leere Ebenen erstellen

Sie haben auch die Möglichkeit, selbst eine neue leere Ebene zu erstellen, um später darauf Inhalte einzufügen oder sie mit den Malwerkzeugen zu bemalen.

1 Klicken Sie in der Fußzeile des *Ebenen*-Dialogs auf die erste Schaltfläche ❶. So erstellen Sie am schnellsten eine neue Ebene.

2 Stellen Sie in dem Dialogfeld, das Sie mit dem Anklicken öffnen, ein wie groß **2** die eingefügte Ebene sein soll – sie muss nämlich keineswegs so groß sein wie das Bild selbst. Außerdem können Sie im Bereich *Ebenenfüllart* vorgeben, wie die neue Ebene gefüllt werden soll. Sie können hier entweder eine Farbe vorgeben oder festlegen, dass die Ebene transparent **3** angelegt werden soll.

3 Geben Sie im *Ebenenname*-Eingabefeld einen aussagekräftigen Namen **4** für die neue Ebene ein, sodass Sie diese später leicht identifizieren können.

4 Bestätigen Sie die Eingaben mit der *OK*-Taste **6**. Dann wird oberhalb der aktuell markierten Ebene eine neue Ebene eingefügt **5**.

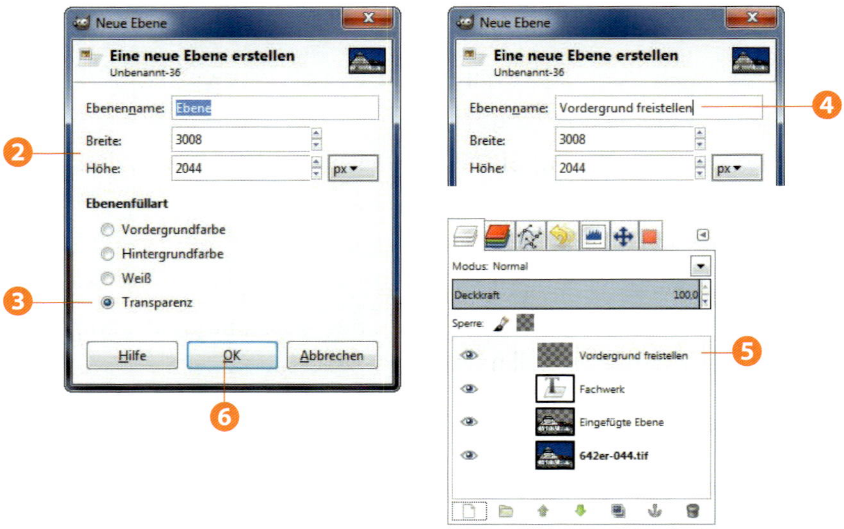

Bestehende Ebenen benennen

Wenn Sie mit vielen Ebenen in einem Dokument arbeiten, ist es sehr wichtig, diese Ebenen später einfach wieder auffinden zu können. Daher ist eine sinnvolle Benennung besonders wichtig. Sie können Ebenen jederzeit mit einem neuen Namen versehen.

1 Klicken Sie die betreffende Ebene mit der rechten Maustaste an und rufen Sie dazu aus dem Kontextmenü die Funktion *Ebeneneigenschaften* **1** auf.

2 Tippen Sie in dem Dialogfeld, das Sie damit öffnen, den gewünschten neuen Namen ② ein. Nach dem Bestätigen mit der *OK*-Schaltfläche ③ wird der neue Ebenenname ④ übernommen.

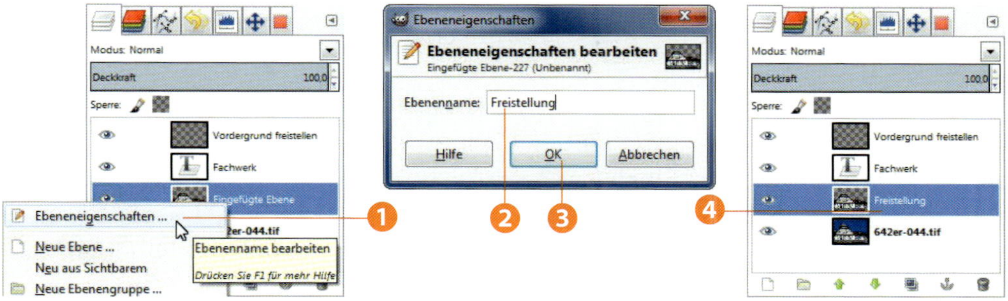

Ebenen gruppieren

Je mehr Ebenen ein Dokument enthält, umso schwieriger wird es, den Überblick zu behalten. Daher ist eine gute Organisation nötig. Hier bietet die aktuelle Gimp-Version eine sinnvolle Neuerung: Sie können nun nämlich Ebenen in Gruppen zusammenfassen.

1 Klicken Sie auf die zweite Schaltfläche ① in der Fußzeile des *Ebenen*-Dialogs, um eine neue Ebenengruppe zu erstellen. Die neu entstandene Ebenengruppe wird dann oberhalb ② der aktuell markierten Ebene eingefügt.

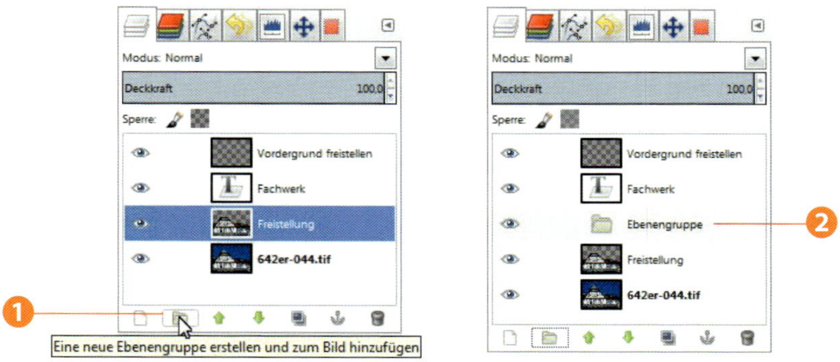

Um Ebenen zu erhalten, müssen Sie beim Speichern darauf achten, welches Dateiformat Sie verwenden. Wenn Sie beispielsweise das beliebte TIFF-Format nutzen, gehen alle Ebenen verloren. Nutzen Sie daher das Gimp-Format *.xcf.

2 Ziehen Sie per Drag & Drop die Ebene **3** in den neuen Ordner. Achten Sie darauf, dass eine gestrichelte Linie rund um den Ordnereintrag **4** zu sehen ist, damit die Ebene im Ordner abgelegt **5** wird. Fügen Sie auf diese Art und Weise alle gewünschten Ebenen **6** in den Ordner ein.

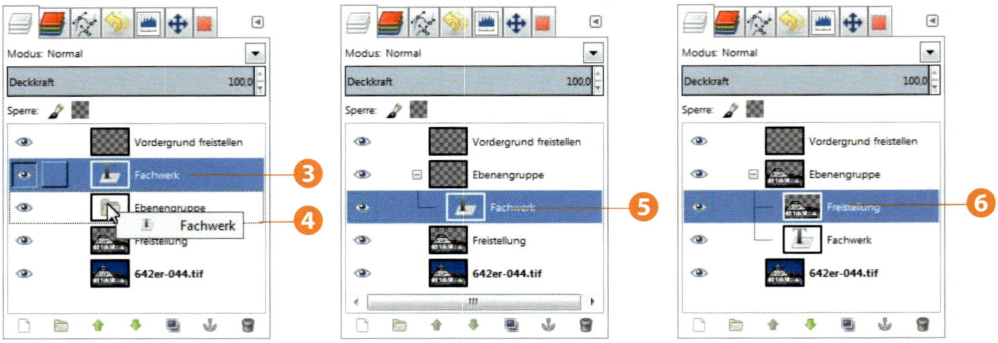

Die Reihenfolge der Ebenen kann nicht nur per Drag & Drop geändert werden. Sie können auch die beiden Schaltflächen mit einem Pfeilsymbol **7** in der Fußzeile des Dialogs dazu nutzen.

Das Praktische an den Ebenengruppen ist unter anderem die bessere Übersicht. Wird ein Ordner mit einem Klick auf das Plussymbol **8** vor dem Eintrag geschlossen, sieht es im Dialogfeld »übersichtlicher« aus – ohne dass sich am Bild selbst irgendetwas verändert.

Zusätzlich haben Sie den Vorteil, dass der gesamte Ordnerinhalt in einem Rutsch ausgeblendet werden kann, wenn Sie auf das Augensymbol **9** klicken.

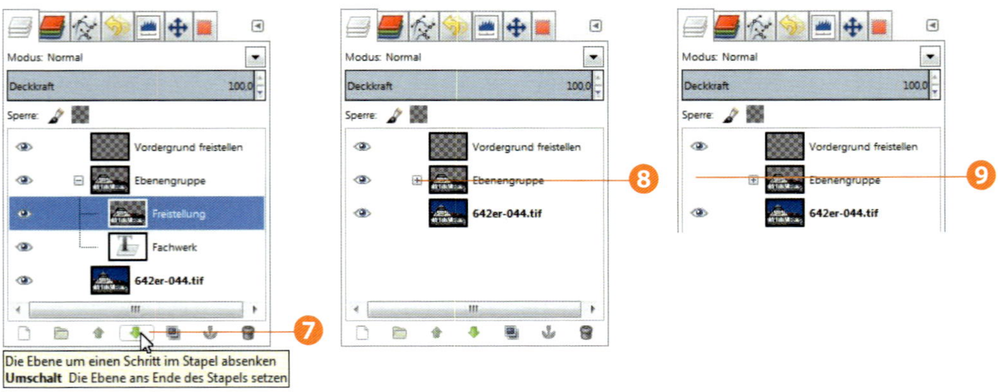

Tipp

Ordner lassen sich auch verschachteln. So können Sie innerhalb eines Ordners einen weiteren Ordner unterbringen. Dieser hierarchische Aufbau entspricht dem, was Sie von der Struktur des Windows-Explorers her kennen.

Ebenen effektvoll zusammenführen

Alle Fotos bestehen ja aus den drei Farbkanälen Rot, Grün und Blau, in denen die Tonwerte untergebracht sind. Da es sich ja bei Tonwerten um Zahlenwerte handelt, kann man diese nutzen, um sie auf unterschiedliche Art und Weise miteinander zu verrechnen, wenn es mehrere Ebenen im Bild gibt.

Sind mehrere Ebenen im Bild vorhanden, ist im Normalfall nur die obere Ebene ❶ zu sehen. Nur wenn auf der obersten Ebene transparente Bereiche vorhanden sind, scheint die darunter liegende Ebene durch.

Ein Tipp am Rande: Wenn Sie eine Ebene anklicken und die linke Maustaste einen Moment lang gedrückt halten, wird das Miniaturbild vergrößert angezeigt ❷. Das ist praktisch, weil Sie so oft auf das generelle Vergrößern der Miniaturbilder verzichten können.

Eine Möglichkeit, das Bild der unteren Ebene sichtbar zu machen, besteht darin, die Deckkraft der darüberliegenden Ebene zu reduzieren ❸. Bei einem Wert von *50* sind dann beide Bilder gleich stark zu sehen ❹ – die Pixel beider Bilder werden sozusagen »miteinander vermischt«.

Überblendungsmodi einsetzen

Gimp bietet eine weitere, sehr effektvolle Möglichkeit an, die Inhalte der Ebenen miteinander zu »vermischen« – die sogenannten Überblendungsmodi. Dabei werden die Tonwerte der beiden Ebenen auf unterschiedliche Art und Weise miteinander »verrechnet«. Insgesamt bietet Gimp 20 verschiedene Überblendungsmodi an.

Sie erreichen die Überblendungsmodi über das *Modus*-Listenfeld ❶. Übrigens werden auch bei vielen Malwerkzeugen diese Modi bereitgestellt, wie beispielsweise beim *Pinsel*-Werkzeug ❷.

> **Tipp**
>
> Nicht jeder Überblendungsmodus wirkt bei jedem Bild. Testen Sie die unterschiedlichen Überblendungsmodi, um den geeigneten herauszufinden.

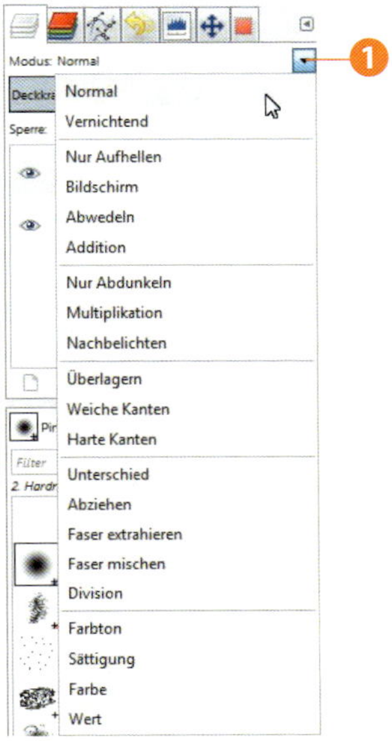

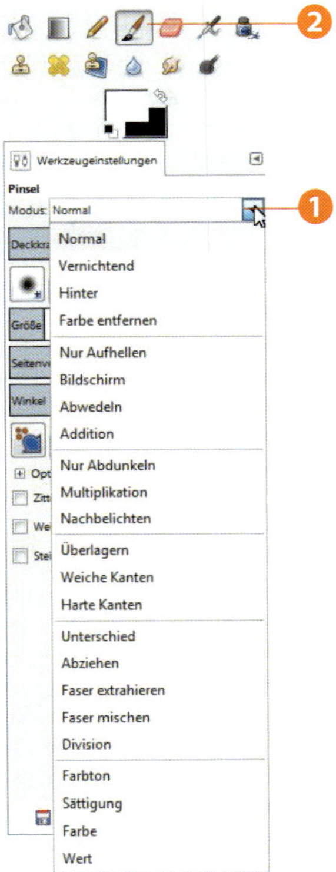

Der erste Modus – *Normal* – ist standardmäßig voreingestellt und bewirkt keine Veränderung des Bildinhaltes. Beim zweiten Modus – *Vernichtend* 3 – sehen Sie nur dann eine Veränderung, wenn bei der oben liegenden Ebene die *Deckkraft* reduziert 4 wurde.

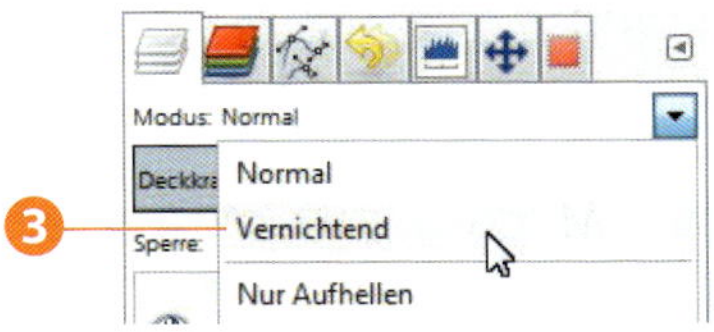

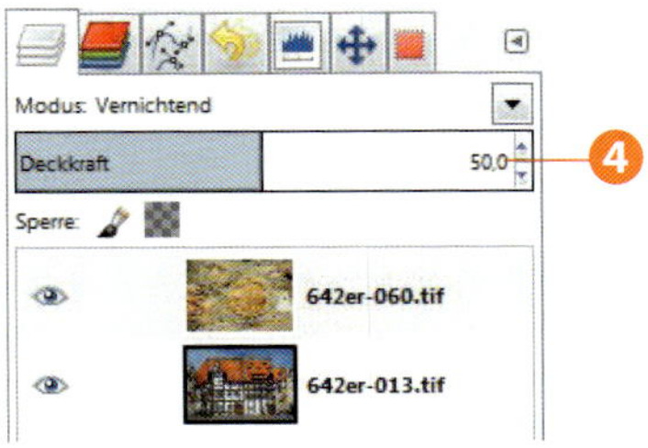

> Je nach ausgewähltem Überblendungsmodus kann die Bildwirkung – abhängig von der Bildgröße – sehr unterschiedlich ausfallen. So erkennen Sie die Körnung des *Vernichtend*-Modus bei kleineren Bildern viel deutlicher als bei größeren.

Bei einer Deckkraft von *50* entsteht dieses Ergebnis. Um die Körnung zu erreichen, wird ein Zufallsmuster eingesetzt.

Die weiteren Modi

Folgende weitere Überblendungsmodi haben Sie außerdem zur Auswahl – nachfolgend aufgeführt in der Reihenfolge der Liste:

- **Nur Aufhellen** 1: Die Tonwerte beider Ebenen werden verglichen und jeweils der höhere Wert verwendet. Das führt dazu, dass schwarze Bildteile nichts am Ergebnis ändern.
- **Bildschirm** 2: Der Modus ist mit der Option *Multiplizieren* verwandt. Dabei werden unter anderem alle Farbwerte multipliziert. Da beim *Bildschirm*-Modus ein invertiertes Bild eingesetzt wird, wirkt das Ergebnis heller.
- **Abwedeln** 3: Hier entsteht ein helleres Ergebnis. Bei Schwarz-Weiß-Bildern kann damit die Bildbrillanz verbessert werden.

1
2
3
4
5
6
7
8

- **Addition** ❹: Da die Farbwerte addiert werden, entsteht immer ein sehr helles Ergebnis. Viele Bildbereiche sind dadurch einfach weiß.
- **Nur Abdunkeln** ❺: Wirkt wie *Nur Aufhellen*, nur dass hier jeweils der niedrigere Wert genutzt wird, was bewirkt, dass weiße Pixel keine Änderung erfahren.
- **Multiplikation** ❻: Da unter anderem eine Multiplikation der Farbtonwerte erfolgt, entsteht stets ein sehr dunkles Ergebnis. Weiße Bildteile ändern das Ergebnis dagegen nicht.
- **Nachbelichten** ❼: Der Modus stellt das Gegenteil von *Abwedeln* dar, sodass ein dunkleres Ergebnis entsteht. Hier werden invertierte Werte genutzt.
- **Überlagern** ❽: Der Modus stellt eine Kombination von *Multiplikation* und *Division* dar. Daher entsteht ein recht ausgewogenes Ergebnis, bei dem die Gesamthelligkeit des Bildes in etwa erhalten bleibt.
- **Weiche Kanten** ❾: Der Modus ist praktisch identisch mit *Überlagern*. Die Kanten im Bild werden hier etwas »weicher«.
- **Harte Kanten** ❿: Der Modus hat nichts mit dem Modus *Weiche Kanten* zu tun. Hier bleiben helle Farben und scharfe Kanten erhalten. Das Ergebnis erscheint »überstrahlt«.
- **Unterschied** ⓫: Hier werden die Farbwerte voneinander abgezogen und ein Absolutwert gebildet. Das Ergebnis wirkt sehr abstrakt und sieht ein wenig wie ein »Negativ« aus.
- **Abziehen** ⓬: Dies ist das Gegenteil des Modus *Addition*. Hier werden die Farbwerte voneinander abgezogen. Dadurch entsteht ein sehr dunkles Ergebnis.
- **Faser extrahieren** ⓭: Da bei diesem Filter ein recht interessantes Ergebnis entsteht, habe ich ihn auf der übernächsten Seite in vergrößerter Darstellung abgebildet. Es entsteht eine reliefartige Wirkung. Der Modus soll eigentlich eine »Filmkörnung« – wie sie von der analogen Fotografie bekannt ist – entfernen.
- **Faser mischen** ⓮: Die Formel dieses Modus ist die Umkehrung des Modus *Faser extrahieren*.

9

10

11

12

14

15

16

17

18

19

- **Division** 15: Dies ist das Gegenteil des Modus *Multiplikation*. Da hier die Farbwerte geteilt werden, entsteht ein helleres Ergebnis.
- **Farbton** 16: Hier wird der Farbton der oberen Ebene mit der Helligkeit und Sättigung der unteren Ebene gemischt.
- **Sättigung** 17: Die Sättigung der oberen Ebene wird mit dem Farbton und der Helligkeit der unteren Ebene gemischt.
- **Farbe** 18: Der Farbton und die Sättigung der oberen Ebene werden mit der Helligkeit der unteren Ebene gemischt.

13

- **Wert** ⑲: Die Helligkeit der oberen Ebene wird mit dem Farbton und der Sättigung der unteren Ebene gemischt.

> Die Überblendungsmodi sind eine interessante Funktion. Hier lohnt es sich, ein wenig herumzuexperimentieren, um zu spannenden und teils verblüffenden Ergebnissen zu kommen.

Mit Ebenen arbeiten

Mit nur wenigen Arbeitsschritten können Sie mit Gimp Bildteile von einem Bild in ein anderes montieren. So könnten Sie sich beispielsweise ganz schnell an einen Ort verfrachten, an dem Sie nie gewesen sind. Wie das Montieren von Bildern am einfachsten klappt, erfahren Sie in diesem Workshop.

1 Erstellen Sie mit den Auswahl-Werkzeugen wie gewohnt die gewünschte Auswahl. Im Beispiel wurde ein Flugzeug ① vom Himmel getrennt.

2 Rufen Sie die Funktion *Bearbeiten/Kopieren* ❷ auf, um die Auswahl in die Zwischenablage zu kopieren.

3 Wechseln Sie zum anderen geöffneten Bild. Das klappt am schnellsten mit einem Klick auf den Registerkartenreiter ❸ über dem Bildfenster.

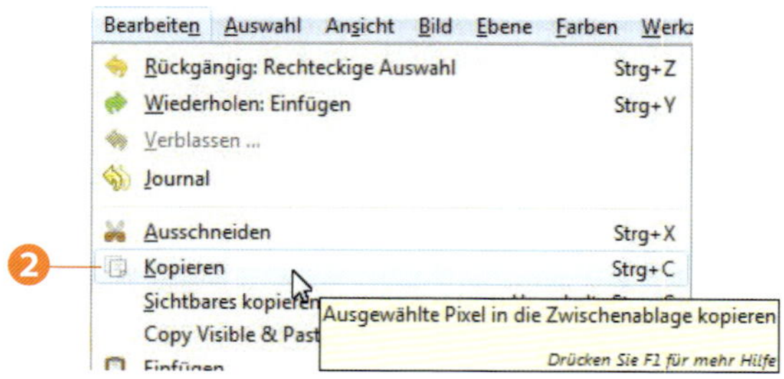

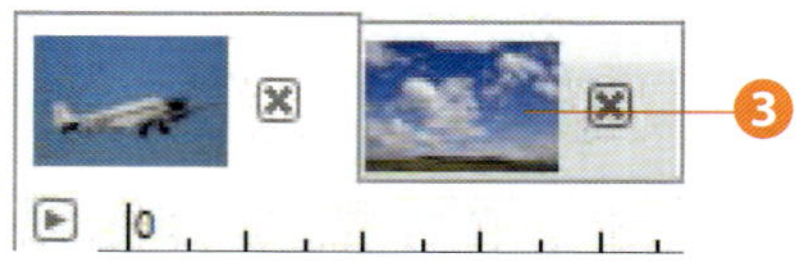

4 Rufen Sie die Funktion *Bearbeiten/Einfügen* ❹ auf. Der Inhalt der Zwischenablage wird dann als schwebende Auswahl in der Mitte des Bildes ❺ eingefügt.

5 Ziehen Sie die schwebende Auswahl mit gedrückter linker Maustaste an die gewünschte neue Position ❻.

6 Rufen Sie die erste Schaltfläche ❼ in der Fußzeile des *Ebenen*-Dialogs auf, um eine neue Ebene zu erstellen, auf der die schwebende Auswahl untergebracht ist.

Die Gimp-Ablage nutzen

Gimp verfügt über eine eigene Ablage, die nicht mit der Windows-Zwischenablage zu verwechseln ist. In der Gimp-Ablage können Sie verschiedene Bilder unterbringen. Es gibt sogar einen eigenen andockbaren Dialog für die Ablage.

Wie Sie die Gimp-Ablage sinnvoll einsetzen können, erfahren Sie in diesem Workshop.

> **Tipp**
>
> Beachten Sie dabei aber: Wenn Sie Gimp beenden, wird die Gimp-Ablage endgültig gelöscht. Sie sollten daher alle Inhalte vor dem Schließen sichern.

1 Rufen Sie die Funktion *Fenster/Andockbare Dialoge/Ablagen* ❶ auf, um die Ablage zu öffnen.

2 Kopieren Sie den Inhalt der Windows-Zwischenablage mit der Funktion *Bearbeiten/Ablagen/In Ablage kopieren* ❷ in die Gimp-Ablage.

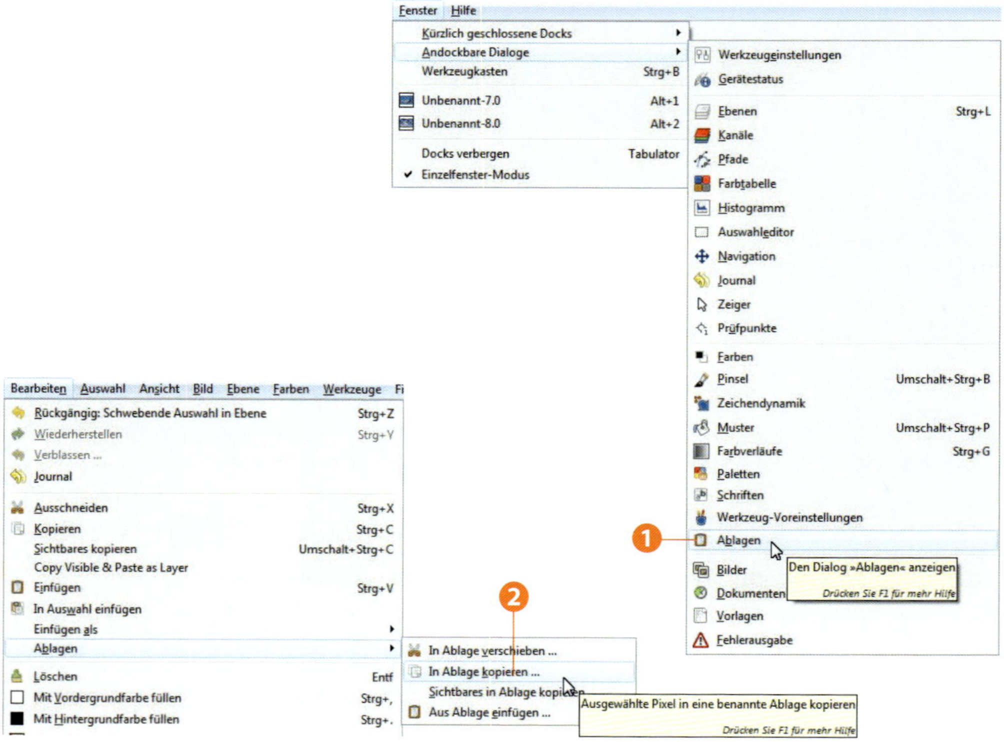

3 Geben Sie im Eingabefeld ❸ des Dialogfelds, das dann geöffnet wird, einen aussagekräftigen Namen ein. Nach dem Bestätigen sehen Sie den neuen Eintrag im *Ablagen*-Dialog ❺. An der ersten Position wird der Inhalt der Windows-Zwischenablage ❹ angezeigt – er dient aber lediglich der Information.

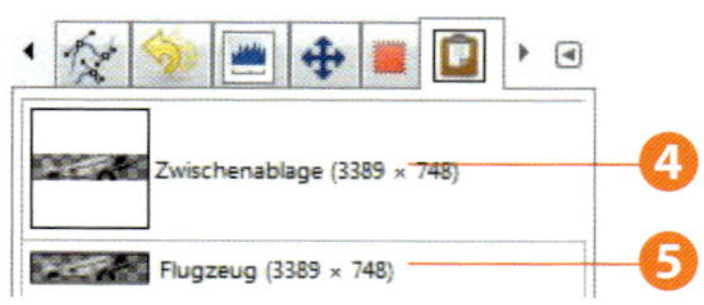

Speichern von Inhalten

Die Inhalte des Gimp-Speichers können Sie auch dauerhaft sichern. Nutzen Sie dazu die dritte Schaltfläche in der Fußzeile des *Ablagen*-Dialogs ①, um ein neues Dokument zu erstellen, das den Inhalt des aktuellen Eintrags enthält.

Im Beispiel war dies das Flugzeug ②. So können Sie diese Option nutzen, um Inhalte aus der Gimp-Ablage dauerhaft als eigenständige Datei zu sichern.

Transformationen der Ebene

Die markierte Ebene können Sie nun auf vielfältige Art und Weise transformieren. So lässt sie sich drehen, skalieren, neigen oder spiegeln. Auch perspektivische Verzerrungen sind möglich. Einige der Optionen sollen in diesem Workshop zum Verbessern des Ergebnisses eingesetzt werden.

1 Rufen Sie das *Drehen*-Werkzeug ① aus dem Werkzeugkasten auf, wenn die Ebene, die im *Ebenen*-Dialog markiert ist, gekippt werden soll.

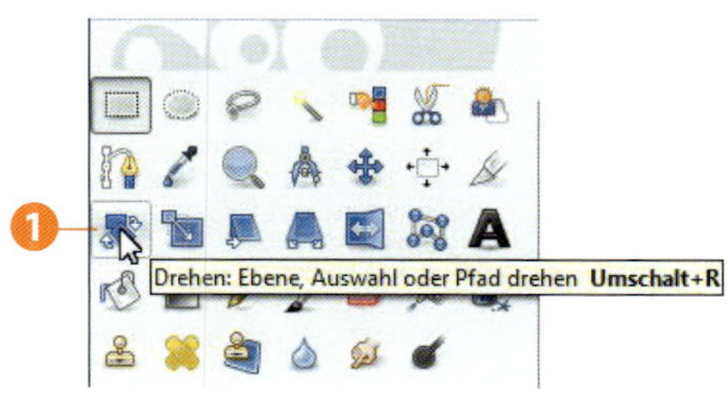

2 Klicken Sie in das Bild ② und drehen Sie die Ebene mit gedrückter linker Maustaste. Beobachten Sie das Vorschaubild. Alternativ dazu können Sie auch das Eingabefeld ③ oder den Schieberegler ④ im Dialogfeld benutzen.

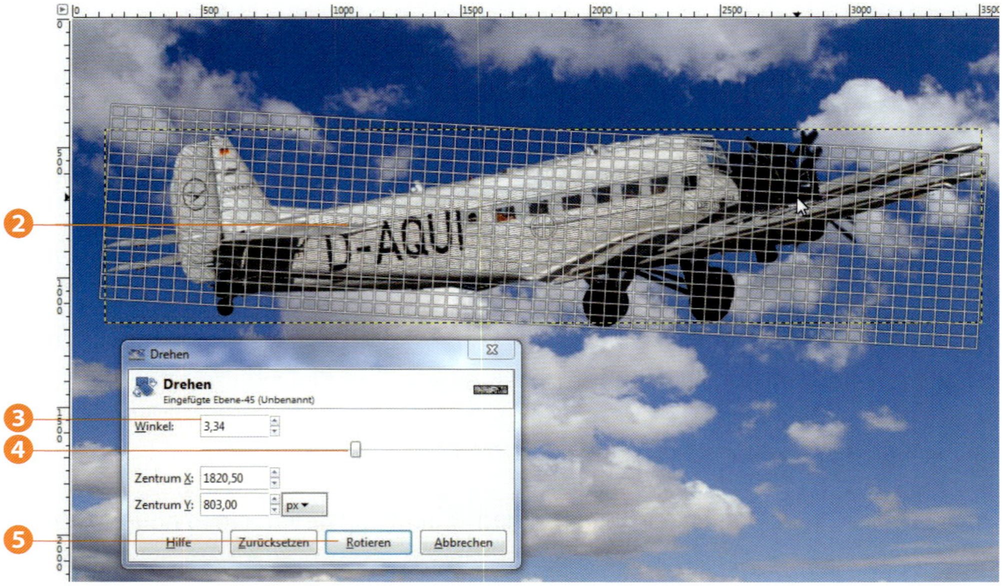

3 Rufen Sie die *Rotieren*-Schaltfläche ⑤ auf, damit die Drehung vollzogen wird. Gimp zeigt während der Berechnung ein Fortschrittssymbol in der Bildmitte an – Sie sehen es rechts.

So entsteht das folgende Zwischenergebnis:

4 Passen Sie nun die Größe der Ebene an. Rufen Sie dazu das *Skalieren*-Werkzeug 6 aus dem Werkzeugkasten auf. Wenn Sie während des Skalierens eine Vorschau sehen wollen, aktivieren Sie die Option *Bildvorschau anzeigen* 7 in den Werkzeugeinstellungen.

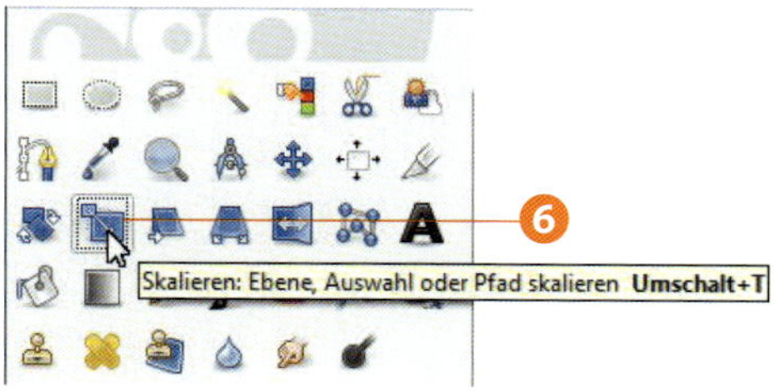

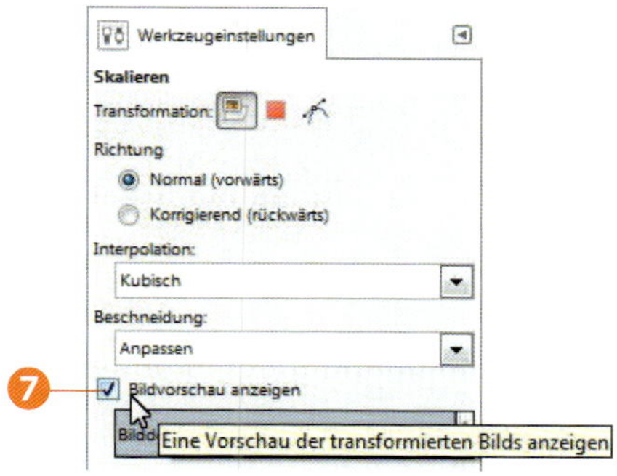

5 Klicken Sie in das Bild, um das *Skalieren*-Dialogfeld zu öffnen. Im Listenfeld 8 wird die gewünschte Maßeinheit eingestellt – beispielsweise Prozent.

6 Klicken Sie auf das Kettensymbol 9, damit beim Einstellen eines neuen Wertes das Seitenverhältnis erhalten bleibt.

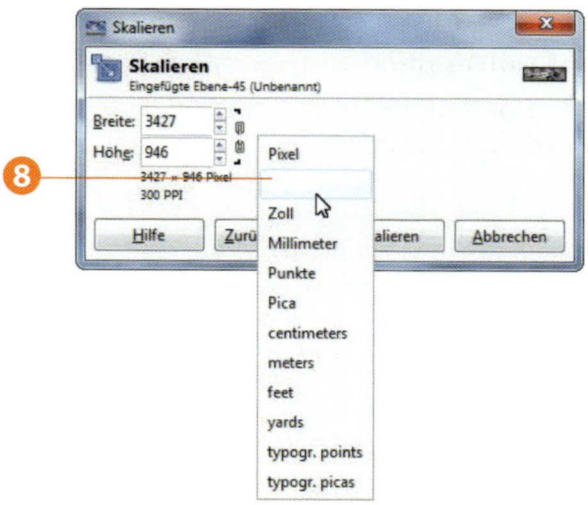

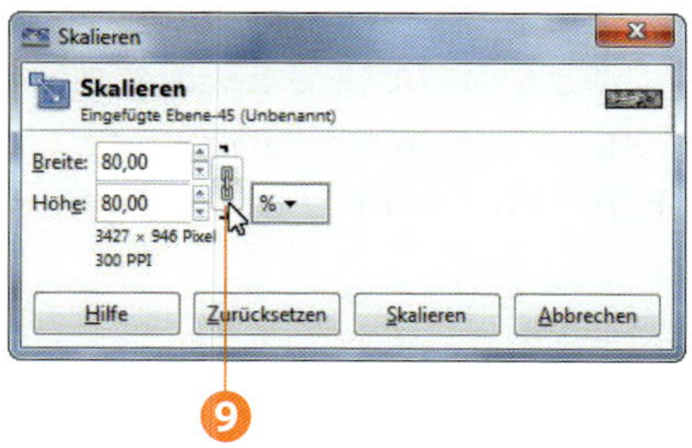

Tipp

Mit den Transformieren-Werkzeugen wird nur die markierte Ebene verändert. Wenn Sie alle Ebenen des Bildes verändern wollen, rufen Sie die Funktionen im Untermenü *Bild/Transformation* auf.

7 Verziehen Sie die Markierungspunkte **10** im Bild, wenn Sie die Transformation lieber per Drag & Drop durchführen wollen.

8 Rufen Sie im Dialogfeld die *Skalieren*-Schaltfläche auf, um die Transformation abzuschließen. Damit entsteht dieses Endergebnis.

Bilder auftrennen

Beim Arbeiten mit Ebenen haben Sie viele Möglichkeiten, um kreative Ergebnisse zu erstellen. Im folgenden Workshop möchte ich Ihnen vorstellen, wie Sie aus einem Foto drei Bilder machen und wie diese anschließend arrangiert werden können.

1 Erstellen Sie nach dem Öffnen des Bildes zunächst einen rechteckigen Auswahlbereich ❶.

2 Erstellen Sie aus der Auswahl eine neue Ebene. Nutzen Sie dazu die Funktionen *Bearbeiten/Kopieren* sowie *Bearbeiten/Einfügen* und verbinden Sie die so entstandene schwebende Auswahl im *Ebenen*-Dialog mit einer neuen Ebene ❷.

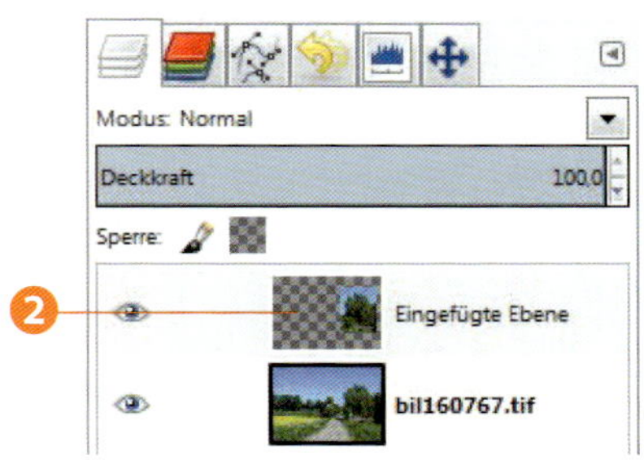

3 Damit die bestehende Auswahl bei der nächsten Auswahl aufgehoben wird, aktivieren Sie in den Werkzeugeinstellungen den Modus *Aktuelle Auswahl ersetzen* ❸. Ziehen Sie dann die zweite Auswahl ❹ auf.

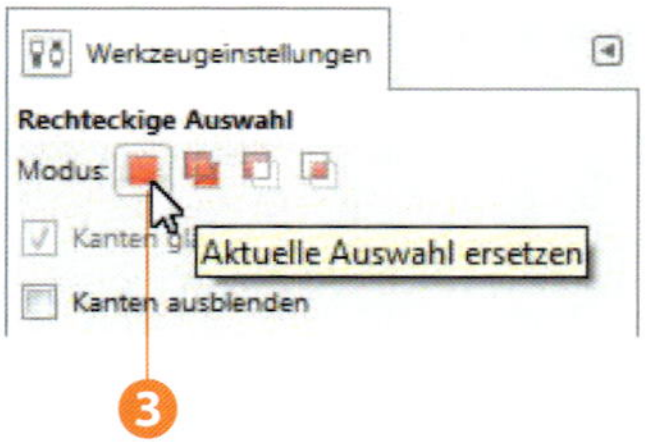

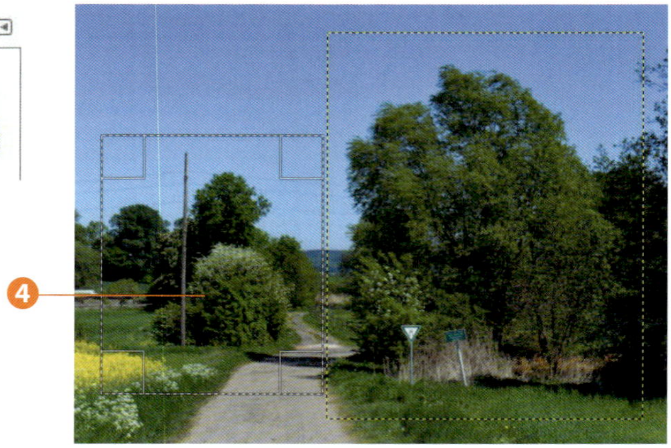

4 Da sich das Kopieren des Auswahlbereichs immer auf die aktuelle Ebene bezieht, müssen Sie nun wieder die Hintergrundebene ❺ markieren. Erstellen Sie anschließend mit dem neuen Auswahlbereich erneut eine neue Ebene ❻.

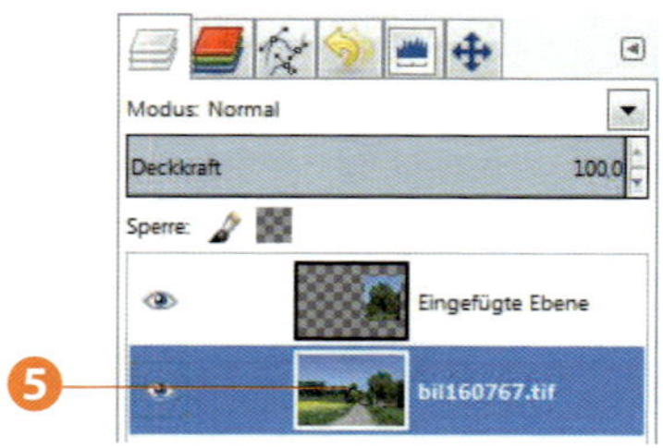

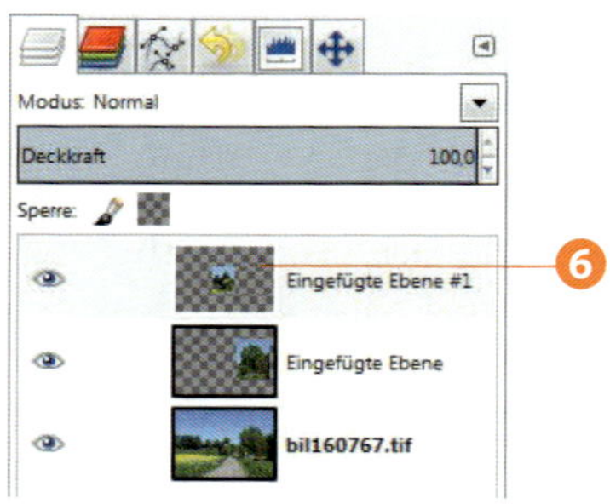

5 Wiederholen Sie das ganze Prozedere mit einem weiteren Auswahlbereich im linken Bildteil ❼. Auch hier müssen Sie vor dem Erstellen einer neuen Ebene zunächst die Hintergrundebene im Ebenen-Dialog markieren, weil jedes Mal die neue Ebene automatisch markiert wird.

Nach diesen Arbeitsschritten ergibt sich der folgende Zwischenstand. Die Hintergrundebene 8 wurde hier ausgeblendet.

Ebenen umranden

Die drei neu entstandenen Ebenen sollen jetzt jeweils eine Umrandungslinie erhalten. Die dazu nötigen Arbeitsschritte sind für alle drei Ebenen dieselben.

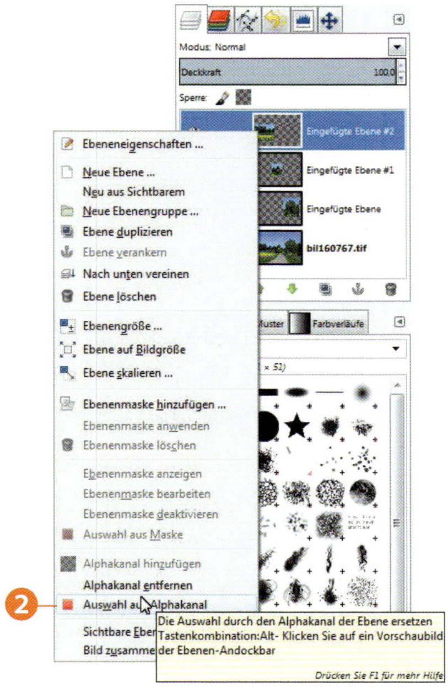

1 Markieren Sie im *Ebenen*-Dialog die erste Ebene und rufen Sie aus dem Kontextmenü die Funktion *Auswahl aus Alphakanal* 2 auf.

2 Rufen Sie die Funktion *Auswahl/Rand* auf und stellen Sie die Rahmengröße ein – im Beispiel sind es fünf Pixel 1.

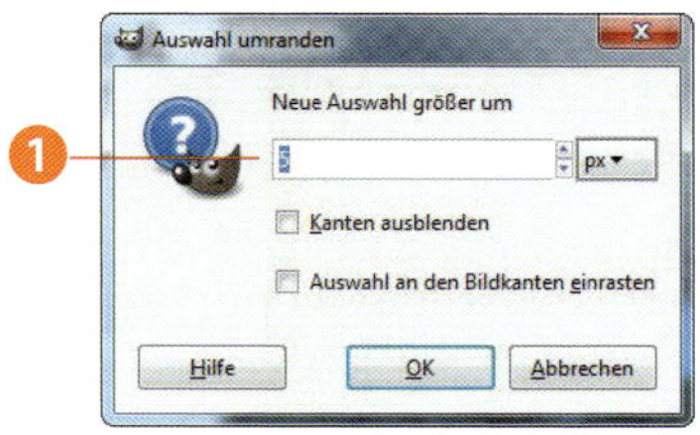

3 Rufen Sie die Funktion *Bearbeiten/Mit Vordergrundfarbe füllen* **4** auf, um die feine Umrandung, die die Ebene nun besitzt, mit Weiß **3** zu füllen. Natürlich müssen Sie dabei beachten, dass als Vordergrundfarbe auf Weiß eingestellt ist.

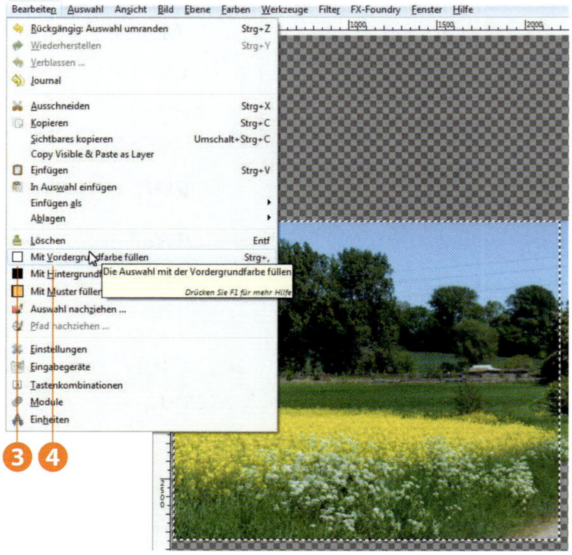

4 Wiederholen Sie diese Arbeitsschritte bei den beiden anderen Ebenen, wobei Sie darauf achten müssen, dass als Erstes stets der Alphakanal der betreffenden Ebene als Auswahl geladen wurde.

Hat alles geklappt, erhalten Sie den folgenden neuen Zwischenstand.

Das Farbfeld vor dem jeweiligen Menüeintrag wird übrigens aktualisiert, wenn Sie die Farbe neu einstellen. So sehen Sie beim Aufruf einer Füllen-Option gleich, mit welcher Farbe der Auswahlbereich gefüllt wird.

Perspektivische Anpassungen

Damit die Zusammenstellung etwas »peppiger« wird, sollen die drei Ebenen in den nächsten Arbeitsschritten perspektivisch verzerrt werden.

1 Markieren Sie die erste Ebene und rufen Sie das *Perspektive*-Werkzeug **1** aus dem Werkzeugkasten auf.

2 Verziehen Sie die Markierungspunkte **2**. Bestätigen Sie dies mit der *Transformation*-Schaltfläche **3**.

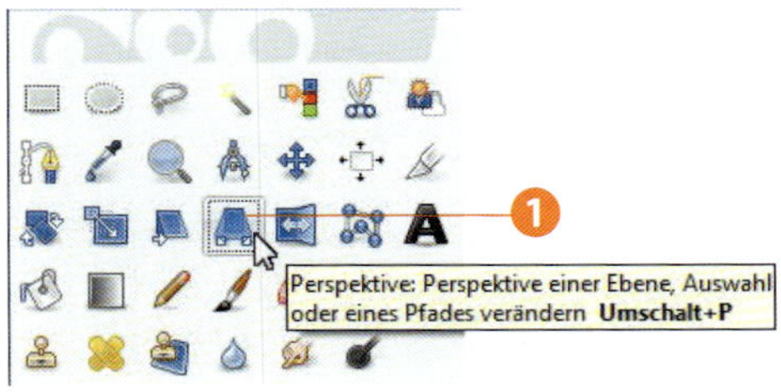

So könnte dieses Ergebnis entstehen **4**. Natürlich können Sie die Ebene frei nach Ihrem Geschmack verzerren – lassen Sie Ihrer Kreativität freien Lauf!

3 Verzerren Sie auf dieselbe Art auch die beiden anderen Ebenen. Bei der mittleren Ebene habe ich eine sehr kräftige Verzerrung durch Verziehen mehrerer Eckmarkierungspunkte eingestellt.

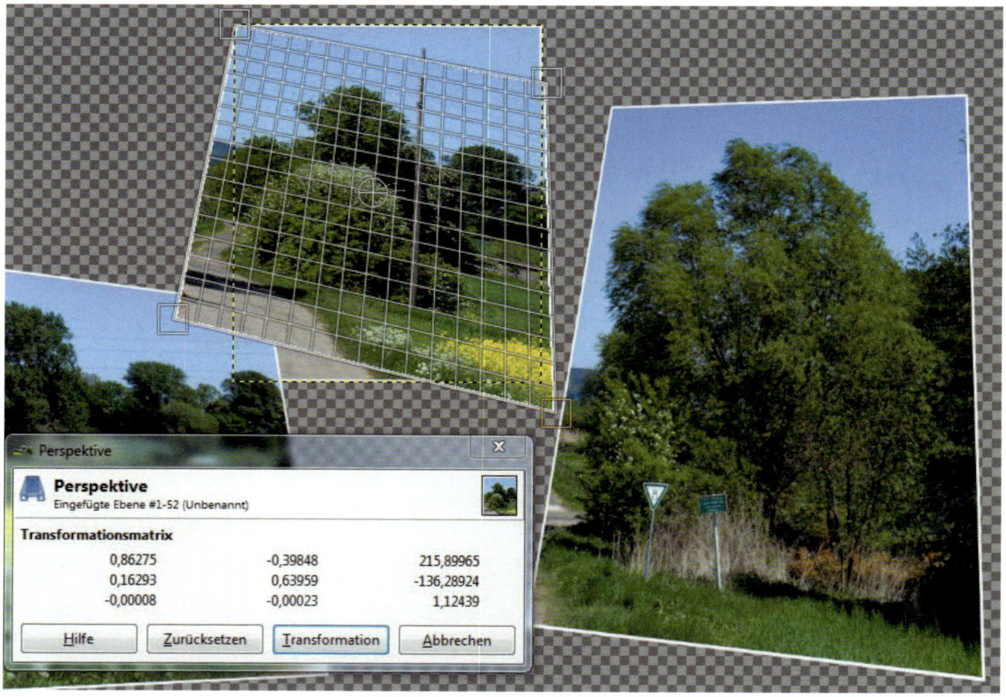

Schatten einfügen

Als letzter Schliff sollen die Ebenen nun jeweils mit einem Schlagschatten versehen werden. Dazu benötigen Sie nach dem Markieren der jeweiligen Ebene die Funktion *Filter/Licht und Schatten/Schlagschatten* ❶.

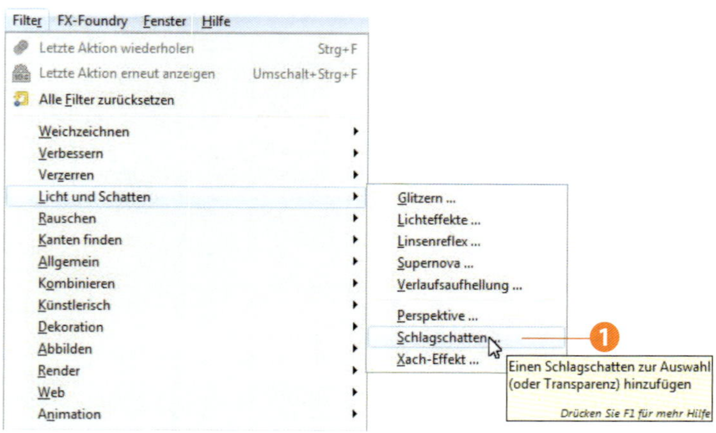

Bei dem Filter handelt es sich um ein Skript-Fu-Makro, bei dem diverse Arbeitsschritte automatisiert ausgeführt werden. Stellen Sie im Dialogfeld die gewünschten Werte ein. Beim Beispielbild ist ein horizontaler Versatz (*Versatz X* 2) und vertikaler Versatz (*Versatz Y* 3) von 20 Pixeln und ein *Weichzeichnerradius* 4 von 15 Pixeln gut geeignet.

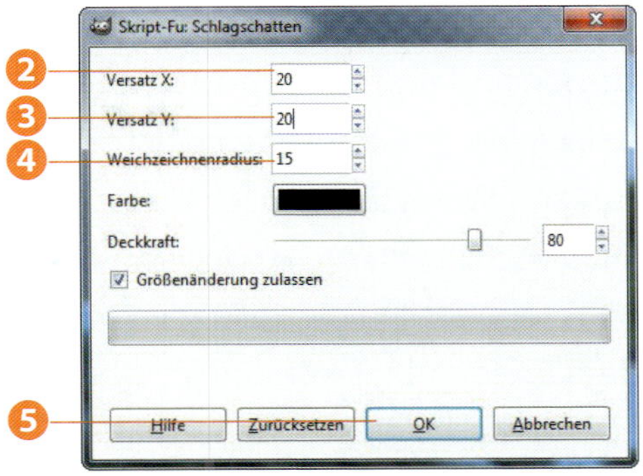

Der **Versatz** legt fest, um wie viele Pixel die Schattenebene gegenüber der Ausgangsebene in horizontaler und vertikaler Richtung verschoben wird. Der **Weichzeichnerradius** legt fest, wie weich der Schatten in den Hintergrund ausläuft.

Warten Sie nach dem Bestätigen mit der *OK*-Schaltfläche 5 einen kleinen Moment, bis das automatisch ablaufende Makro fertig abgelaufen und das Ergebnis 8 im Bildfenster zu sehen ist. Ein Blick in den *Ebenen*-Dialog 6 zeigt, dass Gimp automatisch eine neue Ebene 7 erstellt hat, die unterhalb der Ausgangsebene platziert wurde.

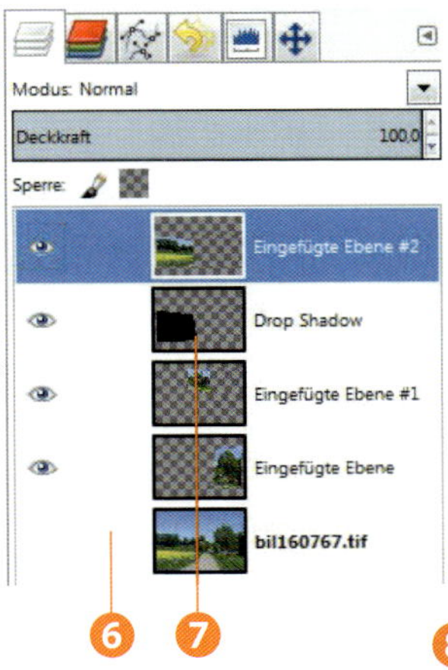

Wenn Sie denselben Filter bei den beiden anderen Ebenen anwenden wollen, bietet Gimp eine Erleichterung an: Wenn Sie nämlich die Option *Filter/»Schlagschatten« wiederholen* 9 aufrufen, werden die zuletzt verwendeten Einstellungen erneut angewendet. Mit dem Endergebnis können Sie unterschiedlich verfahren. Wenn Sie die Ursprungsebene wieder einblenden, erhalten Sie dieses Ergebnis 10. Füllen Sie dagegen die Hintergrundebene mit Weiß, entsteht dieses Ergebnis 11.

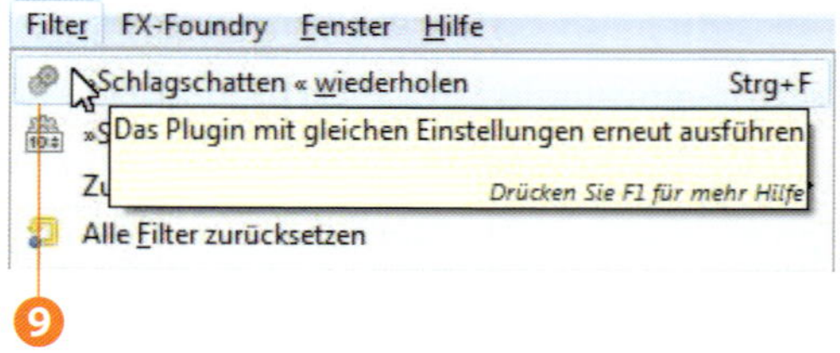

Ebenenmasken anwenden

Ist die neue Auswahl erst einmal erstellt und auf einer neuen Ebene platziert, haben Sie vielfältige Möglichkeiten der Bildveränderung. Wenn Sie neue Ebenen über die schwebende Auswahl erstellen, fügt Gimp automatisch einen Alphakanal mit den Transparenzinformationen ein. Das erkennen Sie an der nicht fett markierten Ebenenbezeichnung ❶.

Um zu verhindern, dass transparente Bereiche der Ebene bearbeitet werden können, aktivieren Sie bei der ausgewählten Ebene die Option *Alphakanal sperren* ❷ in der Kopfzeile.

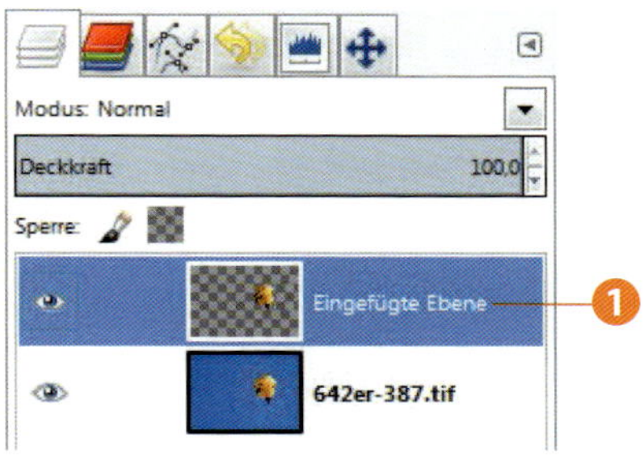

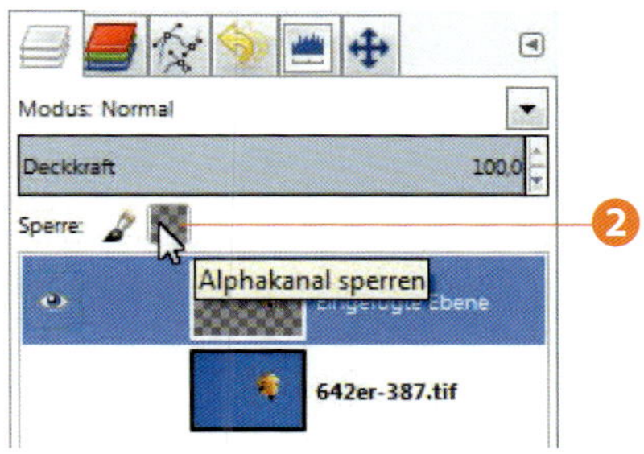

Ebenen mit einem Verlauf füllen

Die bestehende Ausgangsebene lässt sich prima nutzen, um sie für eine völlig andere Bildwirkung zu füllen.

1 Markieren Sie die Hintergrundebene und rufen Sie das *Farbverlauf*-Werkzeug ❶ aus dem Werkzeugkasten auf. Wählen Sie in den Werkzeugeinstellungen den gewünschten Farbverlauf ❷ aus.

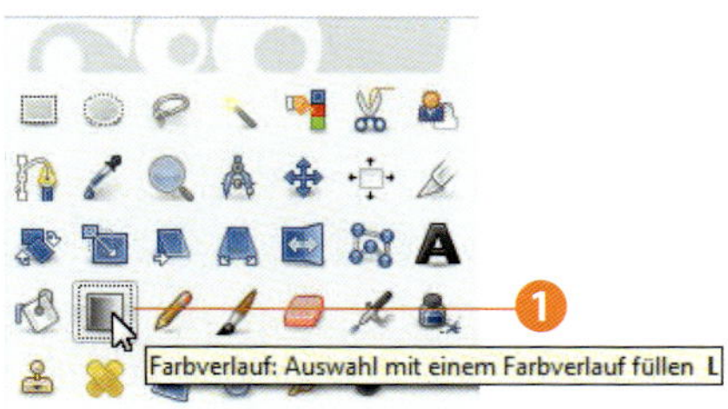

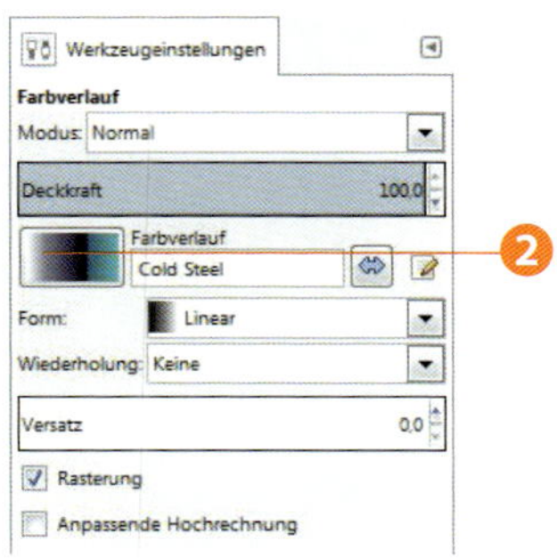

Es gibt außerdem einen andockbaren Dialog 3, der alle verfügbaren Verläufe auflistet. Hier ist die Auswahl etwas bequemer und übersichtlicher. Ich habe die Option *Cold Steel* 4 für das Beispiel ausgesucht.

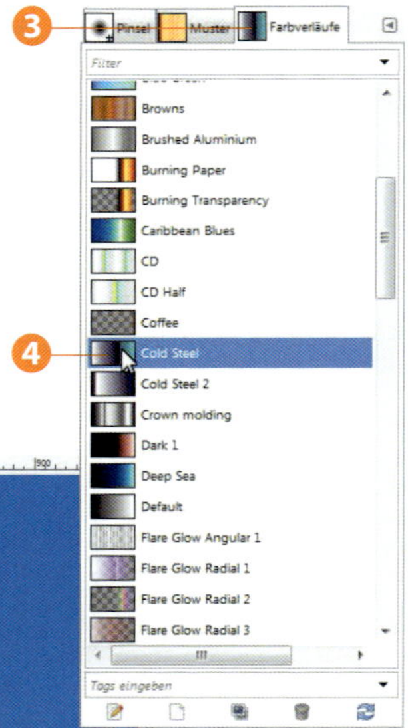

2 Ziehen Sie im Bild eine Linie auf, die die Verlaufsrichtung und Länge des Verlaufs festlegt 5.

So entsteht dieses interessante Ergebnis 8.

Eine Ebenenmaske erstellen

Die bisher vorgestellten Verfahren waren meist »destruktiv« – das bedeutet, dass die Bearbeitung den Inhalt der Ebene unwiderruflich »zerstört« hat. Ein ganz anderer Weg führt über die Ebenenmasken, bei denen der Bildinhalt erhalten bleibt – das nennt man »nichtdestruktives Arbeiten«.

1 Erstellen Sie wie gewohnt einen Auswahlbereich. Im *Ebenen*-Dialog ist bei diesem Beispiel nur die Hintergrundebene ❶ vorhanden.

2 Klicken Sie die Ebene mit der rechten Maustaste an und rufen Sie aus dem Kontextmenü die Funktion *Ebenenmaske hinzufügen* ❷ auf.

3 Stellen Sie im Dialogfeld, das dann geöffnet wird, ein, womit die Maskierung erstellt werden soll – beispielsweise mit dem Auswahlbereich ❸.

Anschließend sehen Sie im *Ebenen*-Dialog ein schwarz-weißes Miniaturbild der Maskierung. Alle schwarzen Teile ❹ der Maske werden im Bild transparent dargestellt.

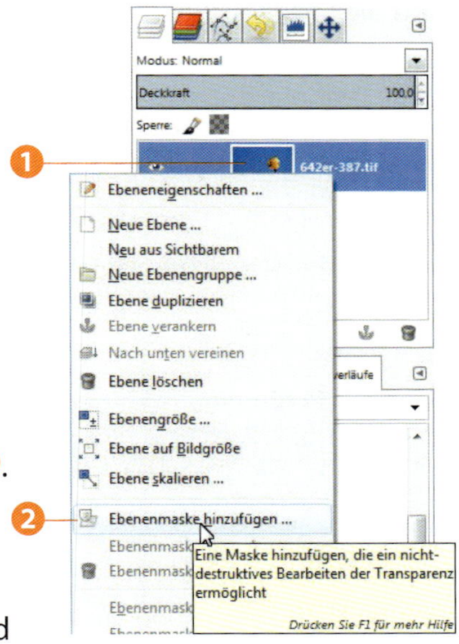

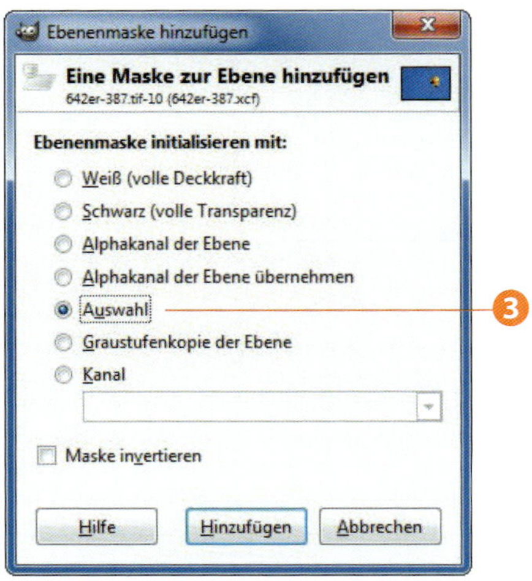

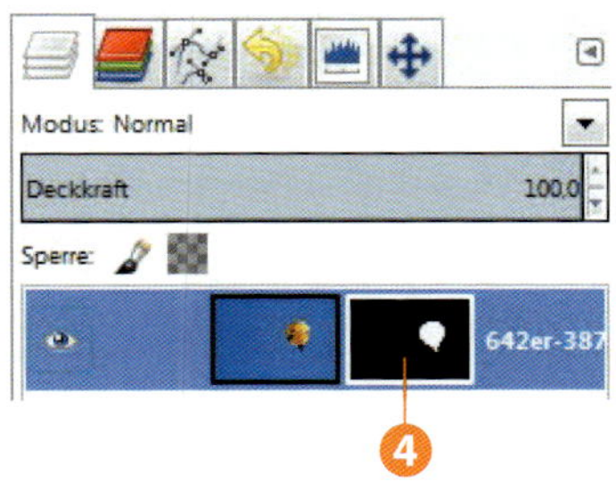

Die **Ebenenmaske** entfernt keine Bildteile – sie versteckt sie sozusagen unter der Maskierung. Somit haben Sie sofort wieder Zugriff auf die »verschwundenen« Bildteile, wenn die Ebenenmaske deaktiviert oder entfernt wird. Daher ist die Ebenenmaske sehr praktisch und empfehlenswert.

Wenn Sie das Miniaturbild der Maskierung 5 mit gedrückter Strg-Taste anklicken, wird die Maskierung vorübergehend deaktiviert – ein roter Umrandungsrahmen kennzeichnet dies.

Im Menü *Ebene/Maske* finden Sie diverse Funktionen für die Maskierung. Mit der Funktion *Ebenenmaske anwenden* 6 wird die Maskierung mit der Ebene »verschmolzen«. Da dabei der transparente Bereich der Ebene gelöscht wird, müssen Sie sich sicher sein, dass Sie die Bildinformationen wirklich nicht mehr benötigen.

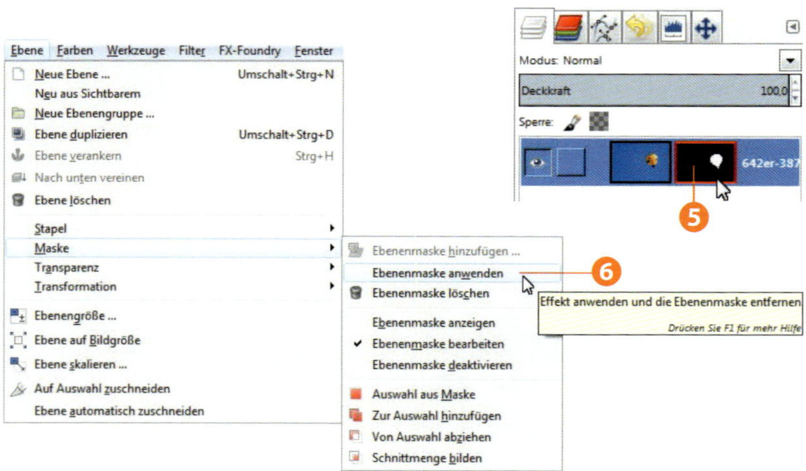

Tipp

Während die schwarzen Teile der Ebenenmaske im Bild transparent erscheinen und die weißen Teile das Bild zeigen, sind Teile der Maske, die grau erscheinen, nur halbtransparent. Das könnte beispielsweise der Fall sein, wenn Sie beim Erstellen der Auswahl eine weiche Kante eingestellt hatten.

Eine Collage mit Ebenen erstellen

Die Ebenentechnik lässt sich prima nutzen, um eine Collage mit mehreren Fotos zu erstellen. Dabei können Sie auch verschiedene Hilfsmittel einsetzen, die ich Ihnen in diesem Workshop vorstellen werde.

1 Rufen Sie die Funktion *Datei/Neu* (1) auf und wählen Sie aus der *Vorlagen*-Liste (3) die gewünschte Größe aus – im Beispiel das DIN-A5-Format (2). Alternativ dazu können Sie die Einstellungen auch manuell vornehmen. Klappen Sie dazu die *Erweiterten Einstellungen* (4) auf.

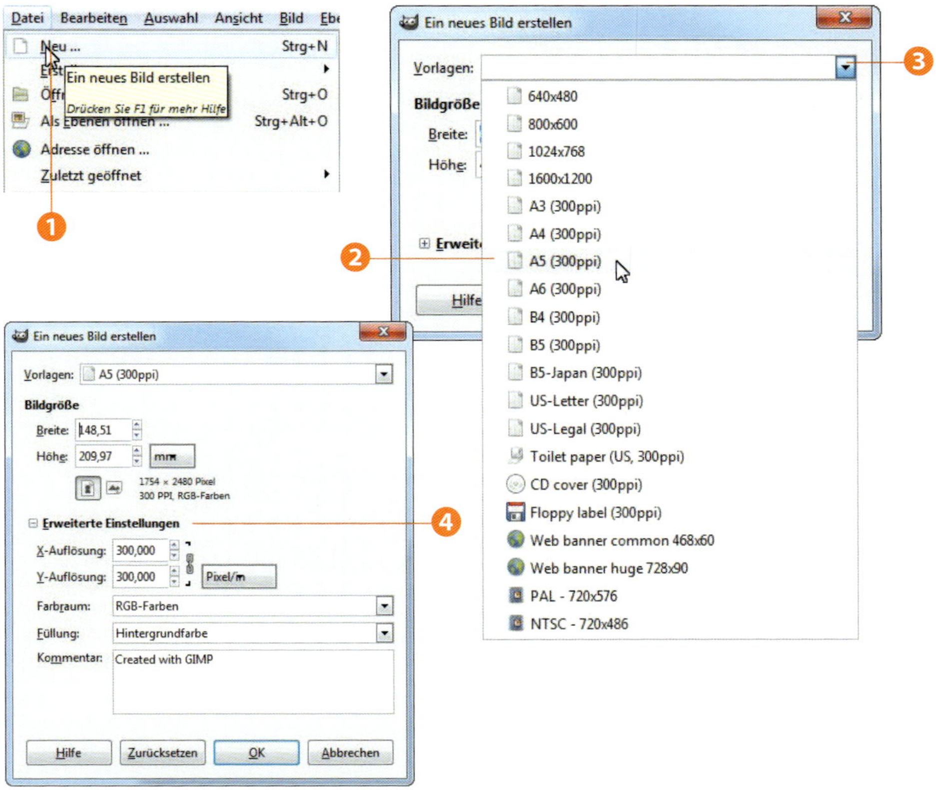

Die **Auflösung** bestimmt, aus wie vielen Pixeln das Bild besteht. Je mehr Pixel es sind, umso detailreicher ist das Ergebnis. 300 Pixel/Inch ist ein geeigneter Standardwert, wenn Sie das Ergebnis drucken wollen.

Beachten Sie, dass relativ große Dateigrößen entstehen, wenn Sie das DIN-A5-Dokument mit einer Auflösung von 300 Pixel/Inch erstellen. Daher kann das Speichern des Dokuments auch eine Weile dauern. Die Xcf-Datei des Beispiels ist über 11 MByte groß.

2 Stellen Sie im *Füllung*-Listenfeld **5** ein, wie die Fläche gefüllt werden soll. Im Beispiel mit der Hintergrundfarbe – ist es standardmäßig Weiß. Nach dem Bestätigen mit der *OK*-Taste erstellt Gimp ein neues, leeres Bild **6**.

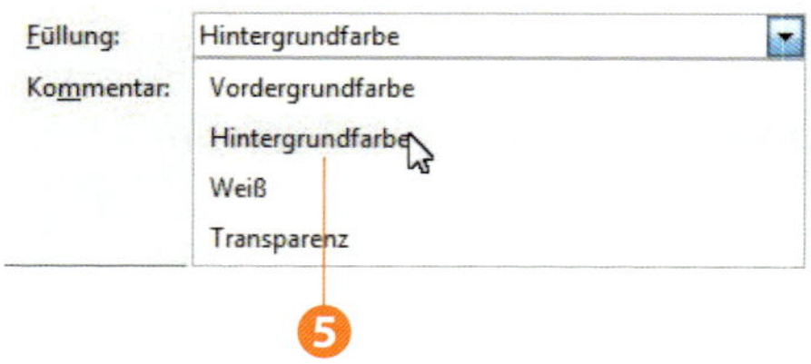

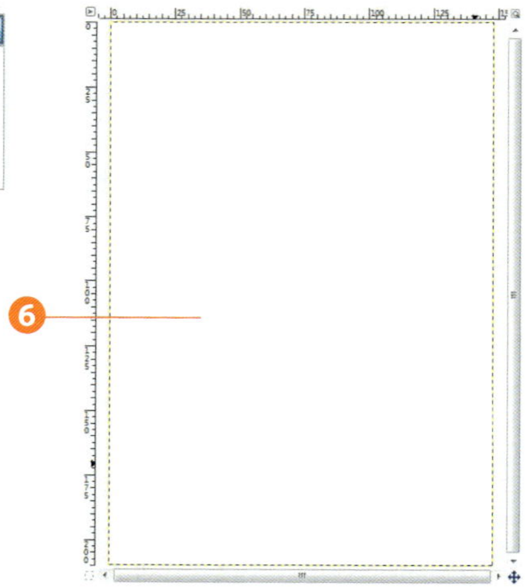

3 Rufen Sie die Funktion *Datei/Als Ebenen öffnen* **7** auf, um die Bilder zu importieren, die Sie in die Collage aufnehmen wollen. Das importierte Bild wird als eigenständige Ebene aufgeführt und in der Bildmitte **8** platziert.

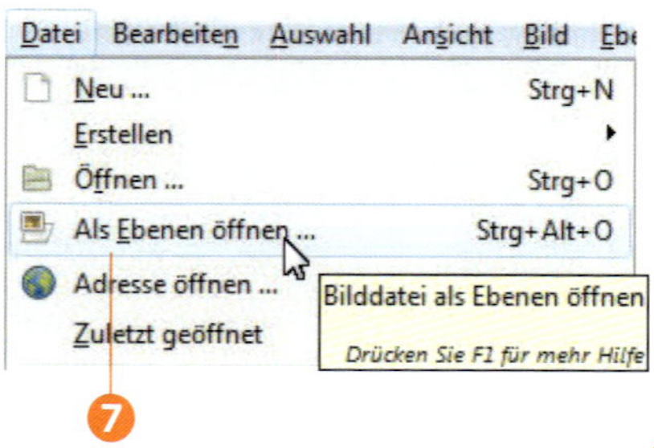

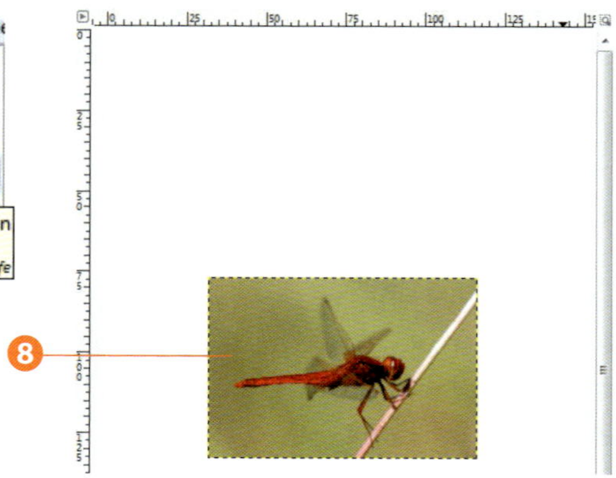

4 Schneller klappt es, wenn Sie alle Bilder auf einmal importieren. Markieren Sie dazu im *Bild öffnen*-Dialogfeld einfach alle betreffenden Bilder **9**. Gimp stapelt nach dem Bestätigen automatisch alle Ebenen übereinander **10**.

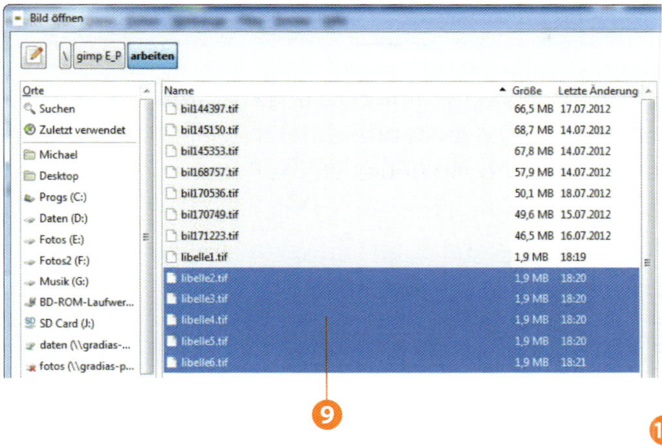

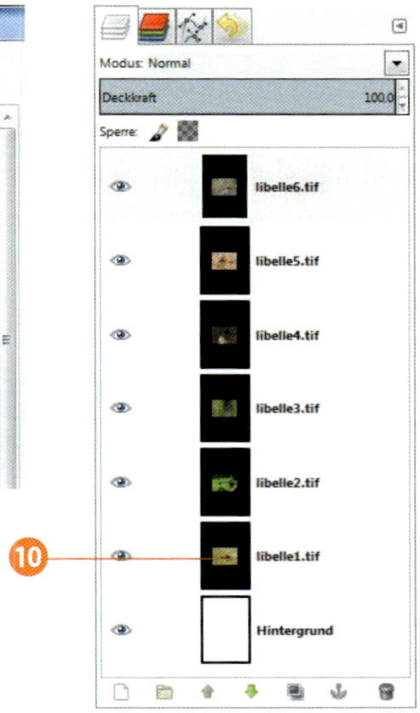

Wenn Sie nur einige wenige Bilder in die Collage aufnehmen wollen, können Sie sie auch mit den *Kopieren/Einfügen*-Optionen in das Sammeldokument importieren.

Ebenen ausrichten

Um die Ebenen im Bild auszurichten, haben Sie verschiedene Möglichkeiten. So könnten Sie beispielsweise die Menüfunktion *Bild/Sichtbare Ebenen ausrichten* und im Dialogfeld **1**, das Sie damit öffnen, festlegen, wie die horizontale und vertikale Ausrichtung der Ebenen zueinander erfolgen soll. Im Beispiel ist aber eine andere Vorgehensweise erforderlich.

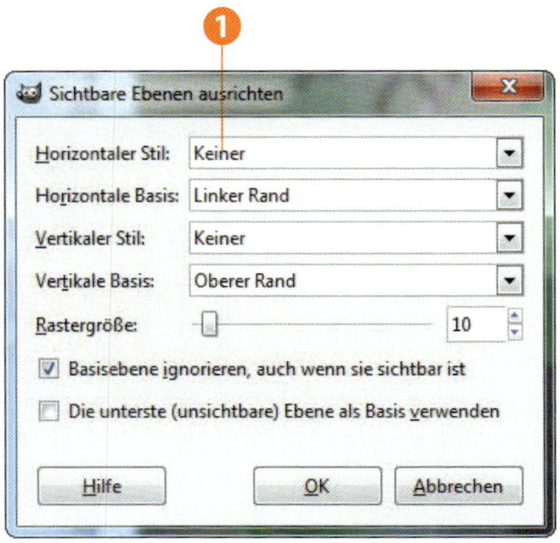

1 Rufen Sie als Erstes das *Verschieben*-Werkzeug **2** aus dem Werkzeugkasten auf. Achten Sie darauf, dass in den Werkzeugeinstellungen die Option *Ebene oder Hilfslinie auswählen* **3** aktiviert ist. Das ermöglicht Ihnen, im Bildfenster einfach die Ebene anzuklicken, die Sie verschieben wollen.

2 Klicken Sie die Ebenen nacheinander an und verschieben Sie sie ganz grob auf die neue Position **4** – in diesem Stadium kommt es überhaupt nicht auf die Genauigkeit an.

3 Gruppieren Sie anschließend alle Ebenen mit einem Klick auf das Schlosssymbol vor dem Eintrag **5** – das erleichtert Ihnen die folgenden Arbeitsschritte.

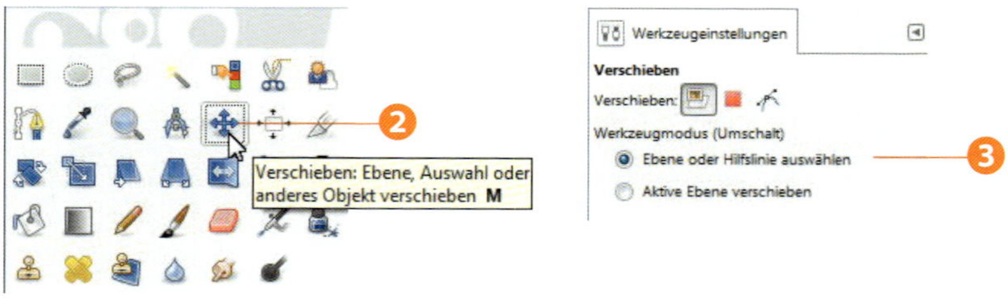

4 Rufen Sie das *Skalieren*-Werkzeug aus dem Werkzeugkasten auf und skalieren **6** Sie die Ebenen ein wenig, da sie für die Collage etwas zu groß sind. Durch das vorherige Gruppieren muss nur eine der Ebenen skaliert werden – den Rest erledigt Gimp dann automatisch **7**.

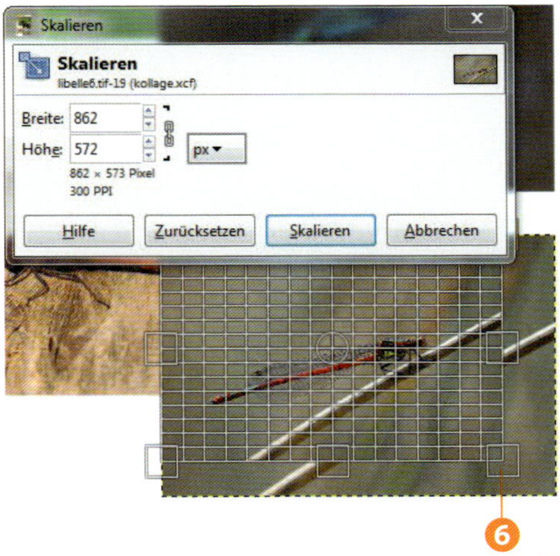

Ebenen automatisch ausrichten

Die grob platzierten Ebenen lassen sich nun ziemlich einfach präzise platzieren. Rufen Sie dazu das *Ausrichten*-Werkzeug **1** aus dem Werkzeugkasten auf und klicken Sie nacheinander mit gedrückter [⇧]-Taste die Ebenen an, die Sie ausrichten wollen. Im Beispiel sollen zunächst die drei linken Ebenen **2** zueinander ausgerichtet werden.

1 Stellen Sie in den Werkzeugeinstellungen ein, wozu die markierten Ebenen ausgerichtet werden sollen – beispielsweise zum ersten Objekt **3**. Klicken Sie dann in der *Ausrichten*-Rubrik auf diese Schaltfläche **4**, um die Elemente alle linksbündig zueinander auszurichten.

2 Stellen Sie in der *Verteilen*-Rubrik den gewünschten *Versatz* **5** ein, um anschließend mit dieser Schaltfläche **6** die Ebenen mit gleichem Abstand zueinander zu verteilen.

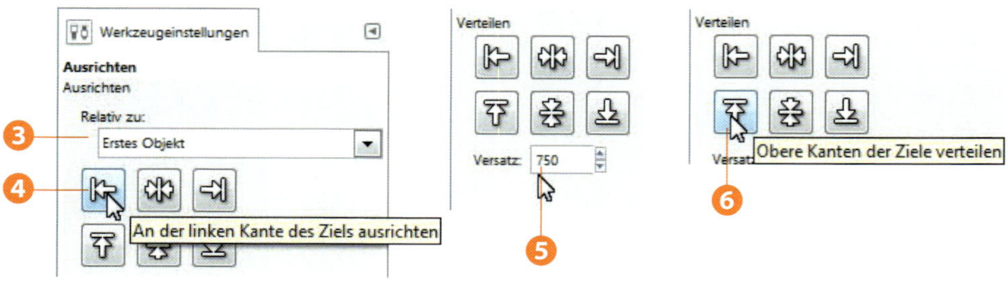

3 Wiederholen Sie die Arbeitsschritte des Ausrichtens und Verteilens auch bei den drei Ebenen rechts.

So könnten Sie dieses Ergebnis **7** erhalten, wobei es natürlich Ihrem Geschmack überlassen bleibt, die Ebenen ein wenig anders anzuordnen.

Das Ergebnis verschönern

Zum Abschluss dieses Workshops soll das Ergebnis noch ein wenig verfeinert werden. Das ist mit wenig Aufwand möglich.

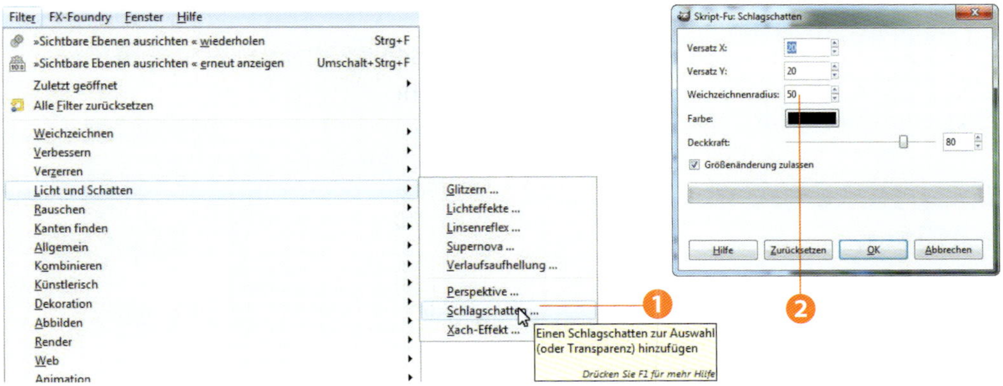

Nutzen Sie bei allen Ebenen die Funktion *Filter/Licht und Schatten/Schlagschatten* ❶ mit diesen Werten ❷. Wenn Sie den Filter bei der ersten Ebene angewendet haben, können Sie es sich leicht machen, wenn Sie bei allen anderen Ebenen die Funktion *Filter/»Schlagschatten« wiederholen* ❸ aufrufen – dann wird der zuvor angewandte Effekt mit denselben Einstellungen angewendet. Wenn Sie abschließend die Ebenenreihenfolge anpassen wollen ❹,

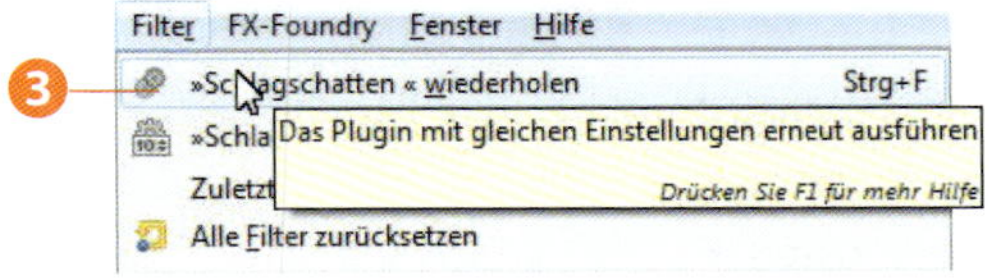

um etwa »Überlappungen« zu ändern, müssen Sie beachten, dass die automatisch erstellte Schattenebene 5 ebenfalls verschoben werden muss, da sie nicht mit der Ursprungsebene 4 gekoppelt ist. Dabei hilft es übrigens auch nichts, wenn Sie die beiden Ebenen zuvor gruppieren würden. Das gemeinsame Verschieben im Ebenenstapel ließe sich nur mit dem Platzieren in einem neuen Ebenenordner realisieren.

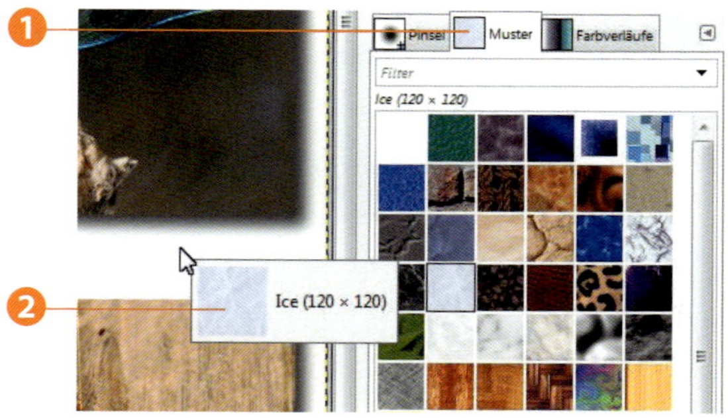

Einen Hintergrund einfügen

Als letzter Arbeitsschritt soll nun ein neuer Hintergrund eingefügt werden. Im andockbaren Dialog *Muster* 1 liefert Gimp diverse Vorlagen mit.

1 Markieren Sie im *Ebenen*-Dialog die Hintergrundebene.

2 Ziehen Sie das gewünschte Muster – im Beispiel trägt es die Bezeichnung *Ice* 2 – einfach per Drag & Drop in das Dokument.

Der Hintergrund wird dann mit dem ausgewählten Muster gefüllt, sodass dieses Endergebnis entsteht 3. Es bleibt Ihrer Kreativität vorbehalten, das Ergebnis weiter zu verfeinern – etwa mit Textebenen.

Kapitel 8

Effektvoll arbeiten

Sie haben mit Gimp diverse Möglichkeiten, um Bilder effektvoll zu bearbeiten, was für eine spätere Präsentation von großer Bedeutung ist. Einige Ergebnisse entstehen dabei mit mehreren Arbeitsschritten, die Sie selbst durchführen müssen – bei anderen Aufgabenstellungen erledigt Gimp die meiste Arbeit völlig automatisiert. Wie Sie vorgehen müssen, zeige ich Ihnen in diesem Kapitel.

Der Out-of-Bounds-Effekt

Der sogenannte Out-of-Bounds-Effekt – was so viel bedeutet wie: »außerhalb des Rahmens« – ist momentan recht beliebt. Dabei lässt man einige Bildteile aus dem Rahmen herausragen – das gibt dem Foto eine besondere Note. Wie Sie dies mit Gimp bewerkstelligen, erfahren Sie in diesem Workshop.

1 Öffnen Sie das zu bearbeitende Foto und duplizieren Sie die Hintergrundebene ①. Die neue Ebene wird automatisch markiert.

2 Rufen Sie aus dem Werkzeugkasten das *Zuschneiden*-Werkzeug ② auf. Da nicht das gesamte Bild – sondern nur die neu erstellte Ebene – zugeschnitten werden soll, aktivieren Sie in den Werkzeugeinstellungen die Option *Nur die aktive Ebene* ③.

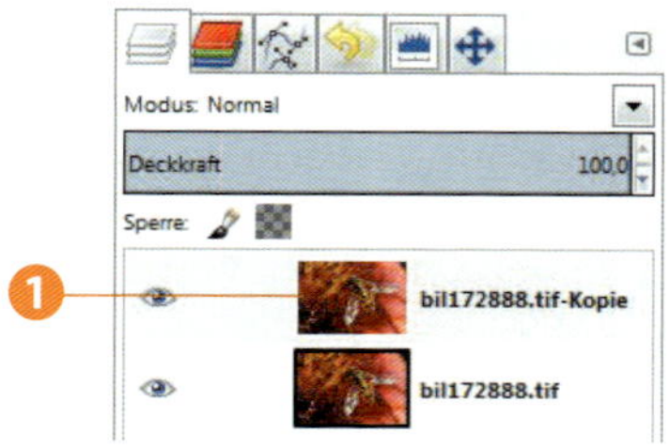

3 Erstellen Sie einen Rahmen. Ziehen Sie – wie von den Auswahlbereichen gewohnt – an den Kanten ④, bis der gewünschte Bildausschnitt erreicht ist. Bestätigen Sie das Zuschneiden, indem Sie in den Rahmen klicken.

Die Größe der neuen Ebene erkennen Sie übrigens an der gelb-schwarzen Markierungslinie (im Unterschied zu den schwarz-weiß gestrichelten Auswahlbereich-Markierungen), die erscheint, wenn Sie die Ebene markieren.

Außer der neuen Markierungslinie 6 sehen Sie im Bild erst einmal keine Unterschiede. Das ist normal, da der Inhalt der beiden Ebenen ja identisch ist – nur die Größe nicht.

4 Rufen Sie aus dem Kontextmenü der neuen Ebene 5 die Funktion *Auswahl aus Alphakanal* 7 auf, um die Ebene als Auswahlbereich zu laden, der dann weiter bearbeitet werden soll.

5 Erstellen Sie oberhalb der eben bearbeiteten Ebene eine weitere neue Ebene. Aktivieren Sie im *Ebenenfüllart*-Bereich die *Transparenz*-Option 8.

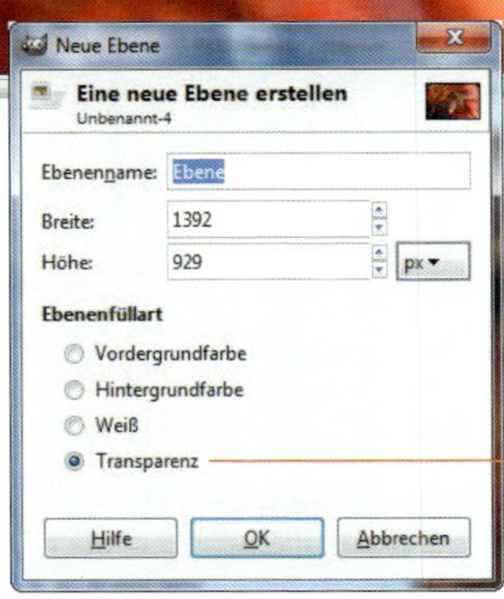

6 Rufen Sie die Funktion *Auswahl/Vergrößern* ⑩ auf und stellen Sie in dem Dialogfeld, das Sie damit öffnen, die jeweilige Vergrößerung ⑨ ein – im Beispiel ist ein Pixel der geeignete Wert.

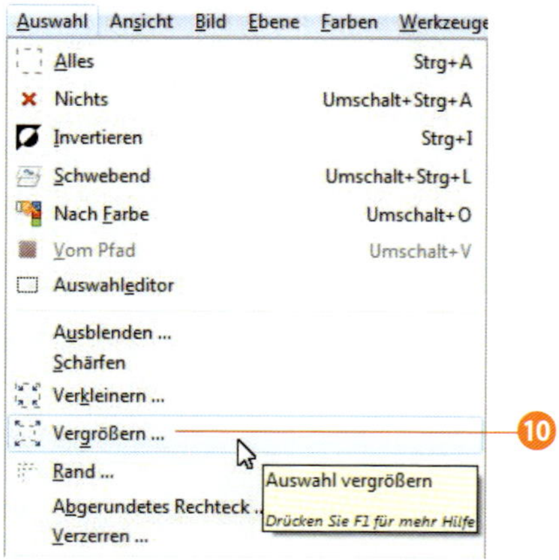

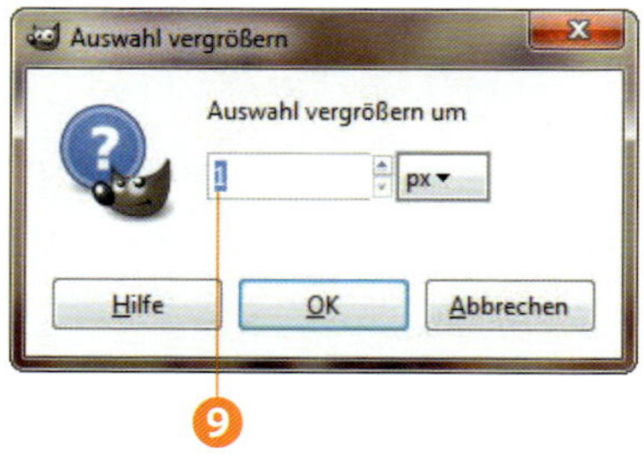

7 Benutzen Sie nun die Funktion *Bearbeiten/Auswahl nachziehen* ⑬ mit einer Linienstärke von zwei Pixeln ⑪, um eine dünne Linie in der Vordergrundfarbe zu erhalten – im Beispiel ist die Standard-Vordergrundfarbe Schwarz eingestellt, da der Rand in dieser Farbe erstellt werden soll. Bestätigen Sie Angaben mit der *Nachziehen*-Schaltfläche ⑫.

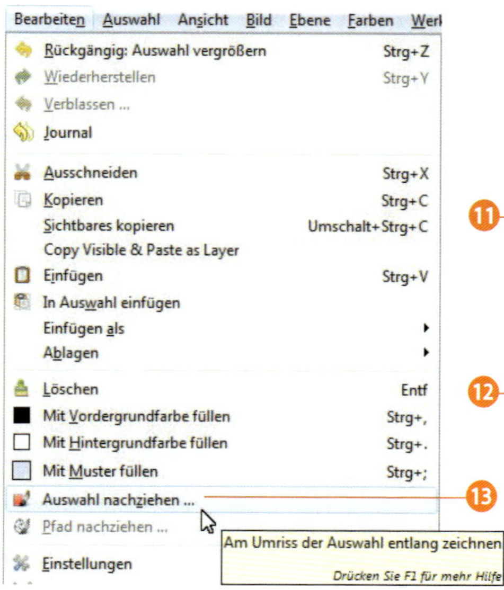

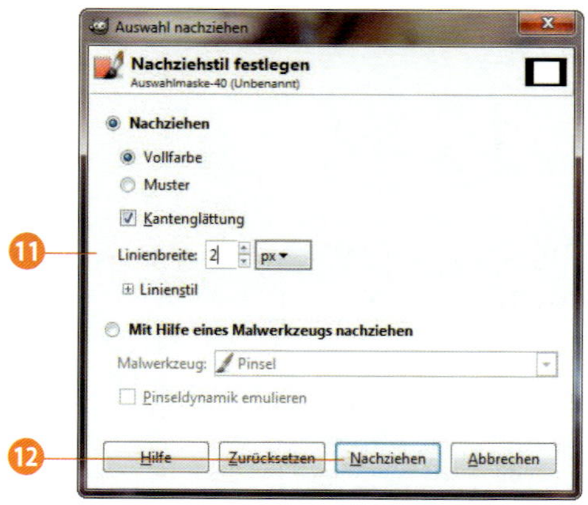

Die gerade vorgestellte Vorgehensweise ist eine Alternative zur bereits bekannten Vorgehensweise, einen Rand für eine Auswahl zu erstellen und diese anschließend mit einer beliebigen Farbe zu füllen.

8 Markieren Sie die Hintergrundebene (14) und erstellen Sie darüber eine weitere neue, transparente Ebene (15). Die zuvor erstellte schwarze Umrandungslinie (16) ist im Bild übrigens kaum zu erkennen, weil sie sehr dünn ist – das ist Absicht. Außerdem überdeckt sie die Markierungslinie des ausgewählten Bereichs.

9 Vergrößern Sie die aktuelle Auswahl erneut mit der Funktion *Auswahl/Vergrößern*. Dieses Mal wird aber ein sehr hoher Wert von *40 px* (17) verwendet.

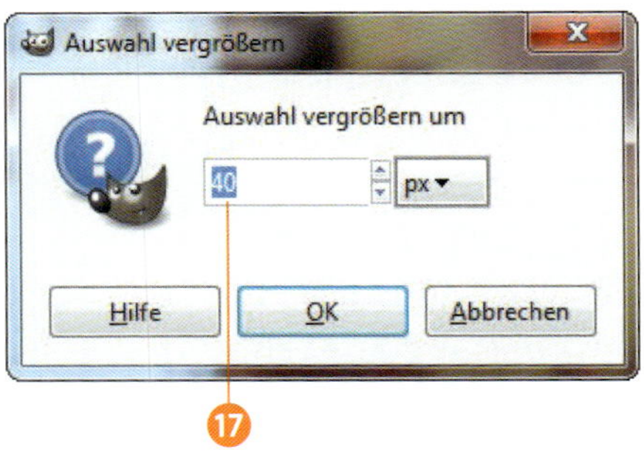

10 Füllen Sie die vergrößerte Auswahl mit der Funktion *Bearbeiten/Mit Hintergrundfarbe füllen*, wobei die standardmäßige Vordergrundfarbe Weiß eingestellt sein sollte.

So entsteht dieses Zwischenergebnis.

Bildteile hervorheben

Das Zwischenergebnis soll nun verfeinert werden – daher wurde die ursprüngliche Rechteck-Auswahl kleiner als die Schwebfliege erstellt. Der rechte Flügel wurde nicht in die Auswahl aufgenommen – und das aus gutem Grund.

1 Blenden Sie alle Ebenen **2** außer dem Hintergrund aus und erstellen Sie mit dem Werkzeug *Freie Auswahl* eine Auswahl des Bereichs **1**, der aus dem Rahmen herausragen soll.

2 Markieren Sie die Hintergrundebene und kopieren Sie von dort den gerade ausgewählten Bereich auf eine neue Ebene, die an oberster Stelle im Ebenenstapel ④ positioniert werden muss. Wenn Sie dann alle Ebenen wieder einblenden, haben Sie das nächste Zwischenstadium erreicht.

3 Laden Sie die mit Weiß gefüllte Ebene ③ und invertieren Sie die Auswahl mit der Funktion *Auswahl/Invertieren*.

Wird nun die Hintergrundebene markiert, haben Sie vielfältige Möglichkeiten, das Ergebnis zu gestalten. So könnten Sie beispielsweise dieses Ergebnis ⑤ erhalten, wenn Sie die Ebene mit Schwarz füllen.

4 Klicken Sie im Werkzeugkasten auf das Feld für die Vordergrundfarbe. Nutzen Sie im Dialogfeld, das dann geöffnet wird, die Schaltfläche mit dem Pipetten-Symbol 7, um eine Farbe aus dem Foto aufzunehmen. Klicken Sie auf die Stelle im Bild 6, wo die gewünschte Farbe zu finden ist.

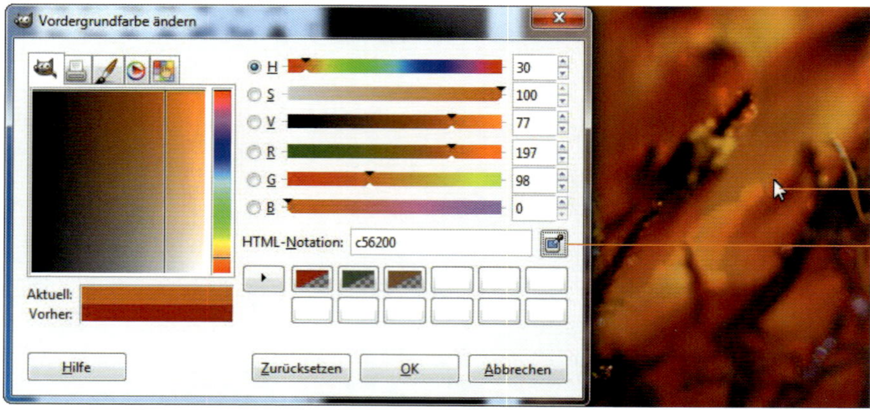

5 Rufen Sie nach dem Festlegen der neuen Vordergrundfarbe die Funktion *Bearbeiten/Mit Vordergrundfarbe füllen* 10 auf.

Sie sehen im Menü, dass das Miniaturbild vor dem Eintrag 9 die neu eingestellte Farbe anzeigt. Das Zwischenergebnis 8 sieht nun schon ganz interessant aus.

6 Rufen Sie nach dem Markieren der weiß gefüllten Ebene im *Ebenen*-Dialog die Funktion *Filter/Licht und Schatten/Schlagschatten* ⑪ auf und verwenden Sie diese Einstellungen ⑫.

Damit entsteht dieses Endergebnis des Workshops ⑬.

Ein weicher Rand

Das Einrahmen von Fotos ist bei der Präsentation recht beliebt, weil die Bilder damit oft wirkungsvoller werden. Gimp bietet verschiedene Hilfsmittel an, um Bilder einzurahmen. Sie liegen als sogenannte Skripte vor. Dieses Ausgangsbild 1 soll in diesem Workshop mit einem weichen Rand versehen werden:

1 Rufen Sie die Funktion *Filter/Dekoration/Rand ausblenden* 2 auf.

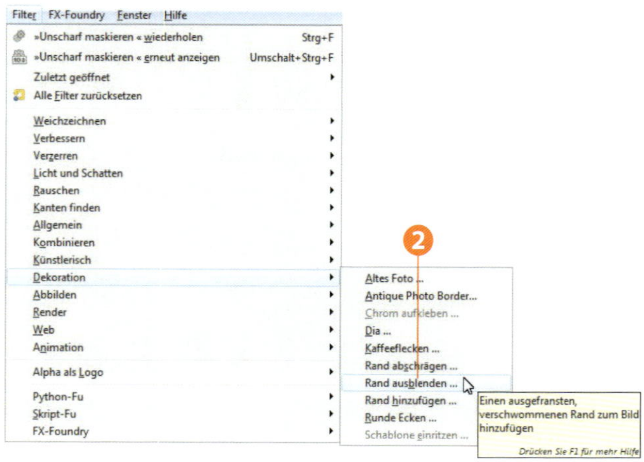

2 Stellen Sie im Dialogfeld die gewünschten Werte für den Effekt ein. Aktivieren Sie die Option *Mit Kopie arbeiten* 4, damit das Originalbild unverändert bleibt. Aktivieren Sie die Option *Bild zusammenfügen*

⑤, damit am Ende eine einzelne Ebene entsteht. Stellen Sie Weiß ② als *Farbe* ein und als *Randgröße* ③ den Maximalwert *100*.

3 Bestätigen Sie die Eingaben mit der *OK*-Taste ⑦. Gimp arbeitet dann der Reihe nach verschiedene Arbeitsschritte ab – Sie erkennen die jeweils eingesetzten Funktionen im Fortschrittsbalken ⑥.

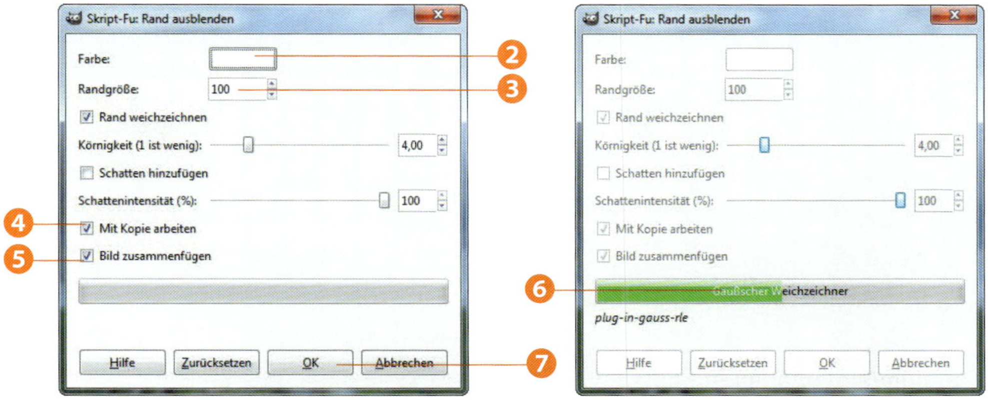

Das Ergebnis begutachten

Nach dem Ablauf des Skripts erkennen Sie an der zweiten Registerkarte ①, dass ein neues Dokument entstanden ist – das Originalbild blieb dagegen unverändert. Wenn Sie den andockbaren Dialog *Journal* ② öffnen, sehen Sie, dass dieser Dialog sehr prall gefüllt ist – 22 Schritte ③ waren für das Entstehen des neuen Bildes notwendig.

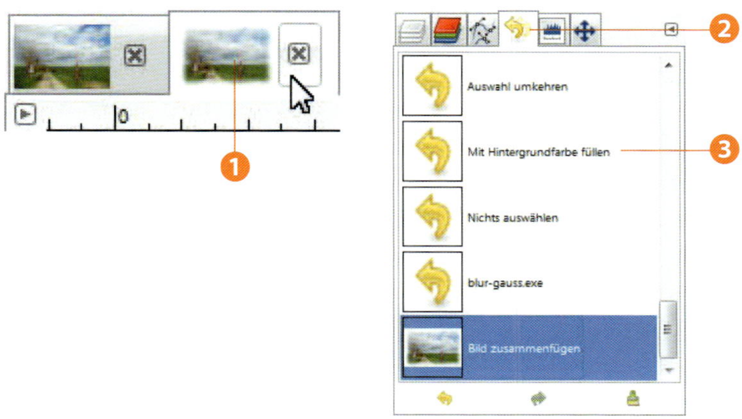

Sie können sich Schritt für Schritt ansehen, wie das Ergebnis entstanden ist. Wird einer der Einträge im Journal angeklickt, wechseln Sie zum betreffenden Stadium. Gleichzeitig wird das entsprechende Miniaturbild aktualisiert 4. Dies ist das Endergebnis 5 des Workshops.

Antique Photo Border

Wenn Sie Ihr Bild »locker« umranden wollen, können Sie die Funktion *Filter/Dekoration/Antique Photo Border* 1 ausprobieren.

Nach dem Aufruf der Funktion werden Sie bemerken, dass nicht alle Skript-Fu-Skripte gleich aufgebaut sind. So finden Sie im Dialogfeld zwar eine Menge Optionen 2 – Sie haben aber hier nicht die Wahl, mit einer Kopie des Bildes zu arbeiten oder das automatische Zusammenfügen des Bildes zu verhindern. Nach dem Ablauf des Skripts finden Sie auch im *Journal*-Dialogfeld 3 keine einzelnen Arbeitsschritte wie beim vorherigen Beispiel.

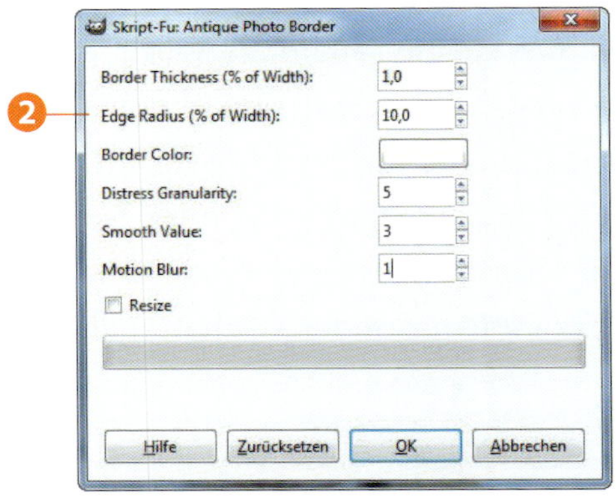

Die passenden Einstellungen für die Effekte hängen stark von der Bildgröße ab. Je kleiner das Ausgangsbild ist, umso niedrigere Werte führen zu guten Ergebnissen.

Abgerundete Ecken

Wenn Sie die Bildecken abrunden wollen, bietet sich der Einsatz der Funktion *Filter/Dekoration/Runde Ecken* 4 an. Verwenden Sie beispielsweise diese Einstellungen 1. Besonders interessant ist bei diesem Filter, dass Sie automatisch einen Schlagschatten erstellen können, was einen späteren Aufruf der bereits bekannten *Schlagschatten*-Funktion überflüssig macht. Aktivieren Sie dazu die Option *Schlagschatten hinzufügen* 2. Den Versatz des Schattens können Sie dabei hier 3 festlegen. Das Skript fügt dann automatisch die bereits bekannte gesonderte Schattenebene ein 5.

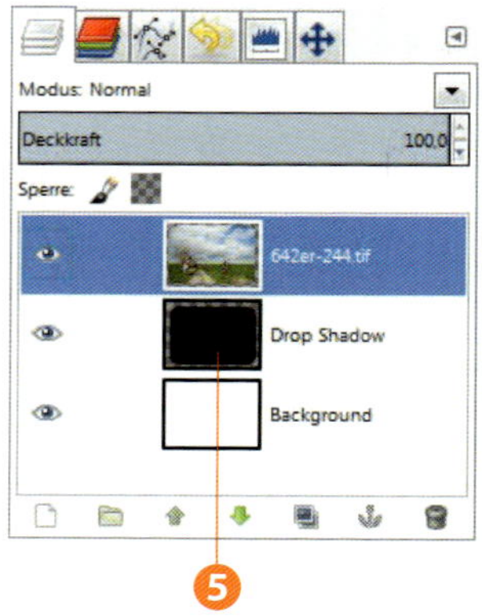

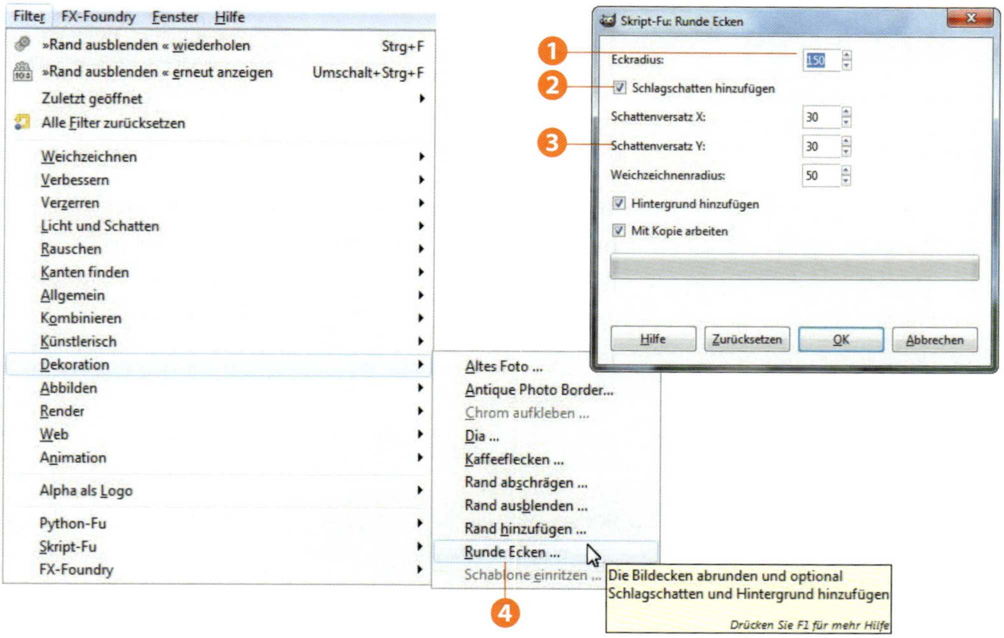

So entsteht dieses Ergebnis.

Tipp

Dass bei der *Schlagschatten*-Funktion eine gesonderte Ebene erstellt wird, können Sie sich auch zunutze machen: Falls Ihnen beispielsweise der eingestellte Versatz nicht zusagt, verschieben Sie einfach die Schattenebene um den gewünschten Wert. Da die Schattenkante halbtransparent ist, können Sie auch die Hintergrundebene mit einer anderen Farbe füllen, ohne dass der Schatten falsch erscheint.

Ein »Dia« erstellen

Wenn Sie Ihr Foto im »Retro-Look« eines alten analogen Dias präsentieren wollen, bietet Gimp gleich zwei interessante Funktionen an – ein Skript für ein einzelnes Dia und ein anderes für einen Filmstreifen, der mehrere Fotos enthalten kann. Wie das funktioniert, erfahren Sie in diesem Workshop.

Rufen Sie die Funktion *Filter/Dekoration/Dia* ❷ auf. Tippen Sie im Eingabefeld ein, welche Bezeichnung ❶ und Filmbildnummer ❸ auf dem Dia erscheinen sollen. Bestätigen Sie die Angaben mit der *OK*-Schaltfläche ❹.

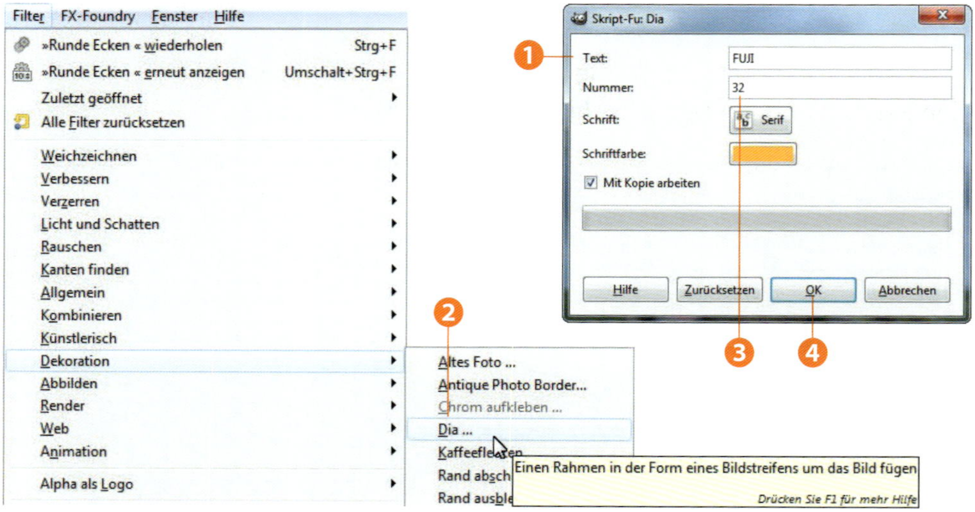

Damit erzielen Sie dieses attraktive Ergebnis ❺ – vielleicht erinnern Sie sich ja noch an die analogen Diapositive, die in etwa so aussahen.

Einen Filmstreifen erstellen

Die zweite Option, die Gimp anbietet, ermöglicht es Ihnen, mehrere Fotos in einem Filmstreifen unterzubringen – eine interessante Variante einer Bildcollage. Gehen Sie folgendermaßen vor:

1 Öffnen Sie alle Fotos ①, die Sie in den Filmstreifen aufnehmen wollen, und rufen Sie die Funktion *Filter/Kombinieren/Filmstreifen* ② auf.

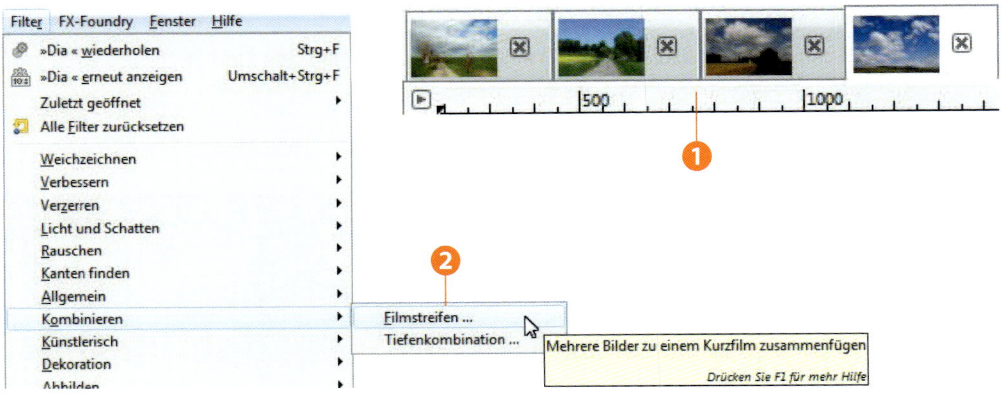

2 Nehmen Sie im Dialogfeld die Einstellungen für die *Höhe* ③ und den Schrifttyp ④ sowie die *Farbe* ⑤ vor. In der Bildauswahlliste ⑥ sehen Sie in der linken Spalte alle geöffneten Bilder.

3 Um Bilder in den Filmstreifen aufzunehmen, markieren Sie diese und rufen Sie die *Hinzufügen*-Schaltfläche ⑦ auf. Übertragen Sie auf diese Art und Weise nacheinander alle gewünschten Fotos.

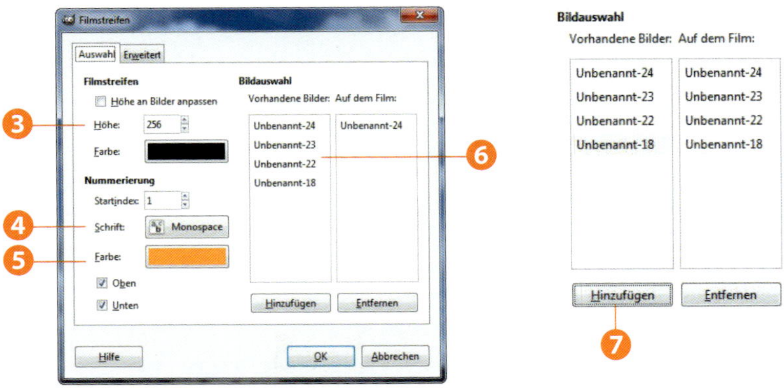

Auf der *Erweitert*-Registerkarte 8 finden Sie diverse Optionen, um etwa Abstände zu verändern.

Nach dem Bestätigen der Einstellungen ergibt sich dieses attraktive Endergebnis 9 des Workshops.

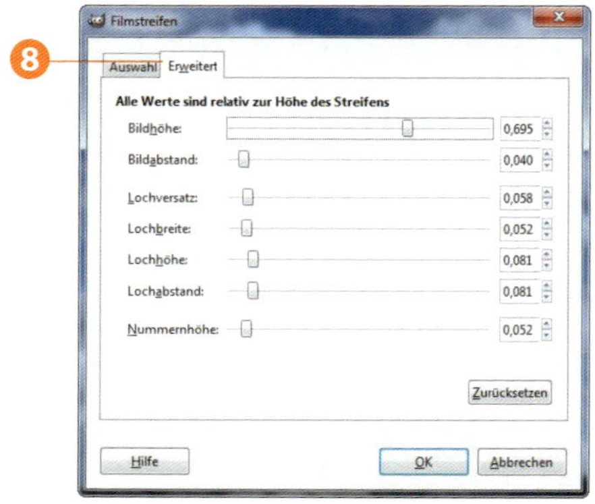

Ein doppelter Rand

Weitere interessante Ergebnisse lassen sich erzielen, wenn Sie ein und denselben Filter mehrfach nacheinander anwenden – nur mit verschiedenen Einstellungen. Ein solches Beispiel stelle ich Ihnen in diesem Workshop vor.

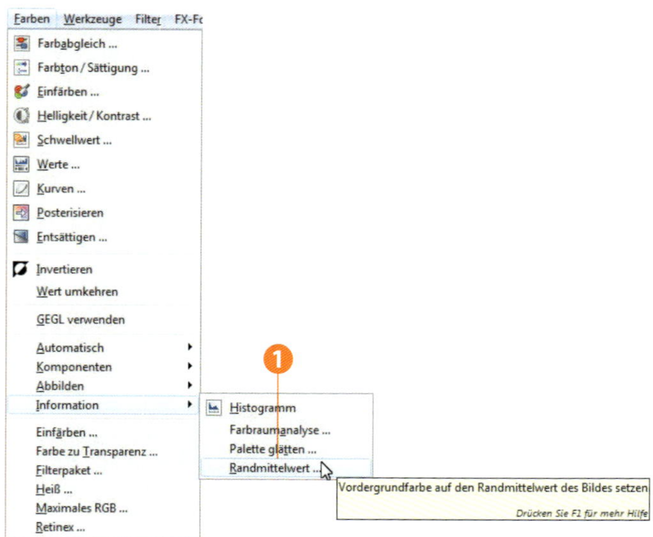

1 Rufen Sie die Funktion *Farben/Information/ Randmittelwert* 1 auf.

2 Stellen Sie im Dialogfeld ein, wie dick der berücksichtigte Rand sein soll **2**. Gimp ermittelt nach dem Bestätigen einen Durchschnittsfarbwert und überträgt ihn in die Vordergrundfarbe **3**.

3 Klicken Sie im Werkzeugkasten auf das Farbfeld der Vordergrundfarbe **3** und notieren Sie sich die RGB-Werte **4** des ermittelten Farbwerts.

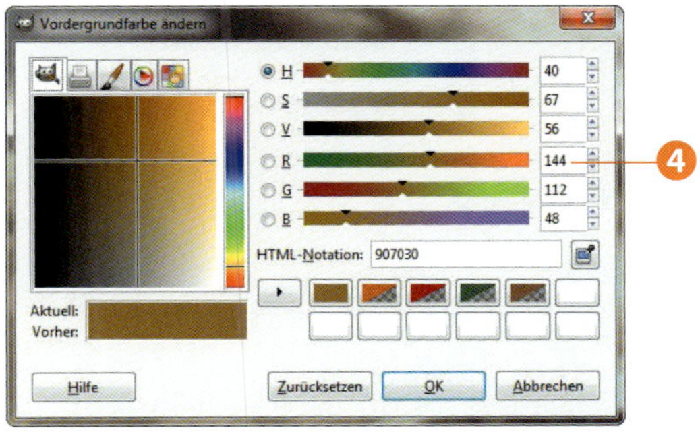

4 Rufen Sie die Funktion *Filter/Dekoration/Rand hinzufügen* **5** auf und erstellen Sie zunächst einen dünnen weißen Rand mit einer Größe von 4 Pixeln **6**. Die Farbe wird mit einem Klick auf das Farbfeld **7** in einem gesonderten Dialogfeld angepasst.

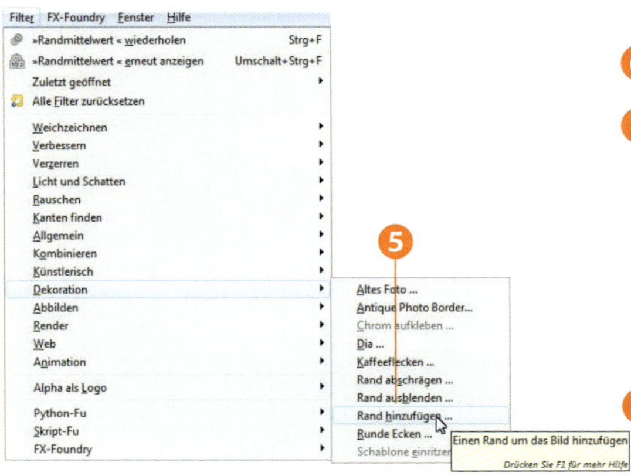

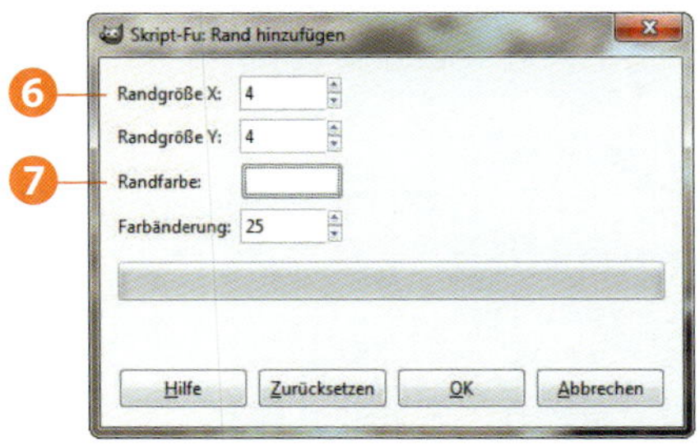

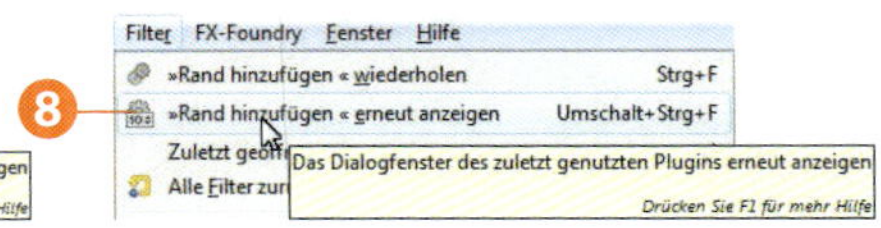

5 Rufen Sie die Funktion ein weiteres Mal auf. Sie können es sich dabei leicht machen, indem Sie die Funktion *Filter/»Rand hinzufügen« erneut anzeigen* **8** verwenden.

6 Stellen Sie dieses Mal einen deutlich höheren Wert für den Rand ein – beispielsweise 50 Pixel ❾. Klicken Sie dann auf das Farbfeld ❿, um den Farbton anzupassen. Stellen Sie hier die zuvor notierten RGB-Werte ⓫ ein.

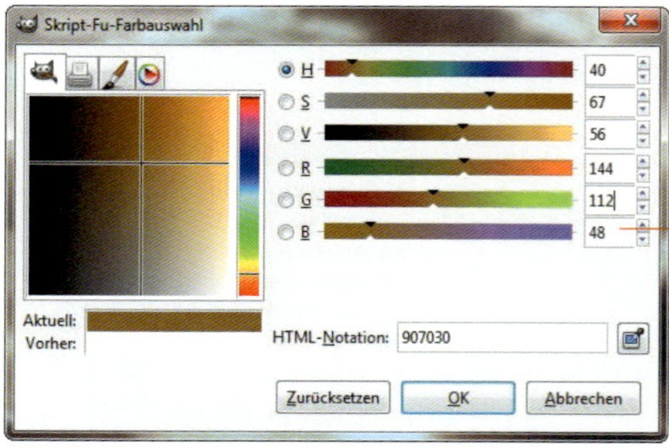

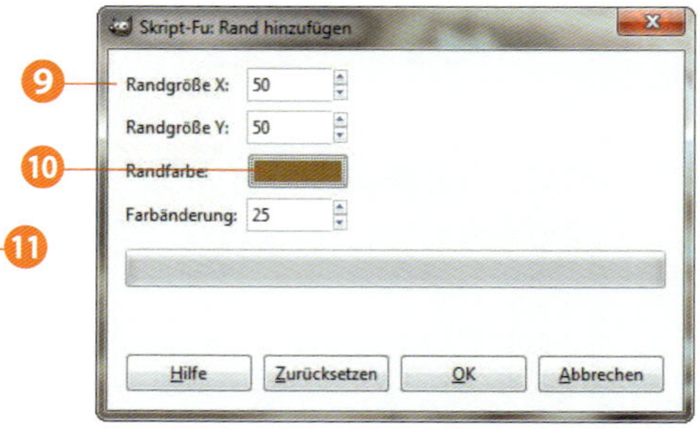

Damit erhalten Sie das folgende Ergebnis. Der Rand wirkt in diesem Beispiel erhaben. Eine Alternative zu diesem Ergebnis möchte ich Ihnen im Folgenden noch vorstellen.

Wenn Sie anstelle der Farbnuancierungen lieber einen einfarbigen Rand erhalten wollen, stellen Sie den Wert für die *Farbänderung* auf *0* ⑫.

So erhalten Sie das folgende »veredelte« Endergebnis.

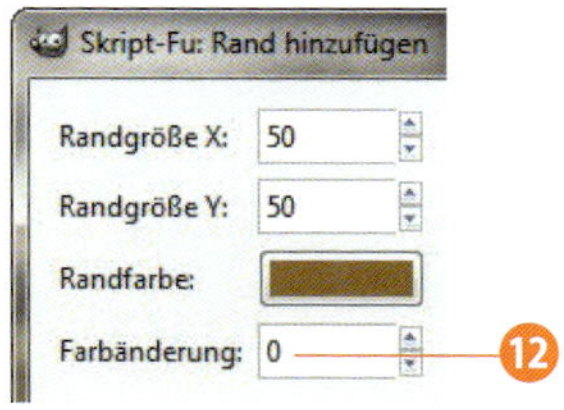

Alte Fotos simulieren

Auf viele Betrachter üben Fotos, die so aussehen, als seien sie sehr alt, einen besonderen Reiz aus. Auch das Tönen von Bildern ist recht beliebt. So bietet Gimp auch unterschiedliche Möglichkeiten an, um diese Aufgabenstellungen zu realisieren.

> Sie müssen beachten, dass diese Effekte nicht bei jedem Foto gut wirken – plakative Bilder eignen sich beispielsweise weniger gut. Suchen Sie daher Bilder mit Details heraus.

An diesem Ausgangsfoto sollen die Beispiele gezeigt werden:

1 Rufen Sie nach dem Öffnen des Bildes die Funktion *Filter/Dekoration/Altes Foto* **2** auf. Im Skript-Fu-Dialogfeld haben Sie verschiedene Optionen **1** zur Auswahl, um das Aussehen zu beeinflussen.

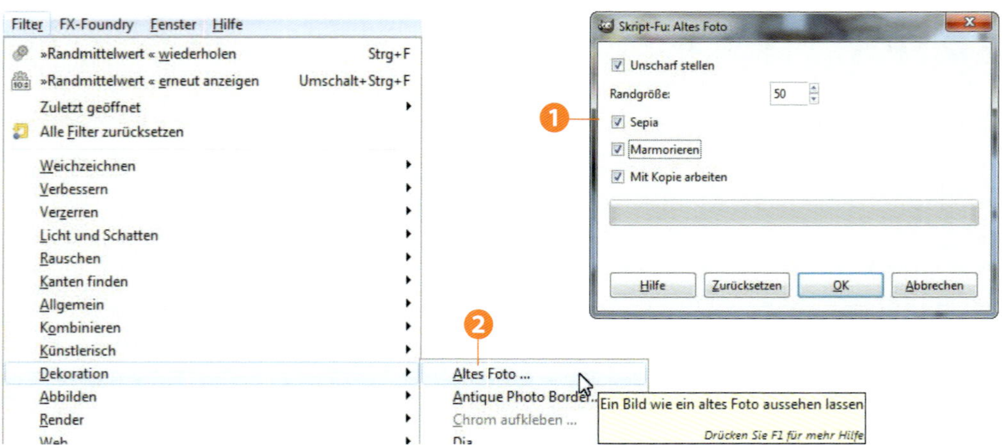

Die gezeigten Einstellungen ❶ führen zu diesem Ergebnis ❸:

❸

Fotos einfärben

Wenn Sie das Foto – wie zu analogen Zeiten durchaus üblich – einfärben wollen, rufen Sie die Funktion *Farben/Einfärben* ❶ auf. Mit dem *Farbton*-Regler ❸ können Sie einen Farbton über das gesamte Farbspektrum hinweg einstellen – experimentieren

❶

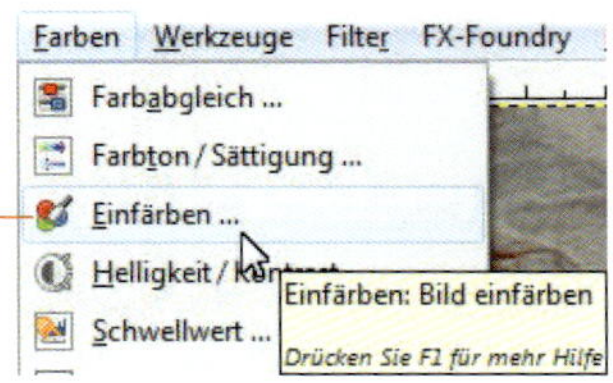

> **Tipp**
>
> Beachten Sie beim Aufruf der *Einfärben*-Funktion, dass die Farbintensität der Tönung mit dem *Sättigung*-Wert festgelegt werden kann. Empfehlenswert sind hier mittlere Werte, da die Ergebnisse ansonsten unrealistisch erscheinen. Der *Helligkeit*-Regler kann genutzt werden, wenn das Ergebnis durch die Tönung zu hell erscheint – was häufig der Fall ist.

Sie hier ein wenig, um den geeigneten Wert zu ermitteln. Mit den abgebildeten Einstellungen entstand dieses Ergebnis 2.

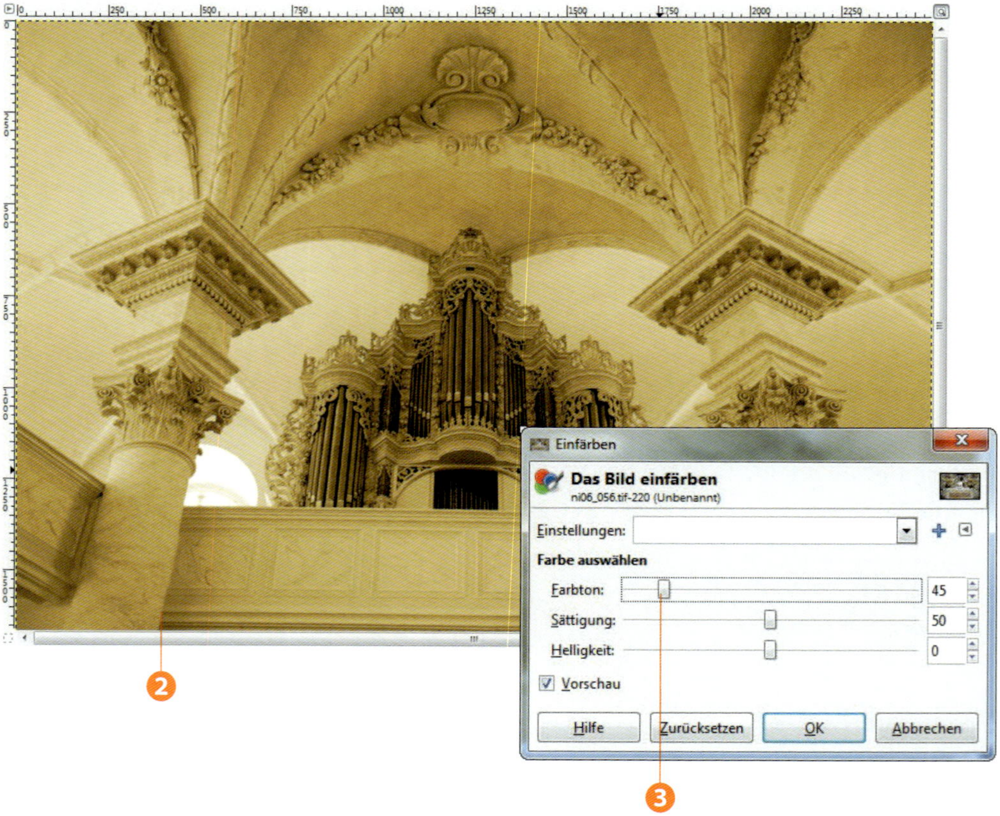

Schwarz-Weiß-Bilder

Schwarz-Weiß-Bilder haben einen ganz eigenen Reiz. Das mag auch daran liegen, dass man lange Zeit nur schwarz-weiße Bilder machen konnte. Die Farbfotografie gibt es erst seit den 1930er-Jahren. Viele Fotografen experimentieren auch heute noch gerne mit schwarz-weißen Varianten ihrer Farbbilder. Und so bietet Gimp eine Menge verschiedener Möglichkeiten an, um Bilder umzuwandeln.

> Nicht jedes Foto wirkt auch als schwarz-weiße Variante gut – das ist völlig normal. Bilder, die von ihrer Farbigkeit »leben«, eignen sich meist nicht für eine schwarz-weiße Variante. Bilder mit Details sind dagegen meist gute Vorlagen.

Die einfachste Möglichkeit, um Fotos in Schwarz-Weiß-Bilder umzuwandeln, ist der Einsatz der Menüfunktion *Bild/Modus/Graustufen* ①. Dabei müssen Sie aber beachten, dass das Ergebnis ein »echtes« Graustufenbild ist – Farbinformationen können dabei nicht mehr zugefügt werden. Daher ist dies die schlechteste aller Umwandlungsvarianten.

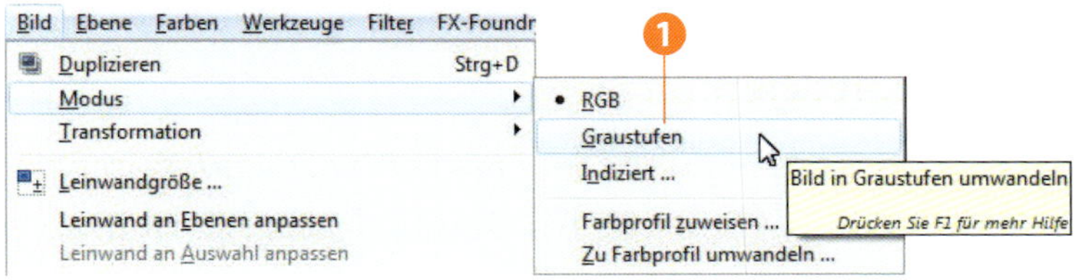

Etwas mehr Möglichkeiten haben Sie mit der Funktion *Farben/Einfärben*. Wenn Sie hier den *Sättigung*-Wert ③ auf *0* stellen, können Sie den *Helligkeit*-Regler nutzen, um die Bildhelligkeit zu variieren. Dies ist das Ausgangsbild ② für die kommenden Versuche.

Der Vorteil der Sättigungsvariante besteht darin, dass es sich nach wie vor um ein Farbbild handelt, was ein Blick in den *Kanäle*-Dialog ❹ belegt. Das kann wichtig sein, wenn Sie für spätere Effekte die Farbinformationen noch benötigen – dazu später mehr.

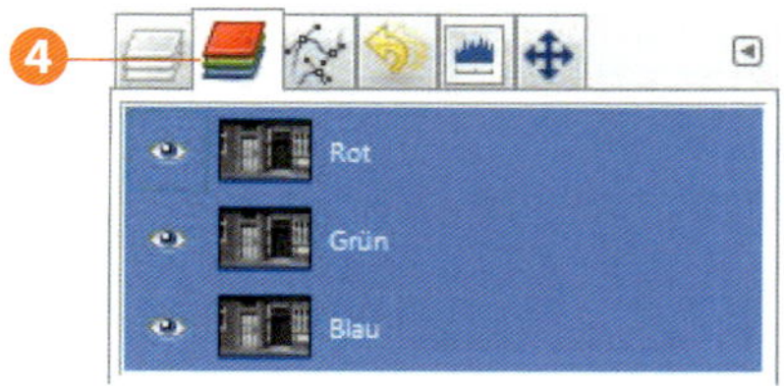

Effektvolles Entsättigen

Die nächste Möglichkeit haben Sie mit der Funktion *Farben/Entsättigen* ❶. Auch bei dieser Variante bleibt das Ergebnis ein »Farbbild« mit drei Farbkanälen, die für weitere Effekte genutzt werden könnten.

Dabei haben Sie im Dialogfeld drei verschiedene Optionen, um dem Bild die »Farbe zu entziehen«. Dabei entstehen sehr unterschiedliche Varianten. Aktivieren Sie die *Vorschau*-Option ❷, um die unterschiedlichen Auswirkungen gleich im Ausgangsbild begutachten zu können.

Es kommt stark auf das verwendete Foto an, welche der drei Varianten am besten wirkt. Beim Beispielbild entstand mit der *Leuchtkraft*-Option ❸ das schönste Ergebnis.

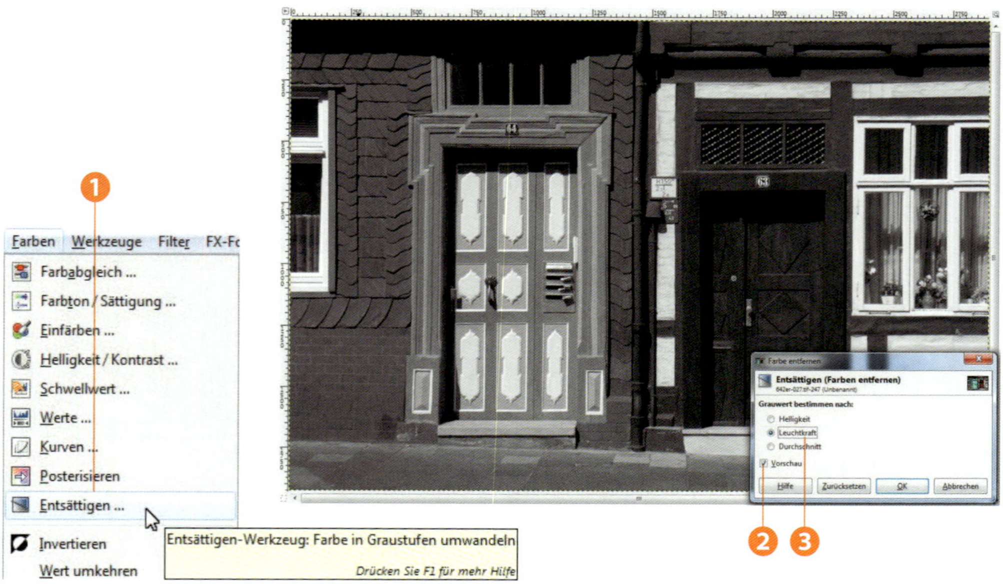

Noch mehr Möglichkeiten haben Sie, wenn Sie die Funktion *Farben/Komponenten/Kanalmixer* 6 aufrufen. Aktivieren Sie die *Monochrom*-Option 5. Stellen Sie dann ein, auf welche Art und Weise die drei Farbkanäle 4 miteinander »vermischt« werden sollen. Mit den abgebildeten Einstellungen entsteht dieses Ergebnis 7.

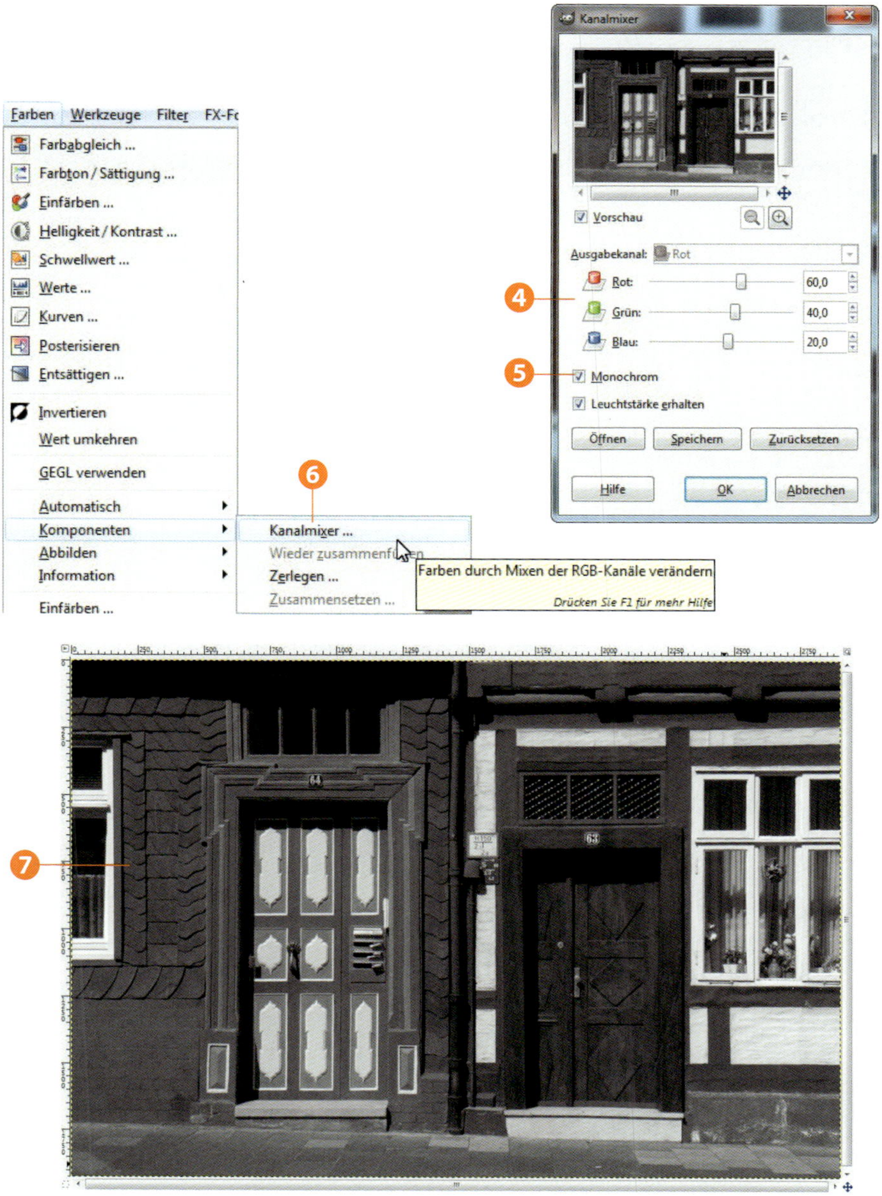

GEGL-Operationen einsetzen

Sehr vielseitige Optionen haben Sie, wenn Sie die Funktion *Werkzeuge/GEGL-Operationen* 9 aufrufen. Es soll an dieser Stelle allerdings nicht unerwähnt bleiben, dass diese Bildbearbeitungsbibliothek nicht ganz stabil läuft. So kann es schon einmal zu einem Programmabsturz kommen. Im *Operation*-Listenfeld 8 finden Sie eine riesige Menge an Funktionen. Wählen Sie hier die Funktion *mono-mixer* 10 aus. Mit den abgebildeten Einstellungen entsteht dieses Ergebnis 11.

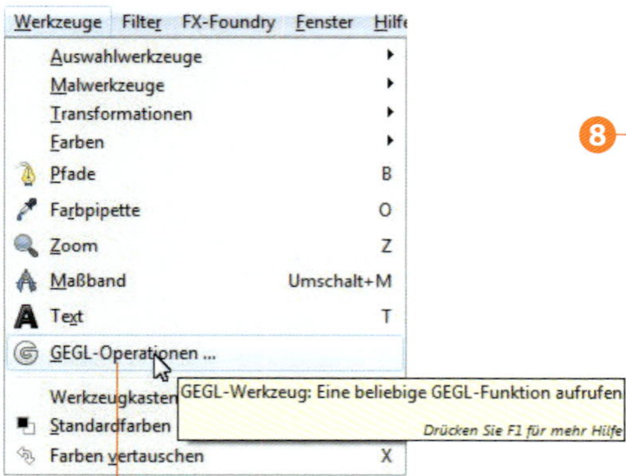

9

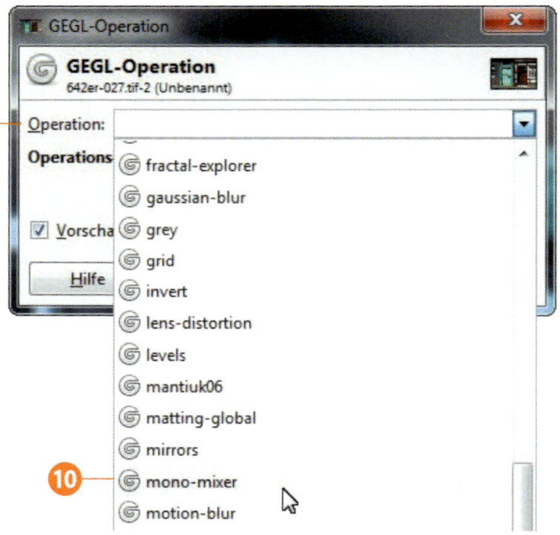

8
10

11

GEGL steht für **Ge**neric **G**raphical **L**ibrary und ist eine graphenbasierte Bildbearbeitungsbibliothek.

Die c2g-Operation

Im folgenden Workshop stelle ich Ihnen vor, wie Sie mit einer GEGL-Operation eine interessante Schwarz-Weiß-Variante mit einem gewissen »Aha-Effekt« erstellen können.

1 Wählen Sie nach dem Aufruf der Funktion *Werkzeuge/GEGL-Operationen* die Funktion *c2g* 1 aus der Liste aus.

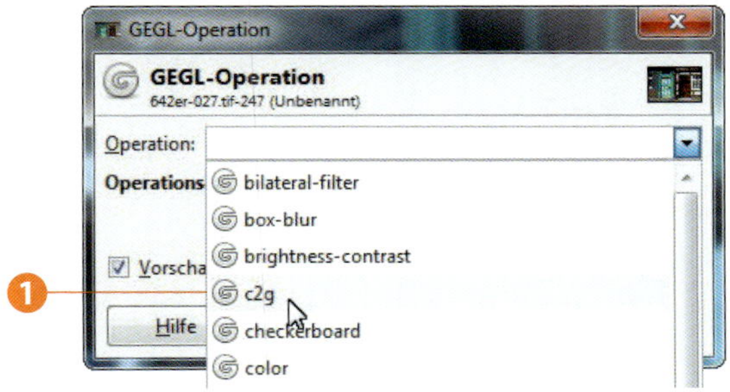

2 Probieren Sie einmal diese Einstellungen 3 aus. Das Vorschaubild baut sich dabei »blockweise« auf, wie es im Bild 2 zu sehen ist.

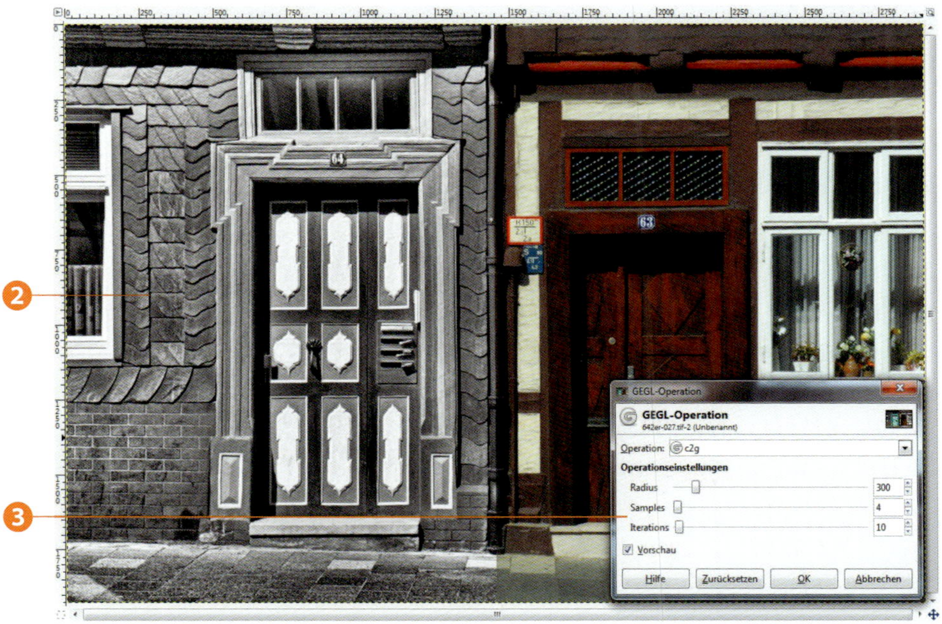

So erhalten Sie dieses Ergebnis: Dies ist ein sehr interessant wirkendes Schwarz-Weiß-Bild, da es viele Graustufennuancen zeigt.

»Farbtupfer« erhalten

Verblüffende Ergebnisse erzielen Sie, wenn Sie Schwarz-Weiß-Bilder mit farbigen Elementen versehen. Die Farbtupfer ziehen dann die Aufmerksamkeit auf sich. Wie das klappt, erfahren Sie im nächsten Workshop.

1 Duplizieren Sie die Hintergrundebene des Ausgangsfotos und wenden Sie an der duplizierten Ebene ① die Funktion *Werkzeuge/GEGL-Operationen* an und setzen Sie dabei die beim letzten Beispiel gezeigten Einstellungen ein.

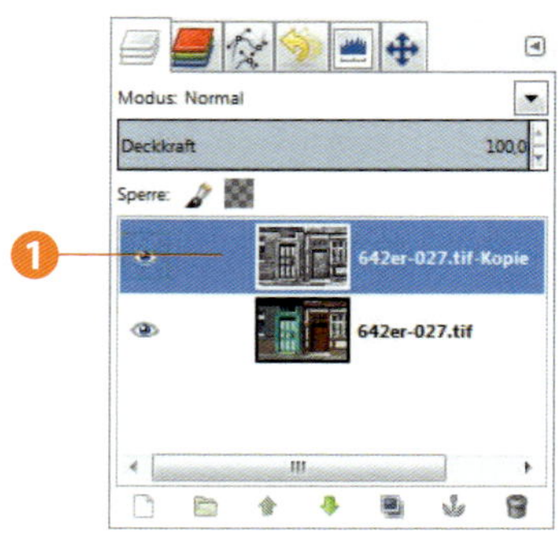

2 Rufen Sie das Werkzeug *Freie Auswahl* aus dem Werkzeugkasten auf **2**.

3 Wählen Sie die Teile im Bild aus, die farbig erhalten bleiben sollen **3**.

4 Invertieren Sie zum Abschluss die Auswahl.

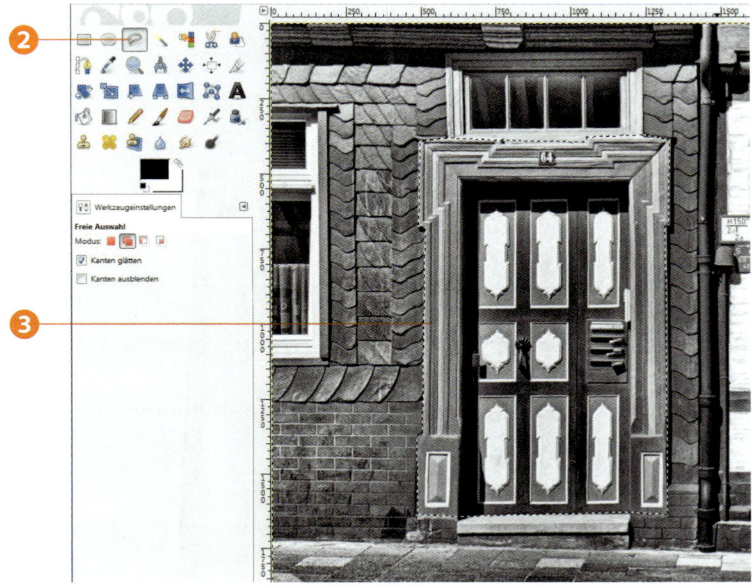

5 Rufen Sie aus dem Kontextmenü der duplizierten Ebene **5** die Option *Ebenenmaske hinzufügen* **4** auf und wählen Sie im Dialogfeld die Option *Auswahl* **6**, damit die zuvor ausgewählten Bildteile geschützt werden.

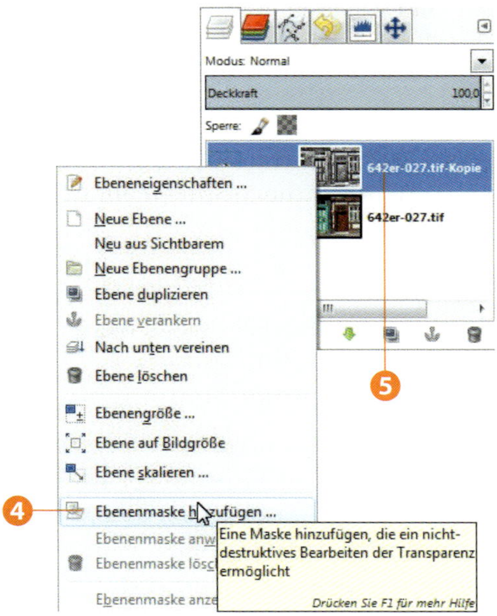

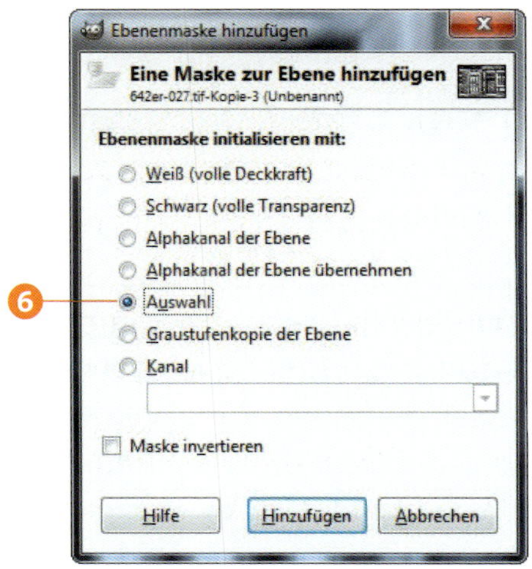

Damit erhalten Sie dieses wirkungsvolle Ergebnis 7. Ein Blick in das Miniaturbild im *Ebenen*-Dialog zeigt den schwarzen Bereich 8, der die obere Ebene transparent macht, sodass der Bildinhalt der unteren Ebene durchscheinen kann.

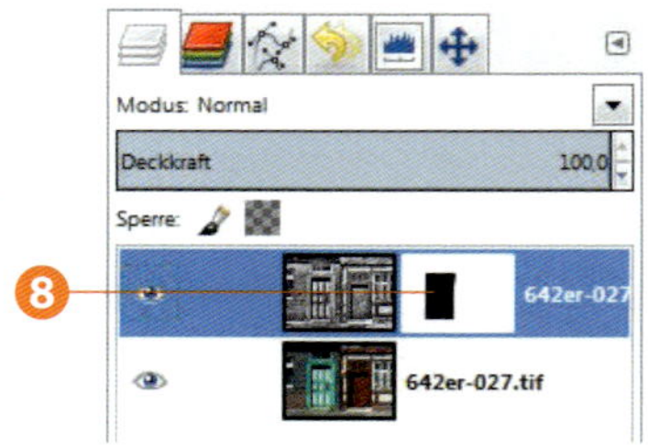

Mit dem vorgestellten Prinzip lassen sich schnell viele weitere Bildvarianten erstellen. Kehren Sie einfach die Ebenenmaske um, um den größeren Teil, des Fotos farbig erscheinen zu lassen, oder erweitern Sie die sichtbaren Teile, um weitere Auswahlbereiche. Weitere Möglichkeiten bieten sich an, wenn Sie die Überblendungsmodi einsetzen, die ich Ihnen im letzten Kapitel vorgestellt habe. Auch dies kann zu verblüffenden Ergebnissen führen – experimentieren Sie ein wenig!

High-Key-Bilder

High-Key-Bilder zeichnen sich dadurch aus, dass sehr viele helle Tonwerte vorhanden sind – dunkle dagegen nur wenige. Dabei darf man die Wirkung aber nicht mit überbelichteten Fotos vergleichen, da bei High-Key-Bildern ein großer Kontrast entsteht. Das Gegenteil von High-Key-Bildern sind die sogenannten Low-Key-Bilder, bei denen die dunklen Tonwerte das Bild bestimmen. Wie Sie ganz einfach ein High-Key-Bilder erstellen, zeige ich Ihnen im folgenden Workshop.

1 Öffnen Sie das Ausgangsbild und duplizieren Sie die Hintergrundebene ❶.

2 Rufen Sie die Funktion *Farben/Invertieren* ❷ auf, um ein Negativ ❸ der duplizierten Ebene zu erhalten. Stellen Sie für diese Ebene den Überblen-

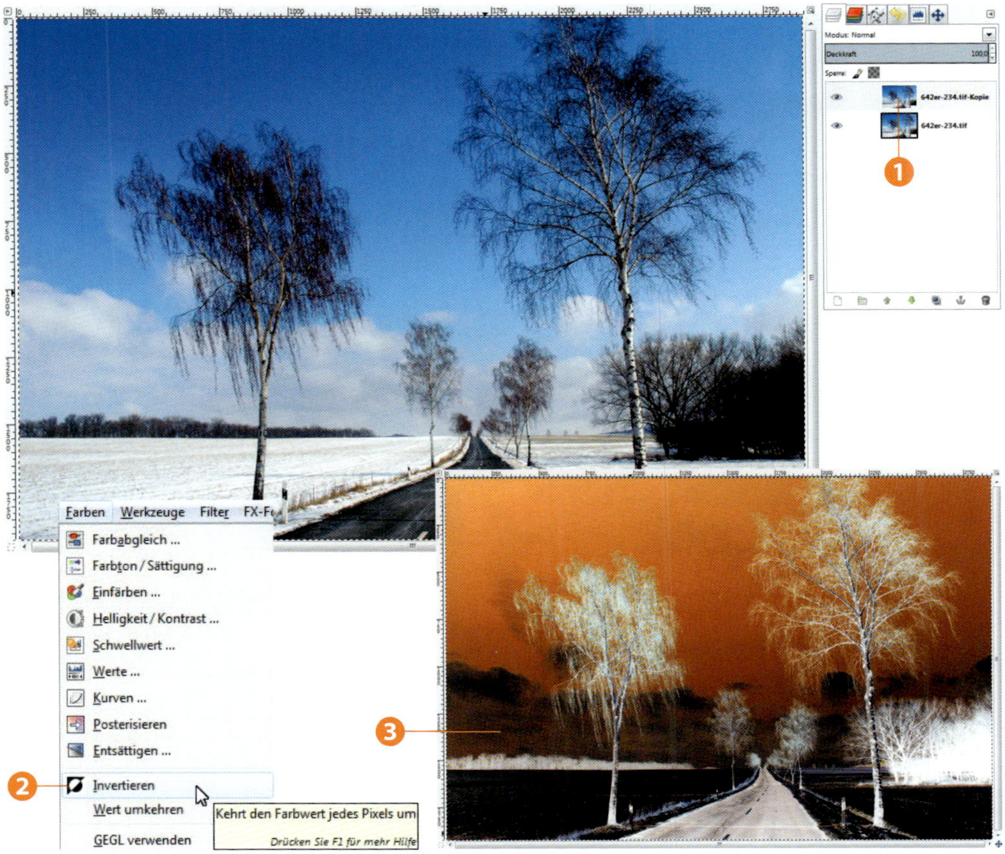

dungsmodus »Faser invertieren« ein. So entsteht dieses Ergebnis 4. Sie können die Wirkung noch verstärken, indem Sie bei der invertierten Ebene die Funktion *Farben/Werte* aufrufen und den Kontrast durch Eingabe im ersten Feld 5 erhöhen – beispielsweise auf den Wert *20*.

Kapitel 9

Mit Filtern arbeiten

Gimp bietet eine riesige Menge verschiedener Effektfilter an wie beispielsweise Mal-, Kunst- oder Verzerrungsfilter. Damit können Sie Bilder veredeln oder verfremden. Das Experimentieren mit verschiedenen Effekten lohnt sich. Die interessantesten Filtereffekte habe ich für Sie in diesem Kapitel zusammengestellt.

Mit Effektfiltern arbeiten

Auch wenn es unzählige verschiedene Filter gibt, mit denen Sie Ihre Bilder verschönern oder auch verfremden können, ist deren Bedienung in den meisten Fällen sehr ähnlich. Einige grundsätzliche Dinge sollten Sie bei der Arbeit mit den Filtern beachten.

Die Filter – außer einigen zusätzlich installierten Filtern wie etwa die Filterkollektion *FX-Foundry* – sind thematisch sortiert 2 in Untermenüs 3 des *Filter*-Menüs 1 untergebracht. Wenn Sie mit dem Mauszeiger einen kurzen Moment über einer Funktion verweilen, wird die Funktionsweise des Filters standardmäßig in einem Hilfeschildchen 4 kurz erläutert.

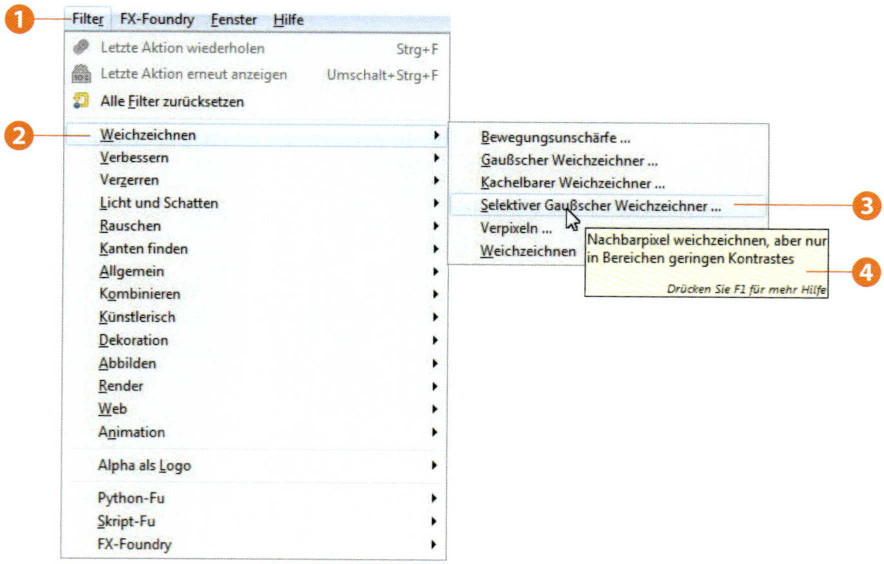

Im Untermenü der Funktion *Filter/Zuletzt geöffnet* 5 werden alle zuletzt genutzten Filter nach der Reihe des Aufrufs aufgelistet. So haben Sie stets einen schnellen Zugriff darauf.

Die Filter sind mit sogenannten **Plug-ins** realisiert – das sind Erweiterungsmodule. Sie können mit weiteren Filtern aus dem Internet beliebig erweitert werden.

Die ersten Funktionen des *Filter*-Menüs lassen sich auch mit Tastenkürzeln aufrufen, die am Ende des Eintrags angezeigt werden. Wenn Sie diese Funktionen häufiger einsetzen – was vermutlich der Fall sein wird –, ist es ratsam, sich diese Tastenkürzel einzuprägen.

Die beiden ersten Funktionen im *Filter*-Menü 6 dienen zum Wiederholen einer Filteranwendung oder um das letzte Dialogfeld erneut zu öffnen. Dies lässt sich gut nutzen, wenn Sie beim zuletzt verwendeten Filter die Einstellungen variieren wollen.

Falls Sie sich »verhaspelt« haben und alle Filtereinstellungen auf die ursprünglichen Werte zurücksetzen wollen, nutzen Sie die Funktion *Filter/Alle Filter zurücksetzen* 7.

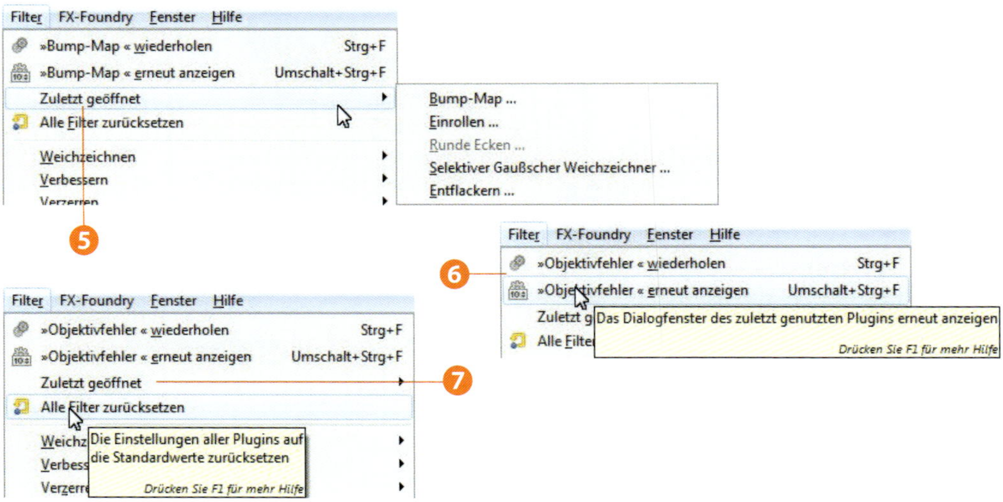

Tipp

Standardmäßig »merkt« sich Gimp alle Einstellungen, die Sie bei den Filtern einstellen. Wird ein Filter später erneut aufgerufen, werden Ihnen zunächst im Dialogfeld die zuletzt verwendeten Werte vorgeschlagen – das kann unter Umständen eine Menge Arbeit ersparen. Daher sollten Sie überlegen, ob Sie die Einstellungen wirklich zurücksetzen wollen.

Bei einigen Filtern können Sie die Wirkung der aktuellen Einstellungen in einem Vorschaubild begutachten. Das Vorschaubild wird in einer 100 %-Darstellungsgröße angezeigt.

Legen Sie den angezeigten Bildausschnitt entweder mit den Scrollbalken 8 fest, oder klicken Sie unten rechts auf das Doppelpfeilsymbol 9, um in einem kleinen Navigationsfenster 10 den Bildausschnitt festzulegen. Das kleine, weiß umrahmte Rechteck zeigt den aktuellen Bildausschnitt.

Es gibt auch Filter, bei denen das gesamte Bild in der Vorschau angezeigt wird – wie beispielsweise beim *Lupeneffekt* 11. Das ist sinnvoll, weil sich dieser Filter auf das Gesamtbild auswirkt.

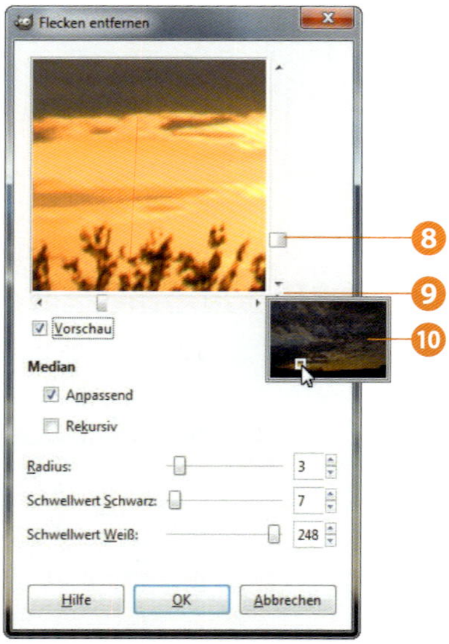

Einige Filter bieten nur wenige Optionen – andere dagegen sehr viele, wie beispielsweise der Filter *Xach-Effekt* 12. Dieser Filter stellt übrigens kein Vorschaubild bereit.

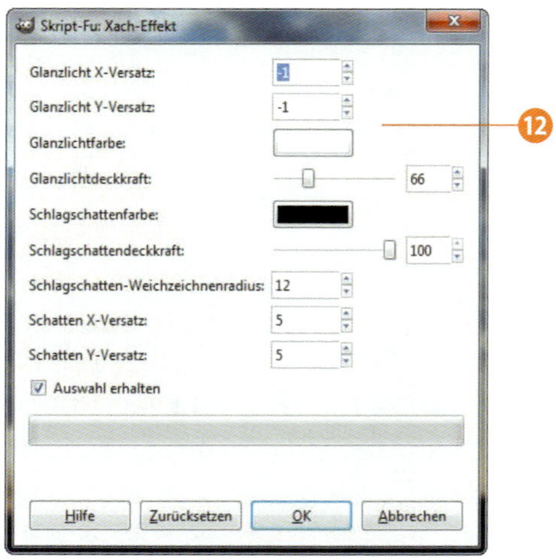

Einige Filter haben quasi einen eigenen Arbeitsbereich wie der *Cfig*-Filter 13, mit dem Sie Formen erstellen können. Es gibt auch Filter, die sich nicht auf das Bild beziehen, wie beispielsweise der *Kugel-Designer* 14.

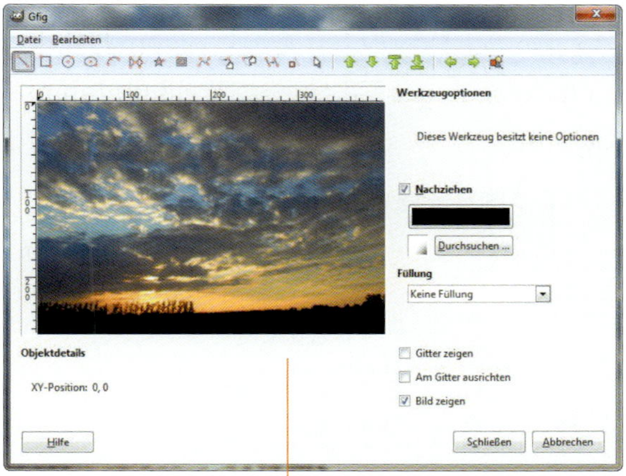

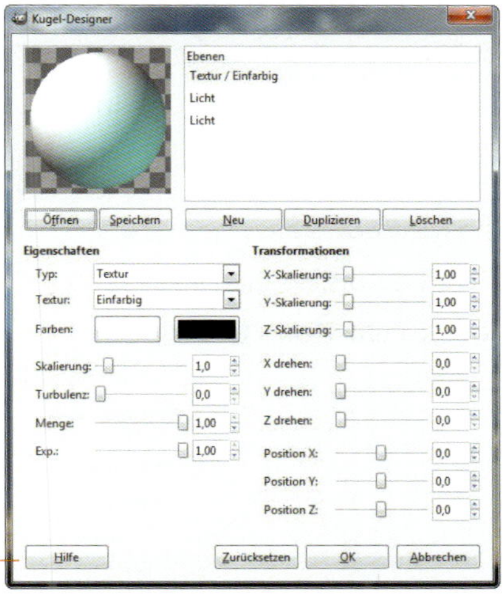

13 14

Unterschiedliche Bildwirkung

Eins müssen Sie beachten: Die Filter wirken bei verschiedenen Bildgrößen völlig unterschiedlich – das möchte ich Ihnen anhand dieses Beispielbildes zeigen.

Die beiden Ergebnisse entstanden mit dem Filter *Filter/Kanten finden/Kanten*. Dabei wurden exakt dieselben Einstellungen angewendet. Die Vorlage des zweiten Bildes ❷ war allerdings nur halb so groß wie die des ersten ❶. Um den Unterschied verdeutlichen zu können, wurde das Bild hier genauso groß dargestellt.

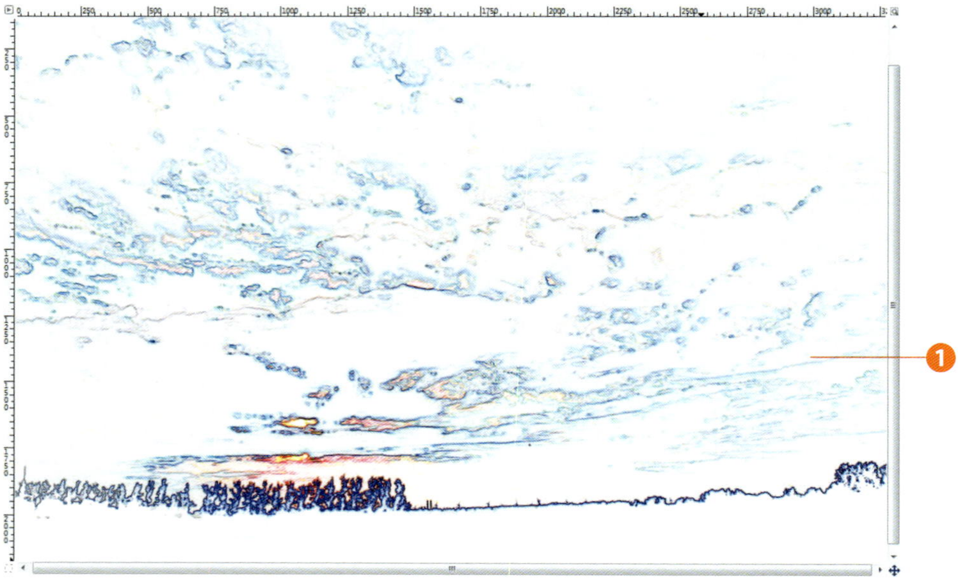

Bilder weichzeichnen oder schärfen

Im Untermenü *Weichzeichnen* ❶ finden Sie sechs Filter, um Bilder auf unterschiedliche Art und Weise weichzuzeichnen. Sie haben in den vergangenen Kapiteln bereits einige Anwendungsbeispiele kennengelernt.

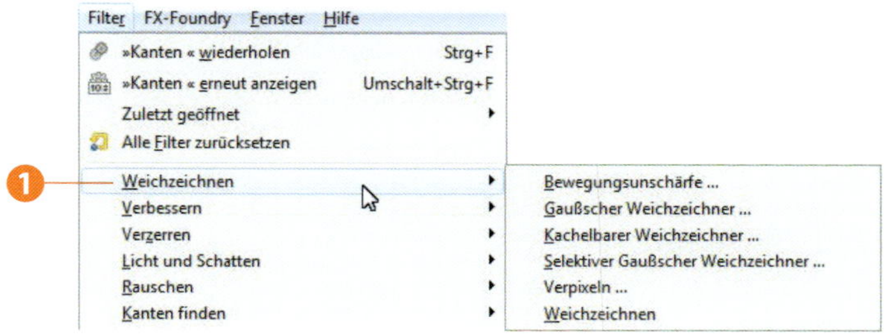

Am häufigsten wird die Funktion *Gaußscher Weichzeichner* ❸ eingesetzt, mit der das Bild unscharf gemacht werden kann. Interessant ist auch der Filter *Bewegungsunschärfe* ❷, bei dem die Pixel nur in eine Richtung verwischt werden können.

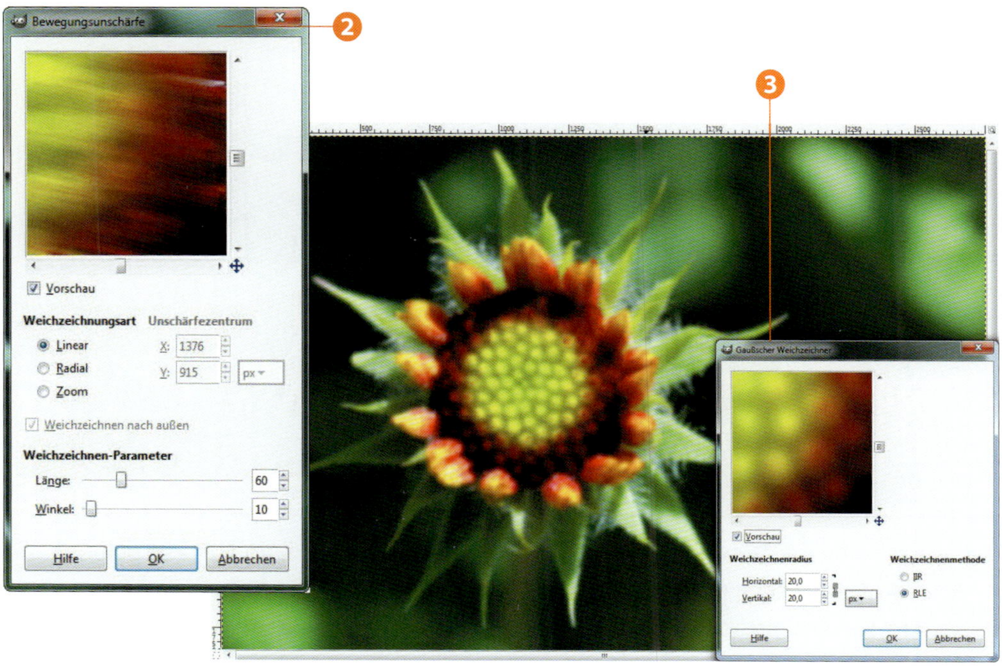

Bilder verbessern

Im *Verbessern*-Menü ❷ finden Sie acht Optionen, um die Qualität des Bildes zu optimieren. So können Sie zum Beispiel das lästige Bildrauschen entfernen, das beim Einsatz höherer Empfindlichkeiten auftreten kann. Auch ein Filter zum Entfernen roter Augen – die beim Blitzen entstehen können – ist vorhanden.

Am häufigsten werden Sie aber vermutlich den Filter *Unscharf maskieren* ❶ einsetzen, um die Schärfe Ihres Fotos zu optimieren – dies ist ein Beispiel ❸.

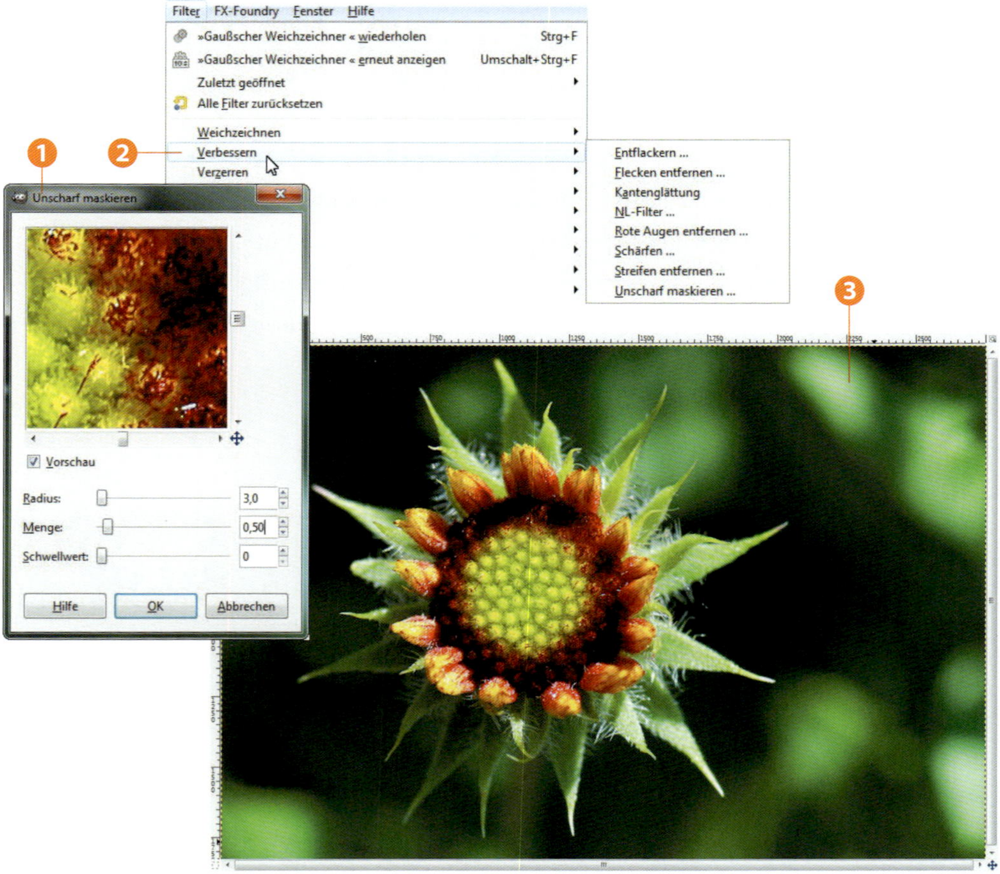

Natürlich sind die meisten digitalen Fotos nicht »unscharf« – dennoch lässt sich die Bildqualität durch ein nachträgliches Schärfen in den allermeisten Fällen verbessern. Daher sollte das Schärfen zu den Standardbildoptimierungen gehören.

Bilder verzerren

Das *Verzerren*-Menü ❶ ist prall gefüllt mit Effektfiltern – gleich 19 Funktionen stehen hier bereit, um Bilder auf sehr unterschiedliche Art zu verformen.

Der Filter *Drehen und Drücken* ❷ lässt sich beispielsweise für eine sehr starke Verformung des Bildes nutzen – die *Einrollen*-Funktion ❸ rollt eine der vier Bildecken auf, wobei eine dreidimensionale Wirkung entsteht. Man sollte aber nicht unerwähnt lassen, dass dieser Filter inzwischen ein wenig »abgedroschen« ist.

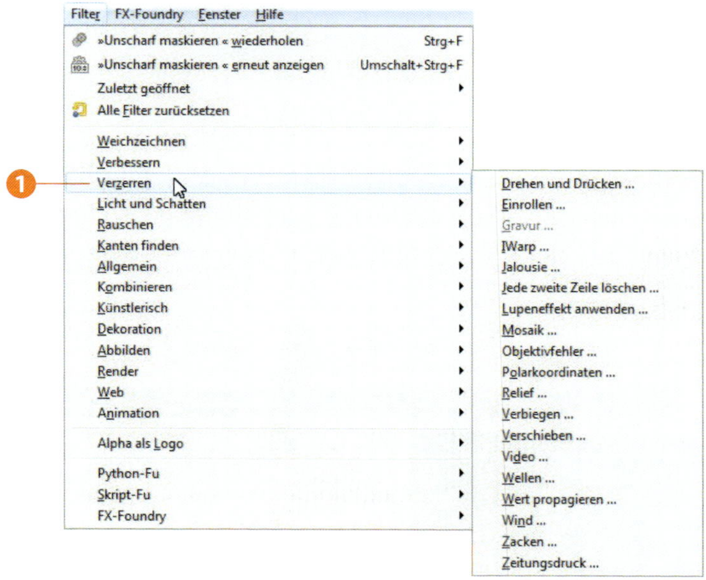

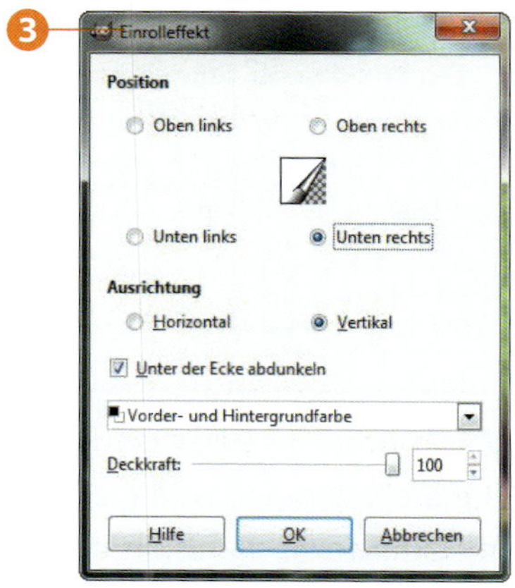

Den IWarp-Filter einsetzen

Auch der *IWarp*-Filter lässt sich einsetzen, um Bilder zu verformen. Dabei können sehr witzige Ergebnisse entstehen, die Sie sogar animiert darstellen können. Für »ernsthafte« Anwendungen eignet sich dieser Filter aber eher weniger. Der nächste Workshop zeigt, wie Sie vorgehen müssen.

1 Rufen Sie die Funktion *Filter/Verzerren/IWarp* auf. Sie öffnen damit ein Dialogfeld **3** mit umfangreichen Optionen.

2 Stellen Sie im rechten Bereich die Art der Verformung ein – im Beispiel wird die *Bewegen*-Option **1** benötigt, um Pixel im Bild zu »verschieben«. Passen Sie außerdem gegebenenfalls den *Deformationsradius* **2** an.

3 Nehmen Sie die Verformung vor, indem Sie im Vorschaubild **4** »malen«. Verziehen Sie verschiedene Bildbereiche frei nach Belieben. So habe ich nachfolgend die Blätter der Kokardenblumenblüte verzogen und dabei gebogen.

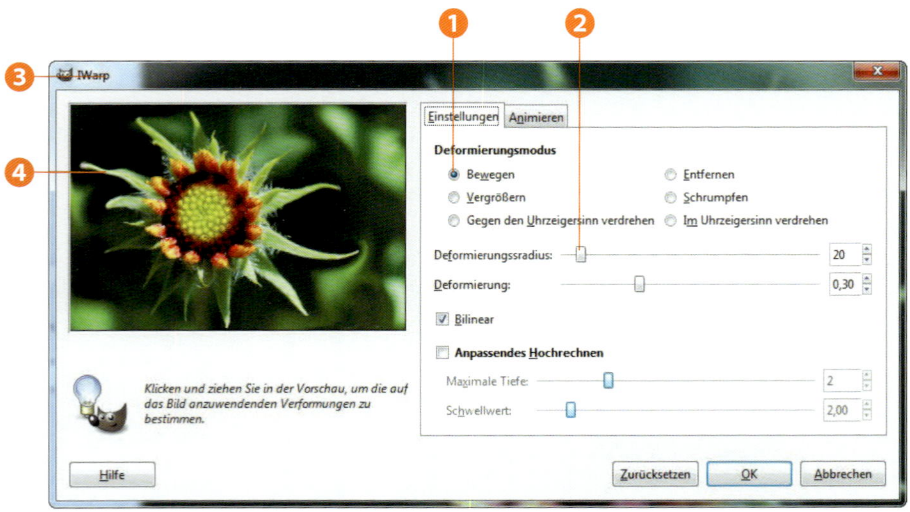

Natürlich können Sie zwischendurch andere Einstellungen vorgeben, die sich dann auf die kommenden Verzerrungen auswirken. Einmal vorgenommene Verzerrungen lassen sich aber nicht mehr verändern.

4 Aktivieren Sie auf der *Animieren*-Registerkarte **6** die *Animieren*-Option **5**, um die Verformung als Animation zu erhalten. Stellen Sie mit dem Schieberegler **7** die Anzahl der Filmbilder ein und bestätigen Sie die Eingabe mit der *OK*-Schaltfläche **8**. Nach dem Bestätigen sind im *Ebenen*-Dialog diverse Ebenen übereinandergestapelt **9**, sodass die Verformung Schritt für Schritt vonstatten gehen kann.

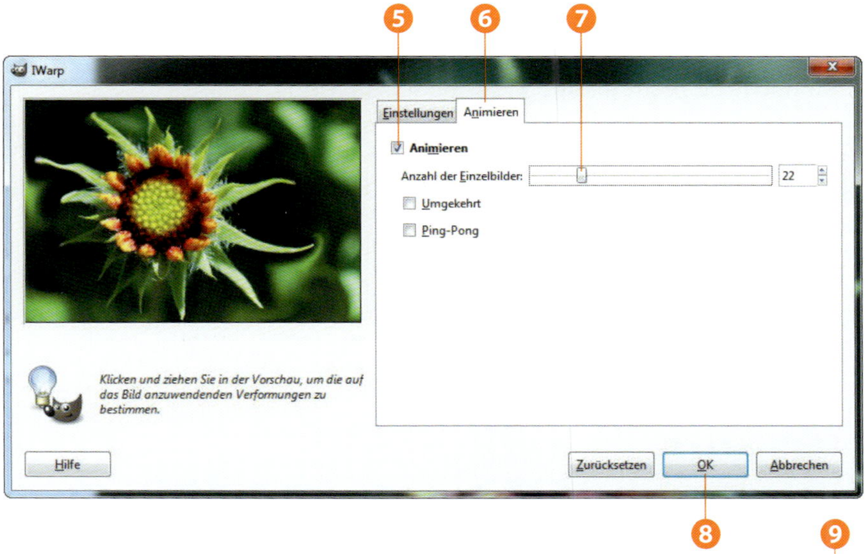

Um eine Animation erstellen zu können, müssen Sie beim Speichern das **GIF-Dateiformat** verwenden, das Animationen unterstützt. Sie können das Ergebnis beispielsweise für Ihre Webseite nutzen – Webbrowser unterstützen dieses Dateiformat nämlich auch.

Weitere Verzerren-Filter

Viele der Funktionen des *Verzerren*-Menüs laden zum Experimentieren ein. Es entstehen teilweise recht lustige Ergebnisse. Von den Details des Ausgangsfotos bleibt manchmal nicht viel erhalten.

Einige besonders interessante Filter dieser Rubrik möchte ich Ihnen nun in kurzen Workshops vorstellen.

1 Rufen Sie nach dem Öffnen des Bildes die Funktion *Filter/Verzerren/Mosaik* ① auf.

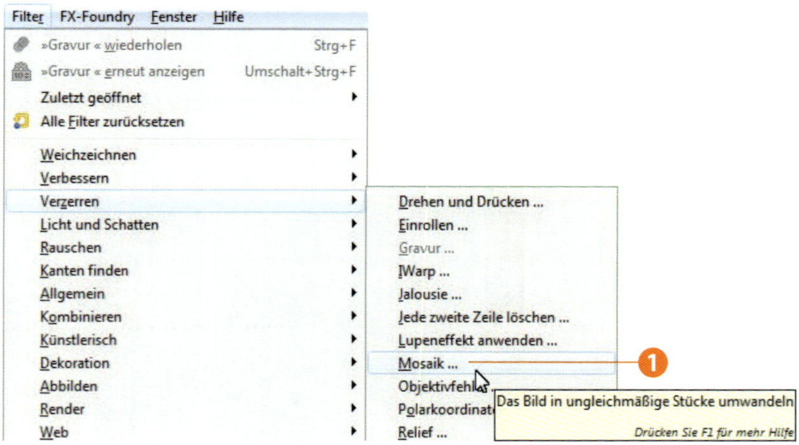

2 Stellen Sie im Listenfeld *Kachel-Primitive* ② ein, aus welcher Form die Teilchen gebildet werden sollen.

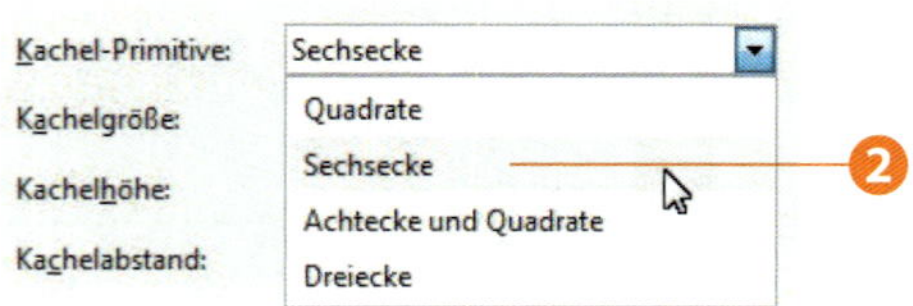

3 Stellen Sie die Optionen des Filters ein. Von besonderer Bedeutung sind dabei die *Kachelgröße* **3**, die umso höher sein sollte, je größer das Bild ist, sowie die *Kachelhöhe* **4**, die den Formen ein plastisches Aussehen vermittelt. Mit dem *Kachelabstand* **5** legen Sie fest, wie dick die Trennstriche sein sollen.

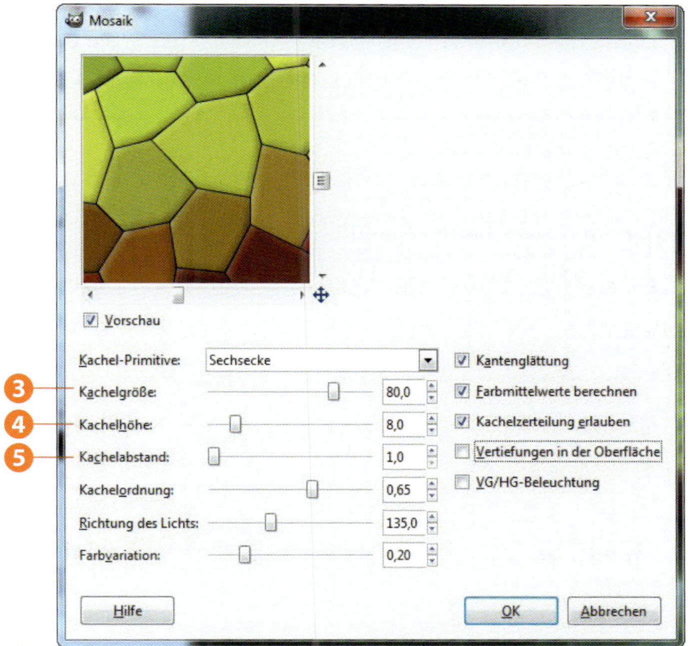

Mit den gezeigten Einstellungen entsteht dieses Ergebnis **6**.

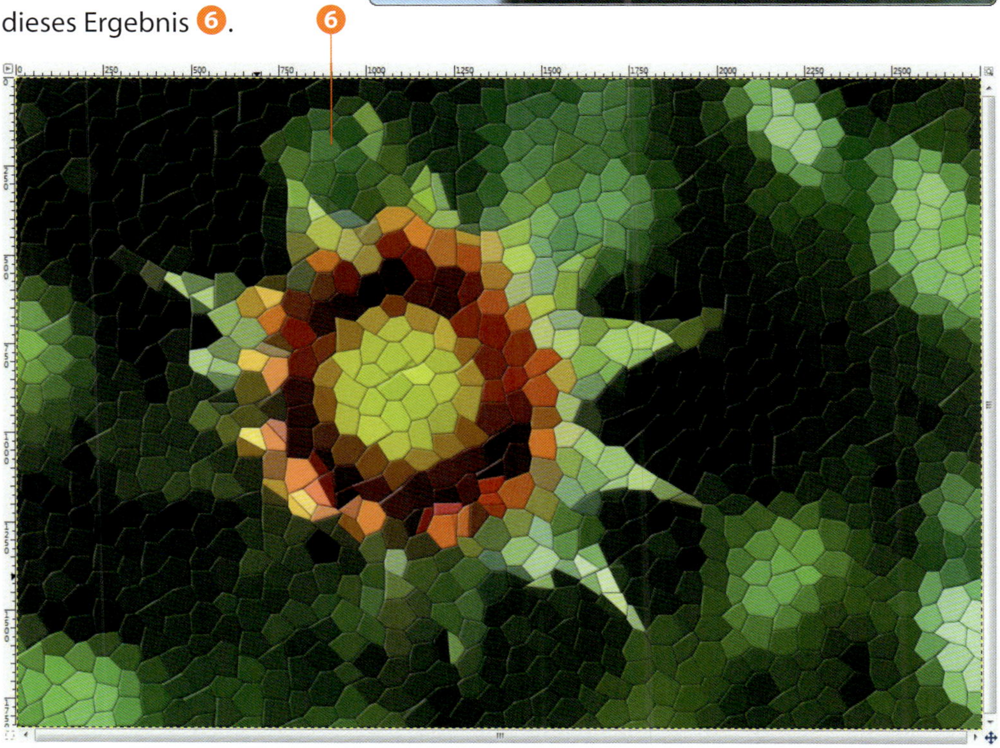

Damit diese Filter wirken, sollten Sie Bilder mit Kontrasten verwenden. Gut geeignet sind Bilder, bei denen viele dunkle Teile auf helle Stellen treffen.

4 Rufen Sie die Funktion *Filter/Verzerren/Relief* 7 auf. Aktivieren Sie im Dialogfeld die Option *Bump-Map* 8, damit ein farbiges Ergebnis entsteht – ist die *Relief*-Option aktiviert, entsteht ein schwarz-weißes Ergebnis. Stellen Sie die abgebildeten Werte 9 ein.

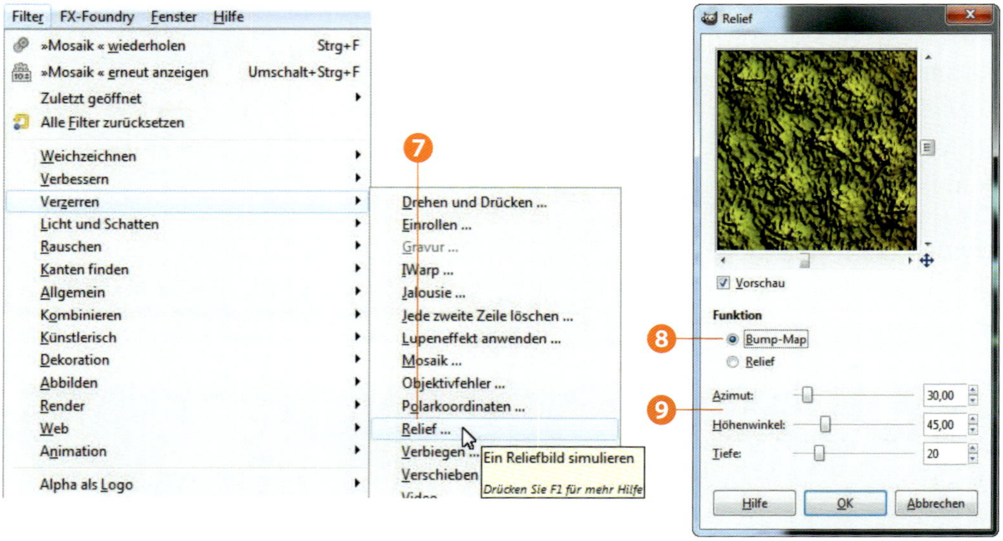

5 Da das Ergebnis etwa dunkel erscheint, rufen Sie die Funktion *Farben/Helligkeit/Kontrast* 10 auf. Erhöhen Sie den Wert für die Helligkeit 11 auf *70* und den Kontrast auf *50*.

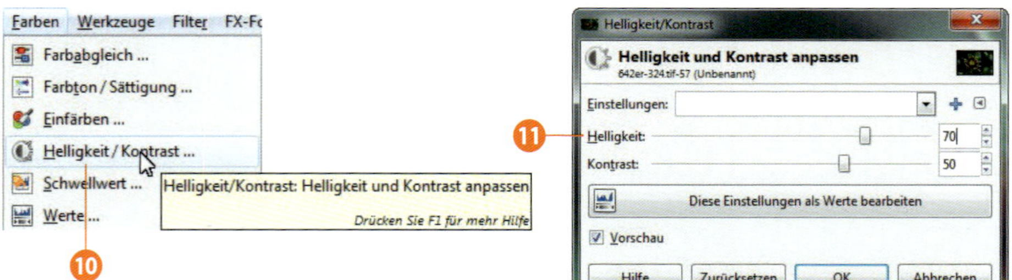

Damit entsteht dieses interessante Endergebnis.

Lichter-Effekte

Im *Filter*-Menü *Licht und Schatten* ① sind acht Funktionen verfügbar, mit denen Sie unter anderem verschiedene Lichteffekte simulieren können. Außerdem finden Sie dort Funktionen, um Ebenen mit Schatten zu versehen.

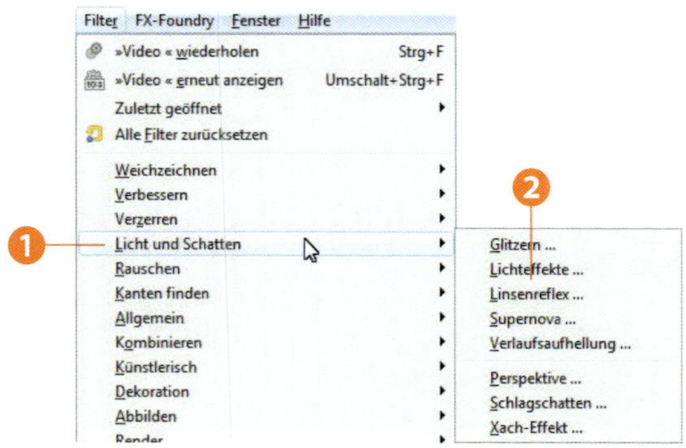

1 Rufen Sie die Funktion *Filter/Licht und Schatten/Linsenreflex* ② auf.

Einige der Effekte arbeiten mit Auswahlbereichen zusammen – andere mit Ebenen. Bei wieder anderen sind Alphakanäle notwendig.

2 Legen Sie im Vorschaubereich **3** eine Position fest, an der ein Lichtreflex angebracht werden soll. Alternativ dazu können Sie die Position auch über die Eingabefelder **4** vornehmen.

Damit entsteht ein Ergebnis **5**, das ein wenig so erscheint, als wenn eine Gegenlichtaufnahme geschossen würde. Wenn Sie mehrere Lichtpunkte setzen wollen, rufen Sie die Funktion einfach erneut auf.

3 Erstellen Sie für den nächsten anzuwendenden Effekt einen Auswahlbereich **6**. Ich habe eine einfache rechteckige Auswahl erstellt.

4 Rufen Sie die Funktion *Filter/Licht und Schatten/Xach-Effekt* auf und stellen Sie die abgebildeten Werte ein **7**.

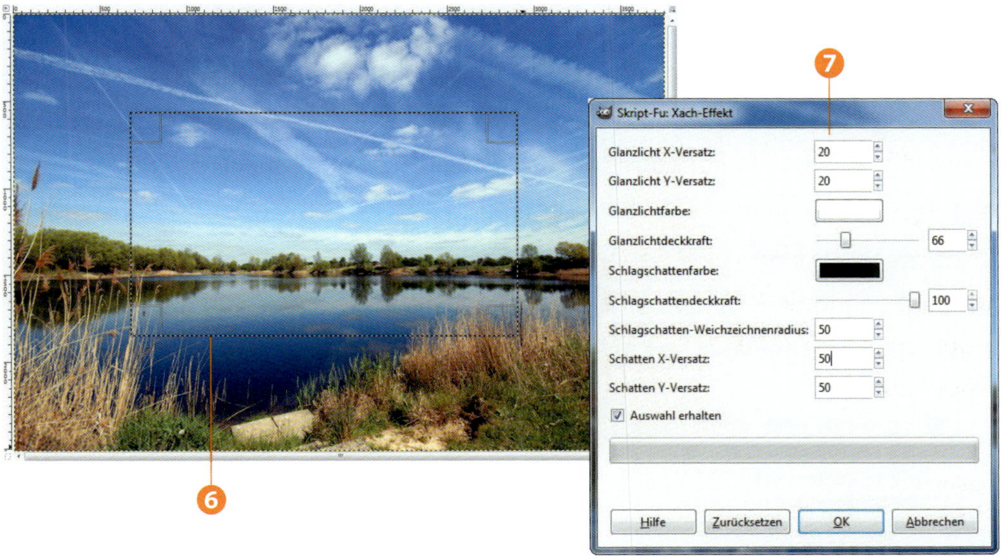

Damit entsteht dieses Ergebnis. Eine Idee: Sie könnten diese hellere Fläche beispielsweise nutzen, um Texte darauf zu platzieren.

Bilder verrauschen

Normalerweise möchte man kein Rauschen im Bild sehen. Für Effekte kann es aber interessant sein, absichtlich Bildrauschen einzufügen – so lässt sich beispielsweise das frühere Filmkorn aus der analogen Fotografie simulieren. Im *Rauschen*-Menü 2 finden Sie sechs Funktionen, um das Bild auf unterschiedliche Art und Weise zu verfremden.

Mit der Funktion *HSV-Rauschen* 1 wird das HSV-Farbmodell (**H**ue, **S**aturation, **V**alue) genutzt, um Rauschen ins Bild einzufügen.

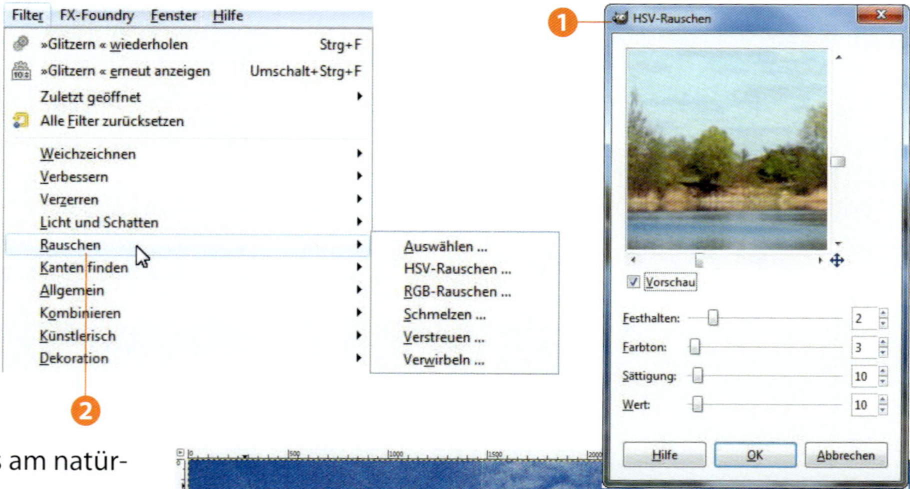

Das am natürlichsten wirkende Rauschen erzielen Sie mit der Funktion *Filter/Rauschen/RGB-Rauschen*. Probieren Sie einmal die gezeigten Einstellungen 3 aus.

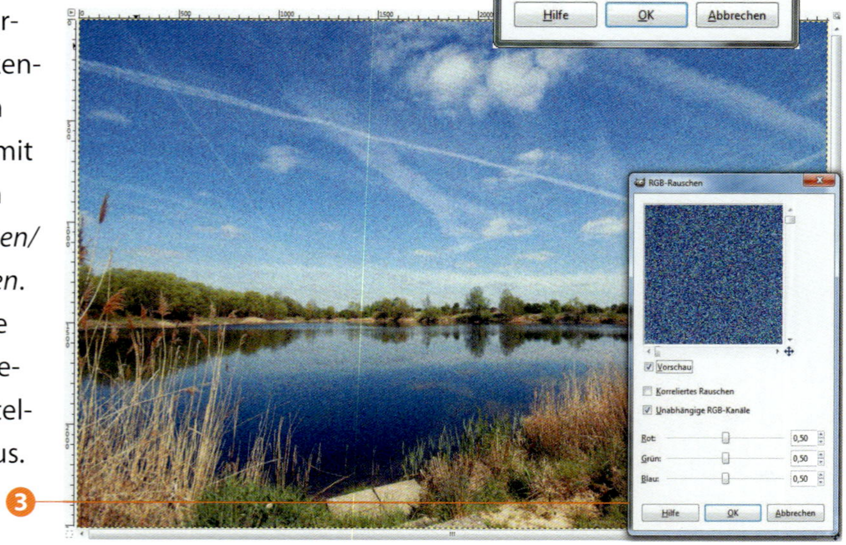

Bei der *Verstreuen*-Funktion 4 werden Pixel in der Umgebung vertauscht. Farben werden hier nicht verändert.

Bei der *Schmelzen*-Funktion werden einige Pixel per Zufallsgenerator nach unten verschoben – daher sind die Ergebnisse nur schwer reproduzierbar.

Die *Verwirbeln*-Funktion 5 verändert das Bild drastisch. Hier werden die Pixel des Bildes mit einer Zufallsfarbe belegt.

4

5

Kanten betonen

Spannend sind die Filter im Menü *Kanten finden*. Sie müssen bei diesen Filtern aber beachten, dass die Vorlagen Details enthalten – flächige Motive eignen sich nicht.

Im Menü *Filter/Kanten finden* ③ sind fünf Funktionen zur Betonung von Kanten untergebracht. Die Option *Differenz der Normalverteilung* ① erzeugt ein recht helles Ergebnis.

1 Rufen Sie den Filter *Kanten* ④ mit diesen Einstellungen auf ⑤, um dieses Ergebnis ⑥ zu erhalten.

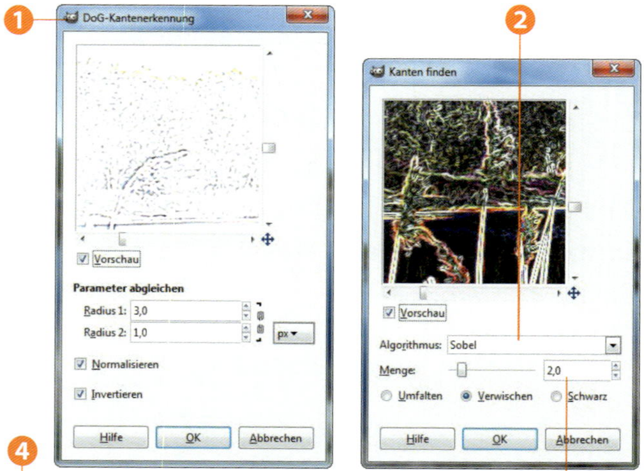

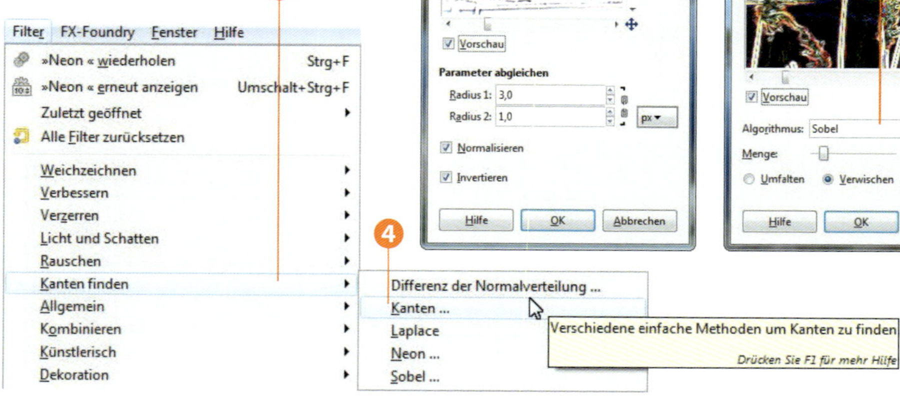

2 Rufen Sie die Funktion *Farben/Invertieren* 7 auf, um ein helles Ergebnis 8 zu erhalten – das wirkt schöner.

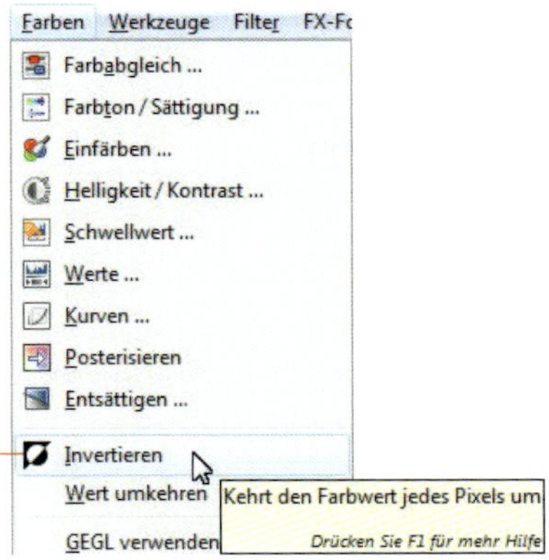

Für die Berechnung der Kanten werden übrigens unterschiedliche Algorithmen angeboten, die Sie im *Algorithmus*-Listenfeld 2 auswählen können. Probieren Sie einmal die unterschiedlichen Varianten aus!

8

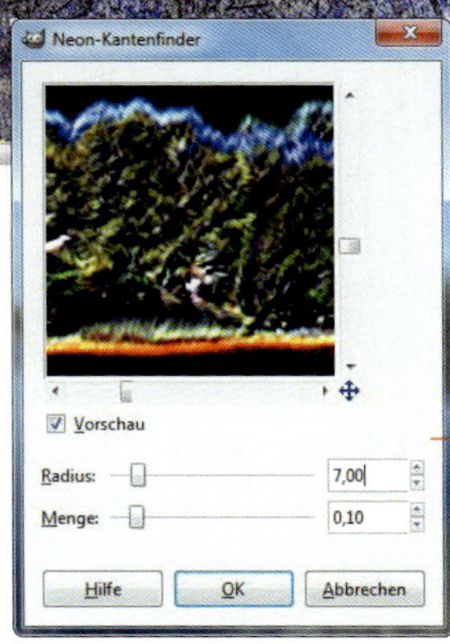

3 Rufen Sie den *Neon*-Filter aus dem Menü *Filter/Kanten finden* auf und stellen Sie diese Werte 9 ein.

4 Invertieren Sie auch dieses Ergebnis, da bei diesem Filter ebenfalls ein dunkles Ergebnis entsteht – die helle Variante 10 wirkt aber besser.

Die ersten beiden Optionen des Menüs *Filter/Allgemein* erzeugen keine allzu »verblüffenden« Ergebnisse. Beim *Erodieren*-Filter werden die hellen Bereiche im Bild reduziert, sodass ein dunkleres Ergebnis entsteht. Beim *Erweitern*-Filter ist es genau umgekehrt. Hier werden die dunklen Bereiche verkleinert, sodass das Bild heller wird.

Die Faltungsmatrix

Ein Filter des *Allgemein*-Untermenüs ist besonders erwähnenswert. Der Filter *Faltungsmatrix* 2 ist recht komplex. Daher sind auch einige Versuche nötig, ehe ein wirkungsvolles Ergebnis entsteht.

Stellen Sie in einer 5 x 5 Felder großen *Matrix* 1 eigene Filtereffekte zusammen. So führen die abgebildeten Werte zu einem Ergebnis 3, das ein wenig an eine High-Key-Aufnahme erinnert.

Je höher der Wert im mittleren Feld der Matrix ist, umso heller erscheint das Ergebnis.

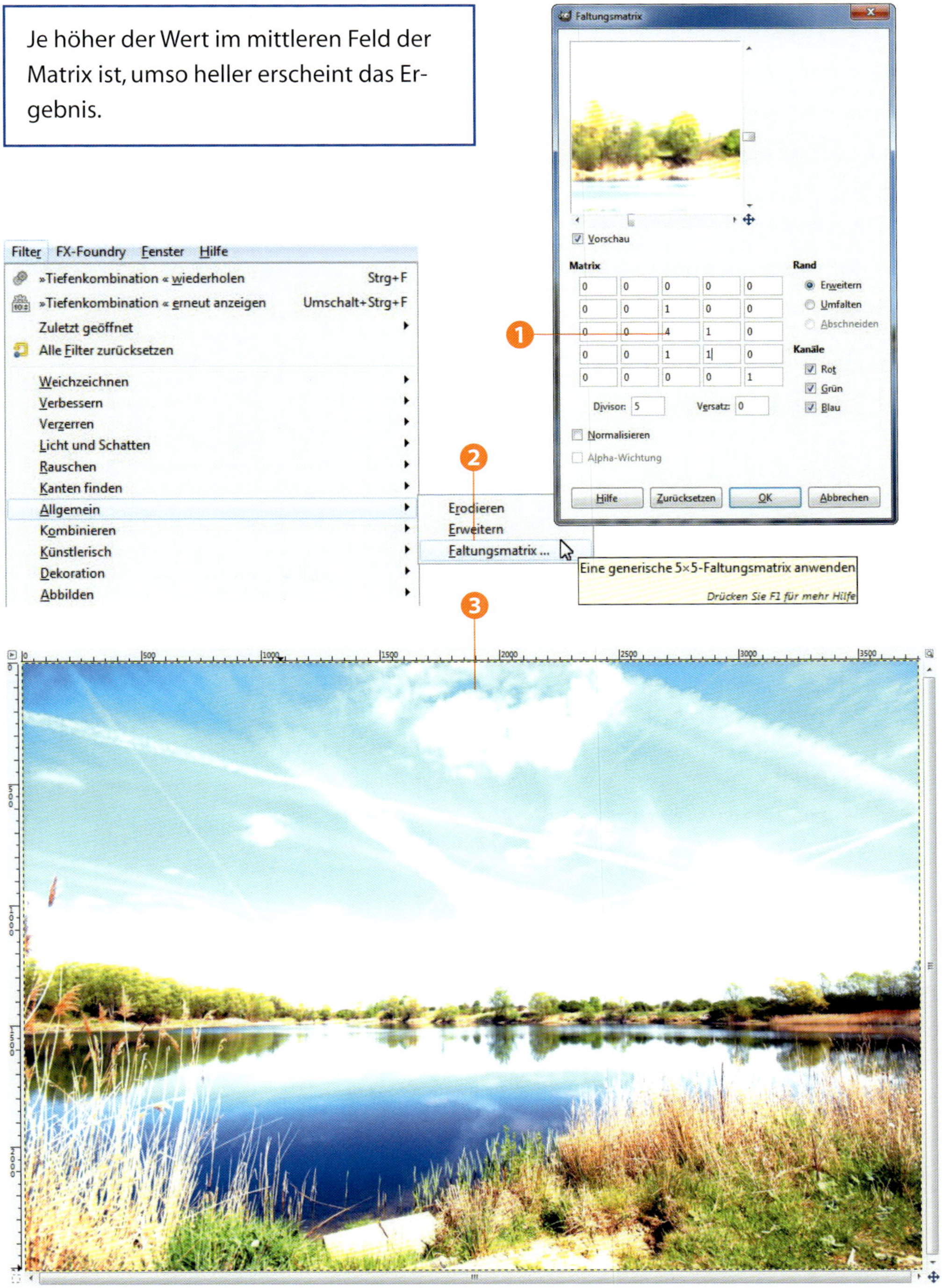

Bilder »malen«

Wollen Sie Fotos in »Gemälde« verwandeln, sollten Sie einen Blick in das *Filter*-Untermenü 1 *Künstlerisch* werfen. Dort finden Sie zwölf Effektfilter, mit denen Sie wirkungsvolle Ergebnisse erzielen können.

Einige der besten Filter stelle ich Ihnen jetzt in kurzen Workshops vor.

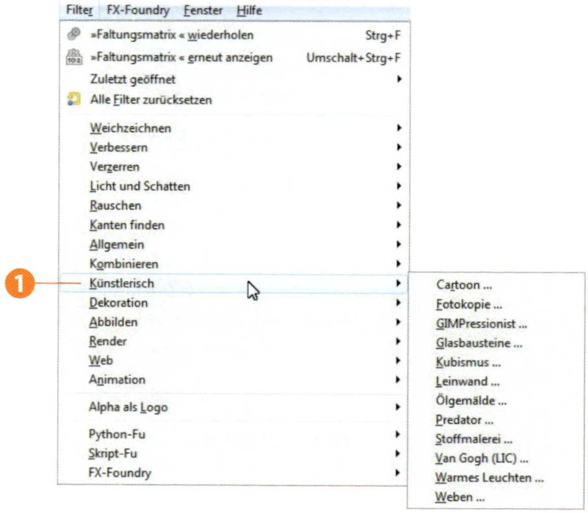

1 Rufen Sie die Funktion *Filter/Künstlerisch/Cartoon* 2 auf und stellen Sie diese Werte 4 ein. Damit entsteht dieses Ergebnis 3.

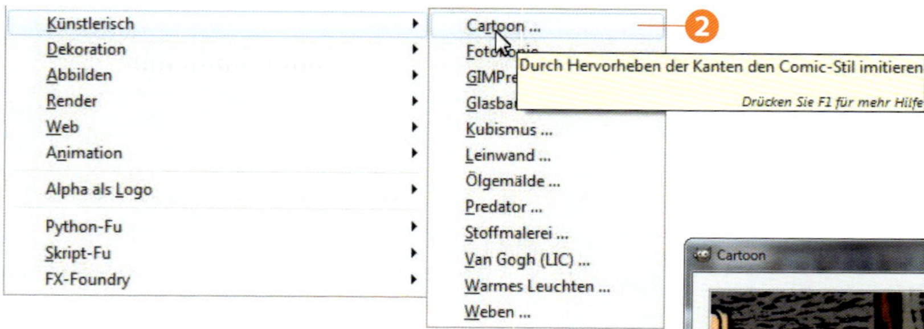

Eine etwas schönere Variante dieses Effekts erhalten Sie, wenn Sie vor dem Aufruf der Funktion die Hintergrundebene im *Ebenen*-Dialog duplizieren 7. Wenden Sie den Filter dann an der duplizierten Ebene an und stellen Sie als Überblendungsmodus *Harte Kanten* 6 ein. Das Ergebnis 5 zeigt leuchtendere Farben und die geschwärzten Linien kommen etwas besser zur Geltung.

2 Probieren Sie auch einmal den *Fotokopie*-Effekt mit diesen Einstellungen 8 aus. Bei diesem Filter gehen allerdings die Farben verloren 9.

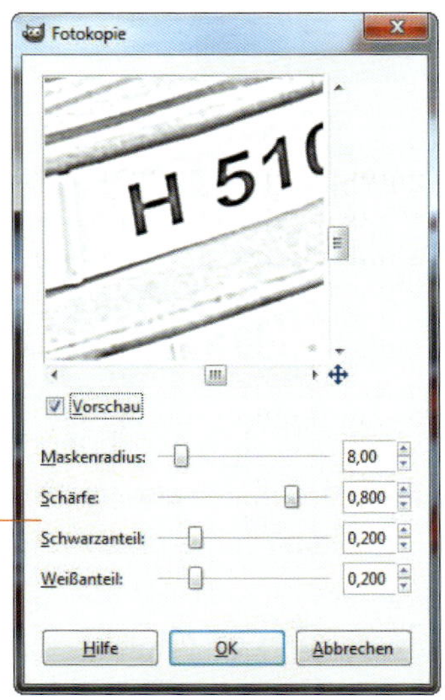

Rufen Sie am Ausgangsbild den Filter *GIMPressionist* auf. Er enthält zahlreiche Vorlagen. Die Einstellungen (10) sind so vielseitig, dass sie auf insgesamt acht Registerkarten (11) untergebracht sind. Damit die aktuellen Einstellungen im Vorschaubild zu sehen sind, müssen Sie die *Aktualiseren*-Schaltfläche (13) aufrufen. Probieren Sie einmal den *Cubism*-Effekt (12) aus, mit dem das Ergebnis (14) entstand.

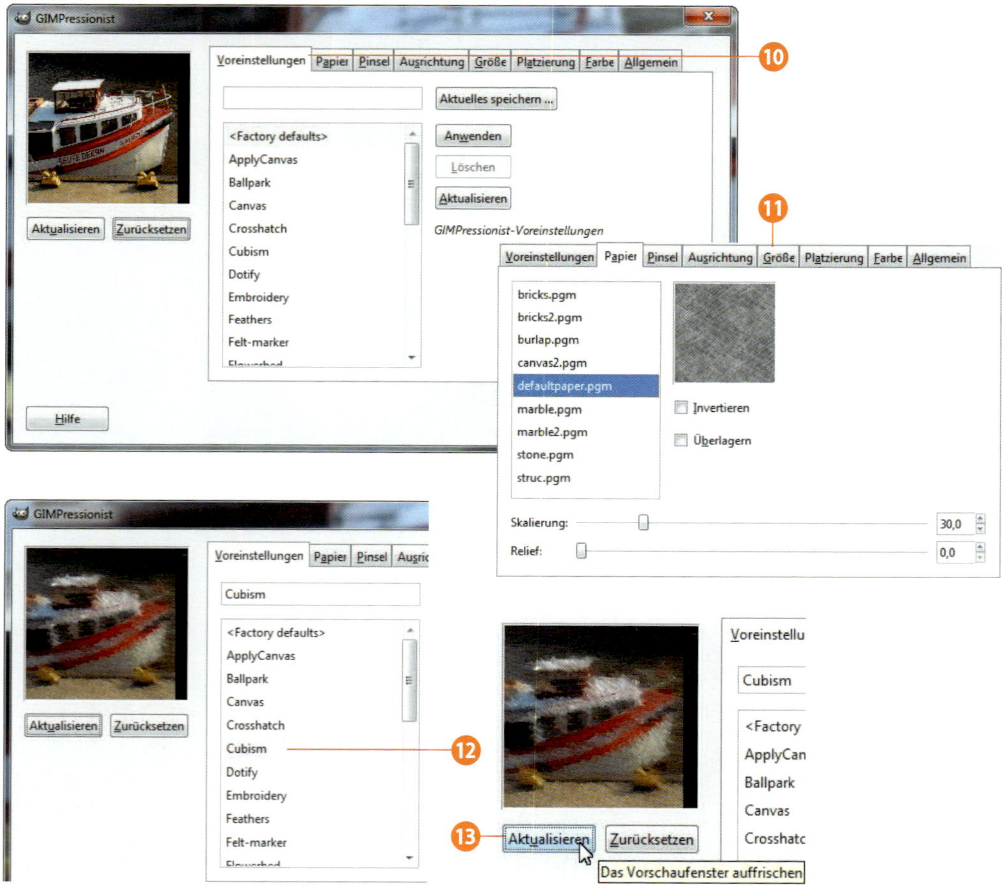

Nicht bei allen der angebotenen künstlerischen Effektfilter entstehen schöne Ergebnisse. Bei einigen Filtern benötigt man schon einige Fantasie, ehe man sie mit dem Filternamen in Verbindung bringen kann. Dies gilt beispielsweise für den Filter *Van Gogh (LIC)*. Bei vielen Filtern spielt außerdem die Bildgröße eine besonders wichtige Rolle – bei zu großen Bildern wirken viele Effekte nicht.

Noch mehr Gemälde

Einige der Filter sind im Prinzip doppelt, da man sie mit dem komplexen Filter *GIMPressionist* ebenfalls umsetzen kann. Das gilt beispielsweise für die *Leinwand*-Funktion.

1 Probieren Sie einmal – am besten an einer relativ kleinen Vorlage – den *Ölgemälde*-Filter (1) aus.

Sie erhalten damit das Ergebnis, das Sie auf der folgenden Seite oben sehen – es wirkt vielleicht nicht perfekt wie ein »Ölgemälde« – sieht aber recht gut aus.

Beim *Stoffmalerei*-Filter können Sie einmal diese Einstellungen ❷ ausprobieren. Da das Ergebnis etwas zu dunkel erscheint, wurde es über die Funktion *Farben/Helligkeit/Kontrast* mit diesen Einstellungen ❸ aufgehellt.

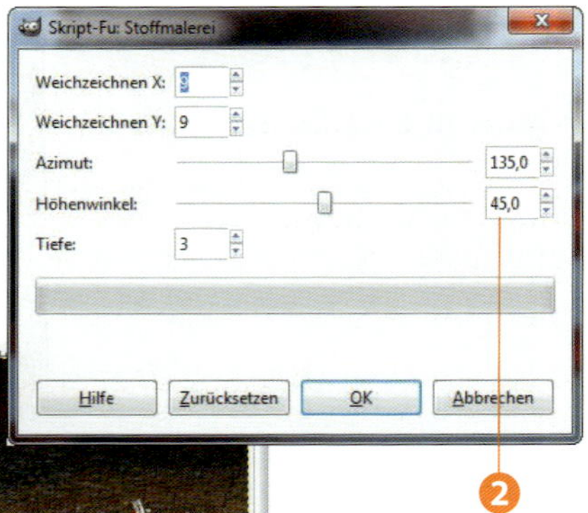

Mit dem *Predator*-Filter entsteht ein stark farbverfälschtes Ergebnis, das ein wenig an thermografische Wärmebilder erinnert.

Aus diesem Untermenü ist noch der Filter *Warmes Leuchten* erwähnenswert. Probieren Sie diese Einstellungen 4 aus.

Es entsteht ein recht helles Ergebnis 5 mit leuchtenden Farben.

Experimentieren Sie auch ein wenig mit den anderen, hier nicht näher vorgestellten Effekten herum – es lohnt sich.

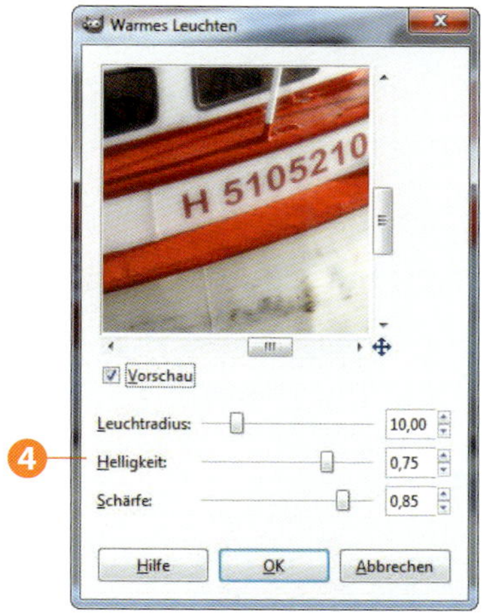

Die Abbilden-Filter

Im *Abbilden*-Menü 1 finden Sie zehn Funktionen, mit denen Sie dreidimensional wirkende Ergebnisse erzielen können.

Einige der Funktionen bieten sehr viele Optionen an, um den Effekt den eigenen Bedürfnissen anzupassen.

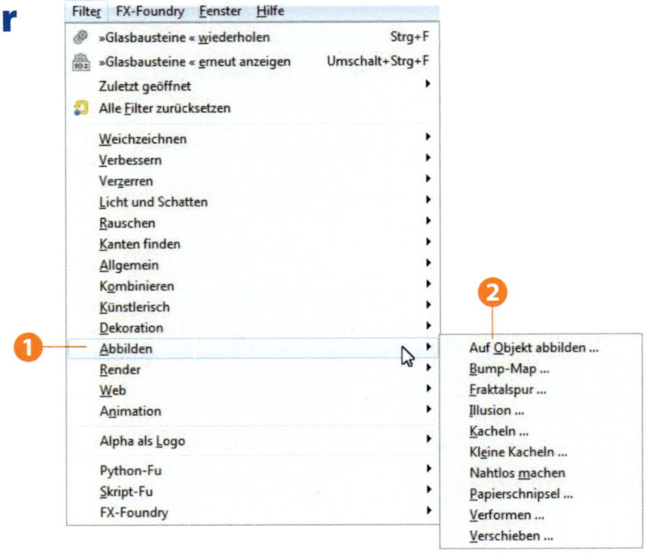

1 Rufen Sie die Funktion *Filter/Abbilden/Auf Objekt abbilden* 2 auf.

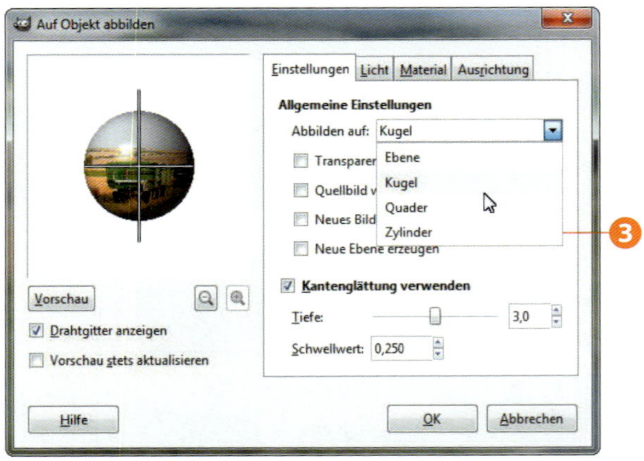

2 Wählen Sie aus der Liste *Abbilden auf* 3 die gewünschte Oberfläche aus, auf die das Bild projiziert werden soll – im Beispiel ist es der *Zylinder*. Ändern Sie gegebenenfalls auf den anderen Registerkarten die Einstellungen 5.

3 Klicken Sie auf die *Vorschau*-Schaltfläche 4, um sie zu aktualisieren.

Nach dem Bestätigen mit der *OK*-Schaltfläche entsteht dieses Ergebnis 6, das nur noch einen Teil des Ausgangsbildes wiedergibt.

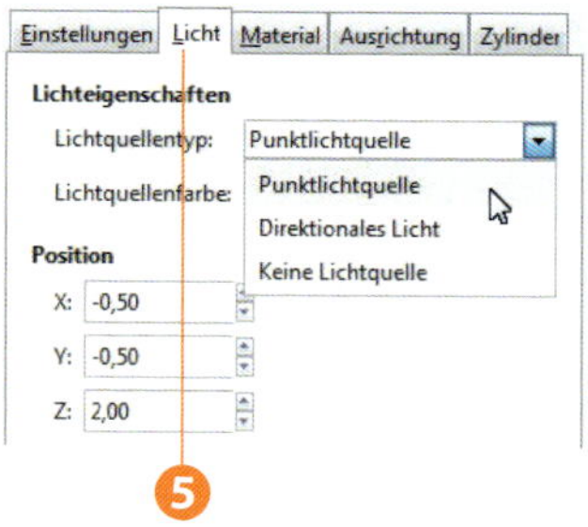

4 Rufen Sie den Effekt *Filter/Abbilden/Bump-Map* auf, der ebenfalls einen dreidimensionalen Effekt erzeugt. Nutzen Sie beispielsweise diese Einstellungen **8**.

Das Ergebnis **9** wirkt wie ein Relief. Gegebenenfalls können Sie für die Prägung ein anderes, geöffnetes Bild nutzen **7**. Auch hier hängt die passende Stärke wieder von der Größe des Ausgangsbildes ab.

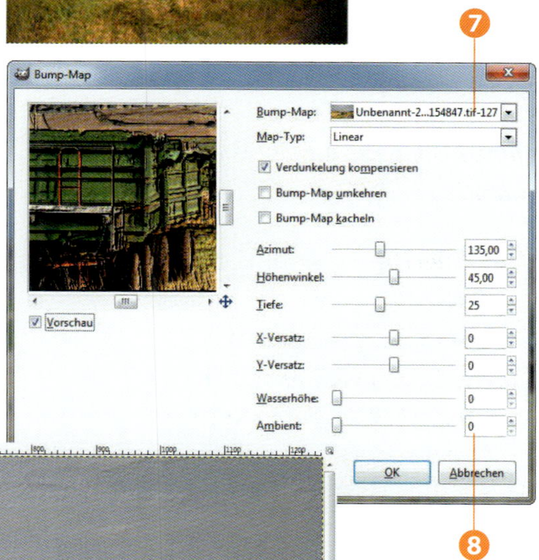

Ganz »wilde« Verzerrungen

Einige der *Abbilden*-Filter verändern das Bild sehr stark – der *Fraktalspur*-Filter 1 gehört beispielsweise dazu. Beim *Illusion*-Filter 2 wird das Bild häufig wiederholt dargestellt und mit dem Ausgangsbild überblendet – das Ergebnis 3 wirkt wie ein Kaleidoskop.

Tipp

Einige Effekte, wie beispielsweise der *Fraktalspur*-Filter, lassen sich gut einsetzen, um etwa den Hintergrund für Texttableaus abwechslungsreicher zu gestalten.

1 Rufen Sie den Filter *Abbilden/Papierschnipsel* 5 auf.

2 Stellen Sie die Werte für die Zerteilung 6 des Bildes ein. Stellen Sie ein, wie weit die Bilderschnipsel voneinander platziert 4 werden sollen. Legen Sie außerdem fest, mit was die sich ergebenden Leerflächen gefüllt werden sollen – zum Beispiel mit einer negativen Variante 7 des Ausgangsbildes.

Mit den gezeigten Werten entsteht dieses Ergebnis 8.

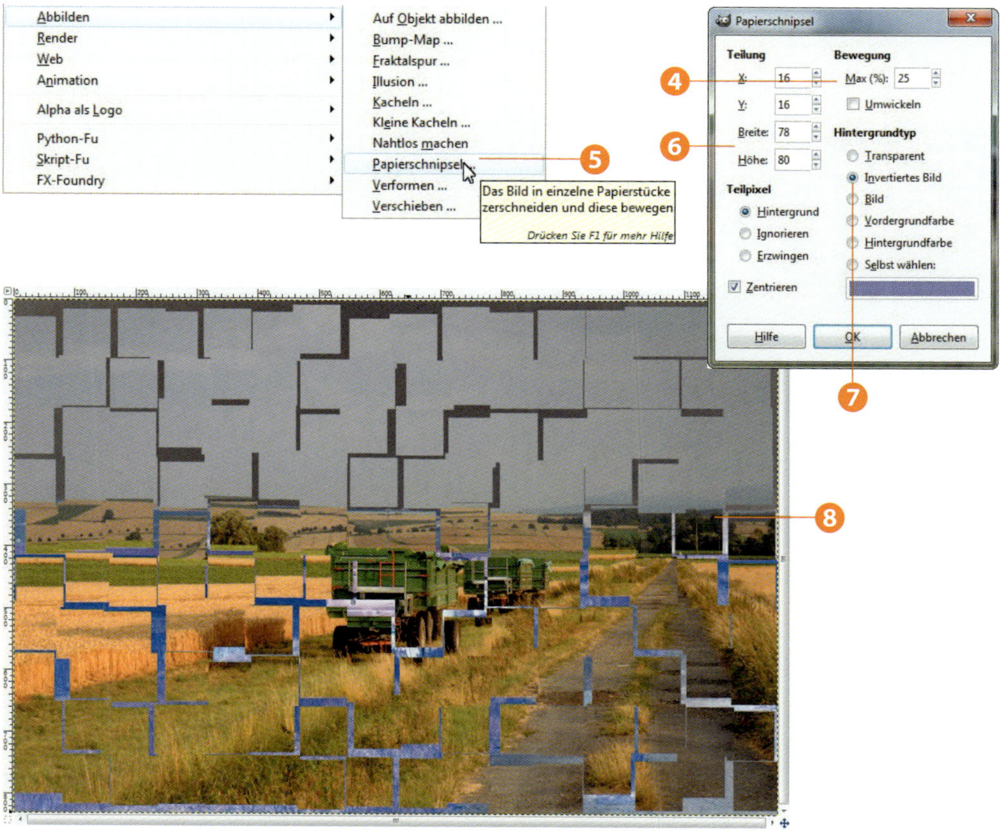

Die Kachel-Filter im *Abbilden*-Menü sind unter anderem für das Webdesign nützlich. So können Sie Bilder so verändern, dass sie kachelbar sind oder nahtlos aneinanderstoßen können.

Rufen Sie den recht komplexen *Verformen*-Filter 9 auf. Dieser Filter nutzt die Helligkeitswerte des Bildes zum Verformen. Mit den abgebildeten Werten entstand dieses Ergebnis 10 – der ursprüngliche Bildinhalt ist kaum noch erkennbar. Wahlweise können Sie auch ein anderes geöffnetes Bild für die Verformung nutzen.

9

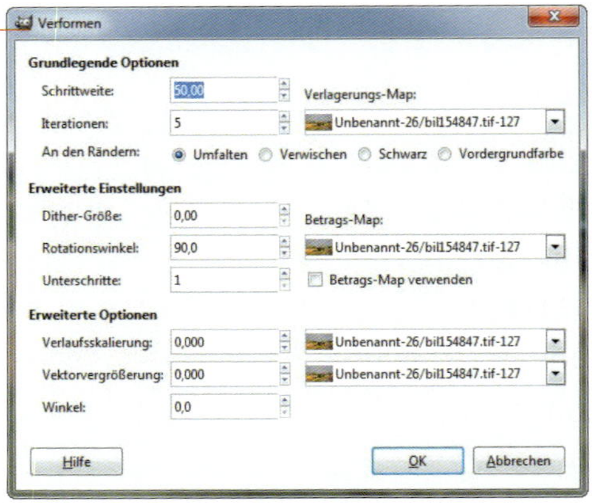

10

Tipp

Achten Sie darauf, wenn Sie andere Bilder als das Ausgangsbild zum Verformen nutzen, dass diese Bilder dieselben Abmessungen wie das Ursprungsbild haben müssen. Skalieren Sie gegebenenfalls die Bilder alle auf dasselbe Maß.

Render-Filter

Das Menü *Filter/Render* ❶ ist prall gefüllt mit Funktionen, die teilweise sogar auf weitere Untermenüs verteilt sind. Die meisten Funktionen verändern nicht die Daten eines bestehenden Bildes, sondern erzeugen ein neues Bild. So können Sie wahlweise auch ein neues, leeres Dokument einsetzen.

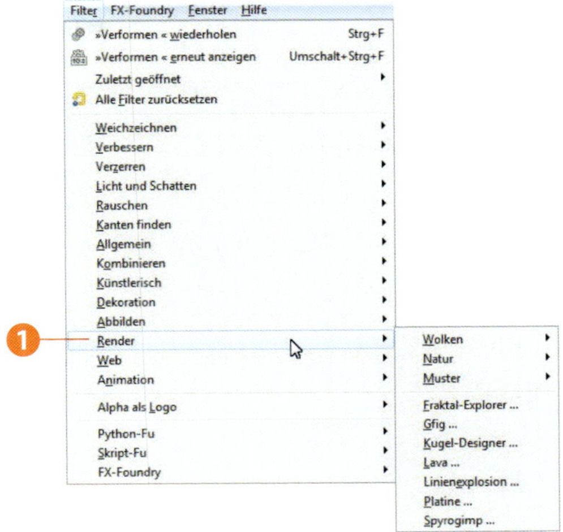

Einige der interessantesten *Render*-Filter fasse ich im Folgenden in kurzen Workshops für Sie zusammen.

1 Rufen Sie den Filter *Render/Wolken/Plasma* ❷ auf. Im Vorschaubild ❸ sehen Sie ein zufällig berechnetes Ergebnis.

2 Klicken Sie auf die Schaltfläche *Neu Würfeln* ❹, um ein neues Muster zu erzeugen.

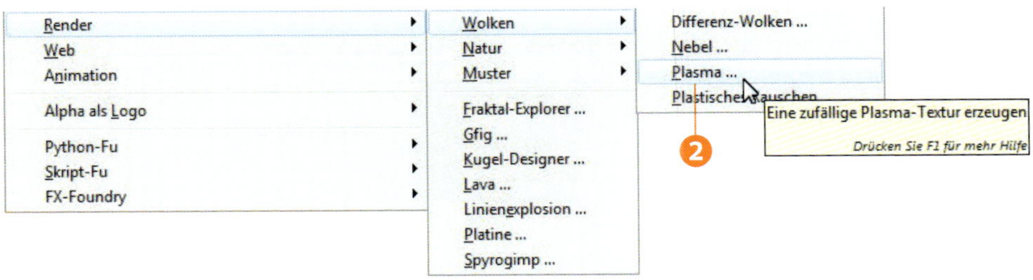

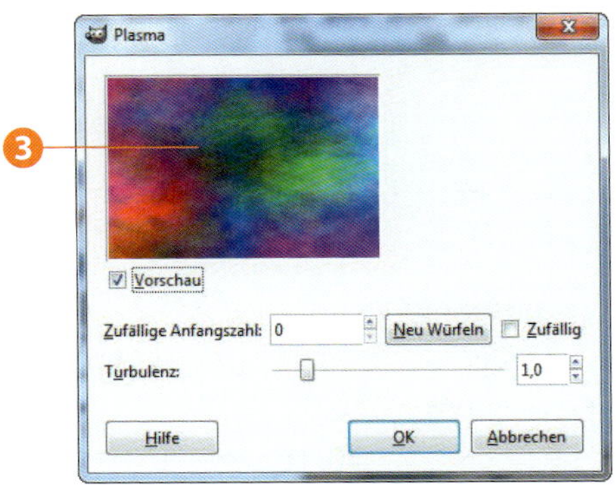

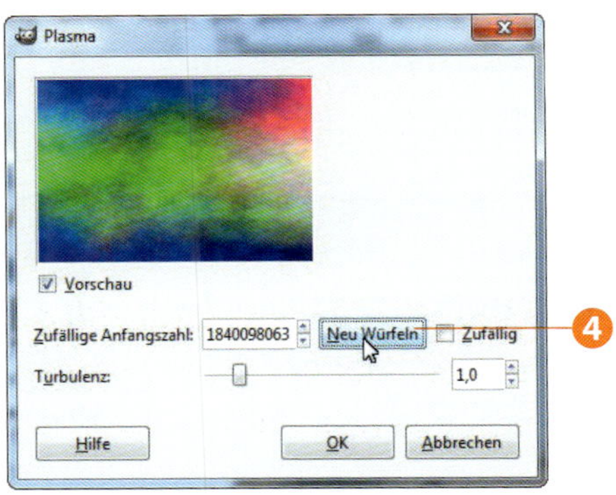

So könnte zum Beispiel ein solches Muster 5 entstehen – dabei wird die gesamte Fläche des Dokuments gefüllt:

3 Öffnen Sie mit dem Aufruf der Funktion *Render/Natur/Flammen* dieses Dialogfeld 6.

4 Wählen Sie im *Farbpalette*-Listenfeld 8 eine Farbskala aus, aus der das Motiv zusammengesetzt werden soll – im Beispiel *Rose* 9.

5 Rufen Sie die *Bearbeiten*-Schaltfläche 7 auf, um in einem gesonderten Dialogfeld 10 weitere Einstellungen vorzunehmen.

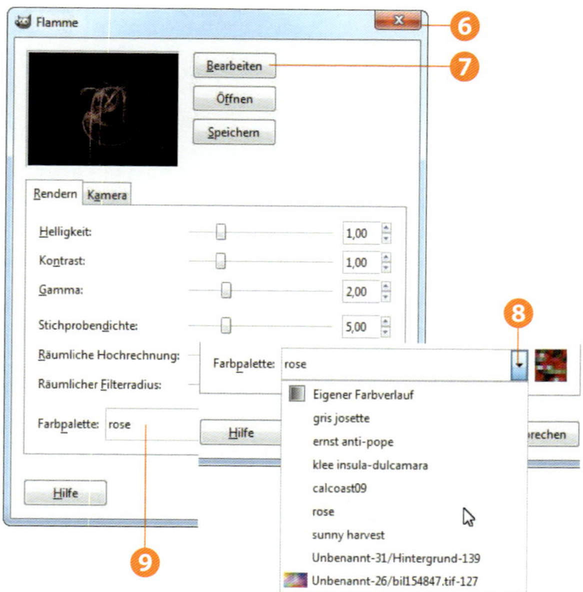

So könnte solch ein Ergebnis 11 entstehen. Nach einer »Flamme« sieht es zwar nicht aus, aber es wirkt interessant.

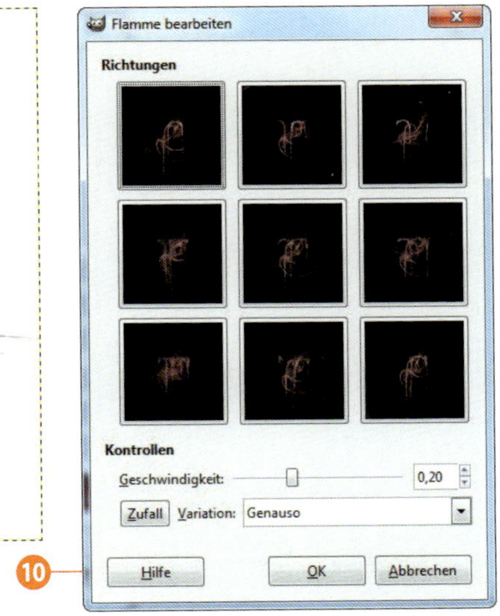

Muster erzeugen

Im Untermenü *Filter/Render/Muster* sind acht Funktionen untergebracht, mit denen Sie verschiedenartige Muster erzeugen können, die sich beispielsweise als Hintergründe eignen. Sie können die Ergebnisse aber auch mit bestehenden Fotos kombinieren – zum Beispiel durch Anwenden der Überblendungsfunktion im *Ebenen*-Dialog.

1 Stellen Sie bei der Funktion *Beugungsmuster* diese Einstellungen 2 ein. Gegebenenfalls können Sie auf den weiteren Registerkarten 1 andere Werte ausprobieren.

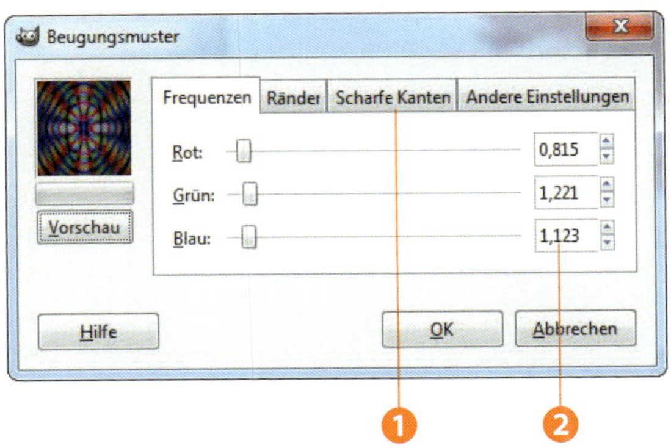

Damit erhalten Sie ein sehr farbenfrohes Ergebnis 3, das aus allen Farben des Farbspektrums zusammengesetzt ist.

2 Stellen Sie eine neue Vorder- und Hintergrundfarbe 6 ein, da der Filter *Render/Muster/Labyrinth* diese Farben berücksichtigt.

3 Probieren Sie diese Einstellungen 4 aus, um beispielsweise solch ein Ergebnis 5 zu erhalten.

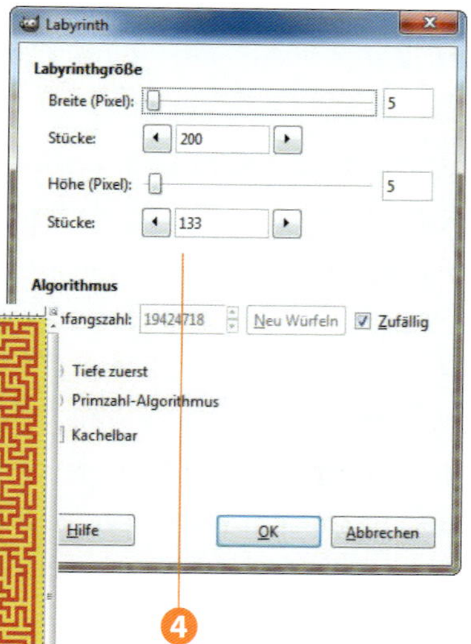

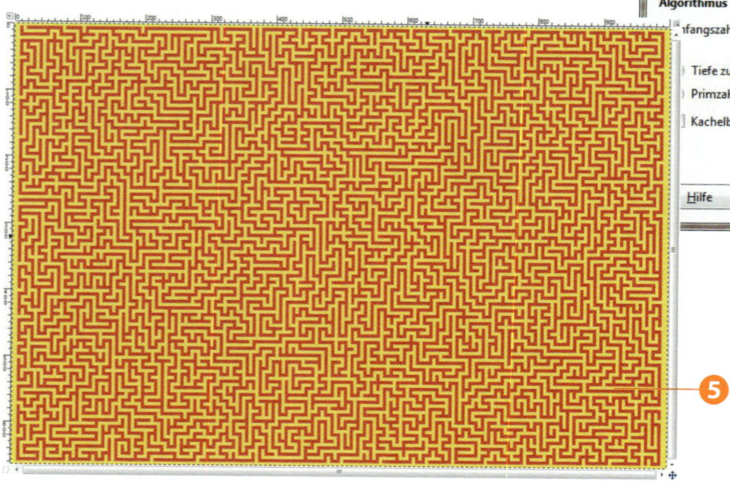

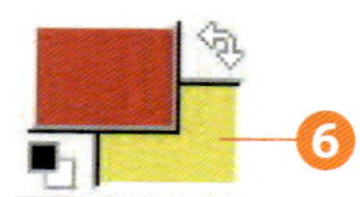

Beim *Puzzle*-Filter werden die Bilddaten genutzt. So können Sie mit diesen Einstellungen 7 ein Foto in ein Puzzle 8 umwandeln. Der geeignete Wert für die Puzzlestücke hängt von der Größe des Bildes ab.

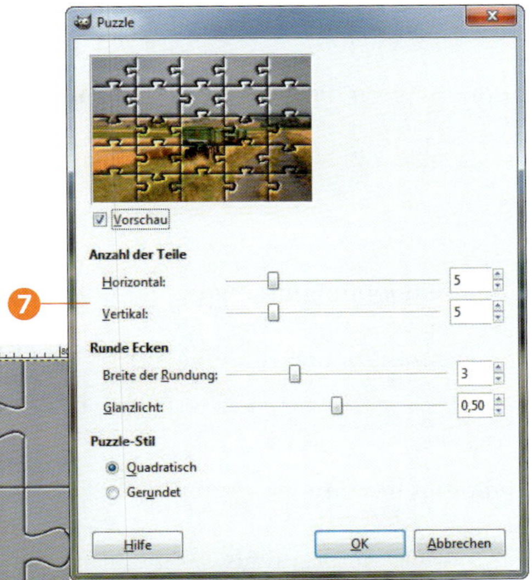

Zufällige Muster

Im Dialogfeld der Funktion *G-Qbist* werden viele zufällige Muster 1 bereitgestellt. Wird ein Miniaturbild angeklickt, werden weitere Zufallsmuster generiert.

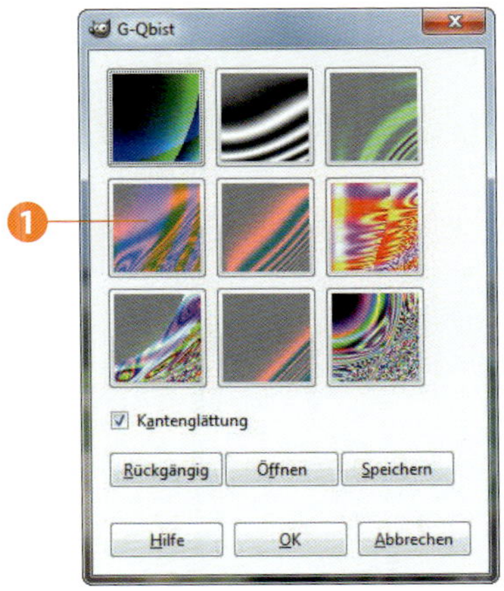

Klicken Sie so lange auf die Vorschaubilder, bis Ihnen ein Ergebnis besonders gut gefällt – dies ist ein mögliches Beispiel 2. Die Ergebnisse sind in den meisten Fällen sehr »bunt«.

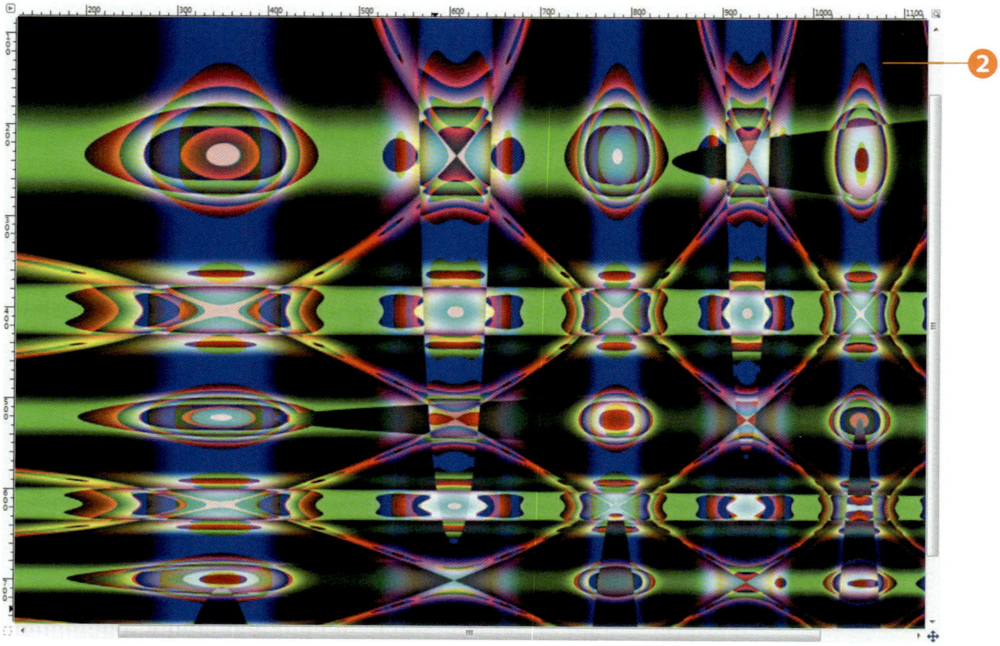

Weitere aufwendige Muster

Im Hauptmenü *Filter/Render* sind sieben Filter zu finden, die jeweils sehr viele Optionen bereitstellen und komplexe Ergebnisse erzeugen können. So bietet die Funktion *Render/Fraktal-Explorer* ❶ gleich auf drei Registerkarten ❷ eine große Anzahl an Optionen an, um das Aussehen des fraktalen Musters zu variieren.

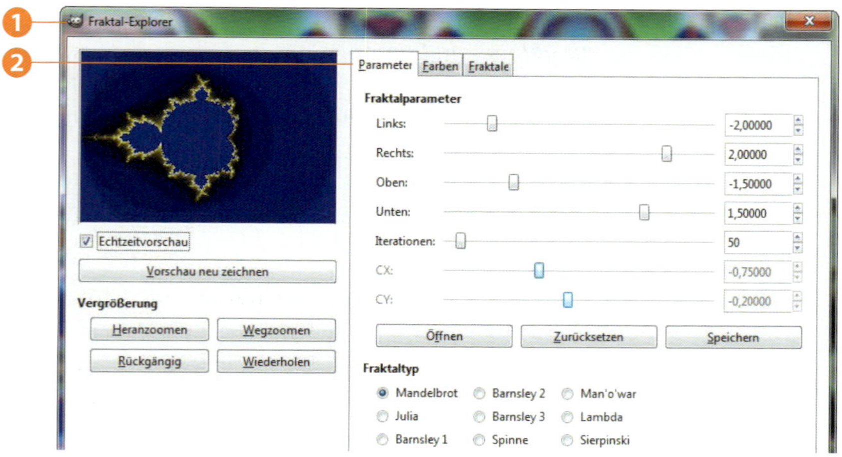

1 Wählen Sie auf der *Fraktale*-Registerkarte **3** ein Muster aus – die Auswahl ist riesig.

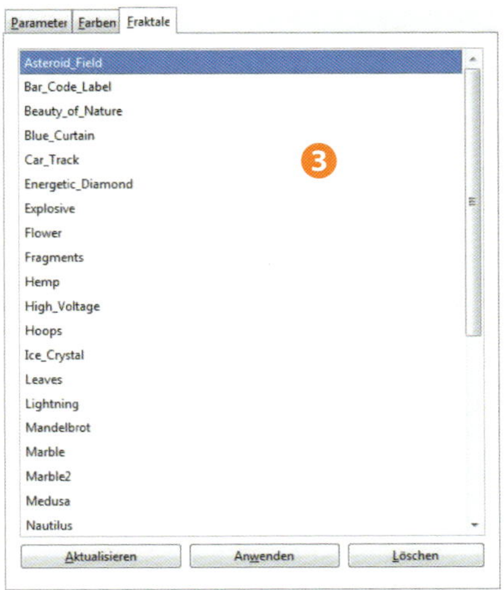

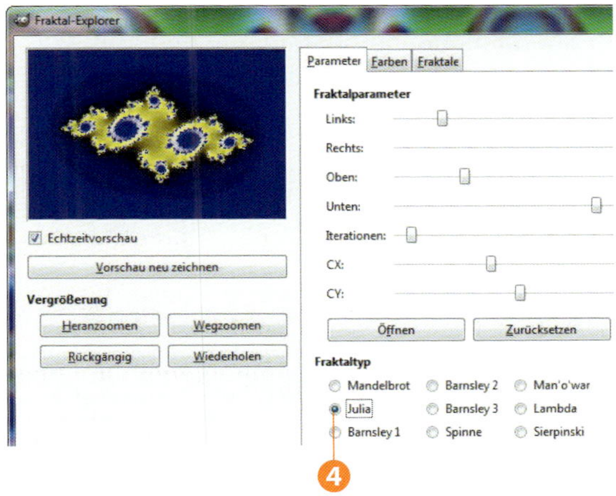

2 Mit der *Julia*-Option **4** auf der *Parameter*-Registerkarte entsteht zum Beispiel dieses wirkungsvolle Ergebnis **5**.

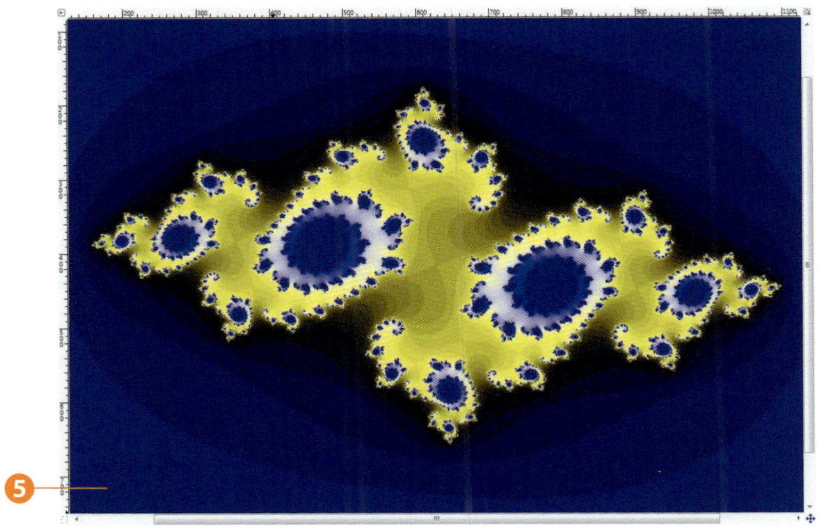

Das Erzeugen **fraktaler Muster** war seit der Einführung der Computergrafik ein spannendes Thema – vielleicht sagt Ihnen die Bezeichnung »Apfelmännchen« ja noch etwas. **Fraktal** kommt aus dem Lateinischen (fractus = gebrochen) und wurde vom Mathematiker **Benoît Mandelbrot** für die fraktalen Muster geprägt.

3 Setzen Sie den *Kugel-Designer* **6** ein, um eine dreidimensional wirkende Kugel zu erstellen.

Da bei dieser Funktion das gesamte Dokument gefüllt wird, müssen Sie ein quadratisches Dokument verwenden, damit eine kreisrunde Kugel entsteht.

4 Stellen Sie diese Werte **7** im Dialogfeld der Funktion *Render/Spyrogimp* ein, um ein solches komplexes Linienmuster **9** zu erzeugen.

Auch bei dieser Funktion haben Sie zahlreiche Optionen, um das Aussehen des Ergebnisses zu beeinflussen. Die Farben werden in diesem Fall jedoch nicht durch die aktuelle Vorder-/Hintergrundfarbe bestimmt, sondern durch die Farben **8**, die Sie im Dialogfeld eingestellt haben – im Beispiel ist es ein Blauton.

6

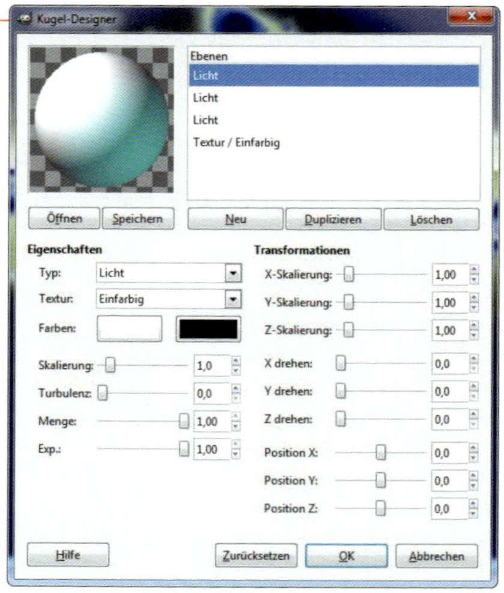

7

8

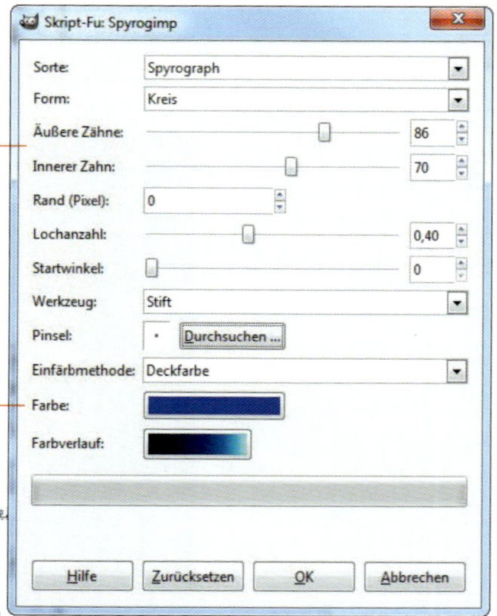

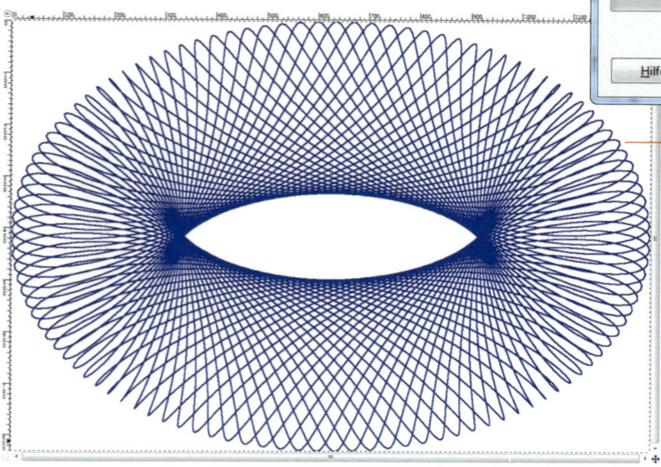

9

Animation-Filter einsetzen

Gimp bietet in den Filtern sogar Optionen an, um Animationen zu erstellen. Animationen finden Sie beispielsweise oft auf Internetseiten in den Werbebannern. Sie können aber auch kleine Diaschauen mit dieser Möglichkeit zusammenstellen. Ich stelle Ihnen dies in einem kleinen Workshop vor.

1 Prüfen Sie, ob der gewünschte Animationsfilter mehrere Ebenen benötigt – einige Filter arbeiten mit einzelnen Ebenen, andere mit mehreren. Im Beispiel sind es zwei Ebenen ❶.

2 Rufen Sie die Funktion *Filter/Animation/Einbrennen* ❷ auf.

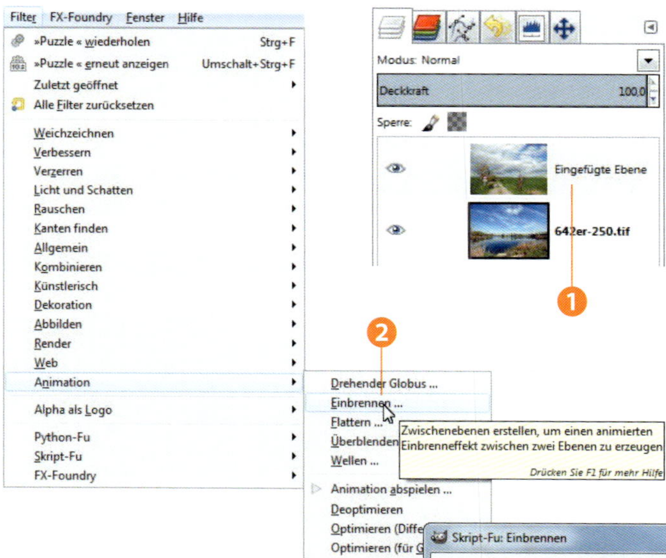

3 Stellen Sie zum Beispiel diese Werte ein ❸. Als Farbe habe ich das standardmäßig vorgegebene Weiß belassen.

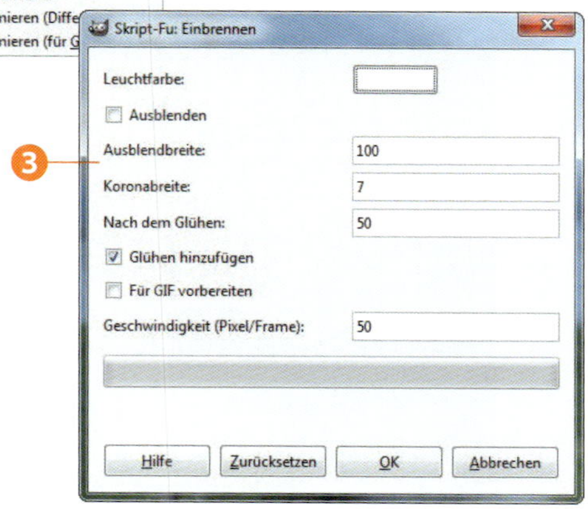

Dieser Filter überblendet die beiden Ebenen, indem eine Farbfläche über das Bild »wandert«, die das Foto auf der unteren Ebene Schritt für Schritt freigibt.

Nach dem Bestätigen erstellt Gimp diverse Ebenen 4. Auf jeder Ebene ist eine leichte Veränderung zu sehen. Sie könnten sich die Einzelbilder der Animation ansehen, indem Sie die Ebenen nacheinander ein- oder ausblenden. Das ist allerdings aufwendig.

Um das Ergebnis betrachten zu können, rufen Sie die Funktion *Filter/Animation/Animation abspielen* 5 auf. Damit öffnen Sie ein Wiedergabefenster. Nach dem Drücken der *Wiedergabe*-Schaltfläche 6 wird die Animation abgespielt.

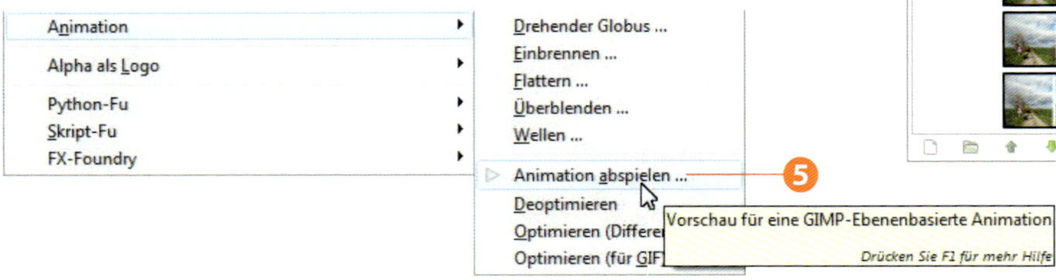

Die Animation speichern

Um das Ergebnis als Film zu speichern, müssen Sie das GIF-Dateiformat verwenden.

1 Rufen Sie die Funktion *Datei/ Exportieren als* 1 auf.

2 Erweitern Sie das Dialogfeld mit einem Klick auf das Plussymbol 3 neben der *Dateityp*-Option.

3 Wählen Sie die Option *GIF-Bild* 4 und geben Sie einen Namen 2 für die Animation ein.

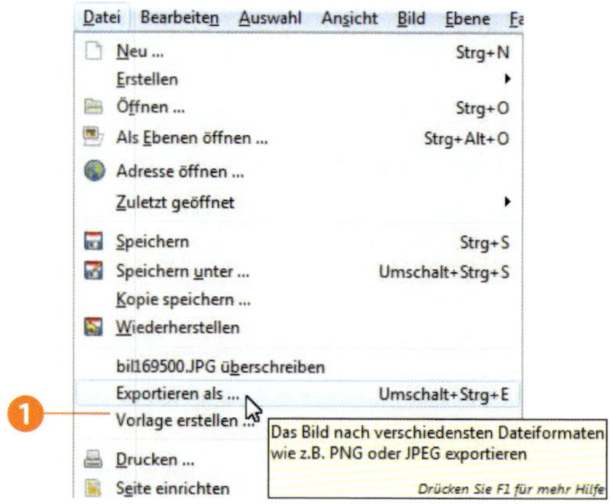

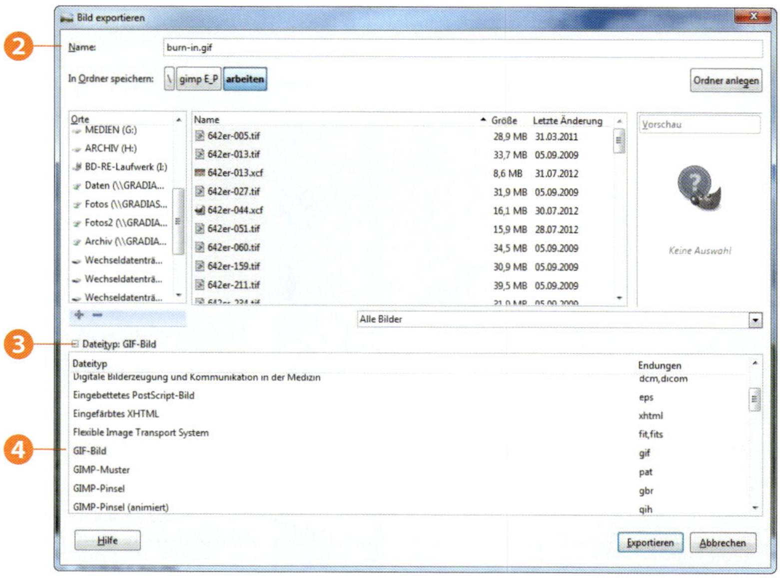

4 Legen Sie im Dialogfeld, das dann geöffnet wird, mit der Option *Als Animation* 5 fest, dass ein Film und kein einzelnes Bild gespeichert werden soll. Aktivieren Sie die Option *Schleife endlos wiederholen* 6, damit am Ende der Animation der Film wieder von vorne angezeigt wird.

5 Bestätigen Sie die Eingaben mit der *Exportieren*-Schaltfläche 8.

Das Ergebnis können Sie beispielsweise mit Ihrem Standard-Webbrowser betrachten – im Beispiel wurde die Datei mit Mozilla Firefox 7 geöffnet.

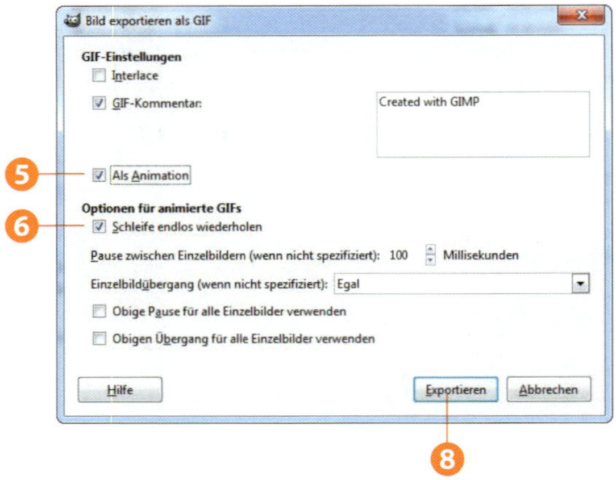

Beachten Sie, dass das GIF-Format nur 256 Farben unterstützt – daher wird die Qualität der Fotos deutlich reduziert.

Kapitel 10

Rund um Texte

Vermutlich werden Sie Gimp in den meisten Fällen dazu benutzen, um Fotos zu bearbeiten oder zu optimieren – aber Gimp kann noch mehr. Sie können nämlich auch Schriftzüge erstellen, die Sie auf vielseitige Art und Weise mit Effekten schmücken können. Die bedeutendsten (der zahllosen) Funktionen habe ich in diesem Kapitel für Sie zusammengefasst.

Textattribute einstellen

Das Erstellen von Texten ist in der aktuellen Gimp-Version komplett erneuert worden. So gibt es nun das bisherige gesonderte Texteingabe-Dialogfeld nicht mehr. Jetzt klappt die Texterstellung einfacher und es bieten sich auch mehr Möglichkeiten.

1 Erstellen Sie mit der Funktion *Datei/Neu* ein neues, leeres Dokument. Stellen Sie beispielsweise eine Größe von 1.000 x 400 Pixel ein ①.

2 Rufen Sie aus dem Werkzeugkasten das *Text*-Werkzeug ② auf.

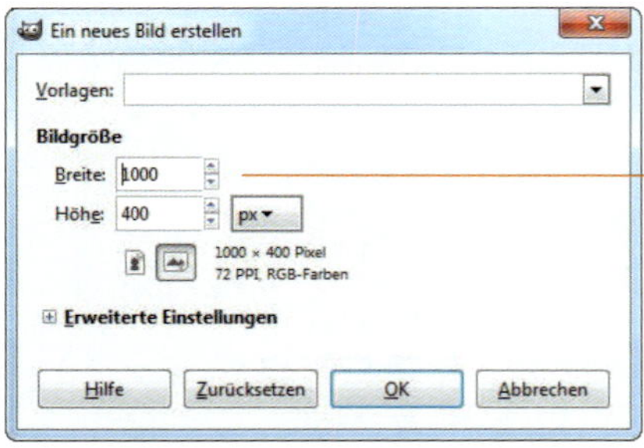

3 Öffnen Sie in den Werkzeugeinstellungen das *Schrift*-Listenfeld ③ und suchen Sie sich einen Schrifttyp aus. Ich habe die Schrift *Cooper Blk BT* ④ ausgewählt.

4 Tippen Sie den gewünschten Wert für die Schriftgröße ⑤ ein – im Beispiel sind es *200* Pixel.

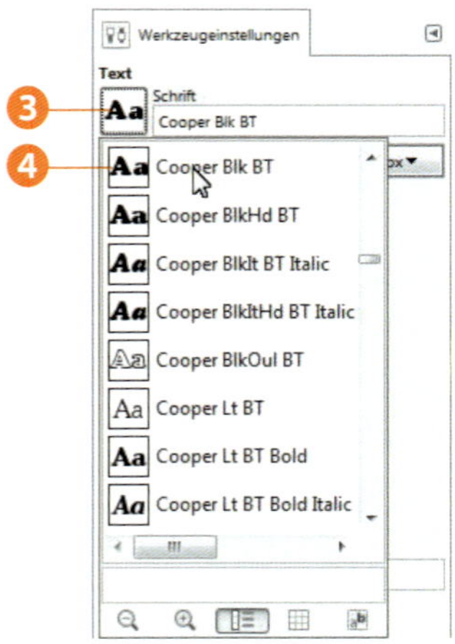

Tipp

Prinzipiell ist es egal, ob Sie die Texteinstellungen vor oder nach dem Eintippen des Textes anpassen. Da Sie aber die Wirkung besser beurteilen können, wenn die Formatierungen zuerst vorgenommen werden, ist dies der bessere Weg.

5 Stellen Sie mit dieser Schaltfläche 7 ein, dass der Text linksbündig ausgerichtet werden soll.

6 Klicken Sie auf das Farbfeld 6, um die gewünschte Farbe im *Textfarbe*-Dialogfeld auszuwählen. Ich habe für das Beispiel einen relativ dunklen Blauton 8 genommen.

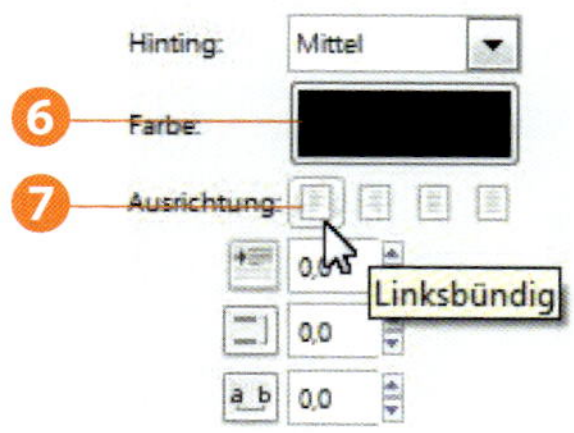

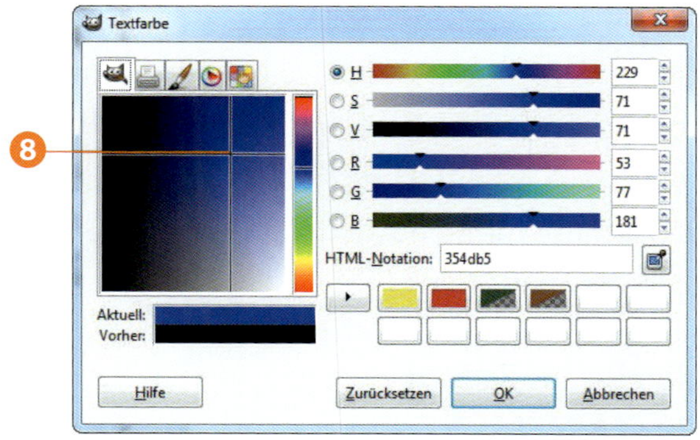

Texte eingeben und ausrichten

Klicken Sie im Bild auf die Position, an der der Text beginnen soll. Damit blenden Sie die neue Text-Toolbox 1 ein, die ebenfalls zum Formatieren des Textes genutzt werden kann – dazu später mehr.

Die vier Quadrate links unten 2 kennzeichnen den Textrahmen, in dem der Text eingegeben wird – momentan ist er natürlich noch leer.

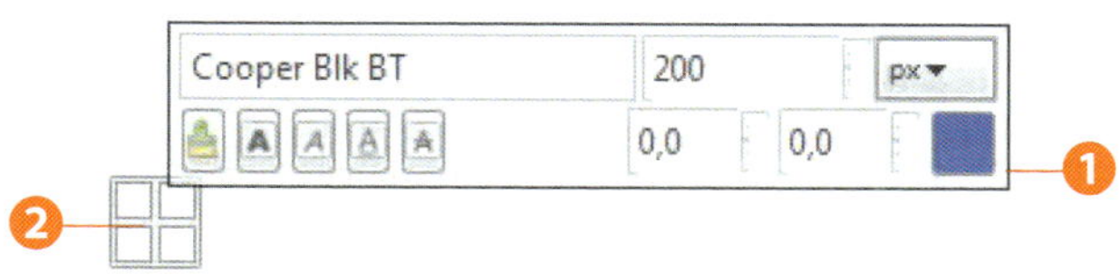

1 Tippen Sie den gewünschten Text ❸ ein. Der Textrahmen wird dabei automatisch angepasst.

Ein Blick in den *Ebenen*-Dialog zeigt, dass Gimp automatisch eine neue Textebene ❹ erstellt hat. In den folgenden Arbeitsschritten soll die Textebene zum Dokument mittig ausgerichtet werden. Gehen Sie folgendermaßen vor:

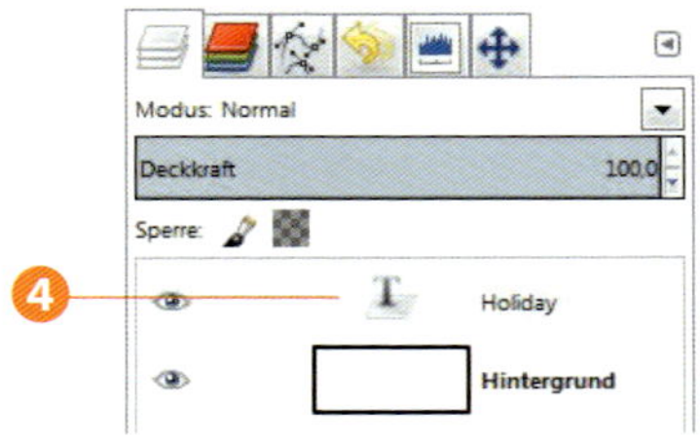

2 Rufen Sie aus dem Werkzeugkasten das *Ausrichten*-Werkzeug ❺ auf.

3 Stellen Sie im Listenfeld *Relativ zu* die Option *Bild* ❻ ein, damit die Ausrichtung zum Dokument ausgeführt wird.

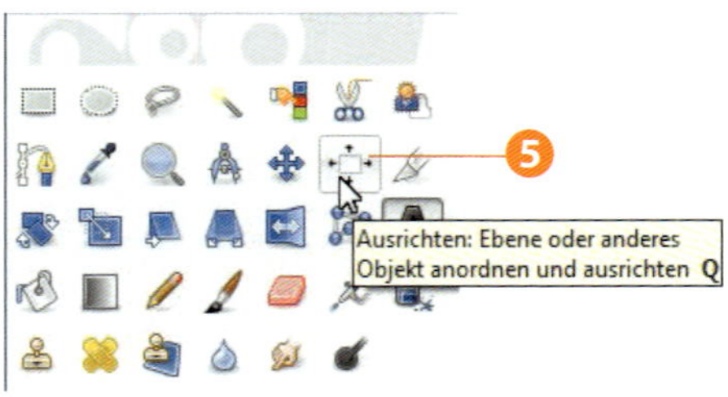

4 Klicken Sie auf das Textobjekt ❼, damit in den Werkzeugeinstellungen die *Ausrichten*-Optionen verfügbar werden.

5 Nutzen Sie zunächst diese Schaltfläche ⑧, um die Textebene horizontal mittig auszurichten.

6 Klicken Sie dann für die vertikale Ausrichtung auf diese Schaltfläche ⑨. Die Textebene ist nun mittig ⑩ zum Dokument angeordnet.

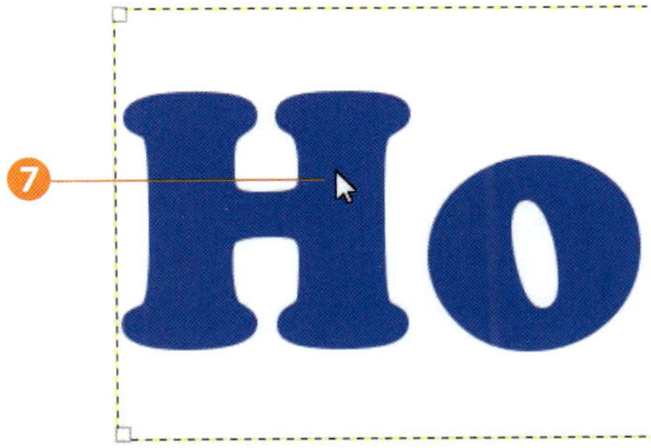

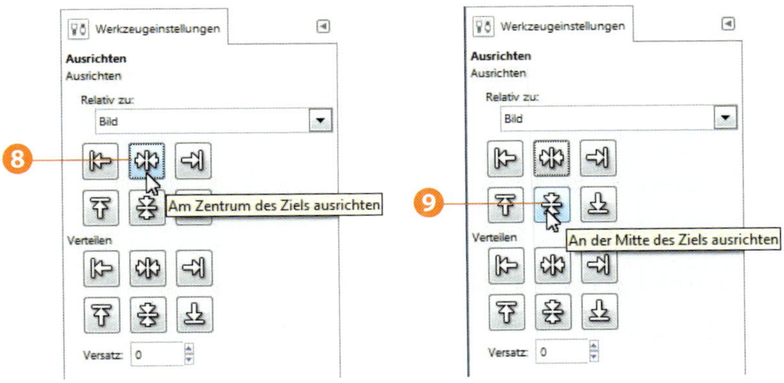

Einfache Effekte anwenden

Textebenen lassen sich im Wesentlichen wie ganz normale Ebenen weiterbearbeiten. So können Sie Effekte anwenden oder die Ebene mithilfe der Transformationswerkzeuge verändern. Achten Sie darauf, dass im *Ebenen*-Dialog die Textebene markiert ① ist.

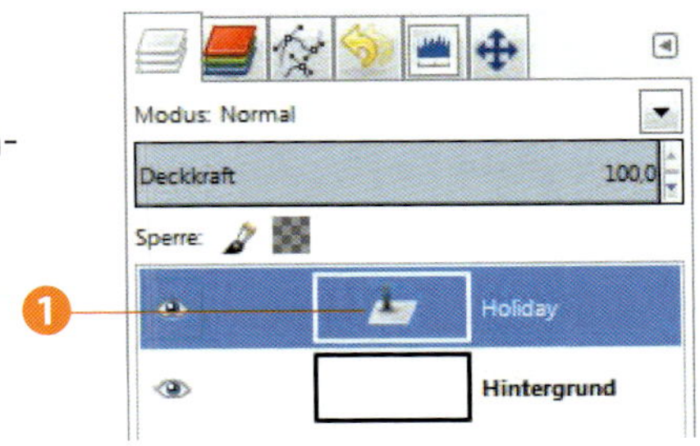

1 Rufen Sie die Funktion *Filter/Licht und Schatten/Schlagschatten* ❸ auf und stellen Sie diese Werte ❷ ein.

So entsteht nach dem Bestätigen dieses Stadium ❹. Werfen Sie einen Blick in den *Ebenen*-Dialog. Gimp hat automatisch eine Schattenebene ❻ erstellt, die unterhalb des Schriftzugs platziert wurde. Die Textebene ❺ ist weiterhin editierbar – sie wurde nicht verändert.

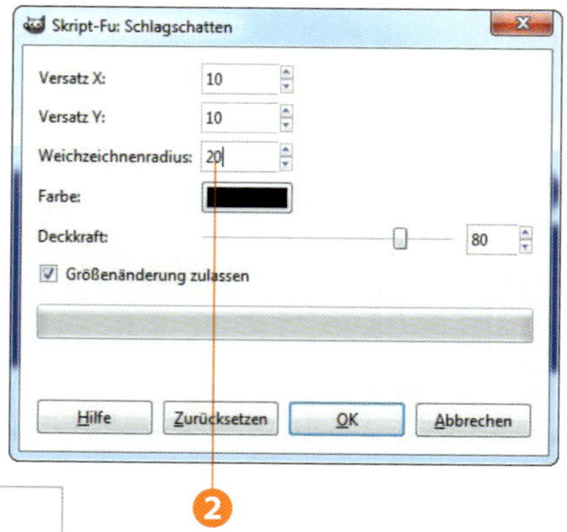

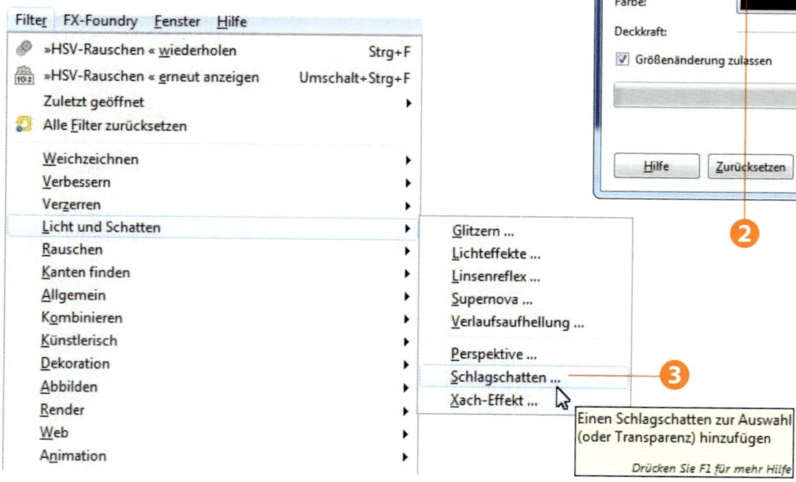

2 Rufen Sie – mit markierter Textebene – die Funktion *Filter/Licht und Schatten/Linsenreflex* auf.

3 Markieren Sie im Vorschaubild die Stelle 7, an der der Linsenreflex erscheinen soll. Alternativ dazu lässt sich die Position auch in den Eingabefeldern 8 festlegen.

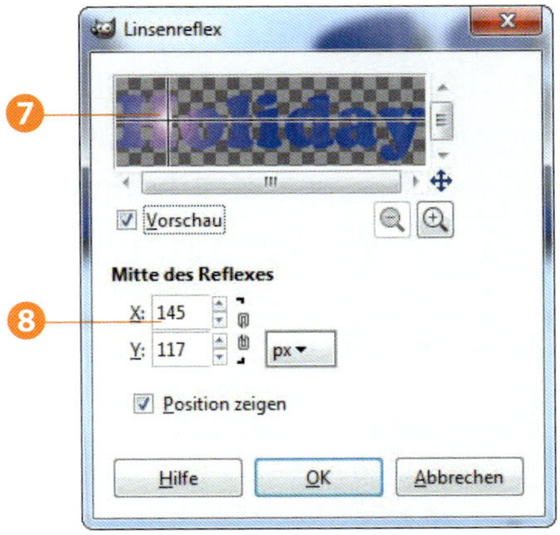

Damit entsteht dieses interessante Endergebnis 9.

Textebenen nachträglich formatieren

Die neuen Textoptionen machen es Ihnen nun auch möglich, den Text unterschiedlich zu formatieren. Wie das klappt, zeige ich Ihnen nun in einem kleinen Workshop.

Wenn Sie vom letzten Ausgangsstadium weiterarbeiten wollen, ist Folgendes zu beachten. Der *Linsenreflex*-Filter hat die Textebene »gerastert« – sie ist nun eine ganz »normale Pixelbildebene« geworden.

Dennoch sind die Textinformationen noch erhalten. Wenn Sie die umgewandelte Ebene mit dem *Text*-Werkzeug anklicken, erscheint ein Dialog, in dem Sie die weitere Vorgehensweise auswählen können.

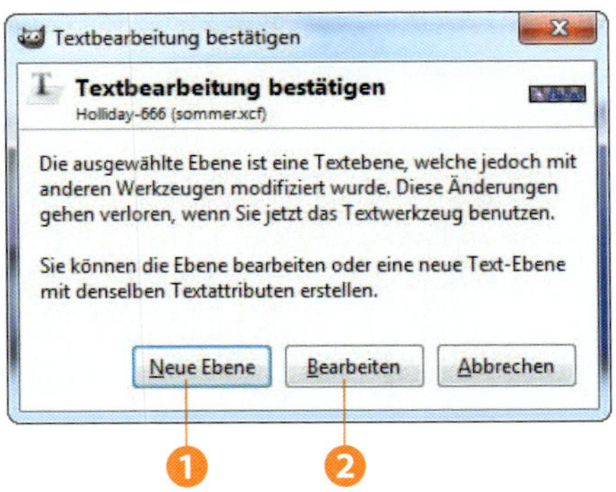

Mit der *Bearbeiten*-Option 2 werden die angewandten Effekte verworfen und der Text kann wieder editiert werden. Mit der Option *Neue Ebene* 1 bleibt die gerasterte Ebene erhalten und es wird zusätzlich eine neue Textebene mit denselben Formatierungen erstellt.

Sie haben in der aktuellen Gimp-Version nun die Möglichkeit, jeden einzelnen Buchstaben unterschiedlich zu formatieren.

1 Markieren Sie dazu den betreffenden Buchstaben – er wird dann gelb markiert 4 hervorgehoben. In der Text-Toolbox 3 können Sie dann die gewünschten Formatierungen vornehmen. Die Optionen entsprechen denen, die Sie aus den Werkzeugeinstellungen des Text-Werkzeugs kennen.

2 Klicken Sie auf das Farbfeld, 5 da beim Beispiel ausschließlich die Farbe verändert werden soll.

3 Klicken Sie in die *H*-Skala 6, um einen neuen Farbwert zu bestimmen.

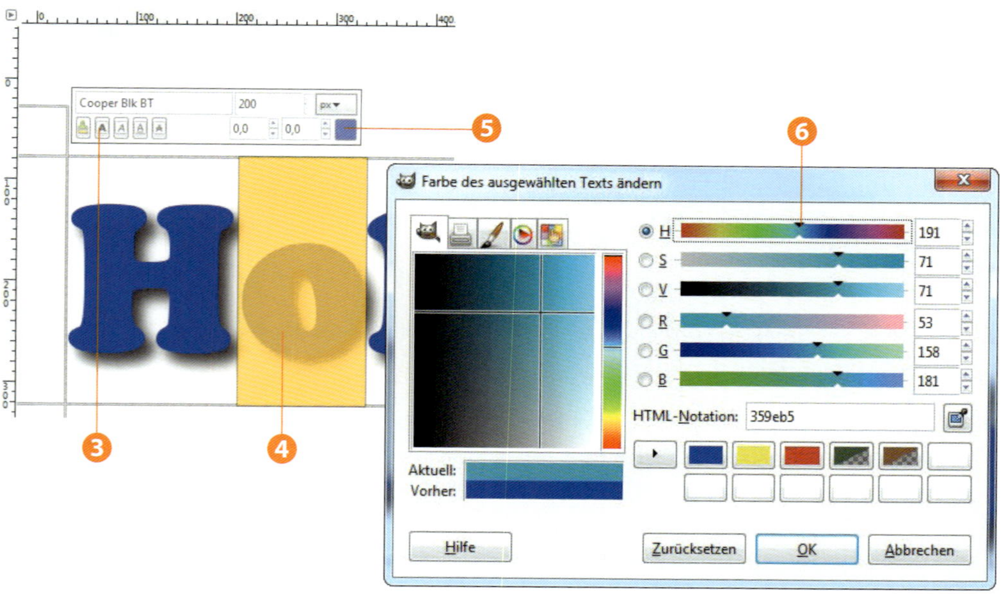

H steht für **H**ue (Farbwert). Für ein harmonisch wirkendes Ergebnis wird nur der Farbwert geändert, die Sättigung und Helligkeit bleiben aber unverändert.

4 Arbeiten Sie sich auf diese Art und Weise Schritt für Schritt voran. Markieren Sie den jeweiligen Buchstaben 7 und stellen Sie einen anderen Farbwert ein.

So könnte letztlich das folgende Endergebnis 8 entstehen.

Wenn Sie einen Blick in den *Ebenen*-Dialog werfen, sehen Sie, dass solche Veränderungen die Textebene 9 unverändert belassen – sie wird nicht in eine Pixelebene umgewandelt.

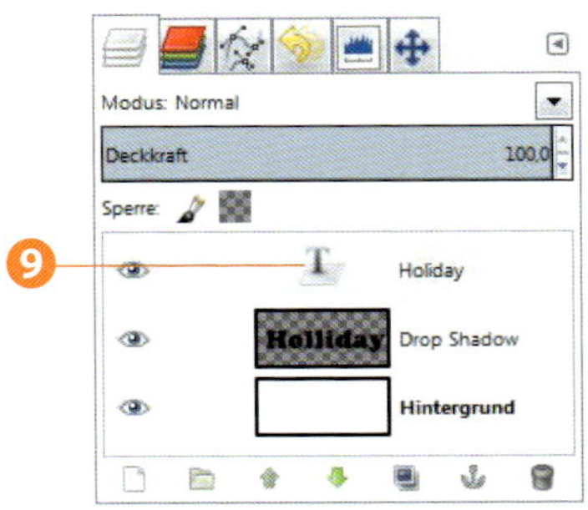

> Im Beispiel habe ich lediglich die Farbe der einzelnen Buchstaben verändert. Sie könnten aber genauso den Schrifttyp, die Schriftgröße oder ähnliche Parameter verändern – das neue Textwerkzeug ist sehr flexibel geworden.

Texte verformen

Sie können die Transformationswerkzeuge nutzen, um die Textebene zu verändern. Ich zeige Ihnen in einigen kurzen Workshops die Möglichkeiten.

1 Rufen Sie aus dem Werkzeugkasten das *Perspektive*-Werkzeug **1** auf.

2 Verziehen Sie die Eckmarkierungspunkte **2**. Bestätigen Sie die Verzerrungen mit der *Transformation*-Schaltfläche **3**.

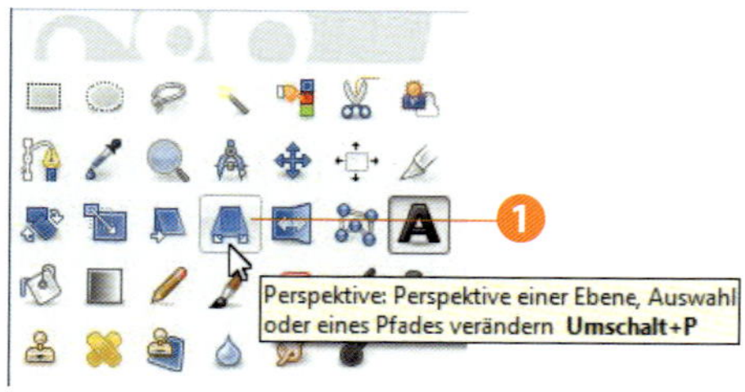

So könnte dieses Ergebnis **4** entstehen. Sie sehen, dass die gesonderte Schattenebene nicht mit verformt wurde.

Da die Schattenebene nicht mit transformiert wird, löschen Sie diese vor dem Verzerren und wenden Sie den *Schlagschatten*-Filter gegebenenfalls nach dem Verzerren der Textebene erneut an.

Dies ist das Ergebnis 5 der Verzerrung – ich habe in diesem Beispiel die Schattenebene einfach ausgeblendet 6. Außerdem sehen Sie, dass der Text gerastert 7 wurde – er ist nun nicht mehr editierbar, wenn die perspektivische Verzerrung erhalten bleiben soll.

Text wieder editierbar machen

Wenn Sie eine solche umgewandelte ehemalige Textebene mit dem *Text*-Werkzeug anklicken und im Dialogfeld, das dann geöffnet wird, die Option *Neue Ebene* 8 auswählen, wird eine zusätzliche Textebene 9 mit den Original-Schrifteinstellungen erstellt. Die umgewandelte Ebene 10 ist nach wie vor vorhanden – Sie können sie gegebenenfalls ausblenden.

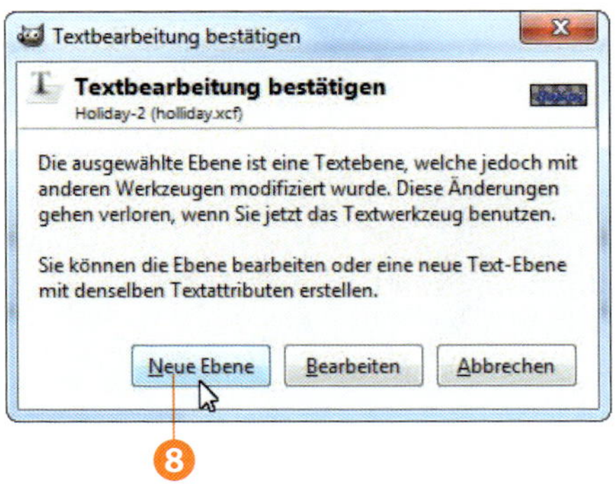

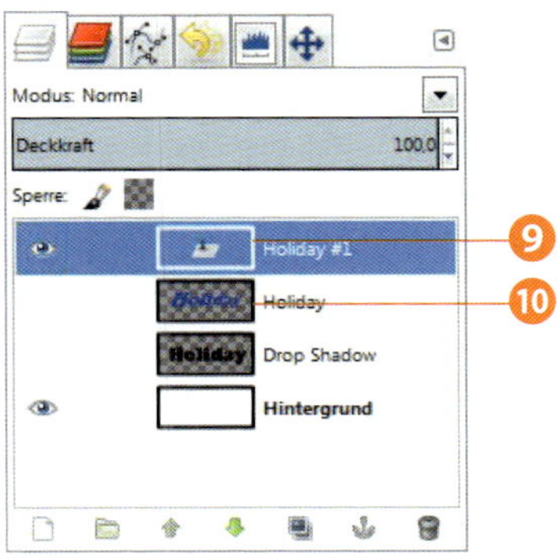

Im Kontextmenü von Textebenen finden Sie übrigens diverse Optionen, wie etwa die Möglichkeit, Pfade aus Texten ⑪ zu erstellen.

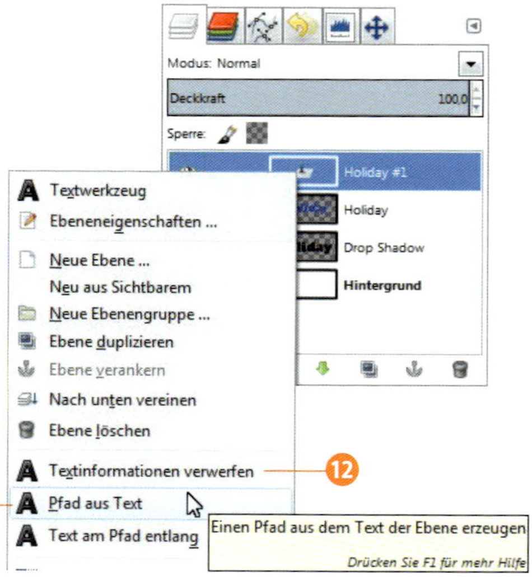

Dieses Pfadobjekt kann man dann zum Beispiel nutzen, um den Text zu verformen – dazu später in diesem Kapitel mehr.

Wird die Option *Textinformation verwerfen* ⑫ aufgerufen, wird die Textebene gerastert. Eine spätere »Rückumwandlung« in ein Textobjekt ist dann nicht mehr möglich.

Die Käfig-Transformation einsetzen

Gimp bietet in der aktuellen Version ein interessantes neues Werkzeug an: die *Käfig-Transformation* ②.

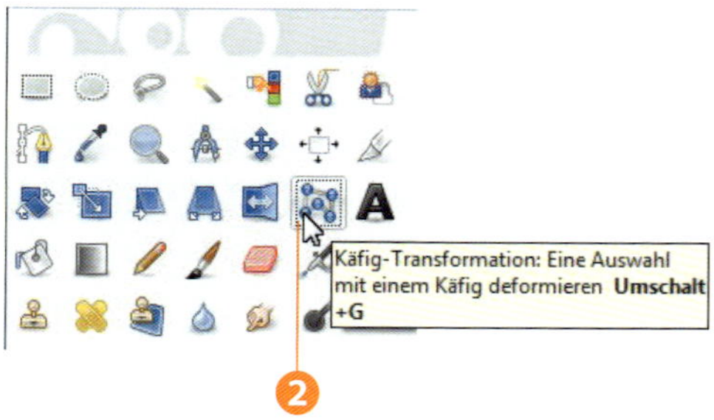

1 Markieren Sie im ersten Teil der Bearbeitung rund um das Textobjekt einige Punkte ①.

2 Wird die Form geschlossen, wechselt Gimp automatisch zum zweiten Teil der Bearbeitung. Sie erkennen dies an der neu ausgewählten zweiten Option **3** in den Werkzeugeinstellungen.

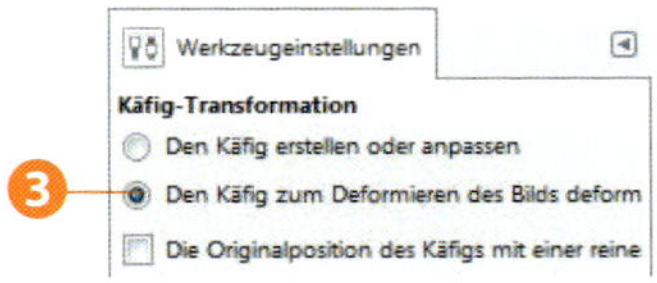

3 Verwenden Sie nun die platzierten Markierungspunkte **4**, um das Textobjekt beliebig zu verformen. Bei jedem Verziehen wird sofort das sich neu ergebende Ergebnis berechnet **5**. Bestätigen Sie das Verformen durch Drücken der Eingabetaste.

So könnten Sie beispielsweise ein solches Ergebnis erhalten – ich habe die zuvor noch vorhandene Schattenebene im *Ebenen*-Dialog ausgeblendet.

Das Zuweisen der Verformung ist endgültig. Eine Korrektur mit den Markierungspunkten ist nachträglich nicht mehr möglich.

Aufwendige Texteffekte

Im Menü *Filter/Alpha als Logo* bietet Gimp 19 teilweise sehr aufwendige Filter an, die sich prima zum Verfremden von Textebenen eignen. Das Herumexperimentieren lohnt sich!

Ich stelle Ihnen die interessantesten Effekte nun in kurzen Workshops vor. Als Vorlage wird dabei der Grundschriftzug dieses Kapitels eingesetzt.

1 Markieren Sie die Textebene und rufen Sie die Funktion *Filter/Alpha als Logo/3D-Umriss* ❶ auf.

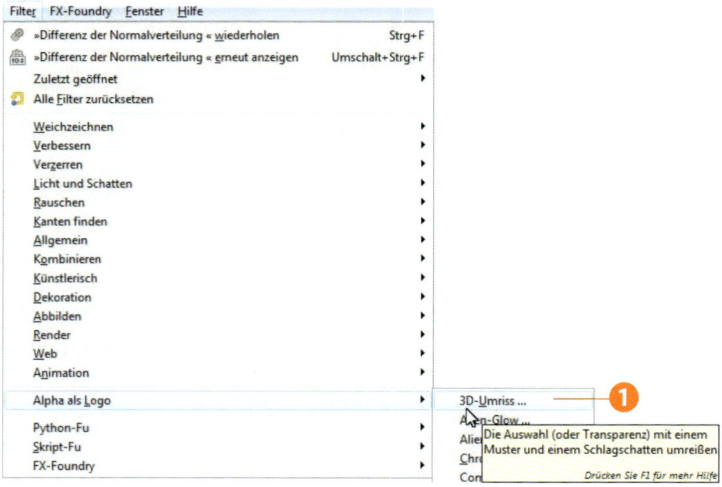

2 Stellen Sie beispielsweise diese Werte ❷ ein, um dieses ansprechende Ergebnis ❸ zu erhalten.

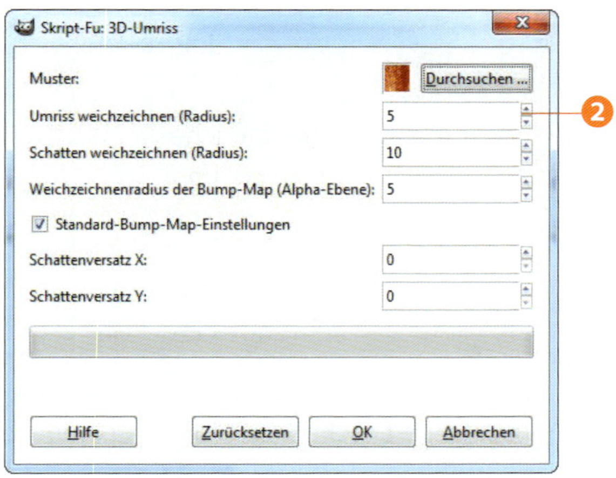

Der Aufbau der Dialogfelder entspricht dem, den Sie bereits von den im letzten Kapitel beschriebenen Filtern kennen.

Tipp

Viele Effekte wirken am besten, wenn Sie einen kräftigen Schriftzug verwenden – wie im Beispiel den Schrifttyp *Cooper*.

Ein Blick in den *Ebenen*-Dialog zeigt, dass das Ergebnis aus mehreren Ebenen besteht. Das ist üblich bei diesen Filtern.

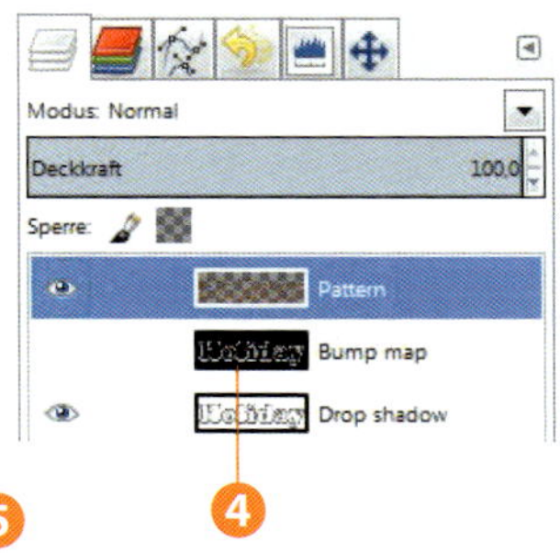

Es fällt übrigens auf, dass dieser Filter nicht ganz »sauber« gearbeitet hat. Die Hilfsebene *Bump map* 4 wurde nämlich nur ausgeblendet – nicht gelöscht.

3 Rufen Sie mit der ursprünglichen Textebene die Funktion *Filter/Alpha als Logo/Alien-Glow* auf.

4 Stellen Sie zum Beispiel diese Werte 5 ein, um dieses »leuchtende« Ergebnis 6 zu erhalten.

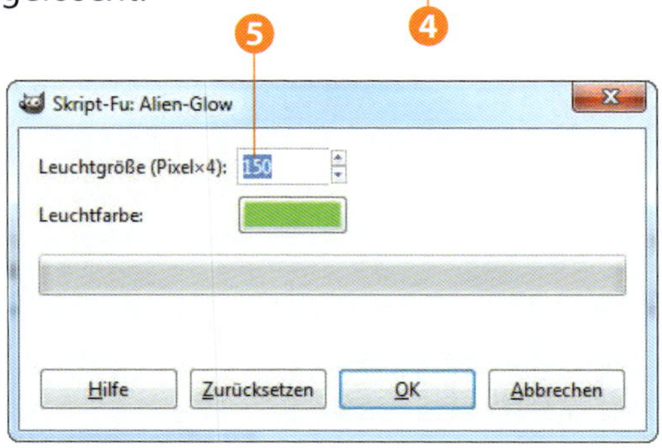

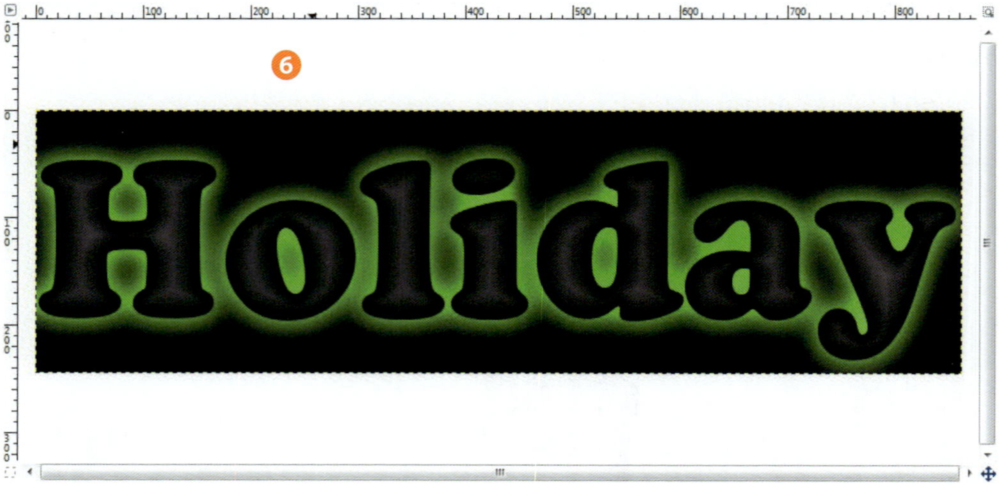

Weitere Texteffekte

Das Filter-Menü *Alpha als Logo* hat viele weitere interessante Effekte zu bieten. Beachten Sie dabei, dass das Berechnen einiger Effekte einen Moment dauert – aber das Warten lohnt sich! Die Ergebnisse, die entstehen, sind größtenteils sehr beeindruckend, wie die kommenden Beispiele belegen.

So erzielen Sie mit dem *Chrom*-Filter und diesen Einstellungen ❶ ein derartiges Ergebnis ❷. Im *Ebenen*-Dialog sehen Sie, dass insgesamt drei Ebenen ❸ erzeugt wurden, wobei die oberste Ebene mit einer Ebenenmaske ❹ versehen ist.

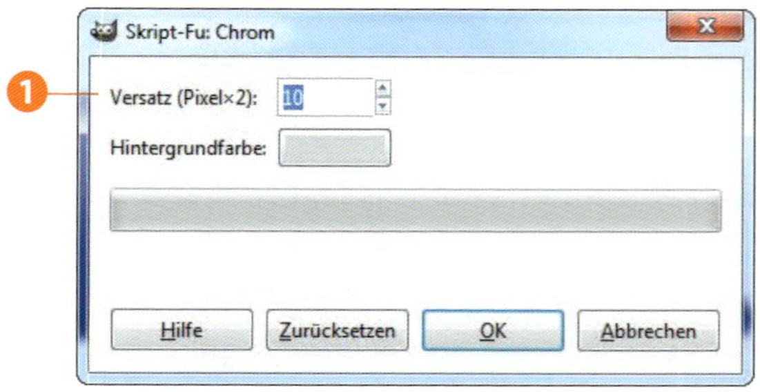

Die Filter *Einfach 1* und *Einfach 2* machen ihrem Namen alle Ehre – mit den festgelegten Farben 5 wird ein einfacher Verlauf erstellt, wobei bei *Einfach 1* 6 nur ein anderer Farbton vorgeschlagen wird als bei *Einfach 2* 7.

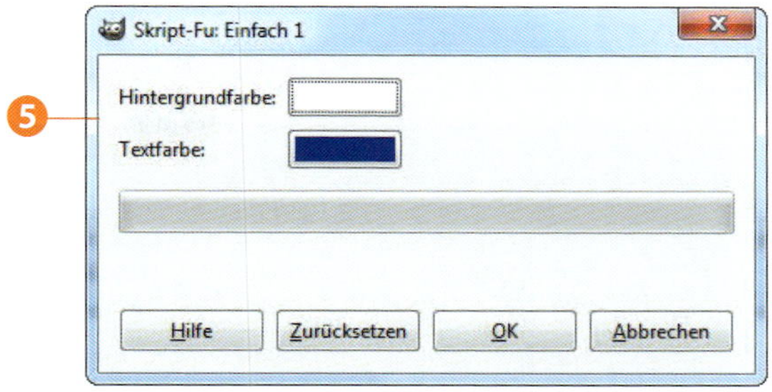

Der *Farbverlauf*-Filter bietet dagegen sehr ausgefeilte Optionen an, um die Art des verwendeten Farbverlaufs zu beeinflussen. Wird der Filter mit den Standardeinstellungen 8 angewandt, entsteht dieses – etwas »mystisch« wirkende Ergebnis 9. Auch hier sehen Sie im *Ebenen*-Dialog 10, dass der Effekt durch eine Vielzahl an Ebenen entstanden ist.

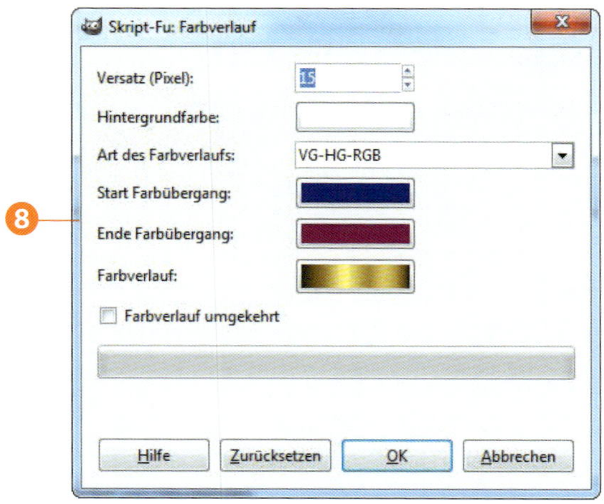

Mit dem *Frostig*-Filter entsteht ein »extravagantes« Ergebnis 12, auch wenn die angebotenen Optionen 11 relativ karg ausfallen.

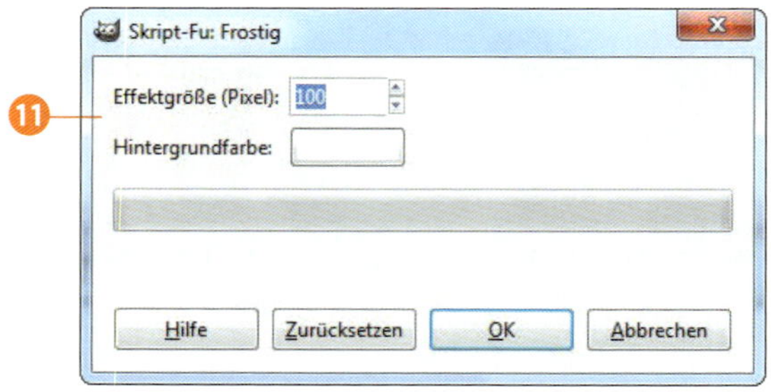

Falls Ihnen die Wirkung eines Effekts nicht sofort zusagt, rufen Sie die Funktion *Bearbeiten rückgängig* und anschließend *Filter/... erneut anzeigen* auf. Dann werden im Dialogfeld die zuletzt verwendeten Filter-Einstellungen angezeigt, die Sie dann nach Ihren Wünschen anpassen können.

Beim *Glänzend*-Filter fallen die verfügbaren Optionen 13 dagegen wieder sehr üppig aus. Die gezeigten Standardwerte ergeben dieses edel wirkende Ergebnis 14.

13

Bei dem Filter *Glühendheiß* entsteht mit diesen Einstellungen 16 ebenfalls ein interessantes Ergebnis 15.

14

15

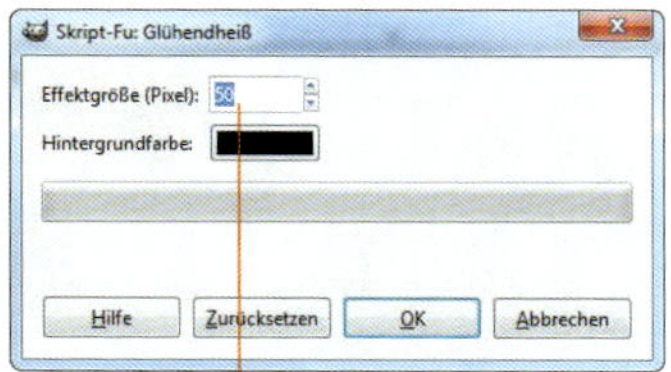

16

Das Ergebnis des Filters *Kaltes Metall*, bei dem diese Einstellungen 17 zum Einsatz kamen, ist eine sehr aufwendige Spiegelung samt Schatten 18.

17

18

Noch mehr Texteffekte

Einige weitere Filter dieser Rubrik sind noch erwähnenswert – ich habe sie nachfolgend in einer Übersicht zusammengefasst: *Kreide* 1 (mit diesen verwendeten Standardeinstellungen 2), *Kuhflecken* 3 (4), *Leuchtreklame* 5 (6) und *Zerfressen* 7 (8). Einige Filter, bei denen keine so beeindruckenden Ergebnisse entstehen, habe ich hier ausgelassen.

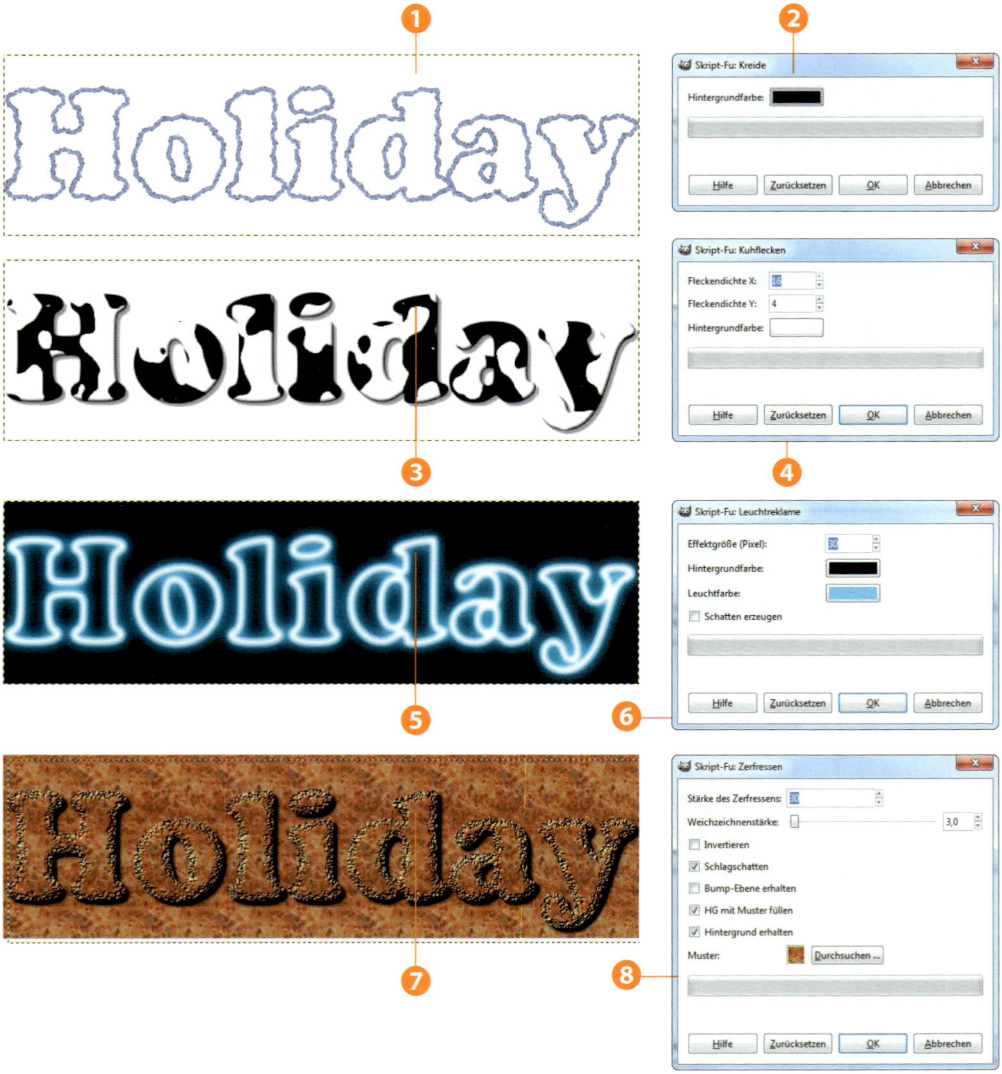

Dateien mit Texteffekten neu erstellen

Mit der Funktion *Datei/Erstellen/Logos* ❶ haben Sie die Möglichkeit, neue Dokumente zu erstellen, die einen Schriftzug enthalten. Viele Funktionen entsprechen dabei denen, die Sie im Menü *Filter/Alpha als Logo* finden – einige sind aber zusätzlich vorhanden, die im *Filter*-Menü nicht enthalten sind.

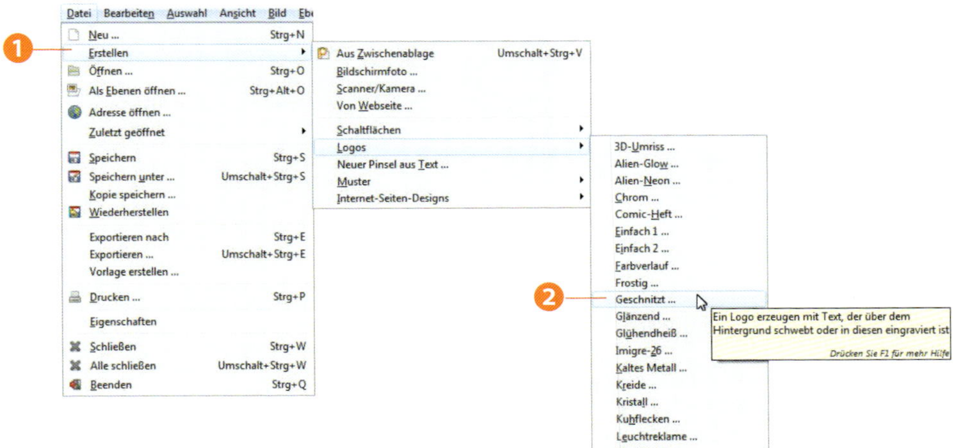

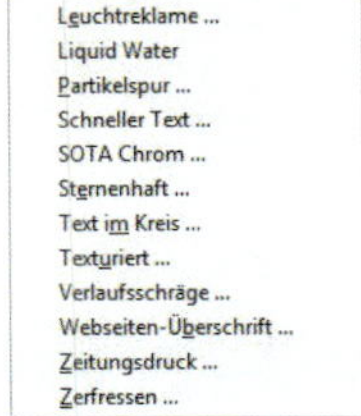

Die Vorgehensweise ist bei fast allen dieser Filter identisch: Gimp erstellt nach dem Aufruf automatisch ein neues Dokument – den verwendeten Text ❸ können Sie im Dialogfeld eingeben. Die benötigte Textebene erstellt Gimp dann automatisch. Zusätzlich werden einige weitere Optionen ❹ bereitgestellt, die sich von Funktion zu Funktion ein wenig unterscheiden. Bei der *Geschnitzt*-Funktion ❷ erhalten Sie beispielsweise dieses ansehnliche Ergebnis ❺.

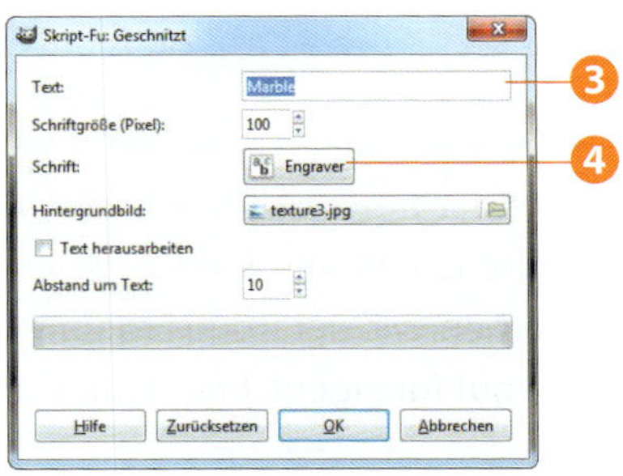

Probieren Sie doch auch einmal die folgenden Filter aus – auch deren Ergebnisse wirken recht ansprechend: *Imigre-26* ❻ (mit diesen verwendeten Einstellungen ❼), *Kristall* ❽ (❾), *Liquid Water* ❿ (⓫), *SOTA Chrom* ⓬ (⓭) und *Sternenhaft* ⓮ (⓯).

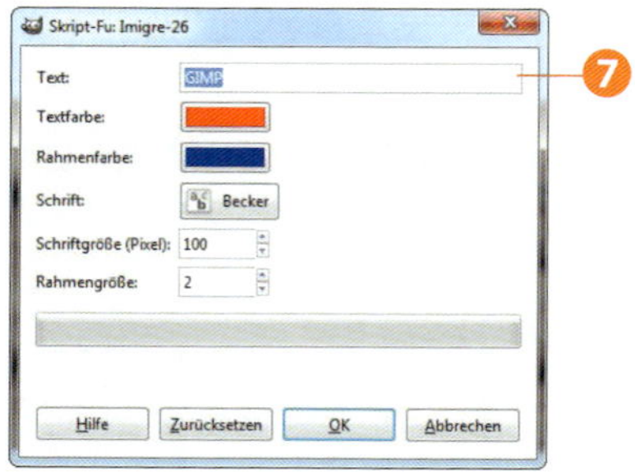

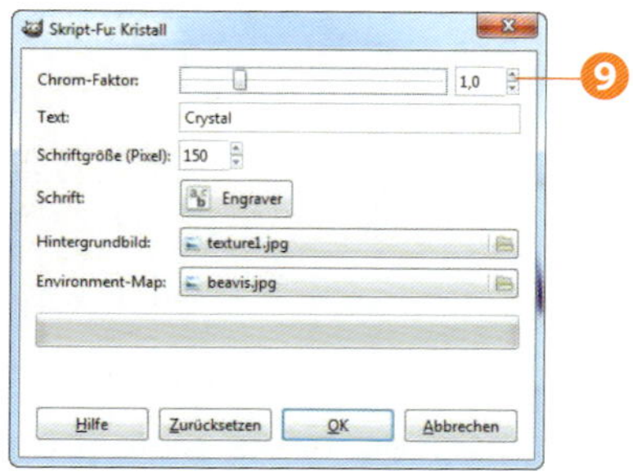

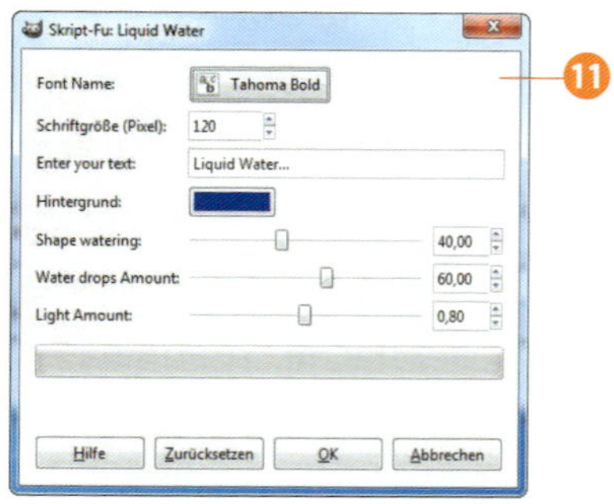

Viele der Filter arbeiten mit mehreren unterschiedlichen Ebenen und auch oft mit Ebenenmasken. Werfen Sie einmal einen Blick in den *Ebenen*-Dialog, um zu verstehen, wie derartige Ergebnisse aufgebaut sind. Dieses Wissen können Sie dann gut für eigene Kreationen einsetzen.

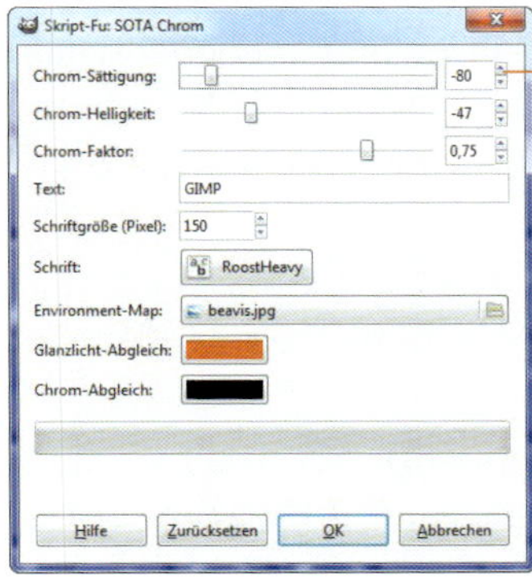

13

12 14

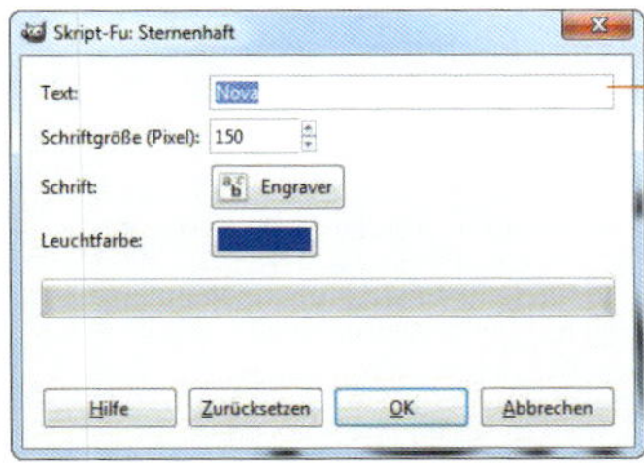

15

Texte mit Bildfüllung

Wenn Texte mit einem Foto gefüllt werden, wirken sie für viele Betrachter besonders ansprechend. Welche Arbeitsschritte nötig sind, um ein solches Ergebnis zu erreichen, schildere ich Ihnen im folgenden Workshop.

1 Öffnen Sie das Bild, das Sie für den Text nutzen wollen, und erstellen Sie eine Textebene. Die im Beispiel verwendeten Textattribute sehen Sie im Bild 1.

1

2 Markieren Sie im *Ebenen*-Dialog die Textebene und rufen Sie aus dem Kontextmenü die Funktion *Auswahl aus Alphakanal* ② auf.

3 Blenden Sie die Textebene aus, um das folgende neue Zwischenergebnis ③ zu erhalten.

Sichtbar bleibt nunmehr die als Auswahl geladene Textebene auf dem Ausgangsfoto. Der Auswahlbereich wird jetzt in den kommenden Arbeitsschritten weiter bearbeitet.

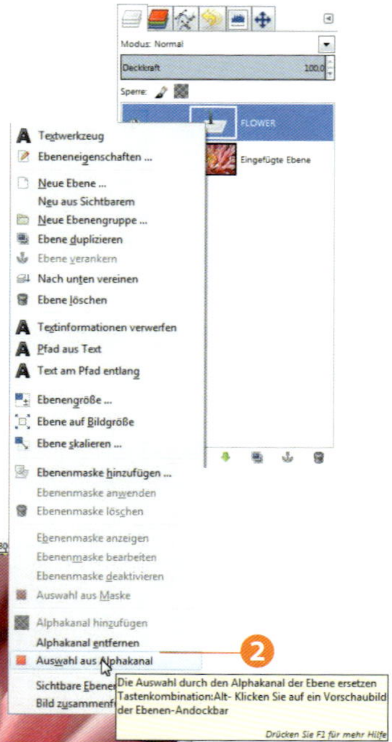

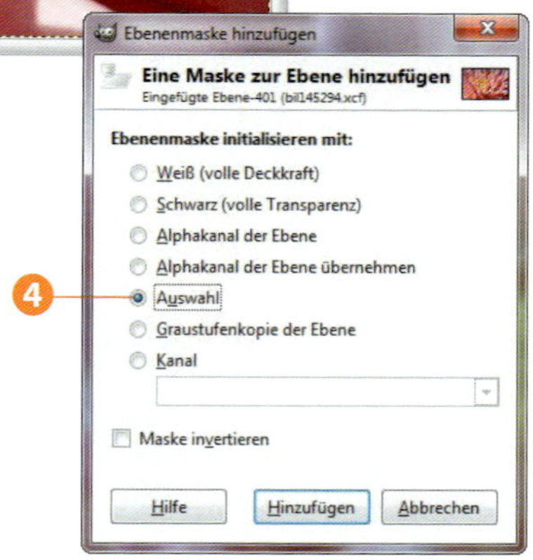

4 Markieren Sie die Hintergrundebene – die das Foto enthält – und rufen Sie aus dem Kontextmenü die Option *Ebenenmaske hinzufügen* auf. Aktivieren Sie im Dialogfeld, das dann geöffnet wird, die *Auswahl*-Option ④.

Damit wird der Bereich außerhalb des Textes ausgeblendet. Das Foto ist nur noch in den Textbereichen sichtbar 6. Im *Ebenen*-Dialog sehen Sie die neu entstandene Maskierung 5 der Hintergrundebene, die für die kommenden Arbeitsschritte genutzt wird.

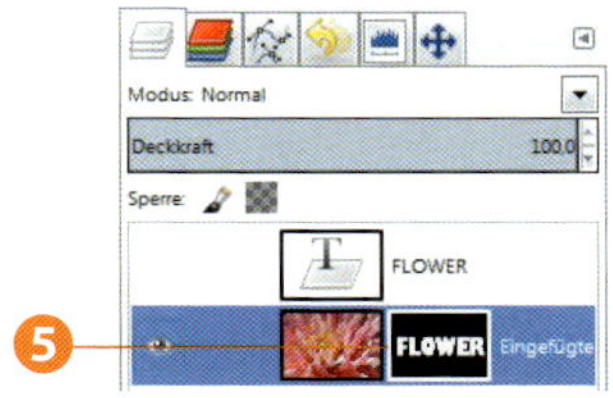

Tipp

Es ist wichtig, immer so flexibel wie möglich zu arbeiten. Daher wurde im Beispiel die Textebene nur ausgeblendet und außerdem mit einer Ebenenmaske gearbeitet. Würden die Bildteile einfach gelöscht – was natürlich auch möglich wäre –, hätten Sie im Nachhinein keinen Zugriff mehr darauf.

Das Ergebnis verfeinern

Nun soll das Zwischenergebnis weiter verfeinert werden – im aktuellen Stadium ist es noch nicht allzu attraktiv. Dazu sind die folgenden Arbeitsschritte nötig.

1 Erstellen Sie über dem Hintergrund eine neue, leere Ebene 1.

Markieren Sie die Hintergrundebene, bevor Sie mit dem ersten Symbol in der Fußzeile des *Ebenen*-Dialogs eine neue Ebene erstellen – dann wird die neue Ebene direkt über dem Hintergrund erstellt und Sie ersparen sich ein späteres Verschieben.

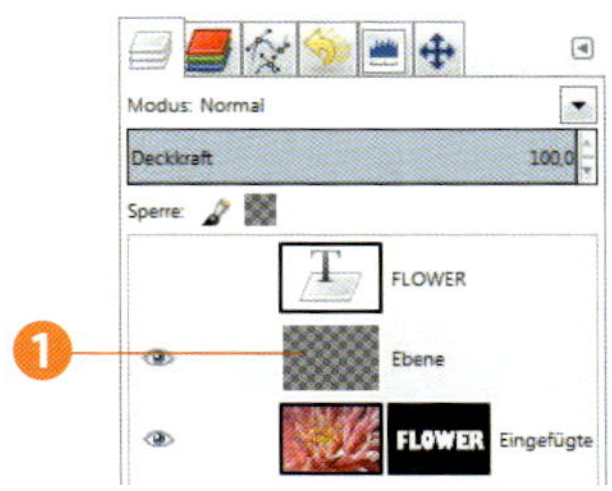

2 Stellen Sie als Vordergrundfarbe Weiß ein und rufen Sie die Funktion *Bearbeiten/Auswahl nachziehen* **2** auf. Stellen Sie im Dialogfeld eine *Linienbreite* von *6* Pixeln **3** ein, um dieses nächste Zwischenergebnis zu erhalten **4**.

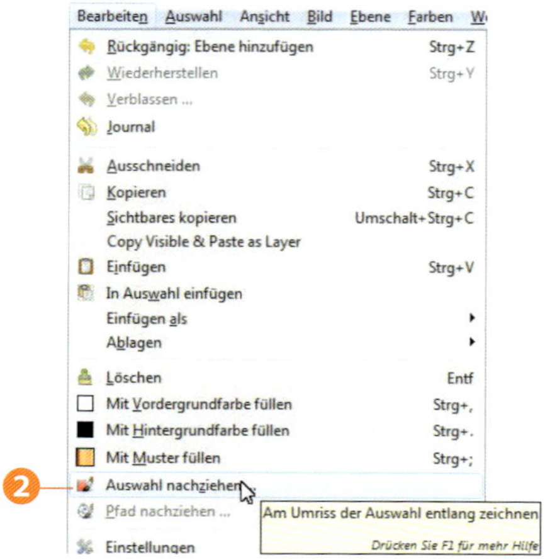

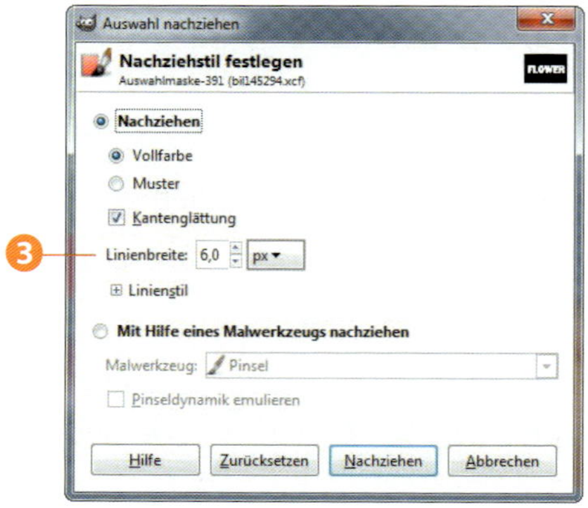

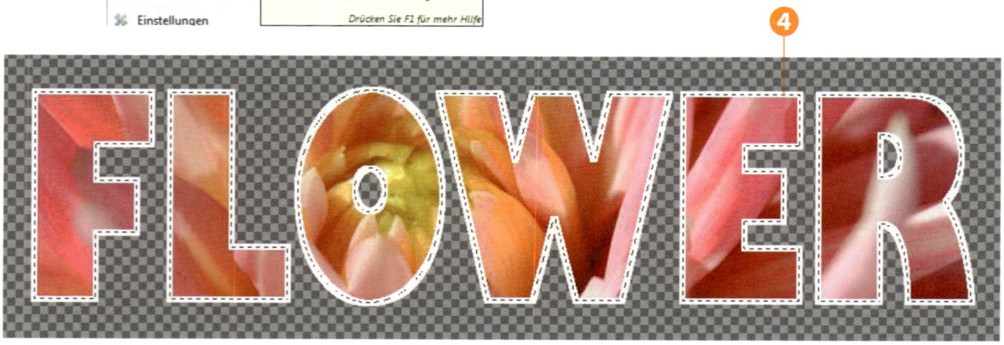

3 Heben Sie die aktuelle Auswahl mit der Menüfunktion *Auswahl/Nichts* **5** auf und markieren Sie anschließend die unterste Ebene **7**.

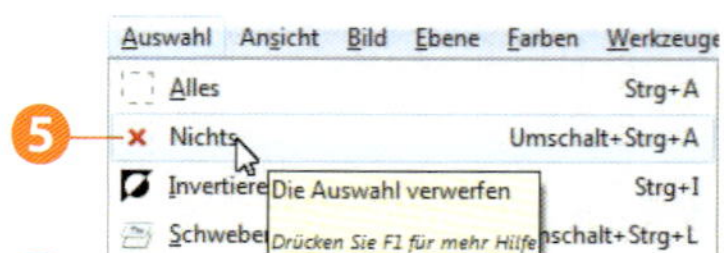

Tipp

Die zuvor eingefügte Ebenenmaske verhindert, dass die Füllung der untersten Ebene verdeckt wird. An den Stellen, wo der darüber platzierte Text zu sehen ist, kann die unterste Ebene ja ruhig »geschützt« sein – das wirkt sich auf das Ergebnis nicht weiter aus.

4 Füllen Sie die Ebene nach dem Einstellen einer neuen Vordergrundfarbe. Ich habe einen Farbton aus dem Bild ausgewählt, damit ein harmonisches Ergebnis 6 entsteht.

5 Verfeinern Sie das Ergebnis im letzten Arbeitsschritt, indem Sie – nach dem Auswählen der Ebene mit der weißen Schriftumrandung – einen *Schlagschatten*-Effekt anbringen. Verwenden Sie zum Beispiel diese Einstellungen 8.

Damit entsteht ein schönes Endergebnis dieses Workshops 9.

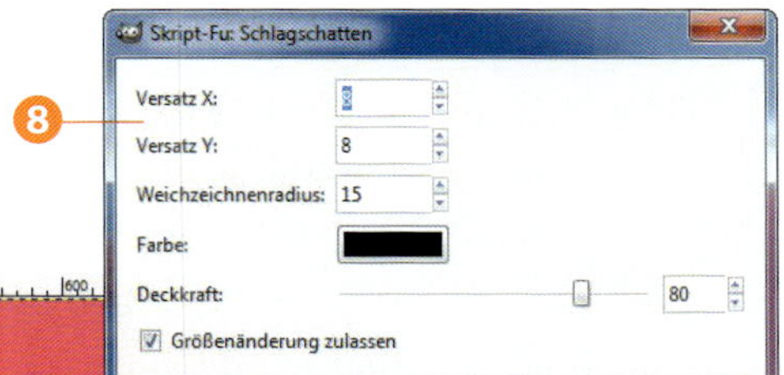

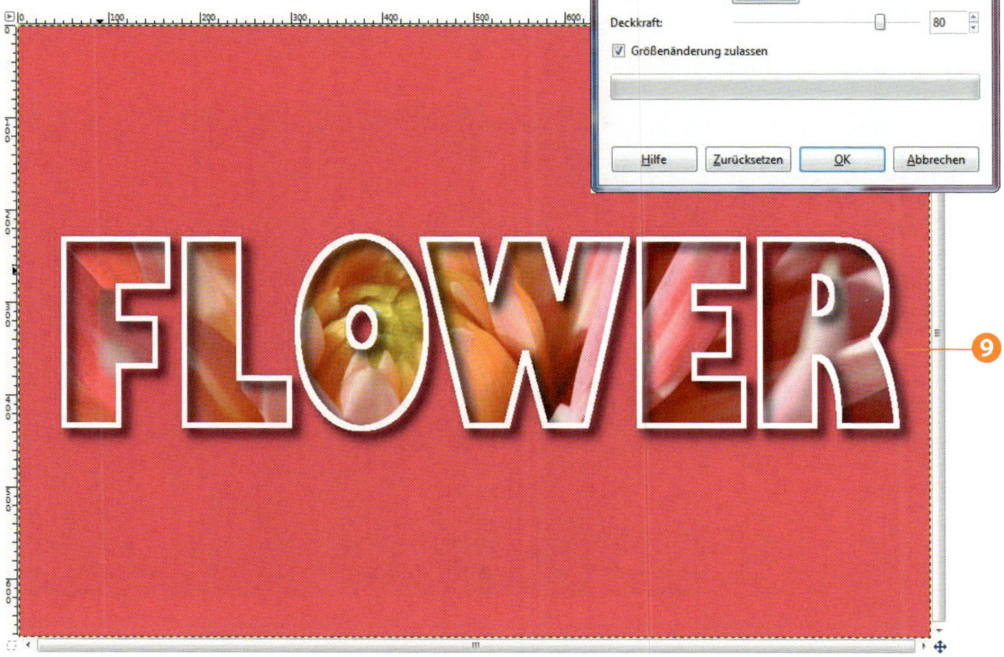

Texte mit Pfaden verformen

Das *Pfade*-Werkzeug ist wichtig, wenn Sie beispielsweise nachträglich bestimmte Punkte verändern wollen. Im Gegensatz zu den Pixeln eines Fotos wird bei Pfaden mit Vektordaten gearbeitet. Für Texte gibt es sogar besondere Pfadfunktionen, die ich Ihnen im folgenden Workshop vorstelle.

> Bei **Vektordaten** werden die Eigenschaften – wie etwa Höhe, Breite oder Position – mathematisch definiert.

1 Rufen Sie aus dem Werkzeugkasten das *Pfade*-Werkzeug ❶ auf.

2 Aktivieren Sie in den Werkzeugeinstellungen die *Design*-Option ❷.

3 Klicken Sie dort, wo der Pfad beginnen soll ❸. Wenn Sie den zweiten Punkt ❹ anklicken und die linke Maustaste gedrückt halten, können Sie mit den Griffpunkten ❺ eine Kurve formen.

4 Klicken Sie auf den Endpunkt **6** des Pfades, an dem nun der Text ausgerichtet werden soll.

5 Markieren Sie im *Ebenen*-Dialog die Textebene.

6 Rufen Sie aus dem Kontextmenü die Funktion *Text am Pfad entlang* auf **7**.

Sie sehen dann den Pfad **8** mit einer rot-weißen Umrandungslinie im Bild.

Der Pfad ist allerdings eigenständig – und nicht etwa mit der Textebene verbunden. Ich habe die Textebene nur zur Verdeutlichung eingeblendet gelassen.

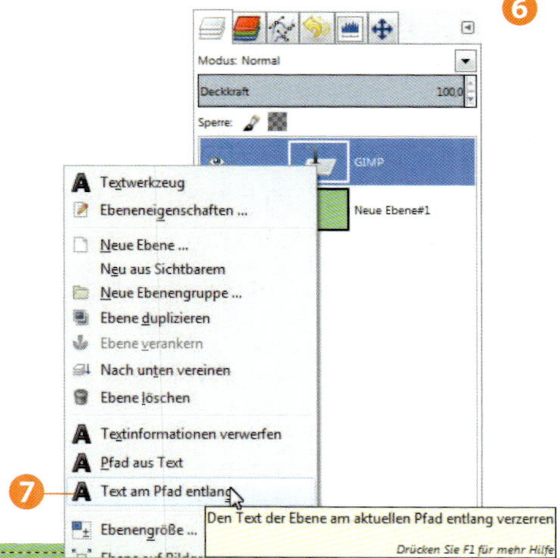

Den Pfadtext weiterbearbeiten

Die Pfade werden im *Pfade*-Dialog ❶ verwaltet. Markieren Sie den gerade erstellten Pfad und rufen Sie aus dem Kontextmenü die Funktion *Auswahl aus Pfad* ❷ auf.

Erstellen Sie eine neue, leere Ebene und füllen Sie die Auswahl auf die bekannte Art und Weise mit einer Farbe, sodass dieses Ergebnis ❸ entsteht. Die andere Textebene wurde hier ausgeblendet.

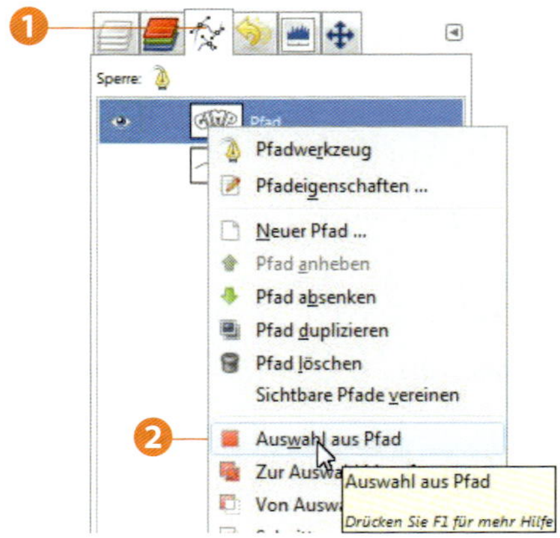

Der gebogene Text ist kein Textobjekt und kann daher nicht editiert werden. Die ursprüngliche Textebene bleibt aber unverändert erhalten, sodass Sie gegebenenfalls darauf zurückgreifen können.

Pfade verändern

Das *Pfade*-Werkzeug können Sie beispielsweise einsetzen, um Buchstaben des umgewandelten Textes zu verformen. So lassen sich effektvolle Schriftzüge erzeugen. Die Vorgehensweise ist dabei relativ einfach.

1 Laden Sie den zu bearbeitenden Schriftzug als Auswahl. Rufen Sie aus der Fußzeile des *Pfade*-Dialogs die Funktion *Pfad aus Auswahl* ❶ auf.

2 Markieren Sie den gerade erstellten Pfad, sodass der Eintrag blau ❷ unterlegt ist. Wenn Sie nun mit dem *Pfade*-Werkzeug auf den Pfad klicken, werden die Ankerpunkte ❸ angezeigt, die Gimp automatisch für den Pfad erstellt hat.

Jeder dieser Ankerpunkte kann jetzt beliebig verschoben ❹ werden. Klicken Sie den betreffenden Ankerpunkt an und schieben Sie ihn mit gedrückter linker Maustaste auf eine neue Position.

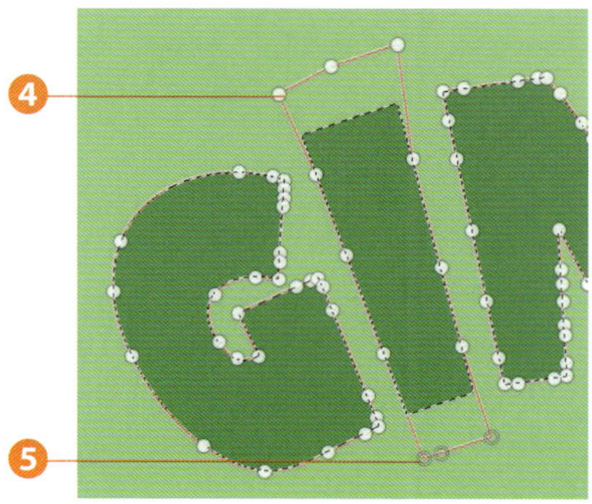

Um mehrere Punkte zu markieren, halten Sie beim Anklicken der Ankerpunkte die ⇧-Taste gedrückt ❺.

Wenn Sie auf diese Art und Weise alle Veränderungen vorgenommen haben, können Sie mit der Funktion *Auswahl aus Pfad* 6 aus dem Kontextmenü des *Pfade*-Dialogs wieder eine Auswahl erstellen.

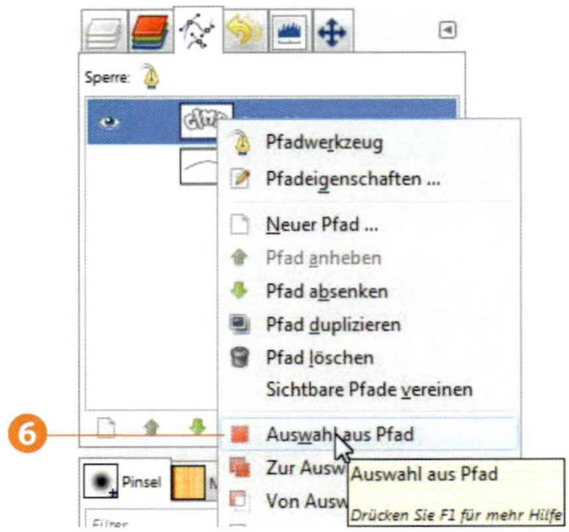

Füllen Sie die Auswahl auf einer neuen Ebene mit der gewünschten Farbe, sodass Sie dieses Endergebnis 9 erhalten könnten. Sie sehen im *Ebenen*-Dialog, dass die anderen Ebenen erhalten, aber ausgeblendet 8 wurden.

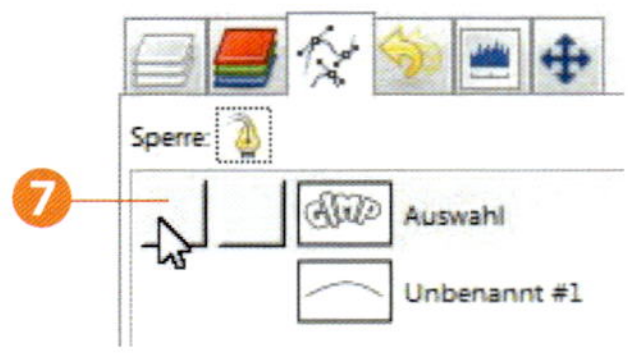

Um das Ergebnis gut beurteilen zu können, blenden Sie den Pfad mit einem Klick auf das Augensymbol 7 im *Pfade*-Dialog aus.

In den Werkzeugeinstellungen des *Pfade*-Werkzeugs finden Sie zwei weitere Optionen: Mit der *Bearbeiten*-Option können Sie auch Kurven verändern – die *Verschieben*-Option dient zum Verschieben des Gesamtpfades.

Kapitel 11

Präsentation der Ergebnisse

Die Bilder sind fertig optimiert und bearbeitet. Natürlich wollen Sie nun die Ergebnisse Ihren Freunden zeigen – vielleicht als Ausdruck oder E-Mail-Anhang. Oder Sie präsentieren Sie auf Ihrer persönlichen Internetseite. Vielleicht wollen Sie die schönsten Bilder auch in einer Diaschau ansehen. Wie es geht, erfahren Sie in diesem Kapitel.

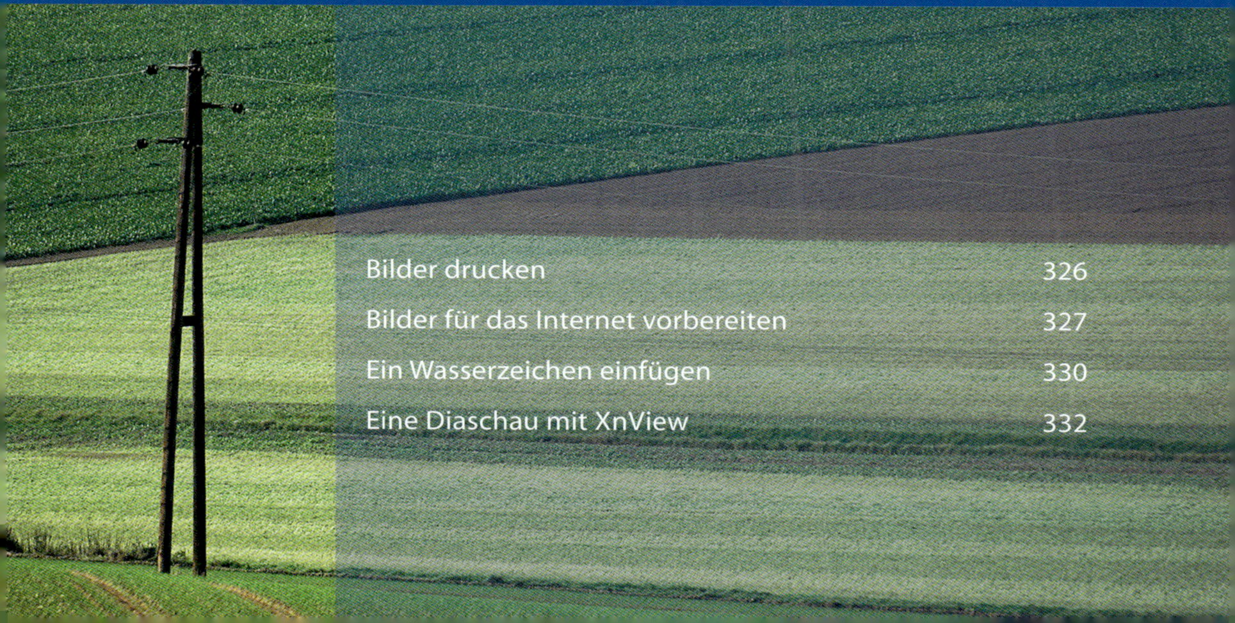

Bilder drucken

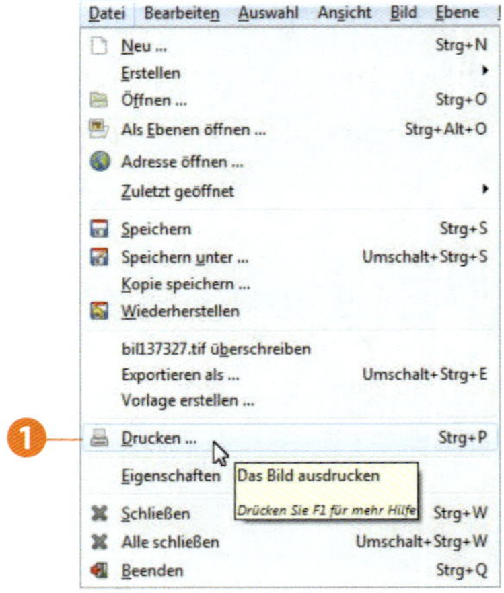

Wenn Sie Ihre Fotos ausdrucken wollen, können Sie auf Gimp-Funktionen zurückgreifen, wobei man anmerken muss, dass Gimp im Wesentlichen auf die Windows-eigenen Funktionen zurückgreift.

1 Rufen Sie die Funktion *Datei/Drucken* ❶ auf.

2 Wählen Sie den Drucker aus der Liste ❷ aus, auf dem Sie das Bild ausgeben wollen, und stellen Sie die *Anzahl* der Ausdrucke ❸ ein.

3 Legen Sie auf der *Bildeigenschaften*-Registerkarte ❹ die Größe des Ausdrucks fest. Außerdem können Sie hier die Position des Bildes auf dem Blatt Papier festlegen ❺.

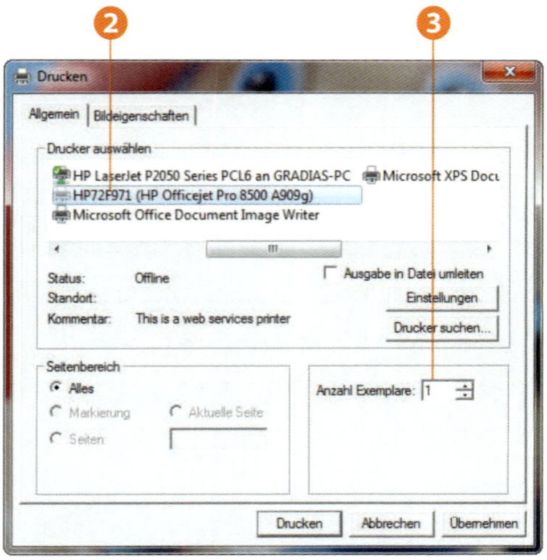

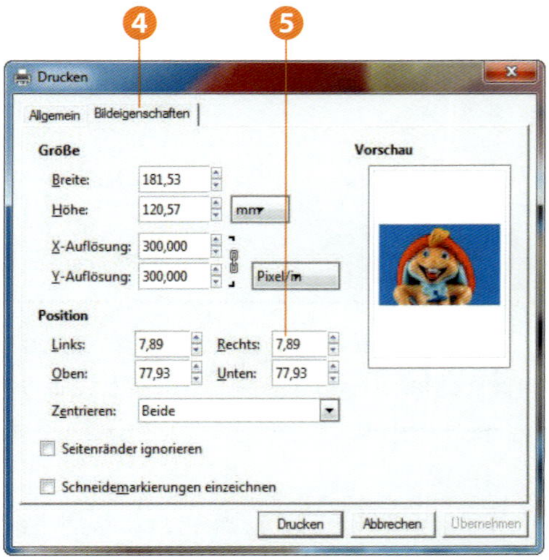

4 Rufen Sie auf der *Allgemein*-Registerkarte die *Einstellungen*-Schaltfläche auf, um die druckerspezifischen Einstellungen aufzurufen.

Je nach verwendetem Drucker unterscheiden sich die verfügbaren Einstellungen deutlich. Der im Beispiel verwendete HP-Farbtintenstrahldrucker bietet auf der

Druckverknüpfungen-Registerkarte 6 verschiedene Voreinstellungen an. So könnten Sie beispielsweise einen beidseitigen Ausdruck 7 erstellen. Auf der *Funktionen*-Registerkarte 8 stellen Sie unter anderem die *Papiersorte* 9 ein.

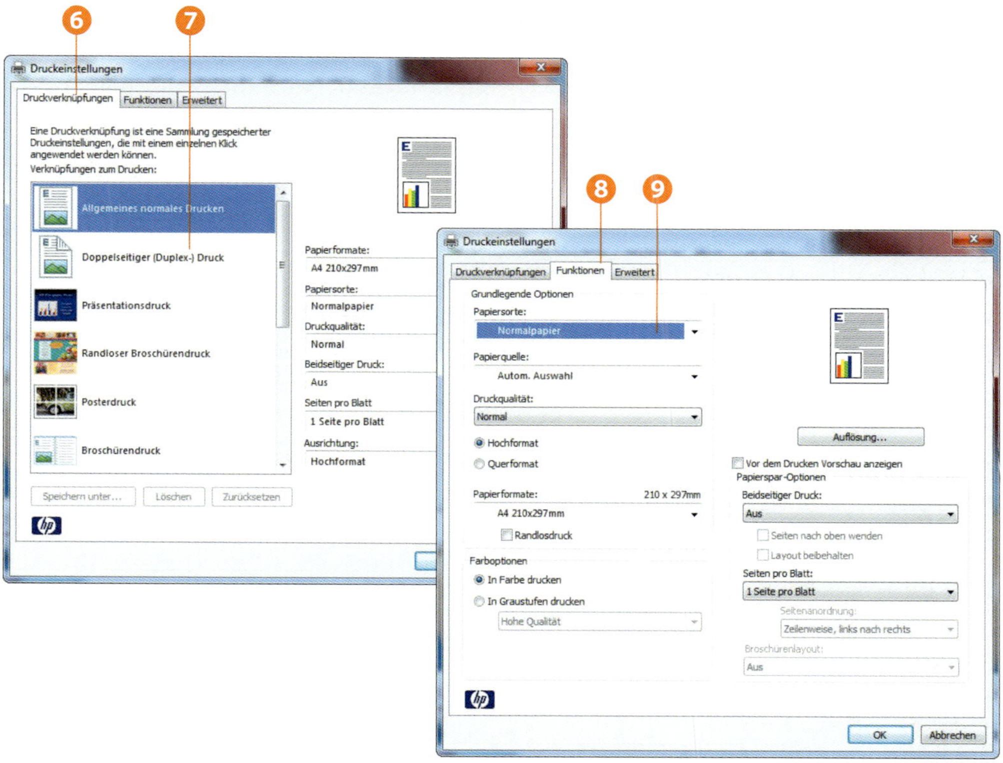

Für eine optimale Bildqualität ist es sehr wichtig, die passende Papiersorte auszuwählen. Die Drucker lassen sich auf die jeweilige Papiersorte abstimmen.

Bilder für das Internet vorbereiten

Wenn Sie Bilder für das Internet vorbereiten oder sie als E-Mail-Anhang versenden wollen, müssen Sie ein paar Punkte beachten. So sollten Bilder im E-Mail-Anhang nicht allzu groß sein – sie sollten eine Breite von maximal 1.000 Pixeln nicht überschreiten. Daher ist das Verkleinern der Bilder meist Pflicht. Außerdem müssen die Bilder in ein webtaugliches Dateiformat konvertiert werden – etwa JPEG oder GIF.

1 Rufen Sie die Funktion *Bild/Modus/Indiziert* ❸ auf, um Bilder zu konvertieren, die Sie im GIF-Format sichern wollen. Damit wird die Farbanzahl auf 256 Farben reduziert. Mehr Farben unterstützt das GIF-Format nämlich nicht.

2 Stellen Sie im Dialogfeld – das dann geöffnet wird – ein, auf welche Art und Weise die Umwandlung erfolgen soll. So könnten Sie beispielsweise eine Farbpalette nutzen, die für das Internet optimiert ❷ ist. Empfehlenswert ist aber in den meisten Fällen die Option *Optimale Palette erzeugen* ❶.

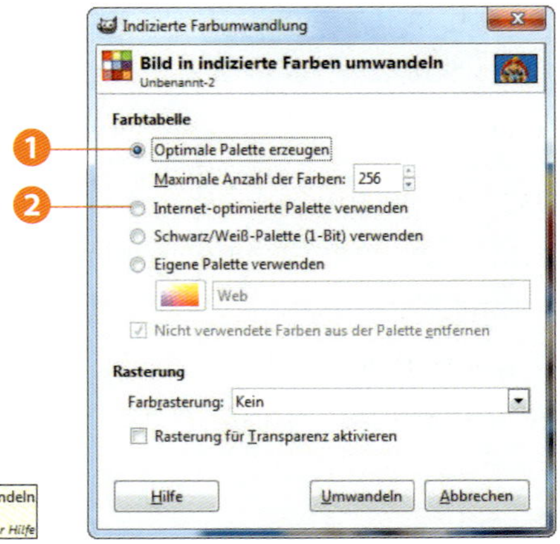

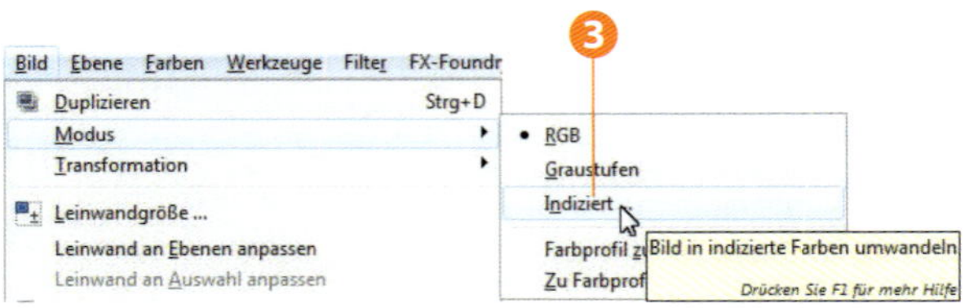

Wenn Sie sich die Farbpalette ansehen wollen, die Gimp erzeugt hat, rufen Sie die Funktion *Fenster/Andockbare Dialoge/Farbtabelle* ❺ auf. Im Dialog sehen Sie dann die 256 Farben ❹, die sich übrigens auf das Bild der Miniaturfigur beziehen, das Sie auf der nächsten Seite abgebildet sehen.

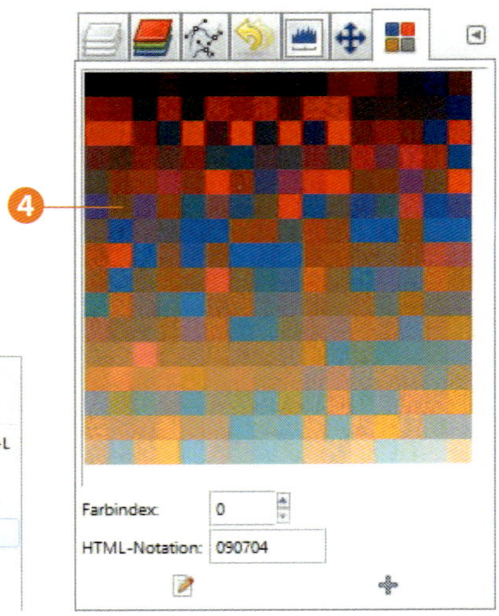

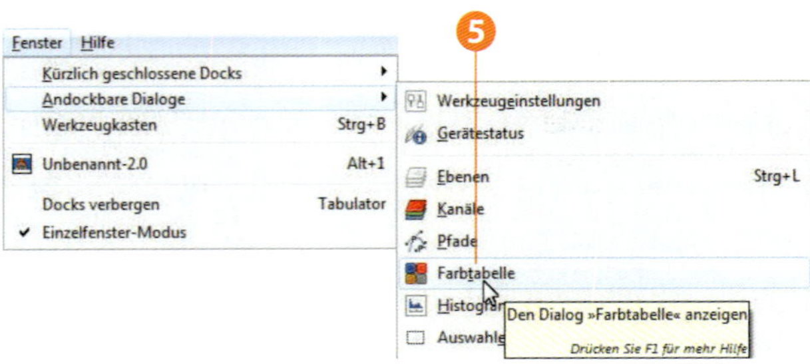

JPEG-Bilder speichern

Das JPEG-Format ist in den meisten Fällen die beste Wahl, da es die volle Farbanzahl unterstützt, was bei Fotos sehr wichtig ist. Sie müssen dabei allerdings einen Kompromiss eingehen, weil die Komprimierung nicht ohne einen gewissen Qualitätsverlust funktionieren kann.

Um das Bild in diesem Format speichern zu können, benötigen Sie die Funktion *Datei/Exportieren*.

Klappen Sie die *Dateityp*-Liste 2 auf und wählen Sie das JPEG-Format 3 aus. Geben Sie einen Namen ein 1.

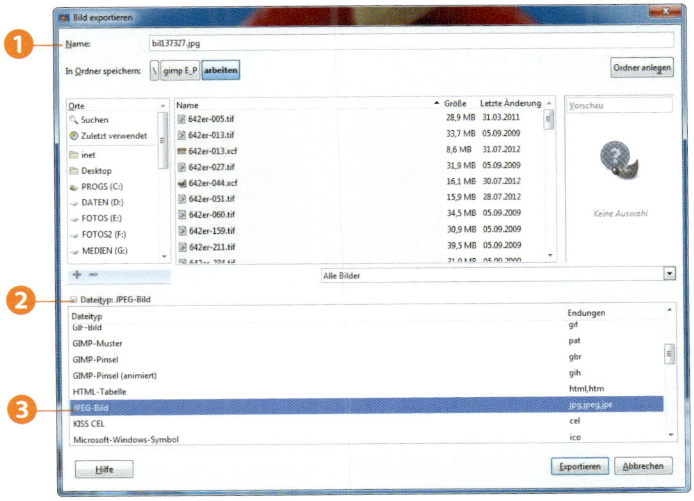

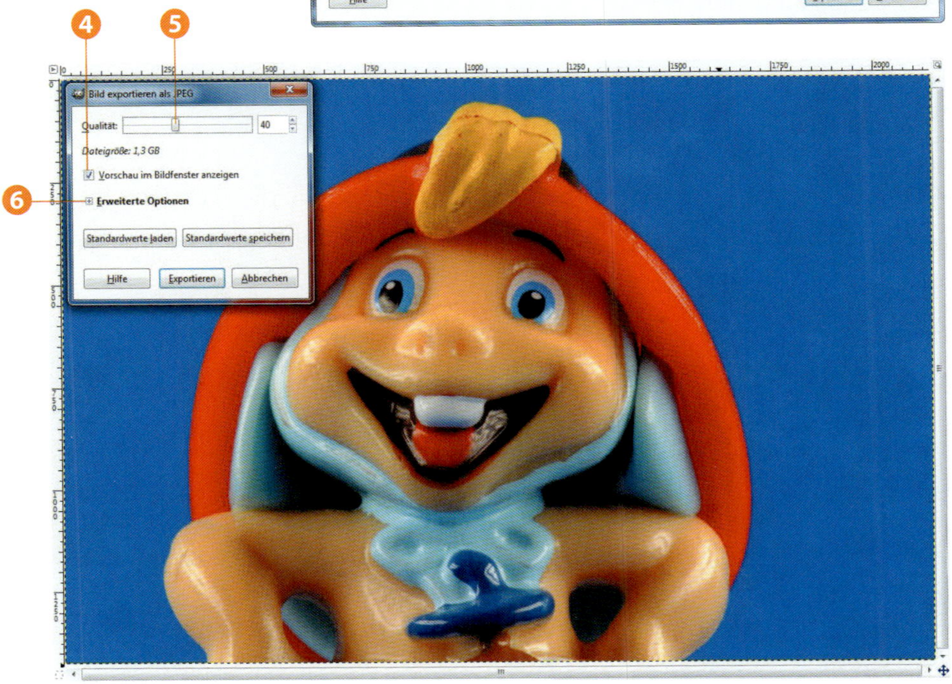

Nach dem Bestätigen wird ein gesondertes Dialogfeld geöffnet. Stellen Sie hier die Stärke der Komprimierung 5 ein. Je höher der Wert ist, umso besser ist die Bildqualität – aber die Datei wird größer. Bei kleineren Werten wird die Bildqualität schlechter – dafür aber die Datei kleiner.

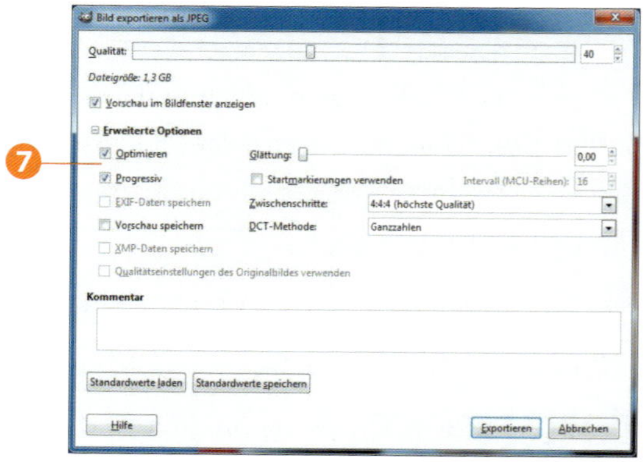

Wenn Sie die Option *Vorschau im Bildfenster* 4 aktivieren, können Sie im Bild kontrollieren, wie stark sich die Komprimierung auswirkt. Klicken Sie auf den Eintrag *Erweiterte Optionen* 6, um zusätzliche Optionen 7 im Dialogfeld einzublenden.

Ein Wasserzeichen einfügen

Leider ist es im Internet eine Unsitte geworden, das Urheberrecht zu umgehen. Daher schützen viele Anwender ihre Fotos ein wenig, indem sie Wasserzeichen mit einem Copyright-Vermerk anbringen. Gehen Sie dazu folgendermaßen vor:

1 Stellen Sie die gewünschten Schriftformatierungen 1 ein.

2 Um das Copyright-Symbol zu erreichen, drücken Sie die komplizierte Tastenkombination Strg+⇧+Alt und tippen Sie die Zeichenfolge U00A9 2 ein.

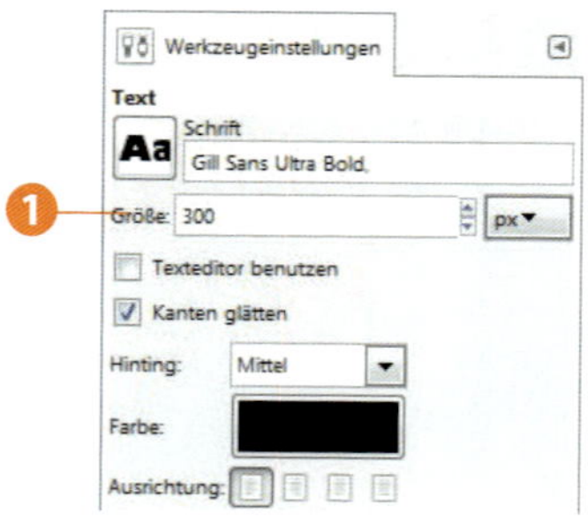

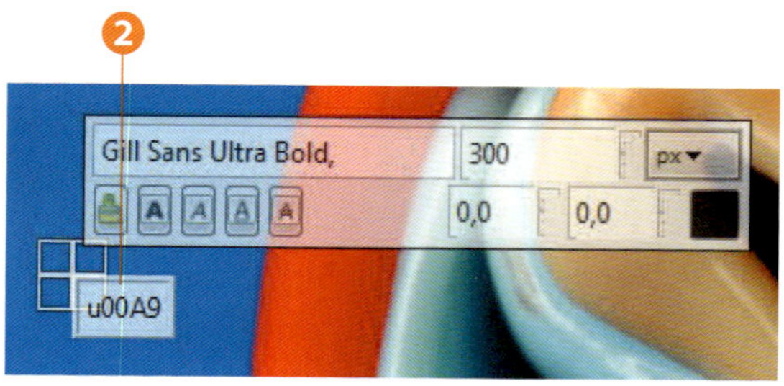

3 Lassen Sie die Tastenkombination wieder los. Gimp ersetzt dann die Zeichenfolge durch das Copyright-Symbol 3.

> Der **Unicode** ist ein internationaler Code für Zeichensysteme. Hier erreichen Sie diverse Sonderzeichen. Windows bietet eine Zeichentabelle an, die Sie über die Datei *Charmap.exe* erreichen. Dort finden Sie auch die Zeichenfolgen der Sonderzeichen.

4 Richten Sie die Ebene mit dem Symbol nun mit den bereits bekannten Funktionen des *Ausrichten*-Werkzeugs zum Foto mittig ❹ aus.

5 Reduzieren Sie im *Ebenen*-Dialog die Deckkraft der Textebene auf einen sehr geringen Wert – beispielsweise *15%* ❺.

6 Exportieren Sie das Ergebnis im JPEG-Format, um es im Internet veröffentlichen zu können.

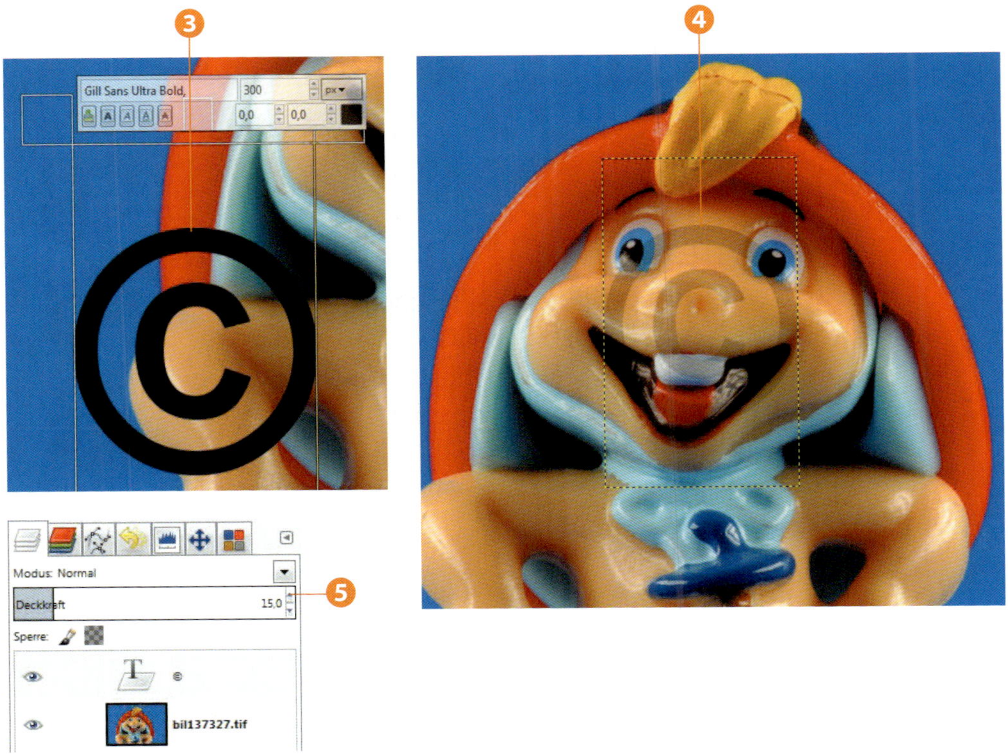

> Je nach Motiv kann Weiß oder Schwarz geeigneter als Textfarbe sein.

Eine Diaschau mit XnView

Für die Bildverwaltungs- und -betrachtungsaufgaben, die Sie mit Gimp nicht erledigen können, bietet sich XnView an, das Sie ebenfalls kostenlos aus dem Internet herunterladen können (http://www.xnview.de). XnView ist ein leistungsfähiges Programm. So können Sie sich auch ganz schnell eine Diaschau mit Ihren besten Bildern ansehen. So klappt es:

1 Starten Sie XnView und wechseln Sie zu dem Verzeichnis ①, in dem sich die Bilder befinden, die Sie in einer Diaschau betrachten wollen.

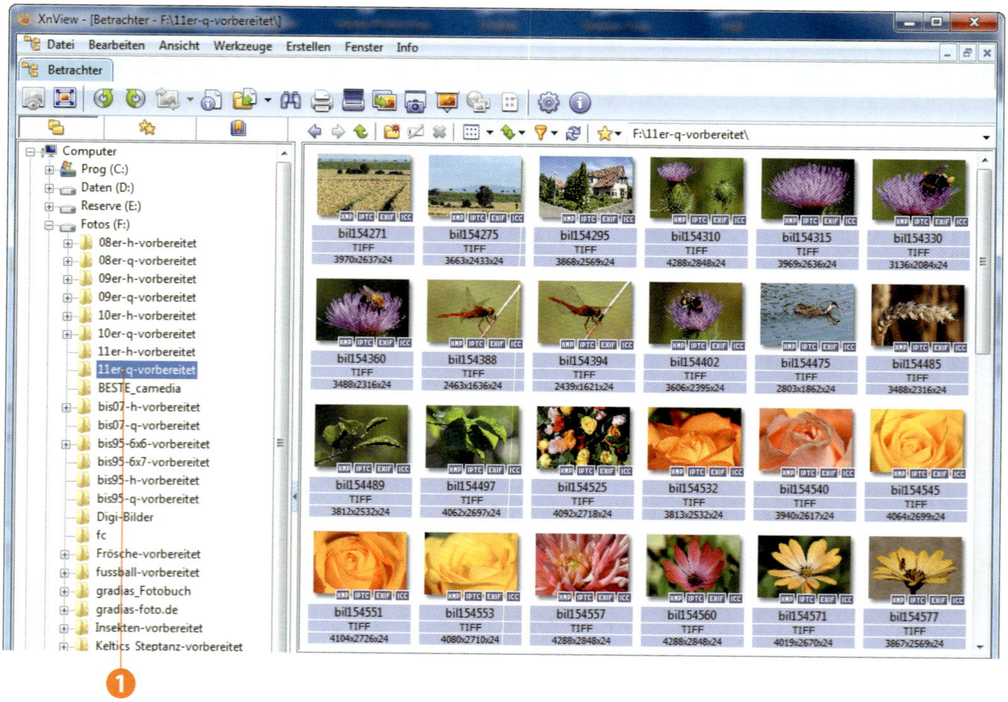

2 Markieren Sie alle Bilder, die in die Diaschau aufgenommen werden sollen. Markierte Bilder erkennen Sie an der blauen Umrandung ②.

3 Rufen Sie aus der Symbolleiste die *Dia-Show*-Option ③ auf.

4 Nehmen Sie in diesem Dialogfeld ④ die Einstellungen vor.

Mit der *Hinzufügen*-Schaltfläche im Dialogfeld lassen sich weitere Bilder zur Diaschau hinzufügen, die beim Aufruf der Funktion nicht markiert waren.

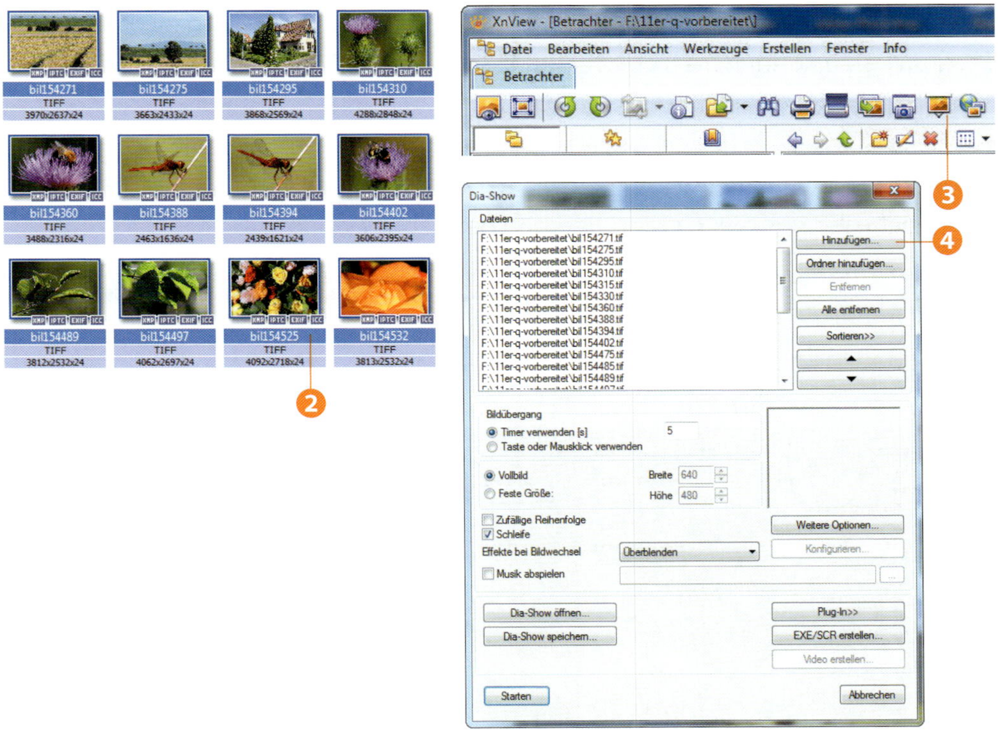

5 Legen Sie mit der *Sortieren*-Schaltfläche fest, in welcher Reihenfolge die Bilder angezeigt werden sollen.

6 Stellen Sie im Listenfeld *Effekte bei Bildwechsel* ein, ob die Bilder ineinander überblendet werden sollen.

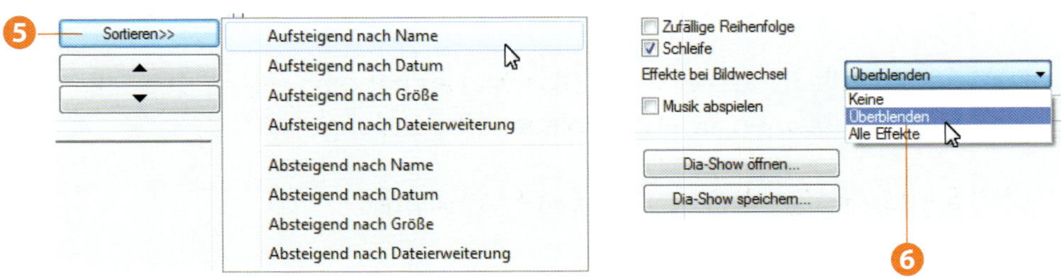

7 Rufen Sie die Schaltfläche *Weitere Optionen* auf, um in diesem Dialogfeld beispielsweise die Bildqualität ⑦ einzustellen.

8 Speichern Sie die Diaschau ⑧ und starten Sie sie anschließend mit der *Starten*-Schaltfläche. Alle Bilder werden dann nacheinander in einer Vollbildansicht auf dem Bildschirm angezeigt ⑨.

Wahlweise können Sie übrigens mit der Option *Musik abspielen* einen Musiktitel während der Diaschau abspielen.

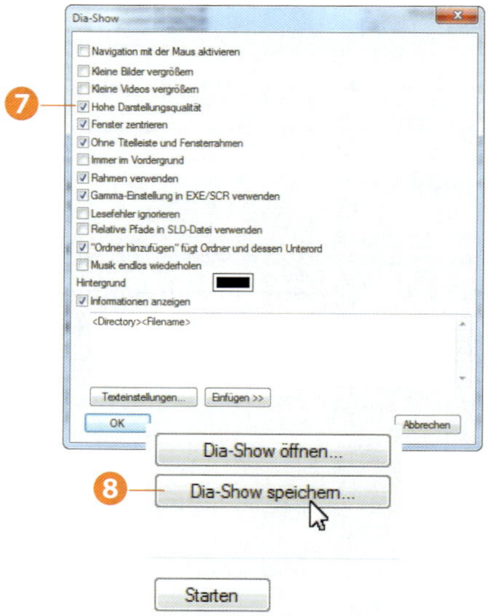

Fachwörterbuch

Einige Begriffe werden im Zusammenhang mit der Bildbearbeitung mit Gimp immer wieder auftauchen. Die wichtigsten Begriffe habe ich im folgenden Fachwörterbuch für Sie zusammengefasst.

Auflösung

Je mehr Pixel auf einer festgelegten Strecke (→ DPI) untergebracht sind, umso höher ist die Auflösung. Bei hohen Auflösungen sind viele Details erkennbar. Dafür wächst die Dateigröße.

Auswahl

Sollen nur Teile eines Fotos verändert werden, muss der gewünschte Bereich markiert – ausgewählt – werden. Zum Auswählen von Bildteilen werden verschiedene Werkzeuge angeboten.

Bildbearbeitung

Sollen Digitalfotos im Rechner verändert werden, wird dazu ein Bildbearbeitungsprogramm benötigt. Dort werden beispielsweise Funktionen zur Optimierung oder Verfremdung des Fotos bereitgestellt.

Bildoptimierung

Fotos, die bei der Aufnahme nicht ganz so gut gelungen sind, lassen sich nachträglich im Rechner verbessern. Die → Bildbearbeitungsprogramme stellen Funktionen bereit, um zum Beispiel Helligkeit und → Kontrast des Fotos zu verbessern. Völlig misslungene Bilder werden damit allerdings auch nicht zu Topfotografien.

Blendenflecke

Bei Gegenlichtaufnahmen treten bei der Fotografie sogenannte Blendenflecke auf. Diese Reflexe entstehen durch den Aufbau der Linsen und sind je nach verwendetem Objektiv unterschiedlich. Mithilfe von Effekten eines Bildbearbeitungsprogramms lassen sie sich nachträglich als Gestaltungsmittel in Fotos einfügen – Gimp nennt sie Linsenreflexe.

Brillanz

Unter brillanten Fotos versteht man eine kontrastreiche und detaillierte Bildqualität. Bei kontrastarmen Fotos spricht man dagegen von »flauen« Bildern. Die Brillanz eines Fotos kann nachträglich verbessert werden.

Browser

Je mehr Dateien sich auf dem Rechner befinden, umso schwieriger wird das Auffinden einer bestimmten Datei. Dabei sind Browser hilfreich, die den Inhalt von Ordnern mit kleinen → Vorschaubildern anzeigen. XnView ist zum Beispiel ein solcher Browser.

CMYK

Farbmodell, das beim Druck verwendet wird. Die Druckfarben setzen sich aus **C**yan (ein Hellblau), **M**agenta (ein Rosa) und **Y**ellow (Gelb) zusammen. Dazu kommt Schwarz, das mit einem **K** für Kontrast gekennzeichnet ist.

Collage

Werden mehrere Fotos in einem Dokument zusammengefasst, spricht man von einer Collage. Diese Collagen werden verwendet, um Bilder attraktiver zu präsentieren. Digitale Fotoalben sind ein solches Beispiel.

Dateiendung

Jede Datei wird mit einer Dateiendung versehen, um das Dateiformat zu erkennen. → JPEG, → GIF und → TIFF sind derartige Beispiele. Die Dateiendungen lassen sich auch mit einem Programm verbinden. Wird dann diese Datei aufgerufen, startet Windows das damit verbundene Programm automatisch.

Dateigröße

Je höher die → Auflösung eines Fotos ist, umso mehr Pixel enthält es. Jedes Pixel benötigt Speicherplatz. So entstehen bei der digitalen Fotografie schnell sehr große Dateien.

Datenträger

Auf Datenträgern werden Ihre digitalen Daten gesichert. Dies können fest im Rechner installierte Datenträger – → Festplatten – oder transportable Datenträger sein. In diese Kategorie gehören auch die Speicherkarten von digitalen Kameras.

Dialogfelder

Einige Funktionen werden in gesonderten Fenstern bereitgestellt, den sogenannten Dialogfeldern. Je nach aufgerufener Funktion können in den Dialogfeldern wenige oder auch sehr viele Funktionen untergebracht sein.

Digitalkameras

Digitale Kameras arbeiten nicht mit einem Film, wie es früher üblich war, sondern mit einem Chip, der die eintreffenden Lichtstrahlen in elektrische Ströme umwandelt und das Ergebnis auf einer Speicherkarte sichert. Die Bilder werden dann auf den Rechner übertragen und dort bearbeitet.

DPI

Dots (Punkte) **p**ro **I**nch (2,54 Zentimeter) ist das Maß für die Auflösung von Bildern. Je höher dieser Wert ist, umso mehr Details enthält das Bild. Ist der Wert zu niedrig, werden die einzelnen → Pixel des Bilds sichtbar. Dies sollte nicht passieren.

Drag & Drop

Drag & Drop kommt aus dem Englischen und bedeutet »Ziehen und Ablegen«. Damit haben Sie die Möglichkeit, Vorgänge mit der Maus durchzuführen. So können Sie beispielsweise eine Datei per Drag & Drop verschieben.

Ebenen

Standardmäßig bestehen Fotos nur aus dem Hintergrund. In Bildbearbeitungsprogrammen haben Sie zusätzlich die Option, Ebenen hinzuzufügen, um beispielsweise Texte oder andere Fotos darauf zu platzieren. Die Ebenen kann man sich wie übereinanderliegende Folien vorstellen.

Effektfilter

Wo früher Pinsel, Pastellkreiden oder Aquarellfarben zum Einsatz kamen, werden heute Effektfilter in Bildbearbeitungsprogrammen verwendet. Als Ausgangsmaterial dienen »ganz normale« Fotos.

EPS

(**E**ncapsulated **P**ost**S**cript) Ein Dateiformat, das für Vektorgrafiken verwendet wird, die Sie zum Beispiel mit Grafikprogrammen à la CorelDRAW erstellen. Es wird auch für grafische Darstellungen wie etwa Schriftzüge verwendet.

Exif-Daten

(**Ex**changeable **I**mage **F**ile) Kameras speichern bei der Aufnahme automatisch diverse Daten mit dem Foto. Die Exif-Daten enthalten unter anderem Informationen über das Aufnahmedatum und die verwendeten Aufnahmeeinstellungen.

Export

Sollen Fotos zum Beispiel in ein anderes Dateiformat umgewandelt werden, muss das Bild in das gewünschte Format exportiert werden. Dabei bleibt die Ausgangsdatei unverändert.

Farbstich

Zeigen Fotos in den Grautönen Farben, spricht man von einem Farbstich. Zur Analyse eines Farbstichs muss allerdings eine neutral graue Fläche im Foto vorhanden sein. Bei der Korrektur eines Farbstichs werden alle Farben so verändert, dass der Farbstich in den grauen Partien verschwindet.

Festplatte

Auf der Festplatte werden die digitalen Daten gespeichert. Je nach Größe der Festplatte können Sie sehr viele Fotos dauerhaft sichern. Es gibt sowohl interne (im Rechner montierte) als auch externe (außerhalb des Rechners befindliche) Festplatten.

Freistellen

Sollen an den Rändern des Fotos Bereiche »abgeschnitten« werden, spricht man vom Freistellen des Bilds. Beim Zuschneiden-Werkzeug besteht außerdem die Möglichkeit, ein bestimmtes Seitenverhältnis vorzugeben.

Gammawert

Der Gammawert verändert die mittleren → Tonwerte eines Fotos. Je höher der Gammawert ist, umso heller wird das Bild. Als Standardwert gilt der Wert 1,0. Einstellungen unterhalb dieses Wertes dunkeln das Foto ab. Veränderungen sollten für eine natürliche Wirkung nur in kleinen Schritten vorgenommen werden.

GIF

Ein Dateiformat, das oft für Bilder im Internet verwendet wird. Da die Anzahl der Farben bei diesem Grafikformat auf 256 beschränkt ist, eignet es sich für gestaltete Grafiken wie etwa Schriftzüge. Da dieses Dateiformat mehrere Bilder enthalten kann, wird es auch für kleine Animationen verwendet.

Graustufen

Schwarz-weiße Bilder werden auch Graustufenbilder genannt. Hier werden nur die Farben Schwarz und Weiß sowie deren mögliche 256 Abstufungen verwendet.

Histogramm

Ein Histogramm ist die grafische Darstellung der im Foto vorhandenen → Tonwerte. Je häufiger ein Tonwert vorkommt, umso höher ist im Histogramm der »Tonwertberg«. Jedes Pixel im Bild besitzt eine bestimmte Helligkeit, die als Tonwert bezeichnet wird. Die Tonwerte werden aus den Farbtönen Rot, Grün und Blau zusammengesetzt.

Import

Wollen Sie in ein bestehendes Dokument andere Dokumente aufnehmen, spricht man vom Importieren. Das aufgenommene Dokument kann dabei ruhig ein anderes → Dateiformat besitzen.

JPG, JPEG

Grafikformat, das oft für Bilder im Internet verwendet wird. Auch bei Digitalkameras ist dies das gängige Dateiformat. Da es den → TrueColor-Modus unterstützt, ist es für Fotos besser geeignet als für plakative Grafiken.

Kolorieren

Werden schwarz-weiße Fotos eingefärbt, spricht man vom Kolorieren. Sie können das gesamte Foto oder nur Teile davon einfärben. Zudem können Bilder durch Tonen mit einer einzelnen Farbe eingefärbt werden.

Komprimierung

Mit der Komprimierung werden die Dateigrößen der Fotos deutlich verkleinert. JPEG komprimiert Fotos beispielsweise auf einen Bruchteil ihrer Ausgangsgröße. Je stärker der Komprimierungsgrad ist, umso deutlicher fällt die schlechtere Bildqualität auf, daher muss ein vernünftiger Kompromiss zwischen Dateigröße und Bildqualität gefunden werden.

Kontrast

Der Unterschied vom hellsten Farbton zum dunkelsten Farbton eines Fotos wird Kontrast genannt. Je ähnlicher Farbtöne sind, umso weniger Kontrast weist das Foto auf. Der maximale Kontrast entsteht zwischen den Farben Weiß und Schwarz.

Konturen

Dort, wo in einem Foto helle Bereiche auf dunkle Bereiche stoßen, entstehen Konturen. Diese Konturen können für Effektfilter verwendet werden.

Lichter

Die hellen Töne eines Bilds bezeichnet man im Fachjargon als Lichter. Bei einem Landschaftsfoto sind dies beispielsweise Bereiche im bewölkten Himmel.

Masken, Maskierung

→ Auswahlbereiche werden auch Masken genannt, da damit Bildteile vor Veränderungen geschützt werden können.

Menüfunktionen

In den meisten Windows-Programmen finden Sie am oberen Rand des Arbeitsbereichs Texteinträge. Nach dem Anklicken werden verschiedene Befehle angezeigt.

Negativ

Werden bei Fotos alle Farben »umgedreht«, spricht man von einem Negativ. Invertieren ist ein anderer Ausdruck für dieses Verfahren. Dabei wird aus Schwarz Weiß und umgekehrt. Negative Darstellungen lassen sich als Gestaltungselemente nutzen.

PDF

(**P**ortable **D**ocument **F**ormat) Ein Dateiformat, das für fertig gestaltete Dokumente zum Beispiel im Internet verwendet wird. Dabei bleibt das Aussehen unabhängig von dem verwendeten Betriebssystem und der verwendeten Software erhalten.

Pfad

Auf der Festplatte werden zur Strukturierung Ordner angelegt. In diesen Ordnern können wieder Unterordner enthalten sein. Der Weg dahin, wo sich eine Datei auf dem Rechner befindet, wird als Pfad bezeichnet (Beispiel: C:\Eigene Bilder\Foto1.jpg).

Pixel

Digitale Fotos bestehen aus lauter kleinen quadratischen Punkten: den Pixeln. Der Begriff kommt von der englischen Bezeichnung Picture Element. Je mehr Pixel in einem Foto enthalten sind, umso mehr Details werden sichtbar.

Präsentation

Sind alle digitalen Fotos fertig gestaltet und optimiert, wollen Sie diese bestimmt Ihren Freunden vorführen. Für diese Präsentation haben Sie viele Optionen. Das Spektrum reicht von der digitalen Fotoshow bis zur Präsentation in einer Web-Fotogalerie oder auf einer CD.

Rendering

Das endgültige Berechnen veränderter Daten eines Fotos wird Rendern genannt. Da das Umrechnen vieler Pixel aufwendig ist, kann das Rendern bei einigen Filtern etwas Zeit in Anspruch nehmen.

Retusche

Werden Fotos ausgebessert oder überarbeitet, spricht man vom Retuschieren. Auch das »Verfälschen« von Bildinhalten gehört zu diesem Themenbereich. So ist es heutzutage ohne Weiteres möglich, Personen aus Fotos zu entfernen und/oder sie vor einem neuen Hintergrund wieder einzufügen.

RGB-Modus

Der **R**ot/**G**rün/**B**lau-Farbmodus wird bei digitalen Fotos verwendet. Jedes Pixel setzt sich aus diesen drei Farbwerten zusammen.

Sättigung

Die Sättigung beschreibt die Intensität eines Farbtons. Ist ein Farbton nur schwach gesättigt, ähnelt er einem eingefärbten Grauton. Je stärker die Sättigung ist, umso leuchtender wirkt die Farbe.

Scanner

Gerät zum Digitalisieren von Aufsichtsvorlagen, wie beispielsweise Papierabzügen von Fotos. Beim Scannen wird die analoge Vorlage abgetastet. Durch dieses Digitalisieren können auch analoge Fotos nachträglich im Rechner bearbeitet werden.

Scharfzeichnen

Bilder, die unscharf sind, können nachträglich mithilfe eines Bildbearbeitungsprogramms geschärft werden. Hier sind allerdings Grenzen gesetzt. Ein völlig unscharfes Foto kann aber nicht in ein perfekt scharfes umgewandelt werden.

Spitzlichter

Die sogenannten Spitzlichter treten durch Reflexionen in Fotos auf – etwa bei Sonneneinstrahlung auf metallischen Oberflächen. Sie fallen bei digitalen Fotos gelegentlich recht unangenehm auf.

Startmenü

Unten links auf dem Windows 7-Arbeitsbereich ist das Startmenü zu finden. Nach dem Anklicken werden in einem Menü die installierten Programme angezeigt. Nach dem Aufruf eines Programms startet dieses.

Stil

Sollen bestimmte Effekte an mehreren Bildern angewendet werden, bietet es sich an, die Einstellungen in einem sogenannten Stil zu speichern. Das Übertragen auf andere Fotos ist dann sehr einfach.

Strichzeichnung

Zeichentechnik, die lediglich aus hellen und dunklen Bereichen besteht, wie zum Beispiel eine Federzeichnung. Diese traditionelle Zeichentechnik lässt sich mithilfe der Effekte in Bildbearbeitungsprogrammen leicht simulieren.

Tags

Um Fotos eindeutig zu identifizieren, besteht die Möglichkeit, zusätzliche Informationen zu speichern, wie etwa Suchbegriffe oder Beschreibungen. Diese Tags nutzt zum Beispiel XnView zum Sortieren.

Tastenkombination

Einige Funktionen lassen sich zusätzlich auch über die Tastatur aufrufen. Meist ist dazu das gleichzeitige Drücken mehrerer Tasten notwendig. Mit diesem Verfahren erreichen Sie die gewünschte Funktion schneller.

Thumbnail

(Daumennagel) Im Browser werden Miniaturbilder der Datei angezeigt, die auch als Thumbnails bezeichnet werden. So fällt die Auswahl einer Datei leichter.

Tiefen

Die Schattenbereiche eines Fotos sind die dunklen Bildteile. Sie werden im Fachjargon auch als Tiefen des Bilds bezeichnet.

TIFF

Ein gängiges Dateiformat zum Speichern unkomprimierter Fotos. Dabei bleibt die volle Bildqualität erhalten – es entstehen aber größere Dateien. Dieses Dateiformat kommt häufig bei Druckerzeugnissen – wie Zeitschriften oder Büchern – zum Einsatz.

Tonwert

Jedes Pixel eines Fotos besitzt einen Wert, der aus den Farbtönen Rot, Grün und Blau zusammengesetzt ist. Dieser Wert wird Tonwert genannt. Besitzen die Farbwerte alle denselben Wert, entstehen graue Töne.

Transparenz

Durchsichtige Teile eines Bilds werden transparent genannt. Diese Transparenz lässt sich beispielsweise einsetzen, um Bilder mit einem verformten Rand aufzulockern. Da Transparenz am Bildschirm nicht dargestellt werden kann, wird zur Verdeutlichung ein Karomuster verwendet.

TrueColor-Modus

In diesem Farbmodus wird die maximal mögliche Farbanzahl von 16,7 Millionen unterschiedlichen Farbtönen bereitgestellt. Durch die nuancierte Farbwiedergabe ist dieser Farbmodus für Fotos sehr gut geeignet.

TWAIN

Bei jedem → Scanner wird ein Programm mitgeliefert, das den Scanner ansteuert. Dieses sogenannte TWAIN-Modul wird direkt aus dem verwendeten → Bildbearbeitungsprogramm aufgerufen.

Unschärfe

Normalerweise sind unscharfe Bilder unerwünscht. Das sogenannte Weichzeichnen kann aber auch als interessanter Bildeffekt für die Hintergrundgestaltung verwendet werden.

Vektorgrafik

Grafik, deren Dateiformat eine objektorientierte beziehungsweise vektororientierte Basis hat. Im Gegensatz zum Pixelbild werden die Objekte mathematisch definiert – wie beispielsweise die Anfangs- und Endpunkte von Linien. Dadurch ergeben sich sehr kleine Dateigrößen.

Verlauf

Werden zwei Farben ineinander überblendet, spricht man von einem Farbverlauf. Farbverläufe werden für Gestaltungen verwendet – zum Beispiel für einen farbenprächtigen Hintergrund.

Vorschau

Wenn ein Bild verändert werden soll, wird meist ein Vorschaubild angeboten. So kann die voraussichtliche Wirkung der Veränderung beurteilt werden, ohne dass das Foto endgültig verändert wird. Erst nach dem Zuweisen wird die Veränderung auf das Bild übertragen.

Zauberstab

Eins der am meisten verwendeten Auswahl-Werkzeuge ist der Zauberstab. Damit nehmen Sie Farben mit demselben Tonwert in die Auswahl auf. Mit dem Schwellenwert wird festgelegt, wie ähnlich die Tonwerte dem angeklickten Tonwert sein müssen, um in die Auswahl aufgenommen zu werden.

Zuschneiden

Wenn es überflüssige Bildteile am Rand des Fotos gibt, können Sie diese nachträglich abschneiden. Dies kann vorkommen, wenn Sie beim Fotografieren nicht nah genug an ein Motiv herangehen können.

Zoom

Um Details in einem Foto besser zu erkennen, kann die Ansichtsgröße verändert werden. Sie können in das Bild hineinzoomen. Die tatsächliche Größe des Fotos verändert sich dabei nicht.

Stichwortverzeichnis

Symbole

A

B

F

G

H

U

V

W

X

Z

La couture
au féminin

Jinko MATSUMOTO

Les éditions de saxe

J’ai crée 21 tenues "féminines".

Couleurs douces, rubans, fleurs, dentelles, fronces.....Ajouter un, deux ou beaucoup plus d'accessoires féminins... Finalement, autant que vous le désirez !

Adaptable à toutes les occasions, en ville, en soirée, en vacances, c’est une garde-robe que vous pourrez porter en toute liberté.

J’ai choisi des modèles aux coupes simples pour en faciliter la réalisation et, aussi, veillé à ce que ces vêtements soient bien adaptés à des femmes sophistiquées.

Choisissez des tissus de qualité, parfois même luxueux, pour créer des vêtements originaux qui vous conviendront parfaitement.

Jinko MATSUMOTO

Sommaire

En ville

Blouse

Cette blouse, d'inspiration campagnarde, aux manches amples se porte très froncée.

Explications page 46

A porter sous une robe portefeuille pour un moment de détente.

Robe

Cette robe, aux formes évasées, trouve son charme dans ce liberty moderne.

Explications page 36

Robe

Choisissez des tissus coordonnés, unis et à rayures puis, ajoutez éventuellement un ruban pour décorer cette robe.

Explications page 58

Tunique

Cette longue tunique va très bien sur un pantalon. Ajustez sa longueur par les bretelles nouées sur les épaules.

Explications page 71

Robe

L'originalité de cette robe, agrémentée d'une cape, est d'être réalisée en gaze de coton réversible. Les petits et grands carreaux forment un coordonné élégant.

Explications page 56

Robe

La juxtaposition des petits et gros pois donnent du rythme à cette robe printanière à volants.

Explications page 39

Portez cette petite robe avec un manteau léger
et laissez discrètement apparaître les volants.

Robe

Une robe charmante à encolure ample.
L'ourlet est terminé à la manière d'une chemise d'homme.

Explications page 41

Faites ressortir le large col qui donne
de la douceur à cet ensemble.

En soirée

Chemisier

Tissu classique mais silhouette moderne...
Les manches superposées font penser aux pétales d'une fleur.

Explications page 51

Blouse

Cette blouse à manches raglan est réalisée dans un tissu luxueux. Le ruban en dentelle, dans les mêmes tons, accroît cette impression de luxe.

Explications page 44

Jupe

Cette jupe à pois brodée de fils argentés pourra être portée en robe bustier .

Explications page 70

La jupe tombe jusqu'au mollet... Une manière élégante de la porter avec une étole.

Robe

Deux grands nœuds sur les épaules, et cette robe basique devient originale.

Explications page 53

Tunique

Elle est dessinée pour bien épouser le buste.
Le tissu est réversible avec des motifs différents de chaque côté.

Explications page 67

Robe

La robe et les manches sont garnies de plis généreux. Pas d'ourlet mais, la lisière en dentelle termine l'ensemble avec élégance.

Explications page 48

Tunique

Cette tunique évasée est faite en soie gaufrée façon vichy. Ajoutez un grand nœud papillon devant ou derrière.

Explications page 36

En Vacances

Robe

L'ourlet déstructuré donne à cette robe un air de vacances. Le ruban coulissé à la taille vous permet de l'ajuster avec finesse.

Explications page 62

Robe

Le ruban de gros grain, piqué au bas de la robe, lui donne un élégant style marin.

Explications page 59

Jupe

La taille de cette jupe est faite en bord-côte. Il est facile d'en changer la longueur et de la porter ainsi de différentes façons.

Explications page 63

La voici transformée en une robe bustier, portée avec un gilet.

Robe

Le haut de la robe est parfaitement bien ajusté grâce au dos élastiqué. Utiliser un tissu souple et léger.

Explications page 64

Robe

Quatre volants donnent de la fantaisie à cette robe. Bien réfléchir à leurs volumes et leurs emplacements pour réussir l'harmonie de l'ensemble.

Explications page 66

Robe

Le bustier est ajustable par les rubans coulissants sur les côtés. Je vous conseille de la porter longue.

Explications page 68

Robe

Cette robe est ornée d'un empiècement resserré en forme de gros nœud .
Sa coupe est ample tant pour le corps que pour les manches.

Explications page 52

21 Modèles Explications

Chaque patron est dessiné en 4 tailles

Dans le cahier central, chaque patron est dessiné dans les tailles **S, M, L, XL**
Prenez vos mensurations et choisissez la taille du patron à l'aide du tableau ci-dessous.

Tableau des tailles.

unité : cm

	S	M	L	XL
Tour de poitrine	78 (76-80)	83 (81-85)	88 (86-90)	93 (91-95)
Tour de taille	59	64	69	74
Tour de hanches	86	90	94	98
Stature	*158-164*			

★ **Réalisation du patron.**
Dans l'encart, repérez toutes les pièces nécessaires. Elles sont indiquées dans les explications de chaque modèle. Décalquez-les sur un papier spécifique.
Veillez à ne pas vous tromper de taille et n'oubliez pas de reporter toutes les indications telles que : droit fil, interruption de couture, point d'arrêt de couture, repères.

★ **Les patrons sont donnés sans couture.**
Coupez le tissu en ajoutant la marge de couture. La largeur de celle-ci est précisée vers le plan de coupe de chaque modèle.

Les 7 patrons de base

Les 21 modèles sont réalisés en utilisant 7 patrons de base notés de A à G.

patron A

Robe de forme évasée sans col et sans manche.
La robe **A1** descend jusqu'au au genou.
Le modèle **A2** est une tunique.
La robe **A3** a un volant le long du buste

Dimensions de l'ouvrage fini
unités : cm

	S	M	L	XL
tour de poitrine	89	94	99	104
hauteur des robes *A1-3*	100			
de la tunique *A2*	65			

Patrons en taille réelle

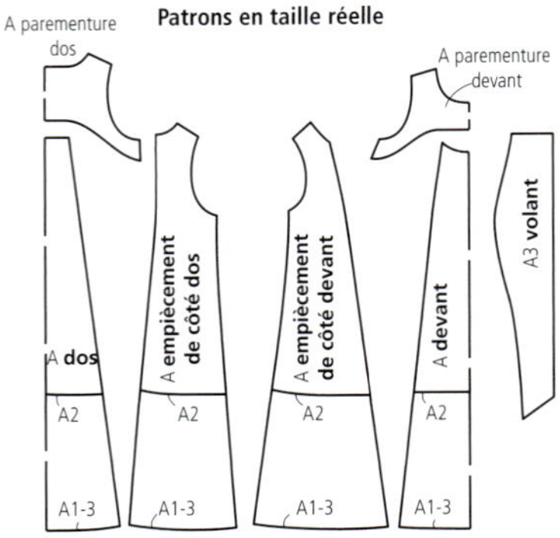

A1
Robe de la page 6

A2
Tunique de la page 22

A3
Robe de la page 10

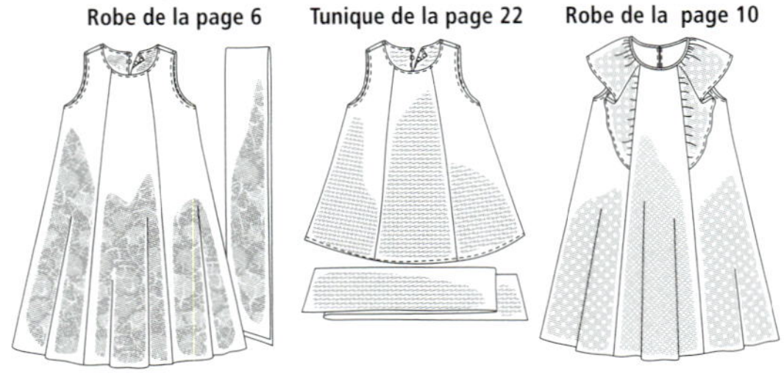

patron B

Une silhouette ample et des manches raglan.
La robe **B1** a un large col. Les blouses **B2** et **B3** sont des modèles raccourcis auxquels est ajouté un empiècement étroit à l'encolure. Le modèle **B2** est orné de dentelle. Le modèle **B3** est élastiqué pour le fonçage.

Dimensions de l'ouvrage fini
unités : cm

	S	M	L	XL
tour de poitrine	125	130	135	140
hauteur des robes *B1*	99.5			
des blouses *B2-3*	62			
Longueur de manche *B1*	38	38.7	39.4	40.1
(longueur du patron) *B2-3*	33.5	34.2	34.9	35.6

Patrons en taille réelle

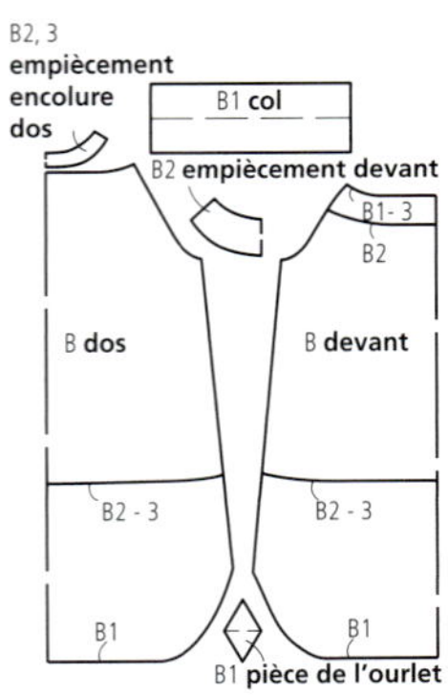

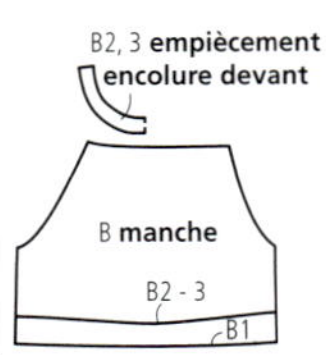

B1
Robe de la page 12

B2
Blouse de la page 15

B3
Blouse de la page 4

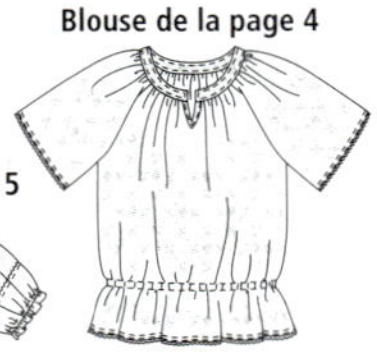

patron C

Le corps et les manches présentent des plis généreux.
La robe **C1** a des manches raglan demi-longues, amples, coulissant avec un ruban. Le modèle **C2** est raccourci et ses manches sont courtes en volants superposés. La robe **C3** est décorée d'un empiècement noué sur le devant. Les manches sont plus courtes que celles du modèle **C1**.

Dimensions de l'ouvrage fini
unités : cm

		S	M	L	XL
tour de poitrine		85	90	95	100
hauteur de robe	*C1-3*	94			
du chemisier	*C2*	54.5			
manche (longueur du patron)	*C1*	33.4	34.2	35	35.8
	C2	18.3	19	19.7	20.3
	C3	21.7	22.5	23.3	24.1

Patrons en taille réelle

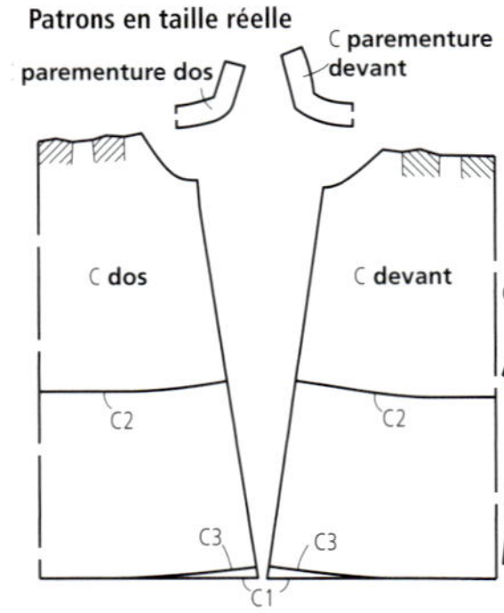

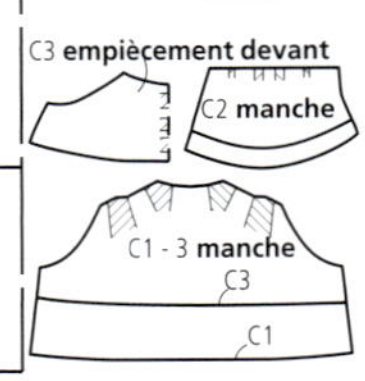

C1
Robe de la page 20

C2
Chemisier de la page 14

C3
Robe de la page 32

patron D

Trois robes à la silhouette droite adoucie par des nœuds.
La robe **D1** est garnie de rubans noués aux épaules.
La robe **D2** est surmontée d'une cape décorée de nœuds en fin ruban. Le haut de la robe **D3** est un empiècement façon kimono.
La couture d'empiècement est décorée d'un nœud.

Patrons en taille réelle

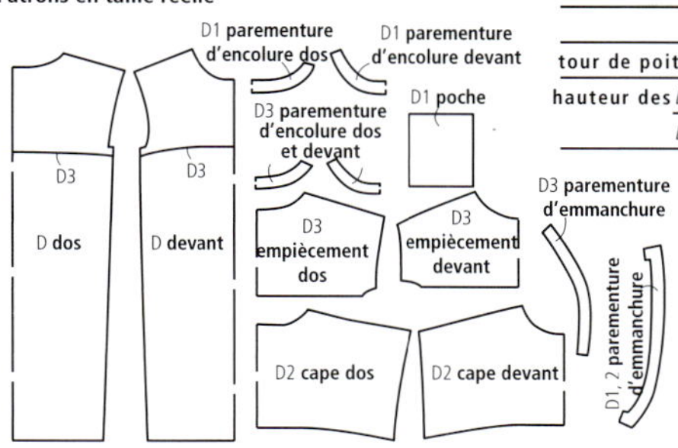

Dimensions de l'ouvrage fini
unités : cm

		S	M	L	XL
tour de poitrine		101	106	111	116
hauteur des	D1-2	98.5			
	D3				

D1
Robe de la page 18

D2
Robe de la page 9

D3
Robe de la page 7

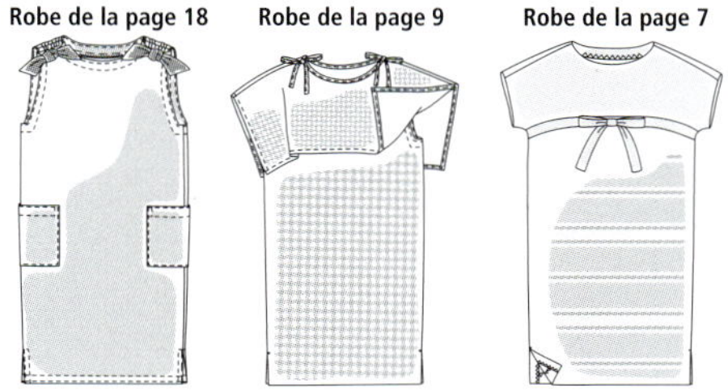

patron E

Les patrons du devant et du dos de la jupe sont identiques.
Le bas de la jupe a des longueurs différentes.
Les robes **E1** et **E2** sont à taille haute.
Le bustier de la robe **E3** est en bord-côte.

Dimensions de l'ouvrage fini
unités : cm

		S	M	L	XL
tour de poitrine	E1-2	92	97	102	107
	E3	66		74	
hauteur du milieu dos	E1-2	90			
	E3	110			

Patrons en taille réelle

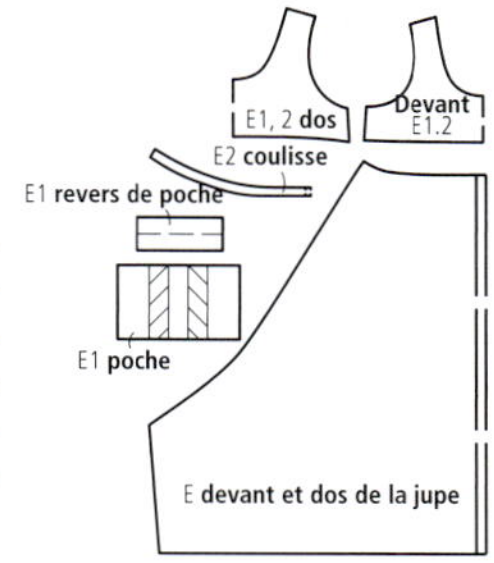

E1
Robe de la page 25

E2
Robe de la page 24

E3
Robe de la page 26

patron F

Les robes et la tunique ont des bretelles larges. Le haut du dos rectangulaire est élastiqué pour épouser à la forme du corps.
La robe **F1** est froncée généreusement. La robe **F2** est moins ample que le modèle **F1**. Elle est garnie de 4 rangées de volants. La tunique **F3** est la version raccourcie avec un seul volant.

Dessinez vous-même les parties grisées

Dimensions de l'ouvrage fini
unités : cm

		S	M	L	XL
tour de poitrine		83	87.5	92	96.5
hauteur de milieu du dos	F1	100			
	F2	88.5			
	F3	53.5			

Patrons en taille réelle

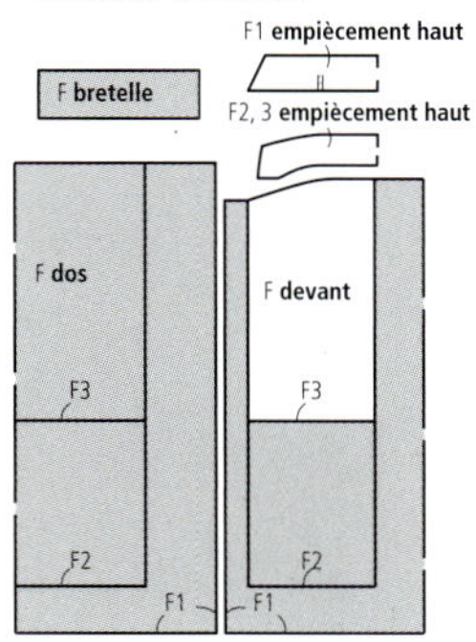

F1
Robe de la page 28

F2
Robe de la page 29

F3
Tunique de la page 19

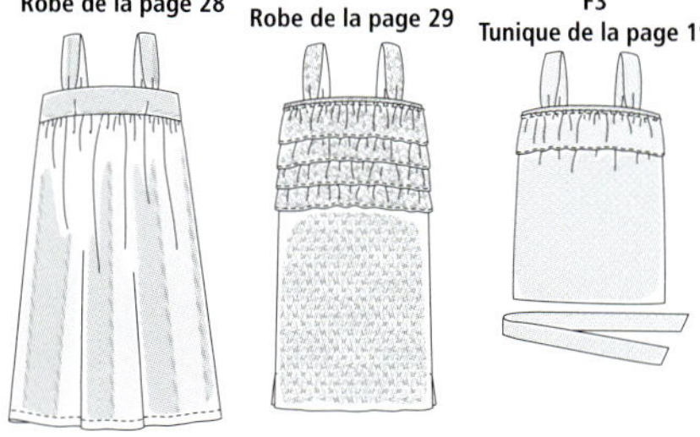

patron G

Le devant et le dos de ce modèle sont faits sur le même patron.
La bordure du haut de la robe est élastiquée pour épouser la forme du corps.
La robe **G1** est une robe longue. Le bustier est en forme de soutien gorge.
Le modèle **G2** peut être porté soit en jupe soit en robe décolletée.

Dessinez vous-même les parties grisées

Dimensions de l'ouvrage fini
unités : cm

		S	M	L	XL
tour de poitrine		63	68	73	78
hauteur de milieu du dos	G1	100			
	G2	90			
	G3	65			

Patrons en taille réelle

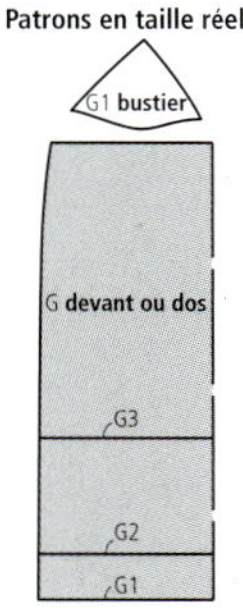

Robe de la page 30

G2
Jupe de la page 16

G3
Tunique de la page 08

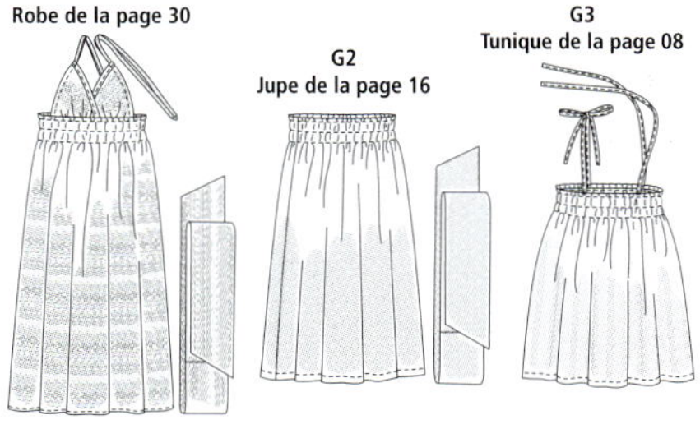

patron A

A1

Robe de la page 6

A2

Tunique de la page 22

★ Pièces de Patron (verso du cahier central)
A devant, **A** empiècement de côté devant, **A** dos, **A** empiècement de côté dos, **A** parementure devant, **A** parementure dos
Couper le ruban et les brides boutonnières en suivant le plan de coupe.

★ Fournitures pour le modèle A 1
Tailles S, M : 110 x 350 cm de tissu liberty
Tailles L, XL : 110 x 370 cm de tissu liberty
90 x 60 cm de toile thermocollante
2 boutons de 1,2 cm de diamètre

★ Fournitures pour le modèle A2
Tailles S, M : 108 x 260 cm de tissu de soie gaufrée
Tailles L, XL : 108 x 270 cm de tissu de soie gaufrée

★ Conseils pour la réalisation
● Les étapes de réalisation sont identiques pour la tunique **A2** et pour la robe **A1** sauf la finition de l'ourlet.
● Fixer la toile thermocollante sur l'envers de la parementure. Surfiler le bord inférieur au point zigzag (ou à la surjeteuse).

Plan de coupe de la robe A1

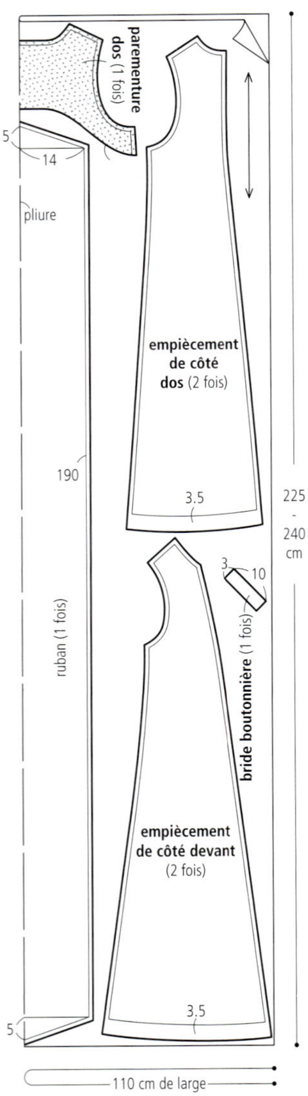

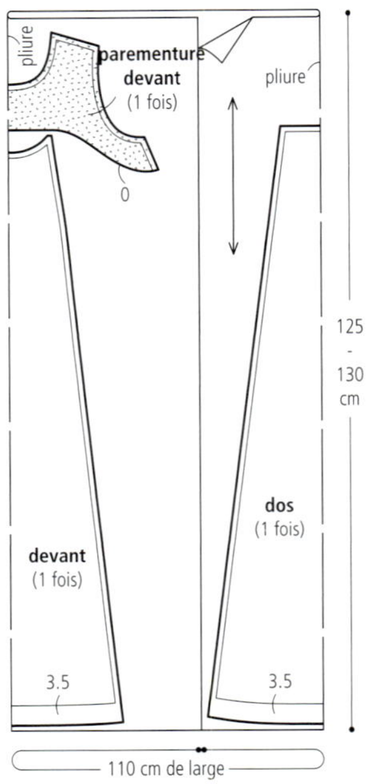

* La marge de couture est de 1 cm s'il n'y a pas d'indication contraire.

* Fixer la toile thermocollante sur les parties grisées.

Plan de coupe de la tunique A2

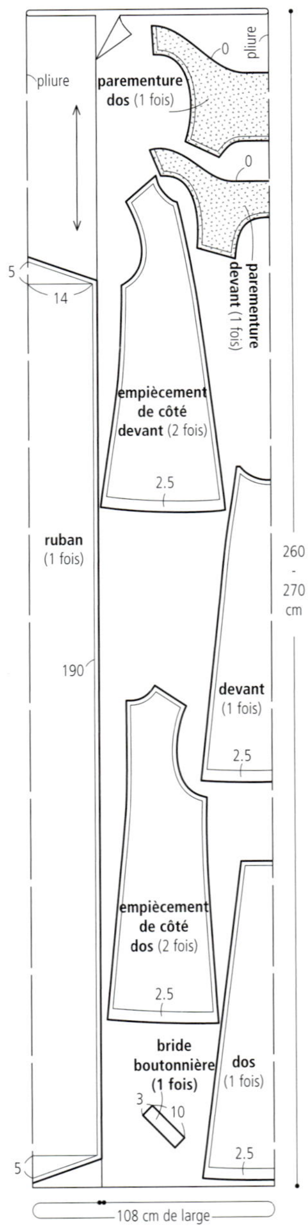

Étapes de la réalisation

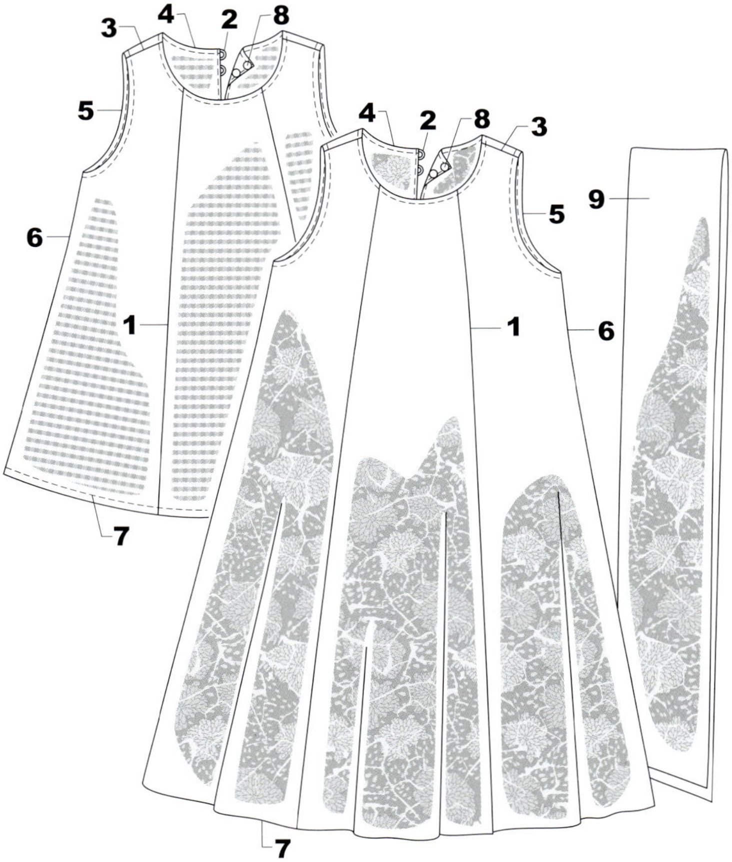

2 Confectionner les brides boutonnières et les faufiler

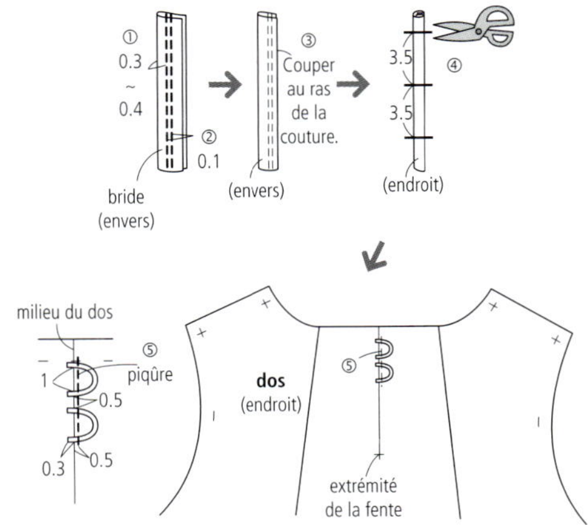

① Plier, endroit contre endroit, le tissu pour la bride. Piquer à 0,3 ou 0,4 cm de la pliure.
② Repiquer juste à côté de la 1ère piqure.
③ Couper le long de la piqure de l'étape ②.
④ Retourner sur l'endroit en utilisant une aiguille à retourner (par exemple). Couper deux brides de 3,5 cm de longueur.
⑤ Poser les brides sur l'endroit du milieu du dos, côté droit. Piquer provisoirement.

1 Les coutures verticales

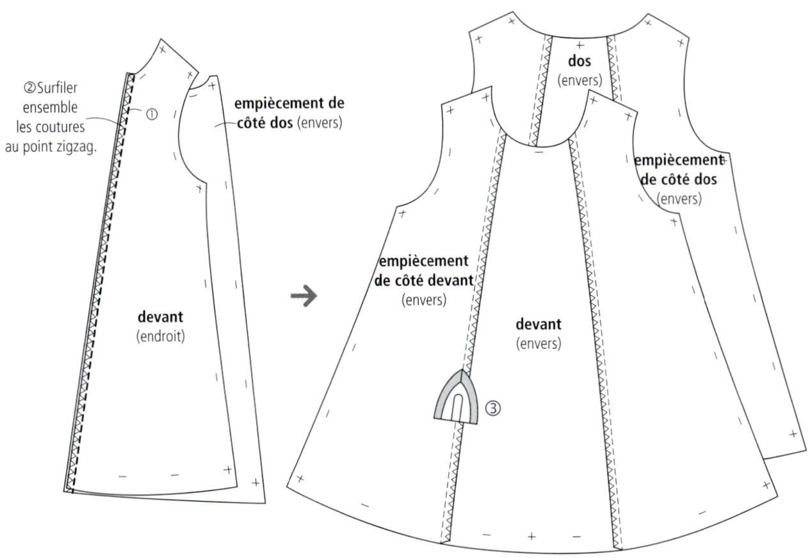

①Assembler, endroit contre endroit, toutes les pièces du devant et du dos.
② Surfiler ensemble les coutures au point zigzag (ou à la surjeteuse).
③ Rabattre au fer les coutures du devant et du dos vers le centre.

3 Assembler les épaules

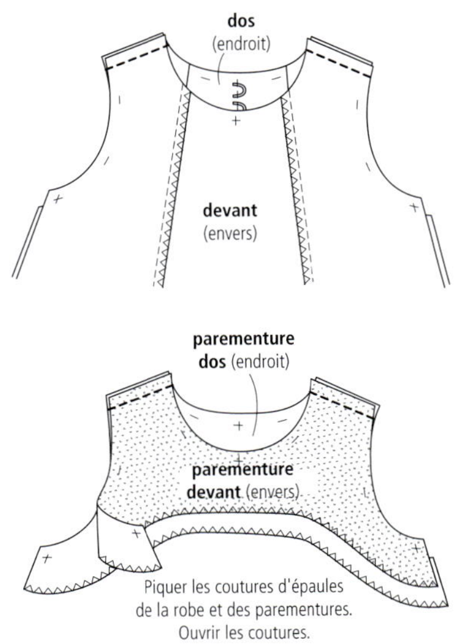

4 **Confectionner l'encolure**

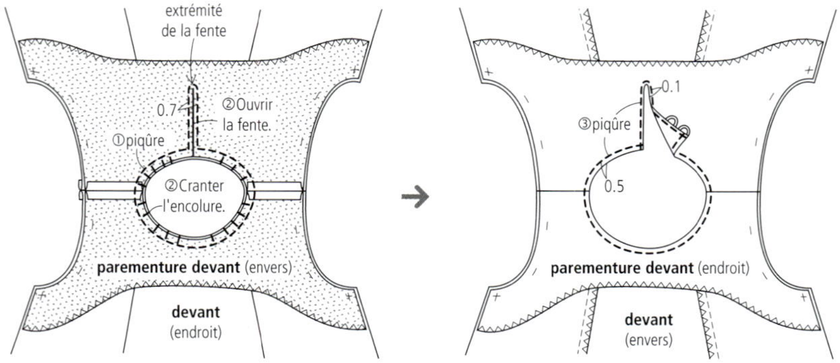

① Poser, endroit contre endroit, la robe sur la parementure. Piquer l'encolure et la fente.
② Couper la fente au milieu du dos jusqu'au repère. Cranter la couture de l'encolure.
③ Retourner la parementure sur l'endroit. Marquer le pli au fer. Surpiquer l'encolure et la fente.

5 **Piquer les emmanchures**

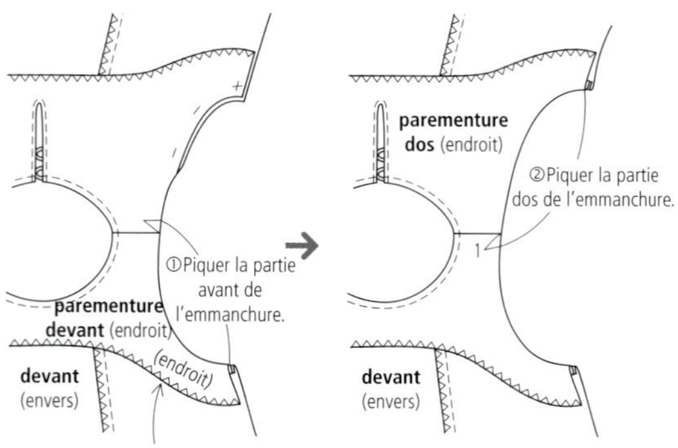

① Retourner sur l'envers en passant la main entre la robe et la parementure. Disposer ainsi, endroit contre endroit, la robe et la parementure. Piquer la partie avant de l'emmanchure. Cranter les coutures.
② Piquer la partie dos de l'emmanchure de la même façon. Repasser l'ensemble de l'emmanchure.

6 **Piquer les côtés**

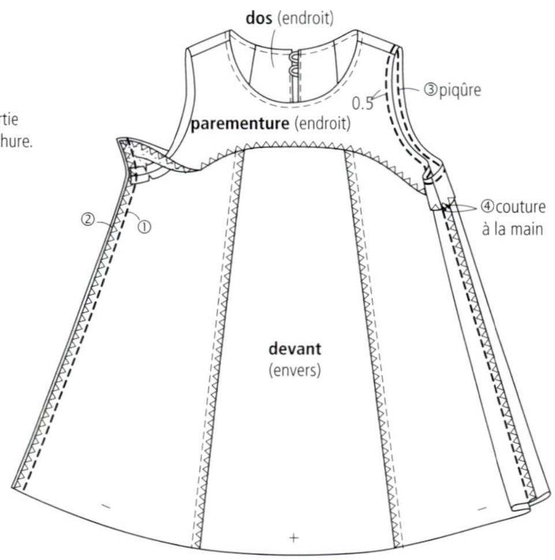

① Poser, endroit contre endroit, les côtés du devant et du dos. Piquer jusqu'à la parementure.
② Surfiler les coutures au point zigzag. Rabattre sur le dos.
③ Surpiquer le pourtour de l'emmanchure.
④ Coudre à la main le côté de la parementure sur les coutures de côté.

7 **Faire l'ourlet**

- **Robe**

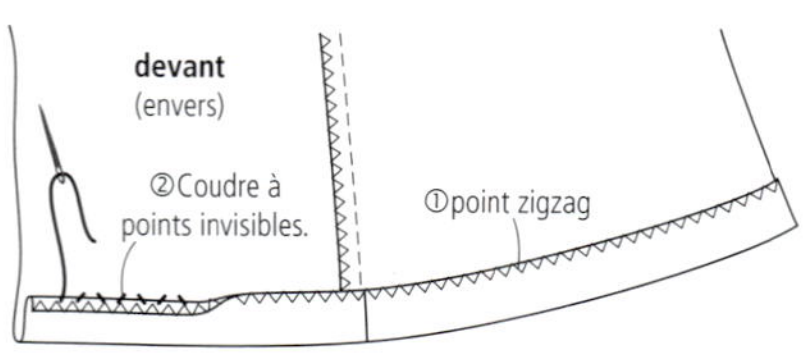

- **Tunique**

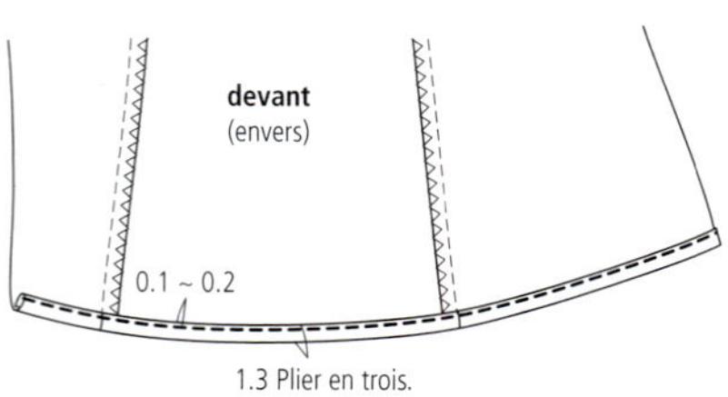

Surfiler le bord inférieur de la robe au point zigzag.
Plier et coudre à points invisibles.
Plier en trois le bord inférieur de la tunique. Piquer.

8 **Faire l'ourlet**

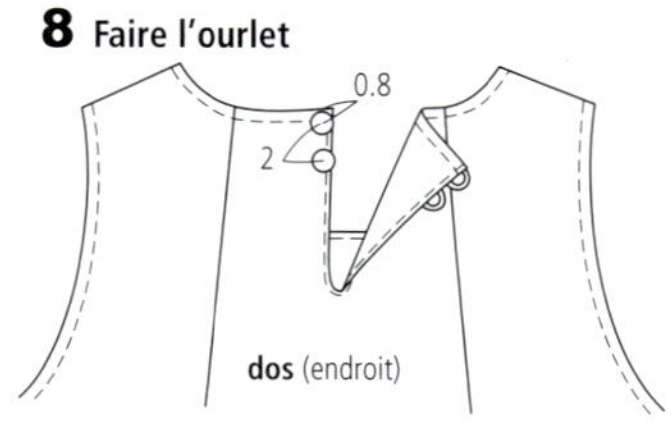

Coudre 2 boutons du côté gauche du dos en face des deux brides boutonnières de droite.

9 **Confectionner le ruban**

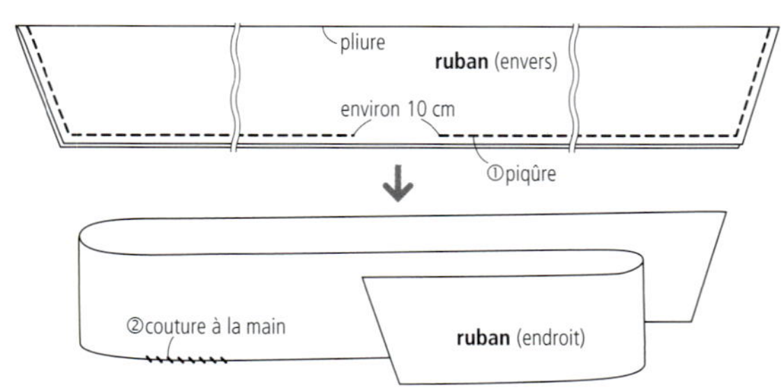

① Replier le tissu du ruban endroit contre endroit. Piquer en laissant une ouverture pour retourner au centre.
② Retourner sur l'endroit. Marquer le pli au fer. Fermer l'ouverture pour retourner.

patron A

A3

Robe de la page 10

★ Pièces de patron (verso du cahier central)

A devant, empiècement de côté devant, **A** dos, **A** empiècement de côté dos, **A** parementure devant, **A** parementure dos, **A3** volant
Couper le biais et le tissu pour les brides boutonnières en suivant le plan de coupe.

★ Fournitures

Tailles S, M : 110 x 230 cm de tissu en polyester imprimé à gros pois
Tailles L, XL : 110 x 250 cm de tissu en polyester imprimé à gros pois
110 x 110 cm de tissu en polyester à petits pois
90 x 60 cm de toile thermocollante
2 boutons de 1,2 cm de diamètre

★ Étapes de la réalisation

Le signe "▼" signifie qu'il faut se référer aux pages 37 et 38.

● Fixer la toile thermocollante sur l'envers de la parementure. Surfiler le bord inférieur au point zigzag (ou à la surjeteuse).

1 Confectionner les volants et les monter sur les empiècements de côté devant. **Voir le schéma p. 40.**

2 Assembler le devant et le dos de la robe (▼). Assembler au préalable les pièces du volant.

3 Confectionner les brides et les faufiler. ▼

4 Faire les coutures d'épaule. ▼

5 Réaliser la fente dans le dos. **Voir le schéma p. 40.**

6 Recouvrir l'encolure avec le biais. **Voir le schéma p. 40.**

7 Faire les coutures d'emmanchure. ▼

8 Assembler les côtés jusqu'à la parementure. Surpiquer le pourtour des emmanchures. ▼

9 Faire l'ourlet. ▼

10 Coudre les boutons. ▼

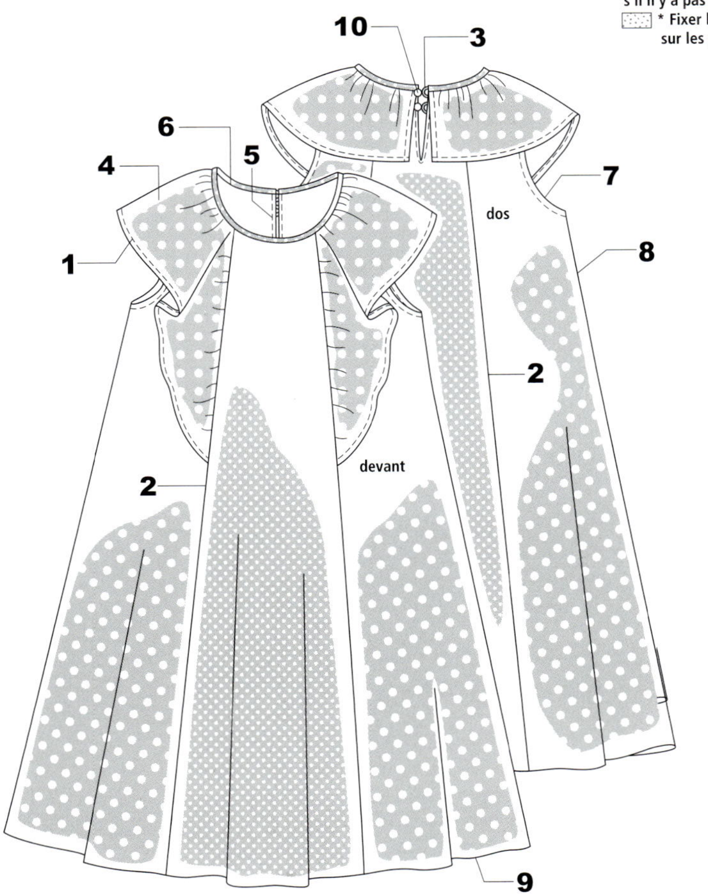

Plan de coupe

Tissu à gros pois

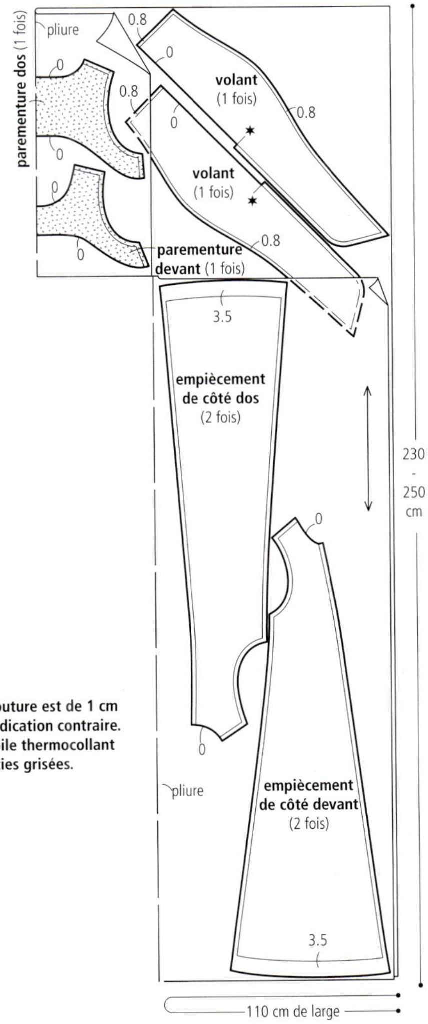

* La marge de couture est de 1 cm s'il n'y a pas d'indication contraire.
* Fixer la toile thermocollant sur les parties grisées.

Tissu à petits pois

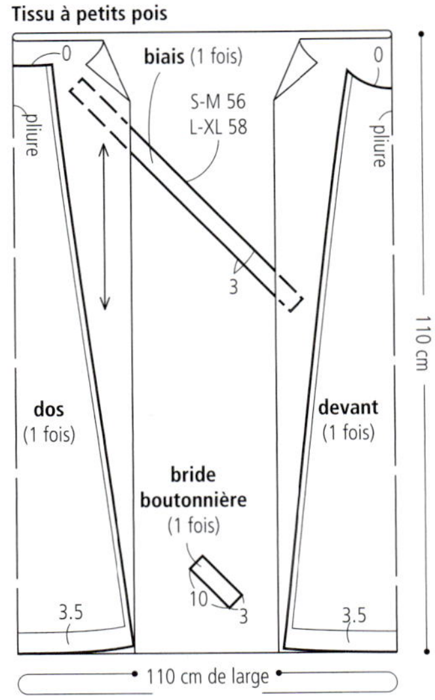

1 Confectionner les volants et les fixer sur les empiècements devant

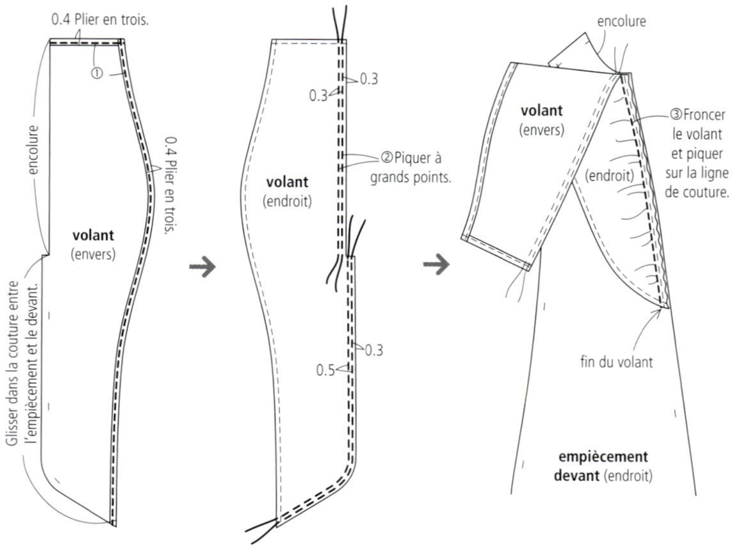

① Plier en trois les bords du contour extérieur. Piquer.
② Piquer 2 fois à grands points les autres bords.
③ Froncer le volant en tirant sur le fil qui disparaitra dans la couture. Poser le volant sur l'empiècement devant en suivant le schéma. Faufiler à la machine ou à la main.

5 Réaliser la fente dans le dos

① Poser, endroit contre endroit, le dos sur la parementure. Piquer le contour à l'emplacement de la fente.
② Couper la fente entre les coutures.
③ Retourner la parementure sur l'endroit. Surpiquer le tour de la fente.
④ Poser, envers contre envers, la robe sur la parementure. Faufiler le tour de l'encolure.

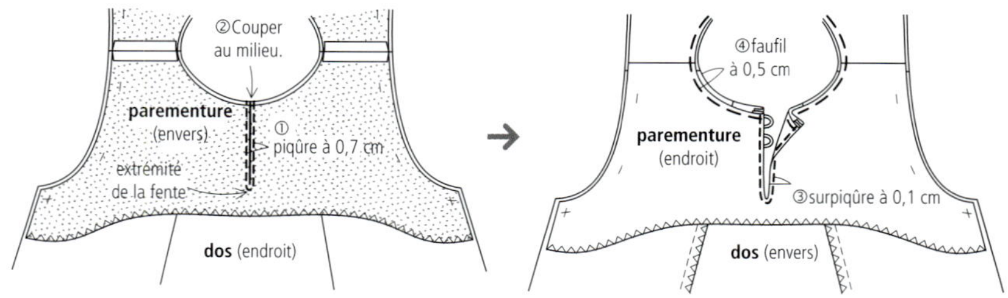

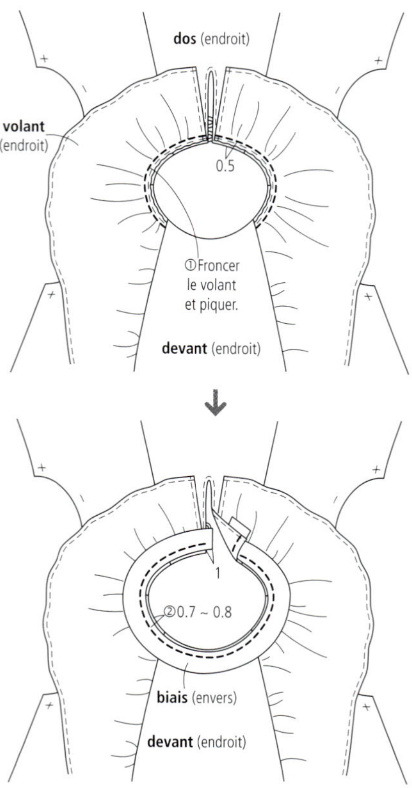

6 Recouvrir l'encolure avec le biais

① Froncer la partie du volant qui borde l'encolure. Faufiler sur l'encolure à la machine ou à la main.
② Poser, endroit contre endroit, le biais sur l'encolure. Piquer.
③ Retourner le biais sur l'endroit. Rabattre la couture à l'intérieur. Piquer.

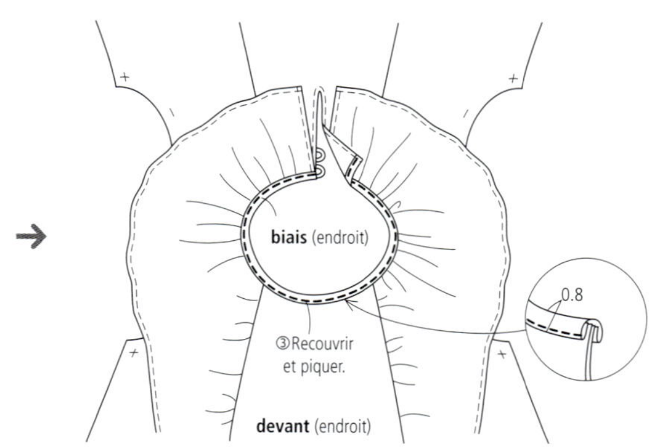

patron B

B1

Robe de la page 12

★ Pièces de patron (recto du cahier central)
B devant, **B** dos, **B** manche, **B1** col, **B1** empiècement triangulaire

★ Fournitures
Tailles S, M : 150 x 210 cm de tissu en lin fin de Lituanie
Tailles L, XL : 150 x 220 cm de tissu en lin fin de Lituanie
Un peu d'élastique de 1,5 cm de largeur
1,5 x 210 cm de biais (plié en 4)

★ Conseils pour la réalisation
● Le biais est cousu le long de l'ourlet puis retourné complètement (il devient invisible).
Si vous ne trouvez pas de biais dans le ton du tissu, couper une bande de biais de 3 cm dans le tissu de la robe.

Plan de coupe
*** La marge de couture est de 1 cm s'il n'y a pas d'indication contraire.**

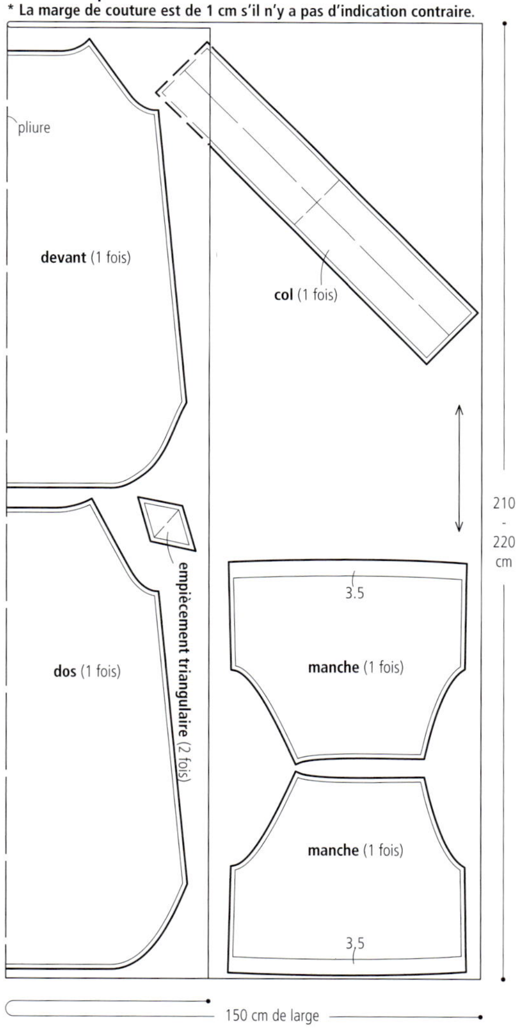

Étapes de la réalisation

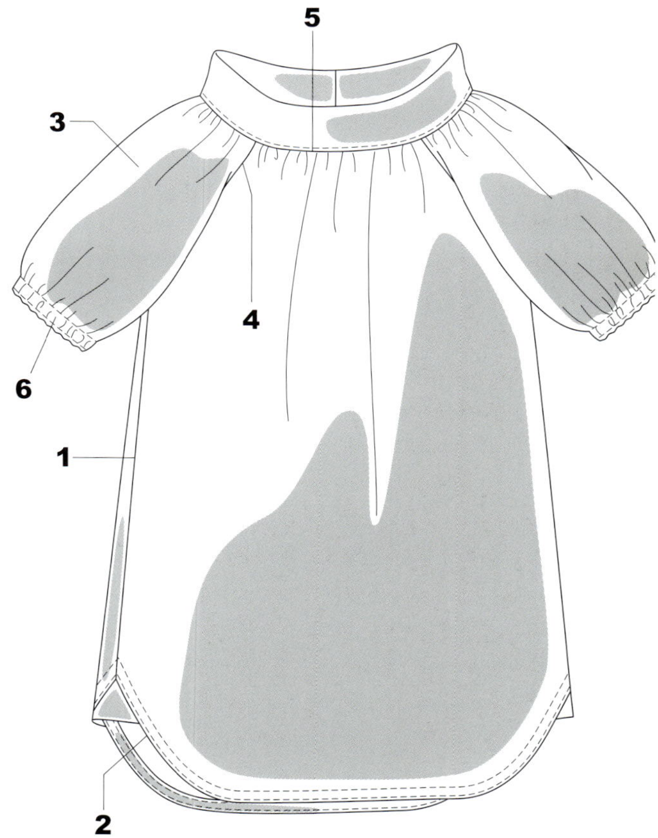

1 Coutures de côté

① Assembler, endroit contre endroit, le devant et le dos en piquant les côtés.
② Surfiler ensemble les 2 coutures au point zigzag (ou à la surjeteuse). Stopper 1 cm avant la fin de la piqûre.
③ Rabattre les coutures sur le dos.

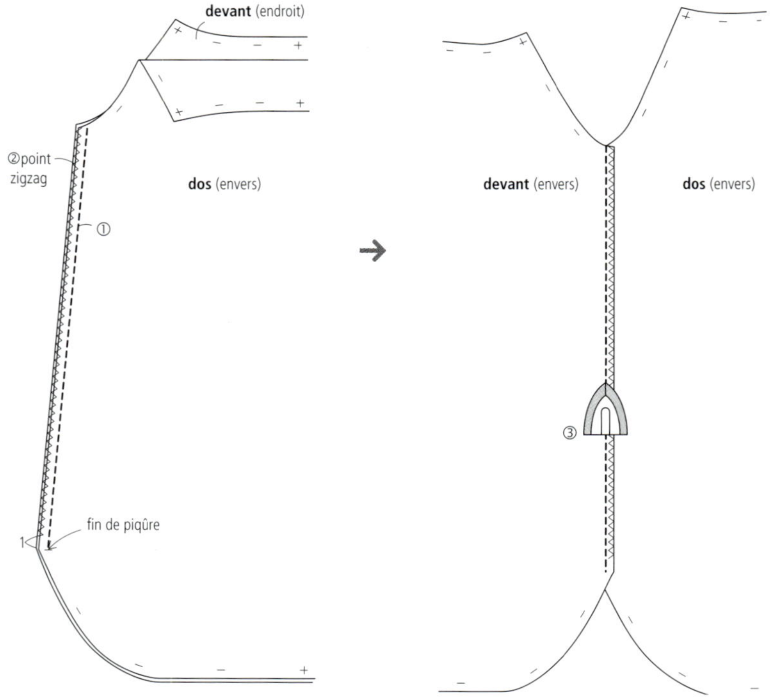

2 Monter l'empiècement triangulaire et faire l'ourlet

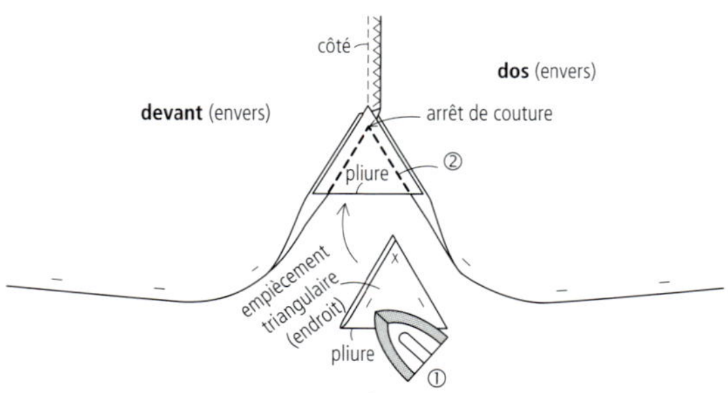

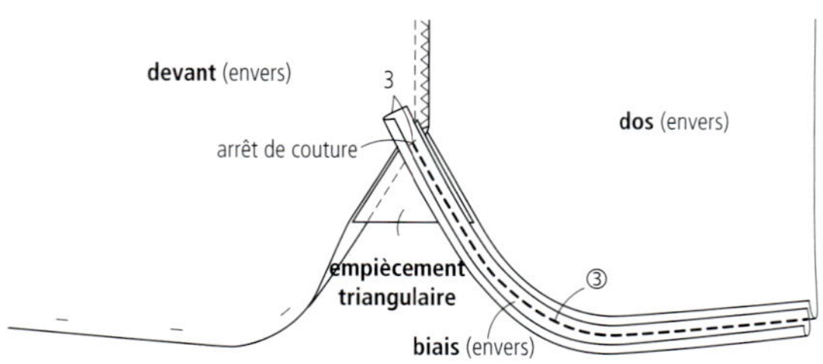

① Plier, envers contre envers, l'empiècement en triangle.
② Poser, endroit contre endroit, l'empiècement sur son emplacement. Piquer deux côtés en partant de l'arrêt de couture.
③ Poser, endroit contre endroit, le biais sur l'ourlet du dos. Piquer d'un arrêt de couture à l'autre.
④ Poser, endroit contre endroit, le biais sur l'ourlet du devant. Piquer d'un arrêt de couture à l'autre.
⑤ Rabattre le biais sur l'envers du dos et du devant. Bien marquer le pli au fer.
⑥ Plier les deux extrémités du biais en onglet. Surpiquer les deux côtés du biais.

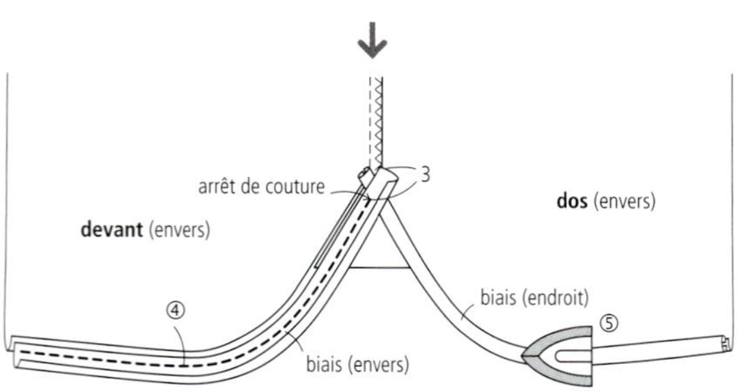

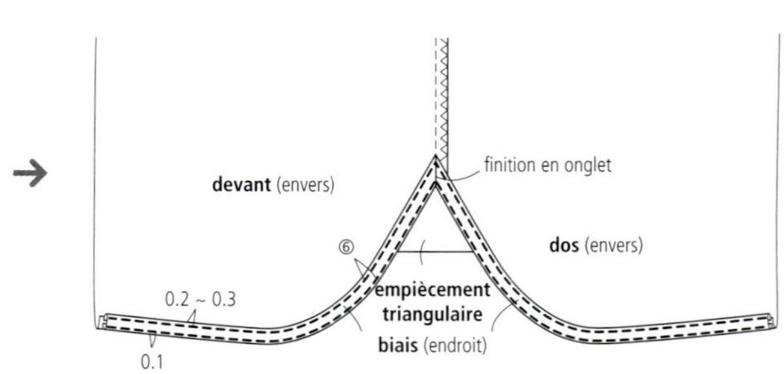

3 Confectionner les manches

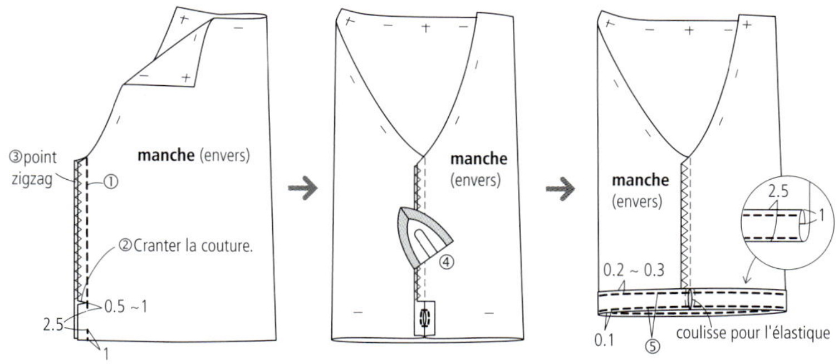

① Plier la manche, en deux et endroit contre endroit. Piquer en laissant 2,5 cm à l'emplacement de l'ouverture de la coulisse pour l'élastique.
② Cranter sur 0,5 ou 1 cm au niveau de la ligne de pliure de l'ourlet.

③ Faufiler, ensemble et au point zigzag, les 2 coutures jusqu'à l'ouverture.
④ Rabattre les coutures sur le dos. Ouvrir les coutures après le cran. Piquer.
⑤ Plier en trois l'ourlet de 2,5 cm de large. Surpiquer les deux bords de l'ourlet.

4 Monter les manches

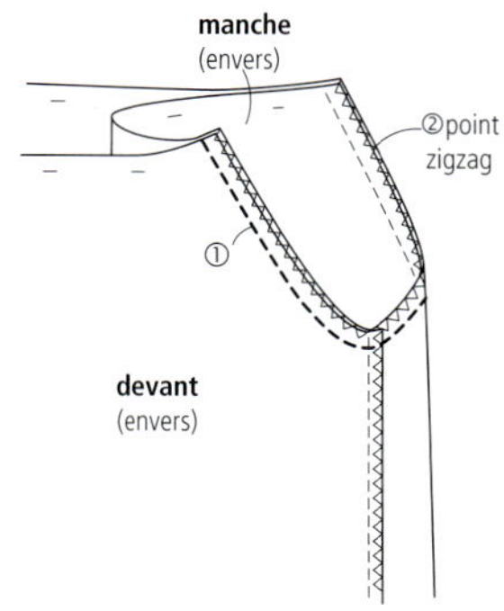

① Superposer, endroit contre endroit, la robe et la manche. Piquer la couture de l'emmanchure raglan.
② Faufiler au point zigzag les 2 coutures ensemble. Rabattre sur la manche.

5 Monter le col

① Passer deux fils de fronces sur la couture de l'encolure. Froncer régulièrement en tirant les fils.
② Piquer la couture du milieu dos du col. Ouvrir les coutures.
③ Marquer le pli au fer à 1 cm au bord inférieur du col.
④ Poser, endroit contre endroit, le col sur l'encolure. Piquer.
⑤ Plier la couture du bord inférieur. Plier le col en deux. Piquer.

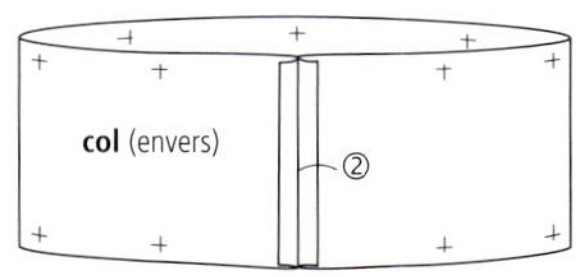

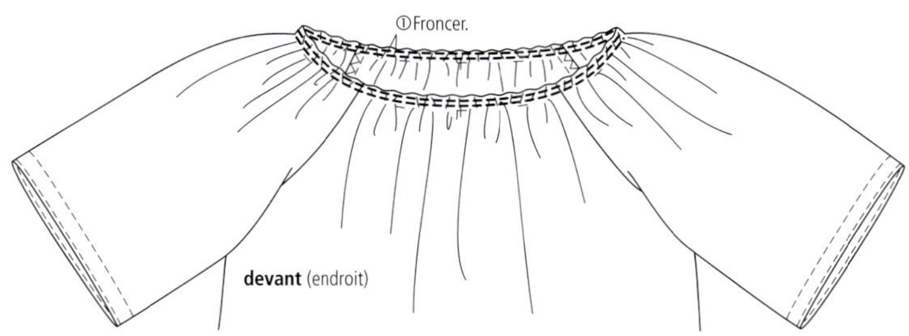

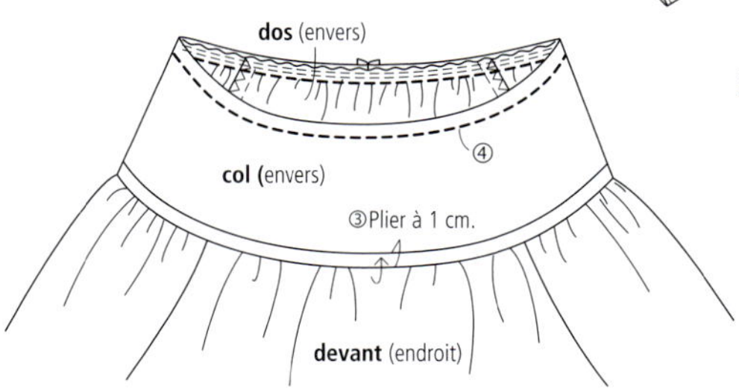

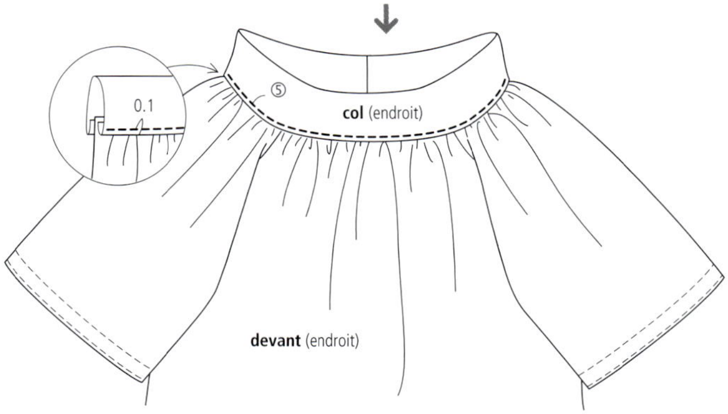

6 Passer l'élastique dans l'ourlet de la manche

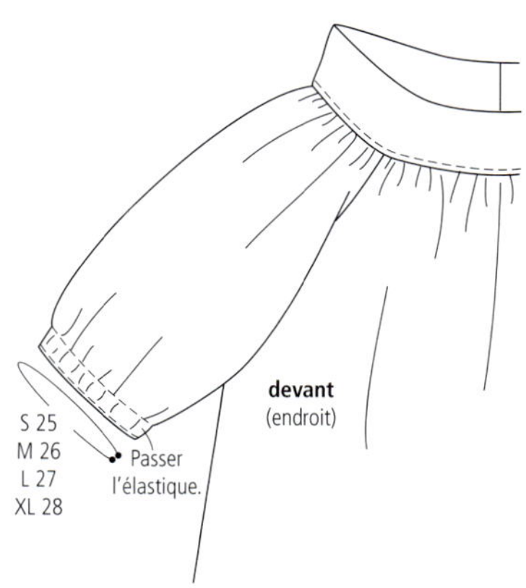

Couper l'élastique de la mesure indiquée + 2 cm. Passer l'élastique dans l'ourlet. Superposer sur 2 cm les extrémités de l'élastique. Coudre.

patron B

B2

Blouse de la page 15

★ Pièces de patron (recto du cahier central)
B devant, **B** dos, **B** manche,
B2 empiècement devant, **B2** col devant
B2 col dos
Couper le biais et le tissu pour les brides boutonnières en suivant le plan de coupe.
Dessiner le patron de la parementure de l'ourlet de la manche selon le patron de la manche.

★ Fournitures
Tailles S, M : 102 x 220 cm de tissu de coton gaufré à chevrons
Tailles L, XL : 102 x 230 cm de tissu de coton gaufré à chevrons
90 x 20 cm de toile thermocollante fine
150 cm de dentelle **A** de 7,5 cm de large
440 cm de dentelle **B** de 1 cm de large
Un peu d'élastique de 1 cm de large
2 boutons de 1,1 cm de diamètre

★ Étapes de la réalisation
Le signe "▼" signifie qu'il faut se référer aux pages 42 et 43.
● Fixer la toile thermocollante sur l'envers du col.
1 Réaliser la fente au milieu du dos.
Voir schéma 1 page 46.
2 Assembler le devant et l'empiècement devant et la dentelle **A**.
Voir le schéma p. 45.
3 Piquer les coutures de côté. ▼
4 Plier l'ourlet en trois sur 0,8 cm de large. Piquer.
5 Confectionner les manches.
Voir le schéma p. 45.
6 Monter les manches. ▼
7 Confectionner les brides boutonnières et les faufiler sur dos du col.
Voir le schéma p. 45.
8 Froncer l'encolure, du devant, du dos et des manches. Monter le col.
Voir les schémas 6 et 7 p. 47.
9 Ajouter la dentelle **B** sur les bords supérieur et inférieur du col. Piquer la dentelle jusqu'à 1,5 cm du milieu. Laisser 80 cm. Couper.
10 Passer l'élastique dans l'ourlet de la manche. Les longueurs d'élastique à couper (parties superposées non comprises) sont : 22 cm pour la taille S, 23 cm pour la taille M, 24 cm pour la taille L et 25 cm pour la taille XL.
11 Coudre les boutons.

Plan de coupe

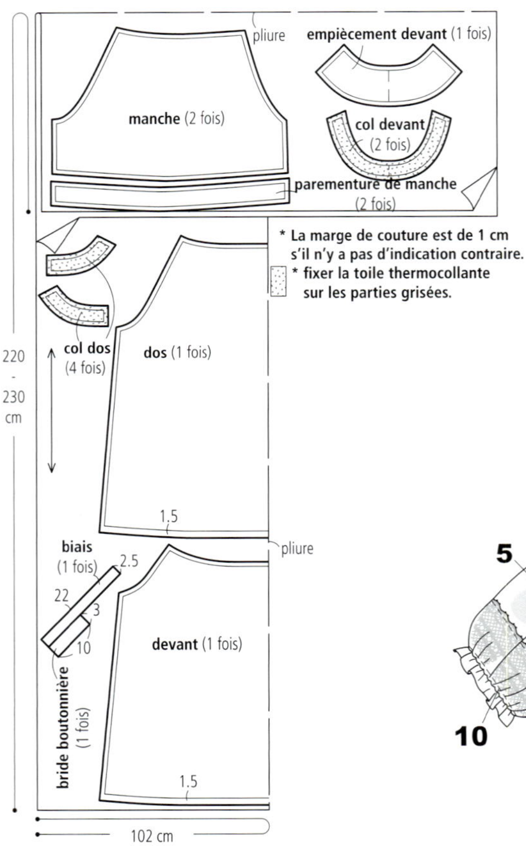

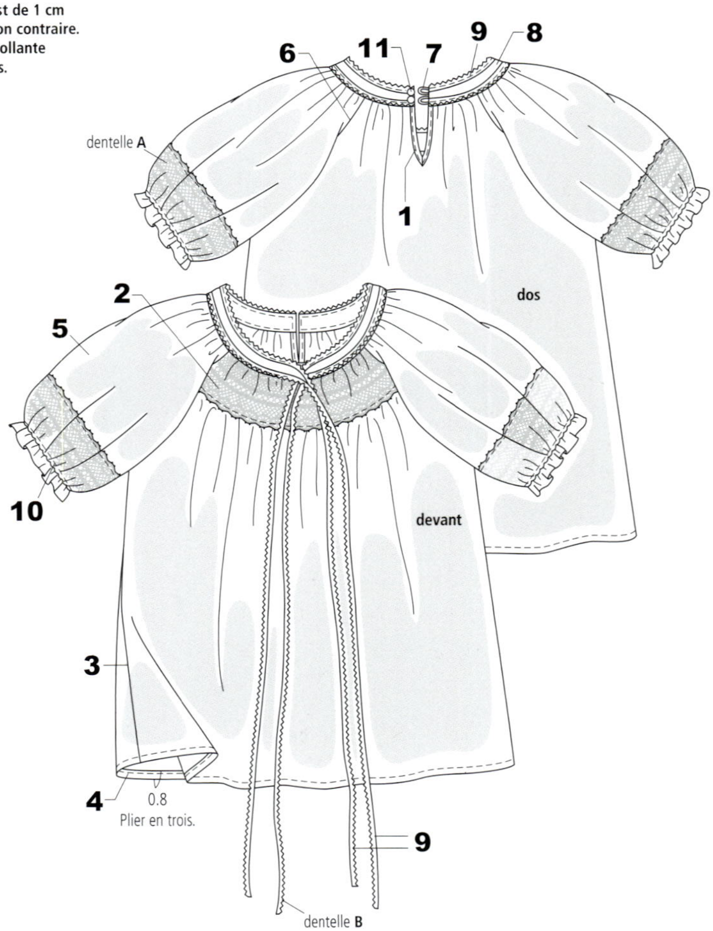

2 Assembler le devant, l'empiècement devant et la dentelle A

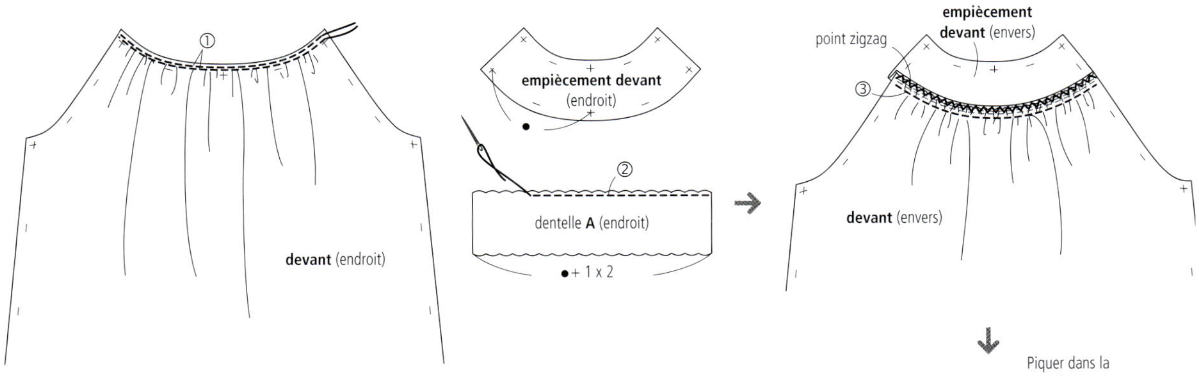

① Piquer à grands points deux lignes dans la marge de couture du bord supérieur du devant. Tirer les fils pour froncer.
② Couper la dentelle A aux dimensions de l'empiècement devant. Piquer à grands points sur la bordure supérieure.

③ Assembler, endroit contre endroit, l'empiècement et le devant. Surfiler ensemble les 2 coutures. Rabattre sur l'empiècement.
④ Tirer le fil de fronces de la dentelle pour l'amener à la largeur de l'encolure. Poser sur l'empiècement devant. Piquer le contour.

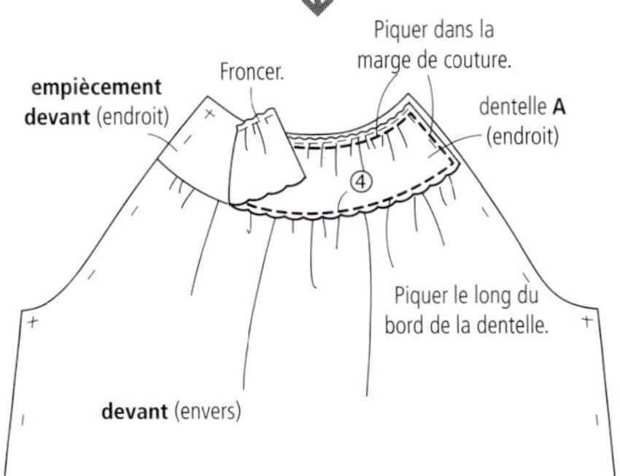

5 Confectionner les manches

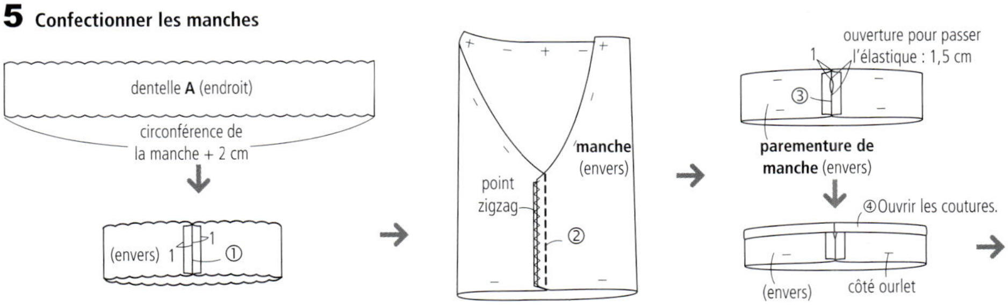

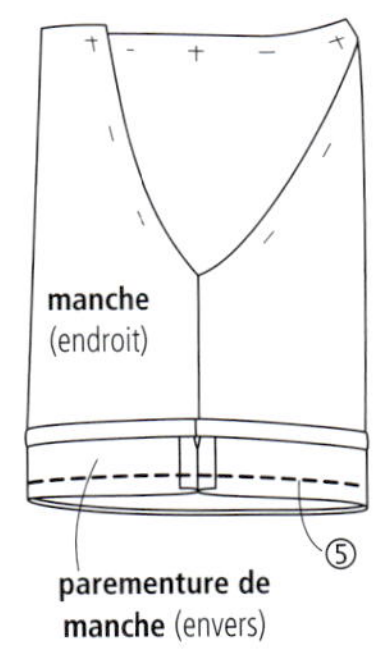

① Couper la dentelle aux dimensions de la manche. Coudre, endroit contre endroit, les extrémités pour former un anneau.
② Assembler les côtés de la manche. Surfiler les coutures ensemble. Rabattre sur le côté dos.
③ Assembler les côtés de la parementure de la manche en laissant une ouverture pour passer l'élastique. Ouvrir les coutures.
④ Marquer au fer le pli du bord supérieur de la parementure de la manche.
⑤ Superposer, endroit contre endroit, la manche et sa parementure. Piquer sur la ligne de couture de l'ourlet.
⑥ Retourner la parementure sur l'envers de la manche. Marquer le pli et piquer au ras du bord de la parementure.
⑦ Poser l'anneau de dentelle sur l'endroit de la manche. Surpiquer en haut et en bas.

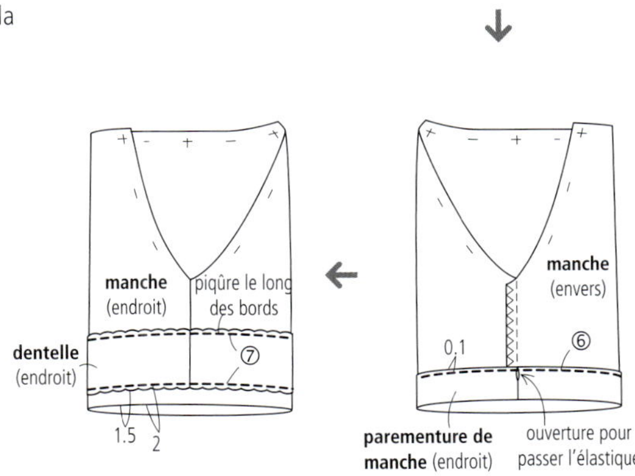

7 Confectionner les brides boutonnières et les faufiler

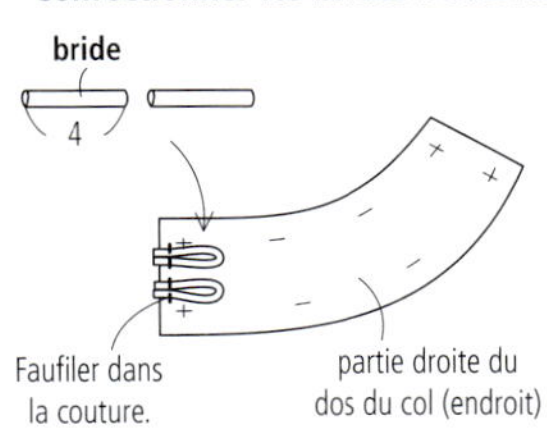

Confectionner deux brides (Voir les explications page 37) et les faufiler à leurs emplacements sur la partie droite du dos du col.

patron B

B3

Blouse de la page 04

★ Pièces de patron (recto du cahier central)
B devant, **B** dos, **B** manche, **B3** col devant, **B3** col dos
Couper le biais pour recouvrir les bords de la fente en suivant le plan de coupe.
Dessiner le patron de la doublure de la coulisse selon les patrons du devant et du dos.

★ Fournitures
Tailles S, M : 105 x 220 cm de tissu de coton imprimé
Tailles L, XL : 105 x 230 cm de tissu de coton imprimé
90 x 20 cm de toile thermocollante
280 cm de dentelle de 1 cm de large
Un peu d'élastique de 1 cm de large

★ Étapes de la réalisation
Le signe "▼" signifie qu'il faut se référer aux pages 42 et 43.
● Fixer la toile thermocollante sur l'envers du col (partie extérieure).
1 Réaliser la fente au milieu du devant
Voir le schéma ci-dessous.
2 Piquer les côtés.▼
3 Monter la doublure de la coulisse de la taille. Ajouter la dentelle à l'ourlet. **Voir le schéma p.47.**
4 Confectionner les manches. Après avoir piqué les coutures de la manche, surfiler les 2 coutures ensemble au point zigzag (ou à la surjeteuse). Rabattre les coutures sur le côté dos. Ajouter la dentelle de la même manière que pour l'ourlet de la blouse.
5 Monter les manches. ▼
6 Confectionner le col. **Voir le schéma p.47.**
7 Monter le col. **Voir le schéma p.47.**
8 Passer l'élastique dans la coulisse de la taille. Les longueurs d'élastique à couper (sans les parties superposées) sont : 78 cm pour la taille S, 83 cm pour la taille M, 88 cm pour la taille L, 93 cm pour la taille XL.

Plan de coupe

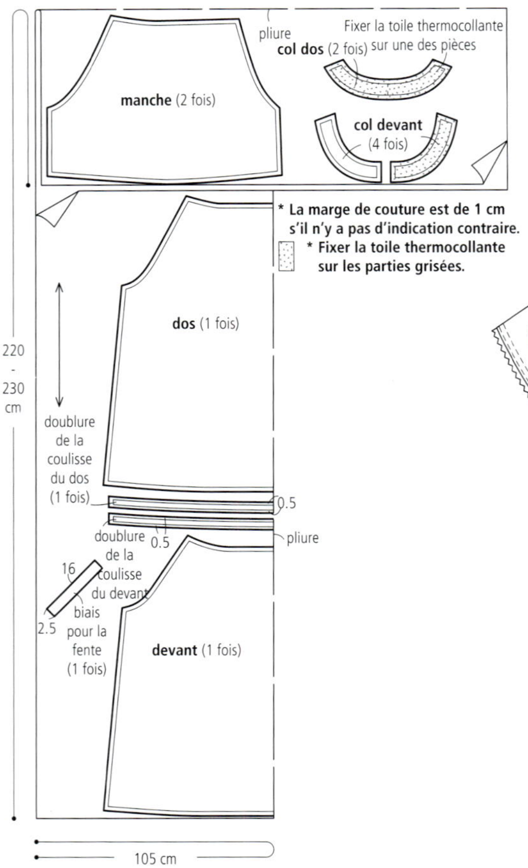

1 Réaliser la fente du devant

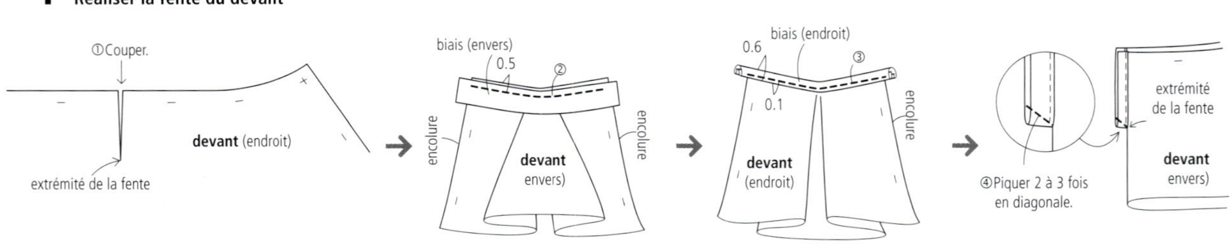

① Couper jusqu'au repère de l'extrémité de la fente au milieu du devant.
② Ouvrir la fente. Poser le biais, endroit contre endroit, sur le devant. Piquer.
③ Recouvrir la couture avec le biais. Faire une bordure de 0,6 cm. Piquer. Couper les extrémités au niveau de l'encolure.
④ Remettre les côtés de la fente bord à bord. Piquer en diagonale la pointe à la base de la fente.

3 **Monter la doublure de la coulisse de la taille. Ajouter la dentelle à l'ourlet**

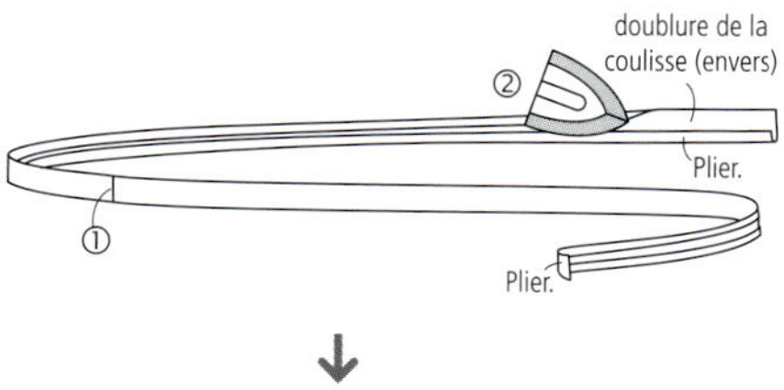

① Assembler les deux pièces de la doublure de la coulisse.
② Plier au fer les coutures en haut et en bas de la doublure de la coulisse.
③ Poser la doublure de la coulisse à son emplacement sur l'envers de la blouse.
④ Piquer le bord inférieur du chemisier au point zigzag. Marquer le pli au fer.
⑤ Poser la dentelle endroit contre endroit sur la pliure en suivant le schéma. Piquer le long du bord de la dentelle.
⑥ Replier l'ourlet et surpiquer deux fois l'ourlet.

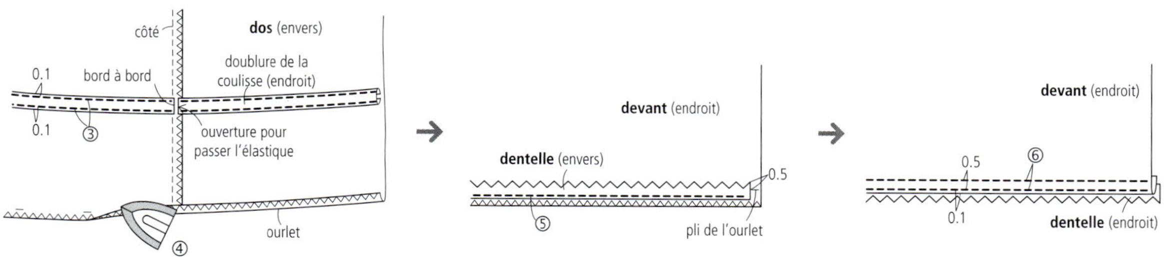

6 **Confectionner le col**

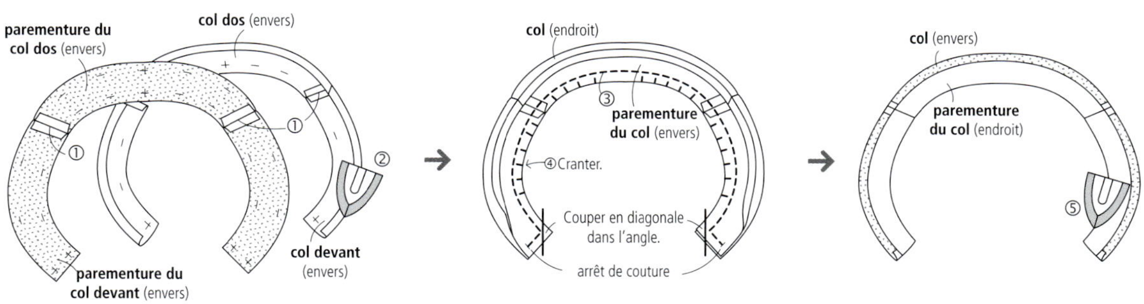

① La pièce entoilée est le col lui même. Faire les coutures d'épaule, du col et de la paramenture du col.
② Marquer au fer le pli du bord extérieur de la paramenture du col.

③ Poser, endroit contre endroit, le col sur la paramenture. Piquer les deux extrémités du devant et l'encolure.
④ Cranter les coutures de l'encolure. Couper en diagonale dans l'angle aux deux extrémités.
⑤ Retourner le col sur l'endroit et repasser.

7 **Monter le col**

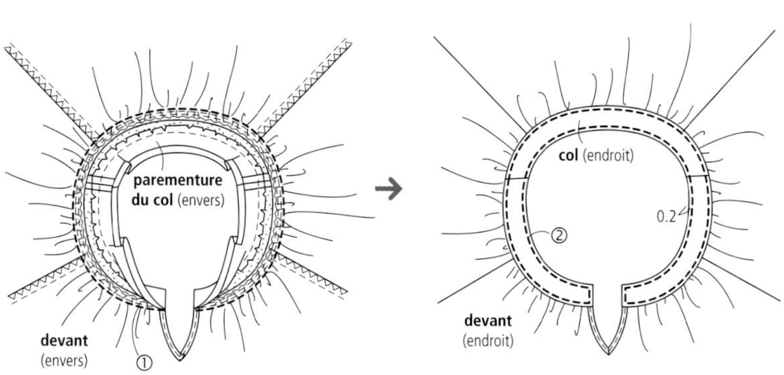

① Froncer l'encolure de la blouse. Piquer le col endroit contre endroit. Rabattre les coutures sur le col.
② Remettre le col et la paramenture du col envers contre envers. Surpiquer.

patron C

C1

Robe de la page 20

★ Pièces de patron (recto du cahier central)

C devant, **C** dos, **C1** manche, **C** parementure devant, **C** parementure dos

Couper le tissu de renfort de l'ouverture du passage du ruban en suivant le patron de la doublure.

Dessiner le patron de sa parementure selon le patron de la manche.

★ Fournitures

Tailles S,M : 140 x 210 cm de tissu en lin festonné
Tailles L, XL : 140 x 220 cm de tissu en lin festonné
75 x 20 cm de tissu de coton fin (doublure)
90 x 25 cm de toile thermocollante
240 cm de ruban de gros grain de 2,5 cm de large

★ Conseils pour la réalisation

● Choisir un tissu à lisière festonnée et utiliser la lisière comme le bord inférieur de la robe. Dans ce cas, l'ourlet de la robe est en ligne droite. Dans le cas d'un tissu sans feston, utiliser le patron du modèle **C3** pour le bord inférieur de la robe. Couper en ajoutant une marge de couture et faire un ourlet.

● Fixer la toile thermocollante sur l'envers des parementures et du tissu de renfort de l'ouverture du passage du ruban.

Plan de coupe

Tissu de la robe

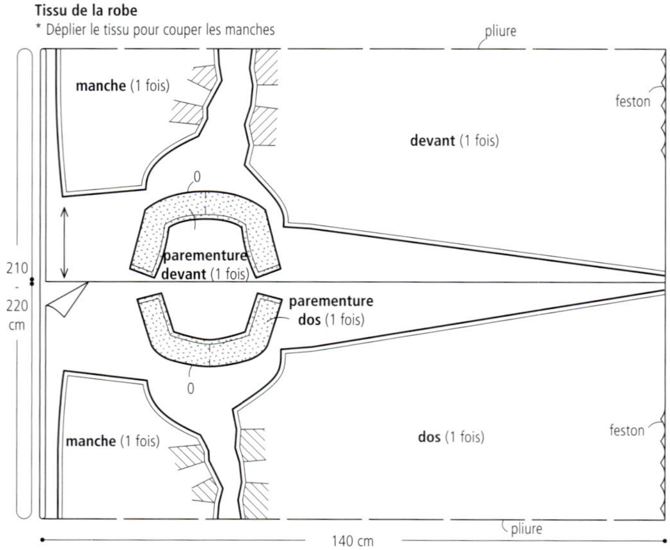

Doublure

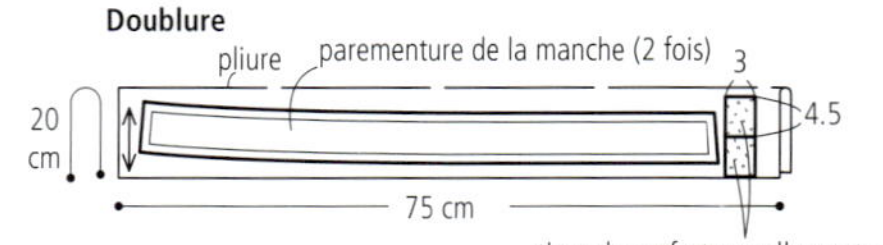

*** La marge de couture est de 1 cm s'il n'y a pas d'indication contraire.**
*** fixer la toile thermocollante sur les parties grisées.**

Étapes de la réalisation

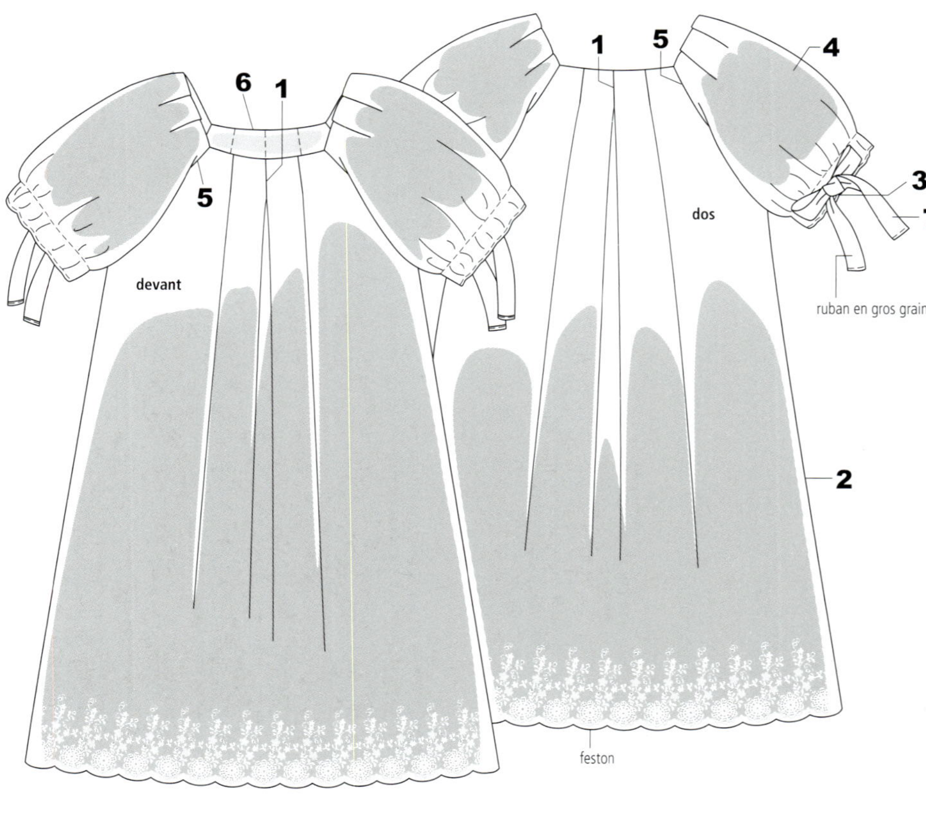

1 **Piquer les plis du devant et du dos**

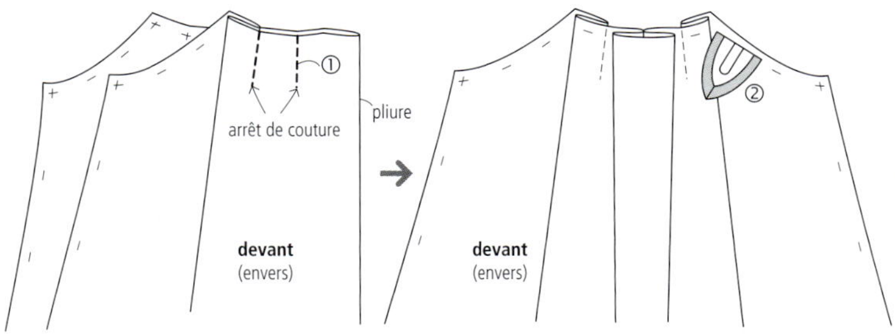

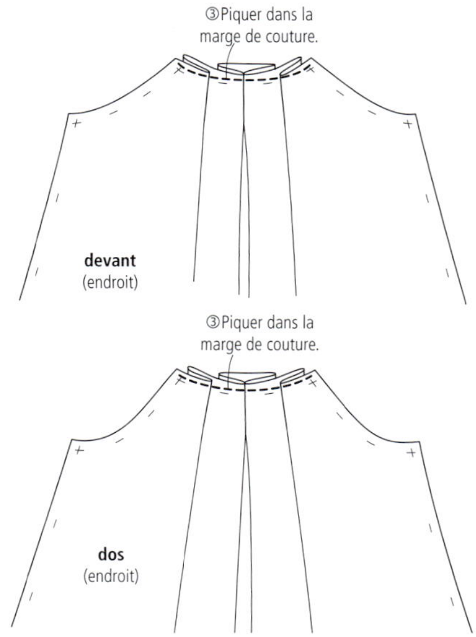

① Former les plis, endroit contre endroit. Piquer jusqu'à l'arrêt de couture.
② Après avoir aplati le pli central, coucher les autres plis vers l'extérieur. Repasser sur 10 cm à partir de l'encolure pour marquer les plis.
③ Fixer les plis en piquant dans la marge de couture de l'encolure.

2 **Piquer les coutures des côtés**

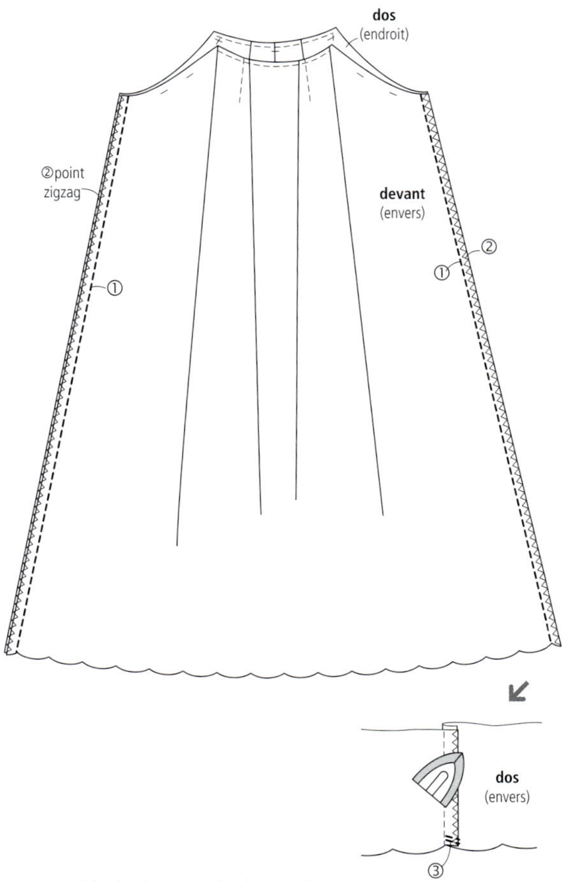

① Assembler le devant et le dos en piquant les côtés.
② Surfiler les 2 coutures ensemble au point zigzag (ou à la surjeteuse).
③ Rabattre les coutures vers le dos. Repasser. Faire un point d'arrêt en bas de la couture.

3 **Réaliser l'ouverture pour passer le ruban de la manche**

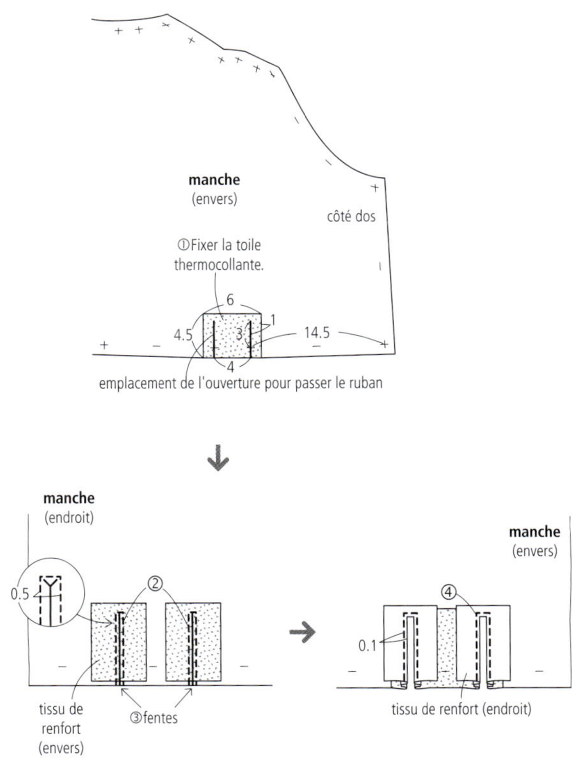

① Fixer la toile thermocollante sur le côté dos de la manche selon le schéma et marquer les emplacements des deux fentes pour passer le ruban.
② Poser le tissu de renfort, endroit contre endroit, sur l'emplacement des trous et piquer à 0,5 cm de la marque.
③ Couper au centre entre les coutures.
④ Retourner le tissu de renfort sur l'envers de la manche. Repasser pour marquer le pli et surpiquer.

4 Faire les plis et confectionner la manche

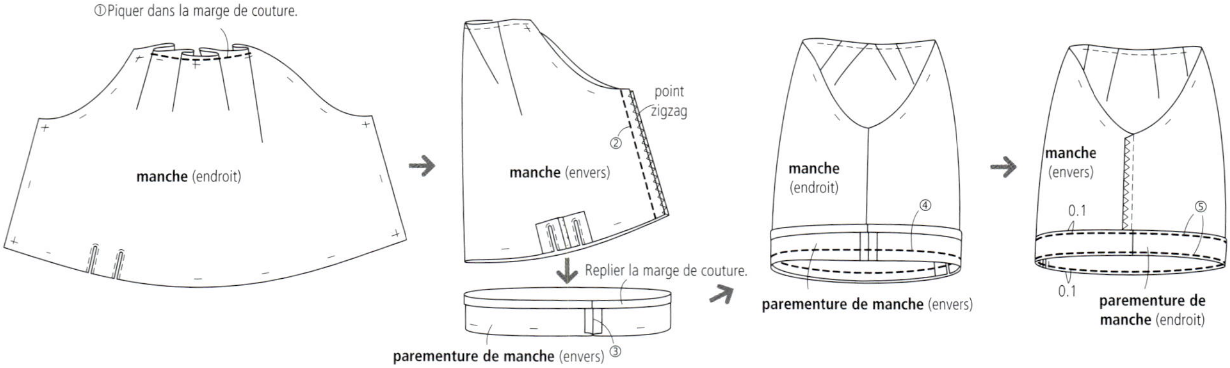

① Réaliser les plis de la manche au niveau de l'épaule. Piquer dans la marge de couture.
② Piquer, endroit contre endroit, les côtés de la manche ensemble. Surfiler ensemble les 2 coutures au point zigzag. Rabattre sur le dos.
③ Assembler les deux extrémités de la parementure de la manche. Replier au fer l'un des deux bords.
④ Poser, endroit contre endroit, la parementure sur le bas de la manche. Piquer le pourtour.
⑤ Retourner la parementure sur l'envers de la manche. Marquer le pli et surpiquer.

5 Monter les manches

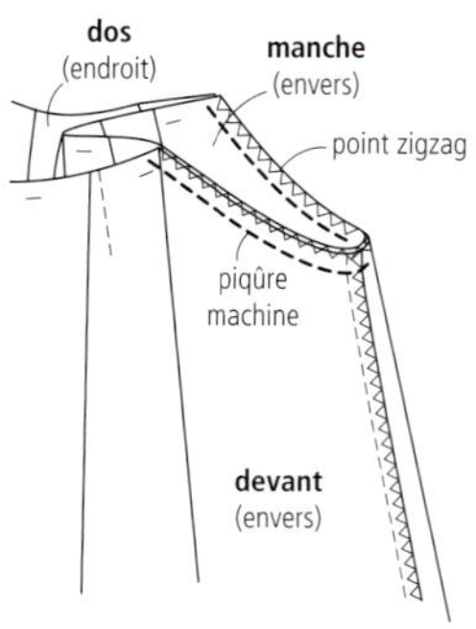

Poser, endroit contre endroit, la manche dans la robe. Piquer l'emmanchure raglan. Surfiler les 2 coutures ensemble au point zigzag. Rabattre sur la manche.

6 Préparer l'encolure

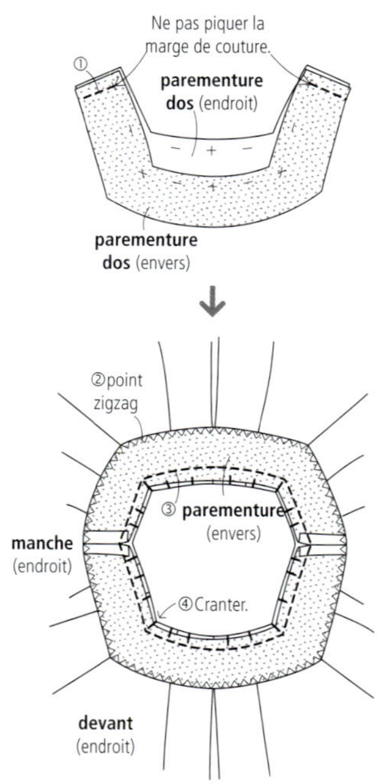

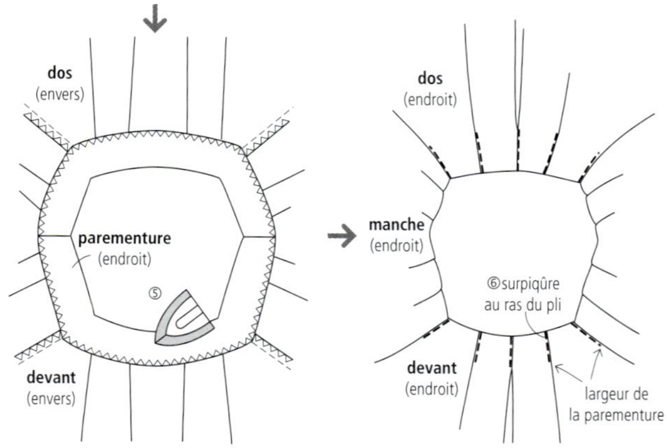

① Piquer les coutures d'épaule des parementures devant et dos. Ouvrir les coutures.
② Surfiler le bord extérieur de la parementure.
③ Poser, endroit contre endroit, la parementure sur l'encolure du chemisier. Piquer.
④ Cranter dans les marges de couture de l'encolure. Couper, à l'angle, jusqu'à la piqûre.
⑤ Retourner la parementure sur l'endroit. Repasser pour marquer l'encolure.
⑥ Surpiquer les plis et les coutures d'épaule sur une longueur égale à la largeur de la parementure.

7 Passer le ruban en gros grain dans l'ourlet de la manche

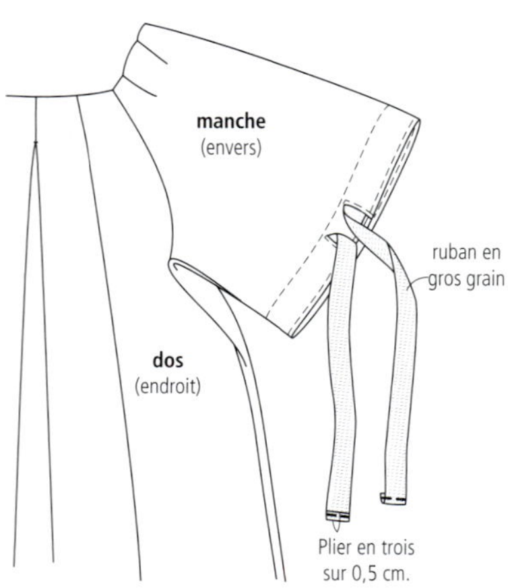

Couper un ruban de gros grain de 120 cm et le passer par les trous de l'ourlet.

patron C

C2

Chemisier de la page 14

★ Pièces de patron (recto du cahier central)
C devant, **C** dos, **C2** manche, **C** parementure devant, **C** parementure dos
Couper l'ourlet de la manche en suivant le plan de coupe.

★ Fournitures
Tailles S, M : 110 x 170 cm de tissu en soie de shantung
Tailles L, XL : 110 x 180 cm de tissu en soie de shantung
90 x 25 cm de toile thermocollante

★ Étapes de la réalisation
Le signe "▼" signifie qu'il faut se référer aux pages 49 et 50.

● Fixer la toile thermocollante sur l'envers de la parementure.
1 Réaliser les plis du devant et du dos. ▼
2 Piquer les coutures de côtés. ▼
3 Plier le bord inférieur en trois sur une largeur de 1,5 cm. Piquer.
4 Confectionner les manches. **Voir le schéma ci-dessous.**
5 Monter les manches. Poser, endroit contre endroit, le chemisier sur la manche. Piquer toute l'emmanchure sans piquer les dessous de bras. Surfiler ensemble les 2 coutures au point zigzag (ou à la surjeteuse). Rabattre les coutures vers le chemisier.
6 Recouvrir le bas de l'emmanchure (partie libre) avec le biais. Surpiquer.
7 Monter la parementure sur l'encolure. ▼

Plan de coupe

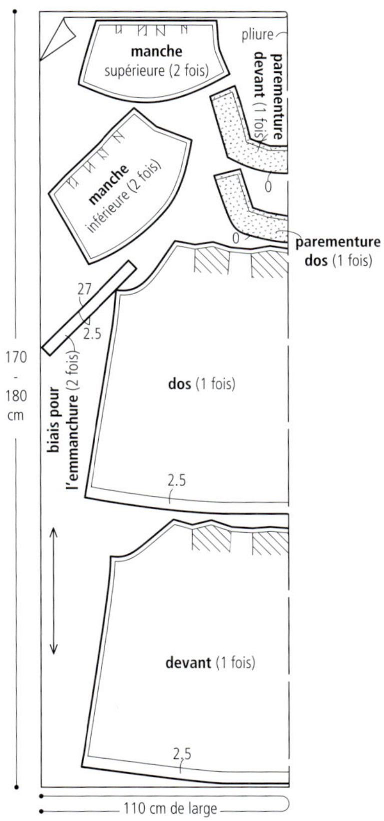

* La marge de couture est de 1 cm s'il n'y a pas d'indication contraire.
* Fixer la toile thermocollante sur les parties grisées.

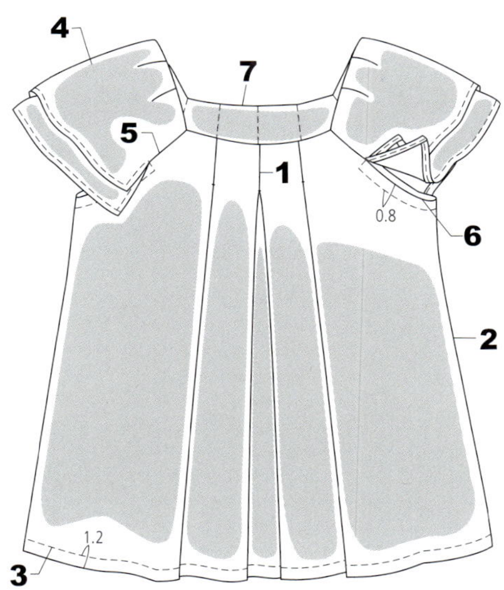

4 Confectionner les manches

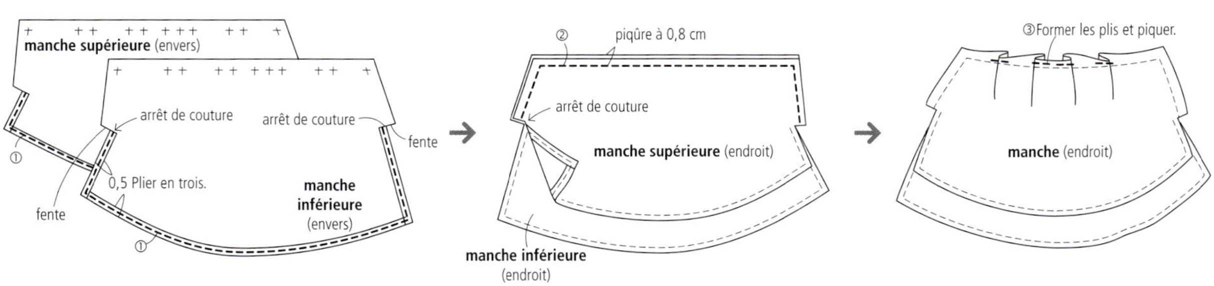

① Couper jusqu'au repère "arrêt de couture" de la manche supérieure et de la manche inférieure, Plier en trois les bords libres et piquer.

② Superposer les deux manches. Piquer sur la ligne de couture pour les fixer.
③ Former les plis. Faufiler à la machine ou à la main.

patron C

C3

Robe de la page 32

★ **Pièces de patron (recto du cahier central)**
C devant, **C** dos, **C3** manche, **C3** ruban, **C** parementure devant, **C** parementure dos
Couper la pièce pour nouer le ruban en suivant le plan de coupe.

★ **Fournitures**
Tailles S, M : 150 x 230 cm de tissu de lin à rayures
Tailles L, XL : 150 x 240 cm de tissu de lin à rayures
90 x 25 cm de toile thermocollante fine
Un peu d'élastique de 1 cm de large

Plan de coupe

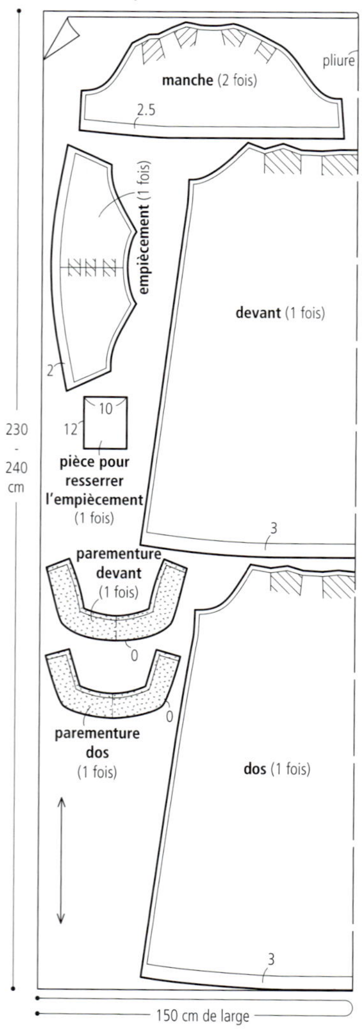

*** La marge de couture est de 1 cm s'il n'y a pas d'indication contraire.**
*** Fixer la toile thermocollante sur les parties grisées.**

★ **Étapes de la réalisation**
Le signe "▼" signifie qu'il faut se référer aux pages 49 et 50.

● Coller la toile thermocollante sur l'envers de la parementure.
1 Réaliser les plis du devant et du dos. ▼
2 Confectionner l'empiècement et le monter sur le devant.
Voir le schéma ci-dessous.
3 Piquer les coutures de côté. ▼
4 Confectionner les manches. Après avoir formé les plis, assembler les côtés de la manche (▼). Plier ensuite le bord inférieur de la manche en trois sur 1,5 cm. Piquer en laissant un passage pour l'élastique.
5 Monter les manches. ▼
6 Monter les parementures sur l'encolure. ▼
7 Surfiler le bas de la robe. Plier l'ourlet et coudre à points invisibles.
8 Passer l'élastique dans l'ourlet de la manche. Les longueurs d'élastique à couper (parties superposées non comprises) sont : 29 cm pour la taille S, 30 cm pour la taille M, 31 cm pour la taille L et 32 cm pour la taille XL.

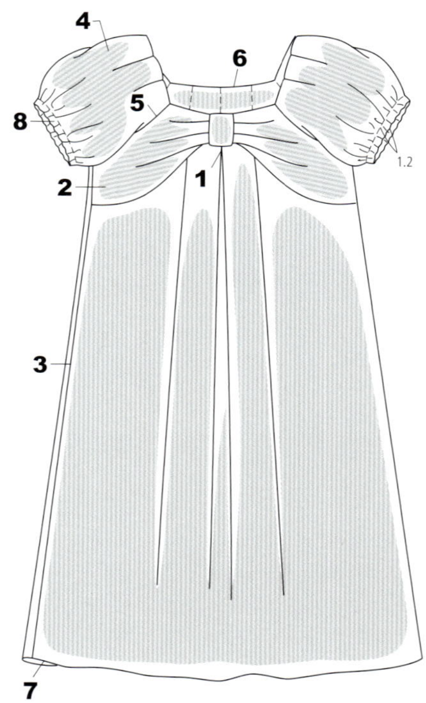

2 **Confectionner l'empiècement et le monter en forme de noeud.**

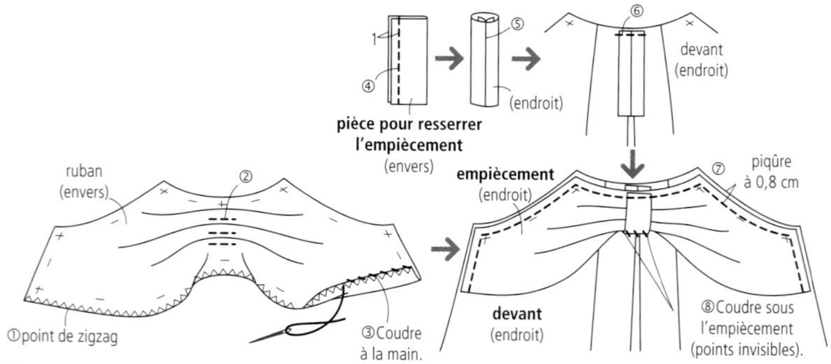

① Surfiler le bord inférieur de l'empiècement au point zigzag (ou à la surjeteuse).
② Donner la forme en pinçant, endroit contre endroit, le tissu de l'empiècementt. Piquer entre les repères et rabattre les plis vers le haut.
③ Faire l'ourlet du bas de l'empiècement à la main.
④ Plier en deux la pièce pour resserrer l'empiècement, endroit contre endroit. Piquer et ouvrir les coutures.
⑤ Retourner la pièce sur l'endroit. Repasser en plaçant la couture au milieu.
⑥ Faire coïncider le milieu de la pièce et le milieu de l'empiècement. Fixer par des points en piquant dans la couture de l'encolure.
⑦ Poser l'empiècement sur le devant. Rabattre la pièce pour resserrer par-dessus. Faufiler le pourtour à la machine ou à la main.
⑧ Coudre la base de la pièce sous l'empiècement

patron D

D1

Robe de la page 18

★ **Pièces de Patron (verso du cahier central)**
D devant, **D** dos, **D1** parementure devant de l'encolure, **D1** parementure dos de l'encolure, **D1** parementure d'emmanchure, **D1** poche

★ **Fournitures**
Tailles S, M : 140 x 150 cm de tissu de lin
Tailles L, XL : 140 x 160 cm de tissu de lin
90 x 55 cm de toile thermocollante
Un peu d'élastique de 0,8 cm de largeur
100 à 110 cm de ruban de gros grain de 5 cm de large

★ **Conseil pour la réalisation**
●Les épaules sont élastiquées pour en faciliter le fronçage puis décorées de rubans de gros grain.

*** La marge de couture est de 1 cm s'il n'y a pas d'indication contraire.**
*** Fixer la toile thermocollante sur les parties grisées.**

Plan de coupe

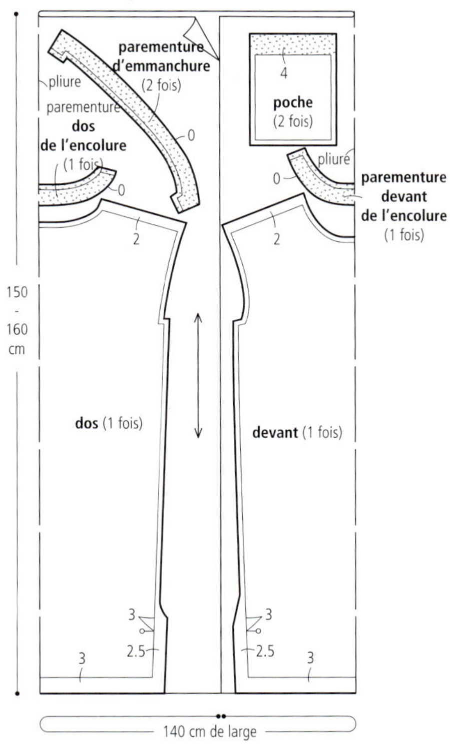

Étapes de la réalisation

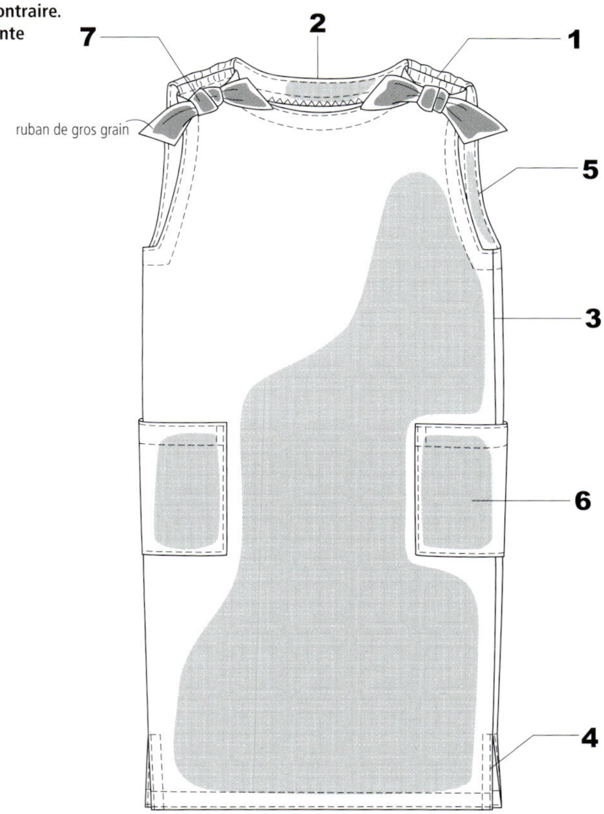

Toile thermocollante et surfilage
Après avoir fixé la toile thermocollante sur l'envers de la parementure et du haut de la poche, surfiler au point zigzag (ou à la surjeteuse) les bords indiqués sur le schéma.

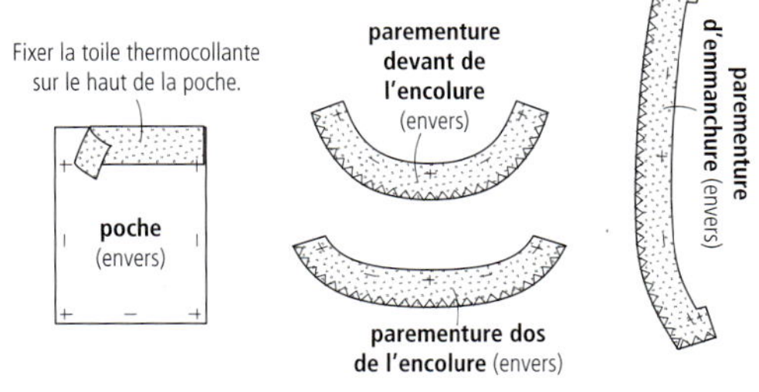

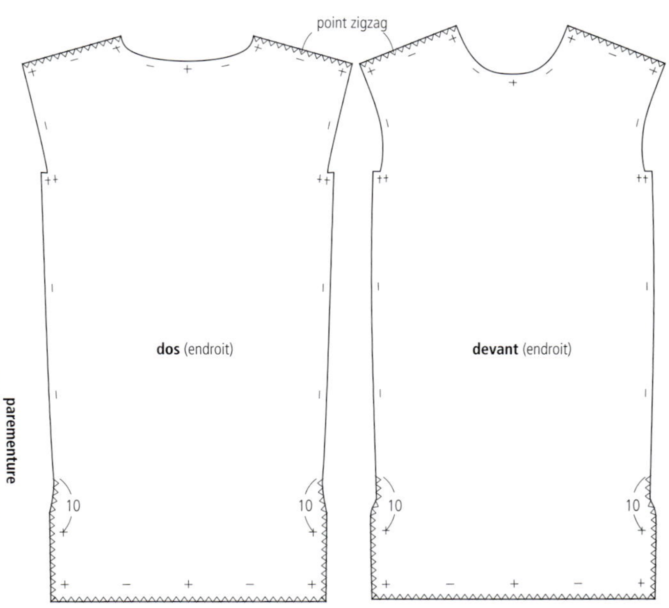

1 Assembler les épaules et passer l'élastique

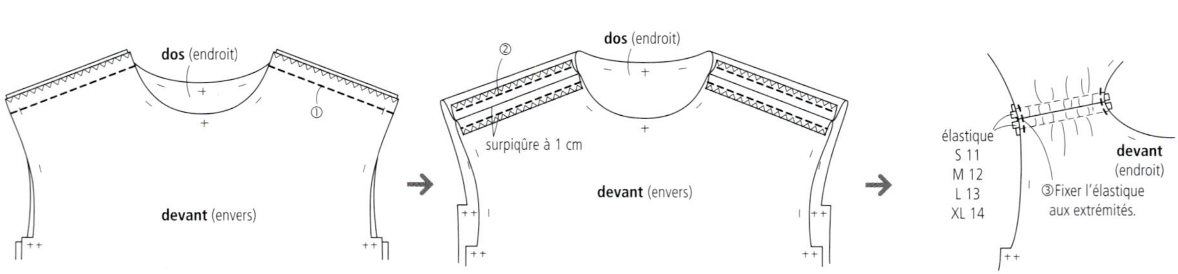

① Assembler les épaules, endroit contre endroit.
② Ouvrir les coutures et surpiquer les coutures.

③ Passer l'élastique entre la couture de l'épaule et la surpiqûre. Fixer les extrémités de l'élastique par des points dans la marge de couture.

2 Réaliser l'encolure

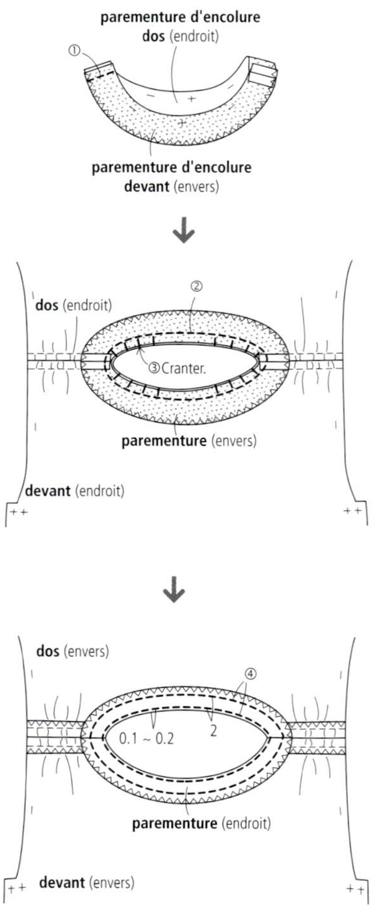

① Piquer les coutures d'épaule des pièces de la parementure. Ouvrir les coutures.
② Monter la parementure, endroit contre endroit, sur l'encolure.
③ Cranter la couture de l'encolure.
④ Retourner la parementure sur l'envers de la robe. Marquer le pli au fer. Surpiquer (deux lignes parallèles).

3 Assembler les côtés

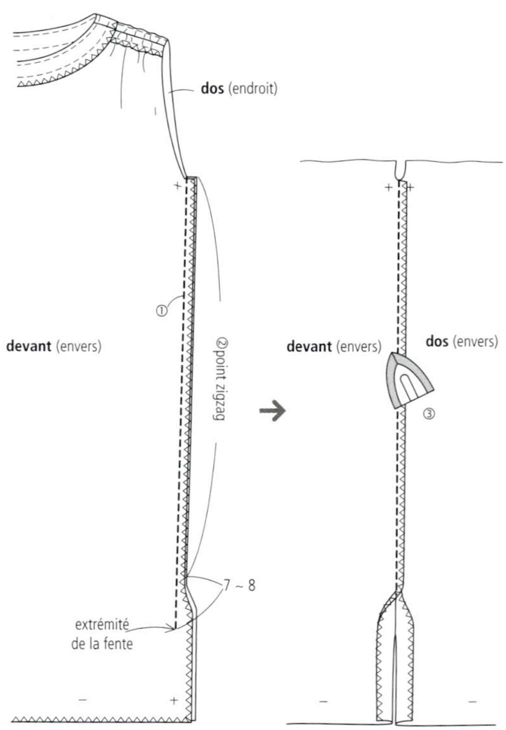

① Poser, endroit contre endroit, le devant sur le dos. Piquer les côtés jusqu'au repère de la fente.
② Surfiler ensemble les 2 coutures au point zigzag jusqu'à 7 ou 8 cm avant l'extrémité de la fente.
③ Rabattre les coutures sur le dos. Ouvrir les coutures autour de la fente.

4 Réaliser la fente et l'ourlet

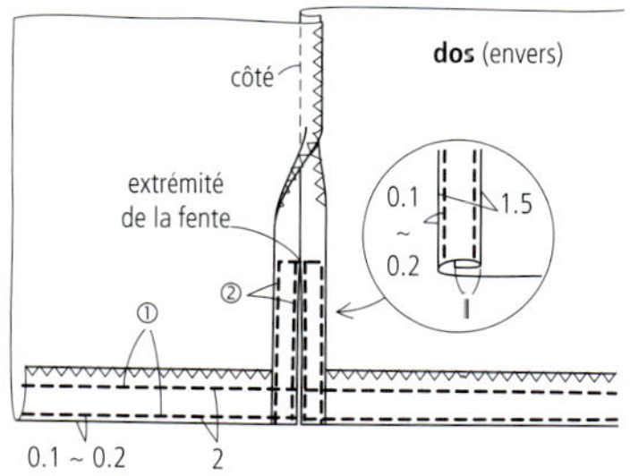

① Plier l'ourlet au fer et piquer (2 lignes parallèles espacées de 2 cm).
② Plier en 3 les marges de couture autour de la fente piquer (deux lignes parallèles espacées de 2 cm).

5 Préparer l'emmanchure

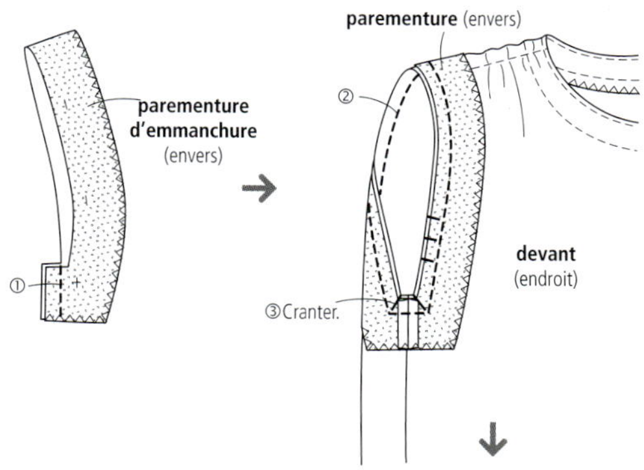

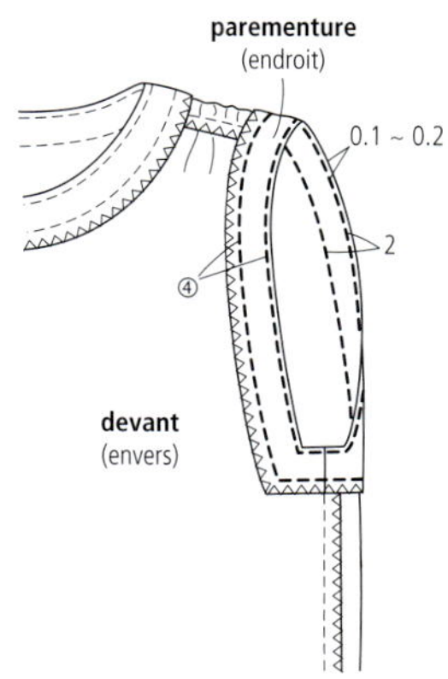

① Assembler, endroit contre endroit, les côtés de la parementure d'emmanchure. Ouvrir les coutures.
② Piquer, endroit contre endroit, la parementure sur l'emmanchure.
③ Cranter la partie incurvée de la couture. Cranter dans l'angle jusqu'au ras de la piqûre.
④ Retourner la parementure sur l'envers de la robe. Marquer le pli au fer et piquer (deux lignes parallèles).

6 Monter la poche

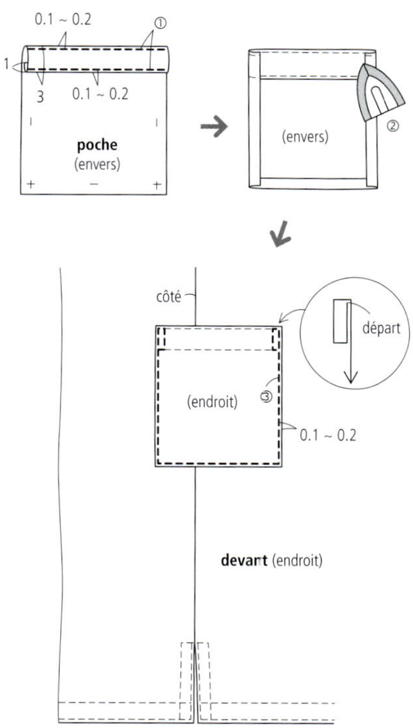

① Plier en trois le bord supérieur de la poche et piquer.
② Plier au fer les autres coutures.
③ Monter la poche à son emplacement sur la robe. Surpiquer en formant un rectangle aux extrémités supérieures.

7 Nouer le ruban de gros grain sur l'épaule

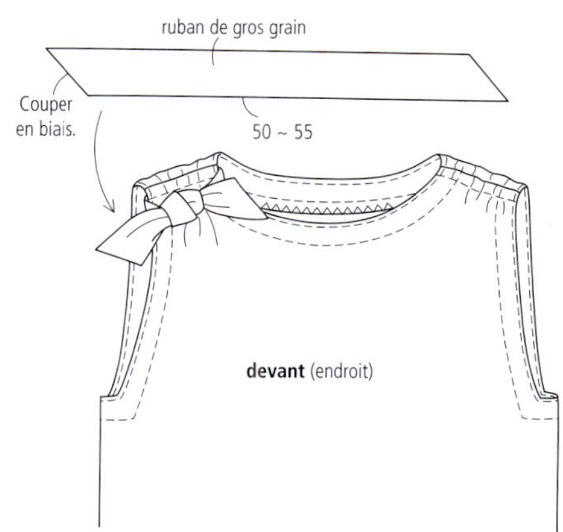

Nouer le ruban de gros grain de 50 à 55 cm de longueur en l'enroulant sur l'épaule.
Répeter l'opération sur l'autre épaule.
Nouer les rubans sur les deux épaules.

patronD

D2

Robe de la page 09

★ **Pièces de patron (verso du cahier central)**
D devant, **D** dos, **D2** cape devant, **D2** cape dos, **D2** parementure d'emmanchure
Couper le biais et les liens en suivant le plan de coupe.

★ **Fournitures**
tailles S, M : 112 x 300 cm de gaze de coton réversible
tailles L, XL : 112 x 310 cm de gaze de coton réversible
90 x 50 cm de toile thermocollante
70 cm de bande thermocollante de 1 cm de large

★ **Conseil pour la réalisation**
● Le tissu est réversible. Utiliser le côté à grands carreaux pour le devant, le dos et la parementure et le côté à petits carreaux pour la cape, les liens et le biais.

Plan de coupe

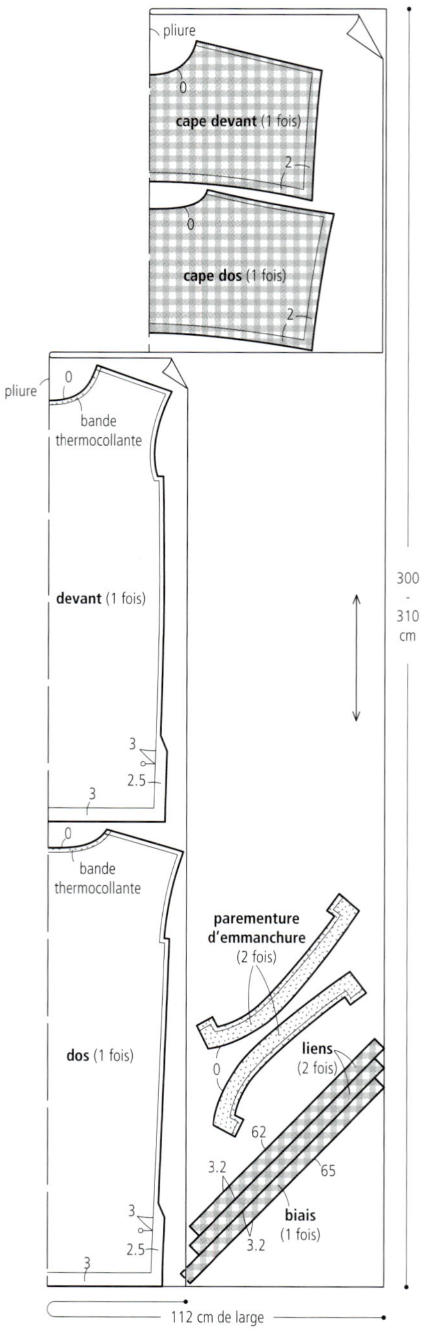

★ **Étapes de la réalisation**
Le signe "▼" signifie qu'il faut se référer aux pages 53 et 55.
● Fixer la bande thermocollante sur l'encolure devant et dos et la toile thermocollante sur l'envers de l'emmanchure et de la parementure. Surfiler au point zigzag (ou à la surjeteuse) l'ourlet, la fente, les côtés (▼) ainsi que la couture d'épaule de la cape.

1 Piquer les coutures d'épaule du devant et du dos. Surfiler ensemble les 2 coutures au point zigzag. Rabattre sur le dos.
2 Assembler les côtés. ▼
3 Réaliser l'ourlet et la fente. **Voir le schéma p. 57.**
4 Piquer l'emmanchure. ▼
5 Confectionner la cape**. Voir le schéma p. 57.**
6 Poser la cape sur la robe et recouvrir l'encolure avec le biais. **Voir le schéma p. 57.**
7 Confectionner les liens et les coudre aux épaules. **Voir le schéma p. 57.**

*** La marge de couture est de 1 cm s'il n'y a pas d'indication contraire.**
*** Fixer la toile thermocollante sur les parties grisées.**
*** Signifie "le côté à petits carreaux".**

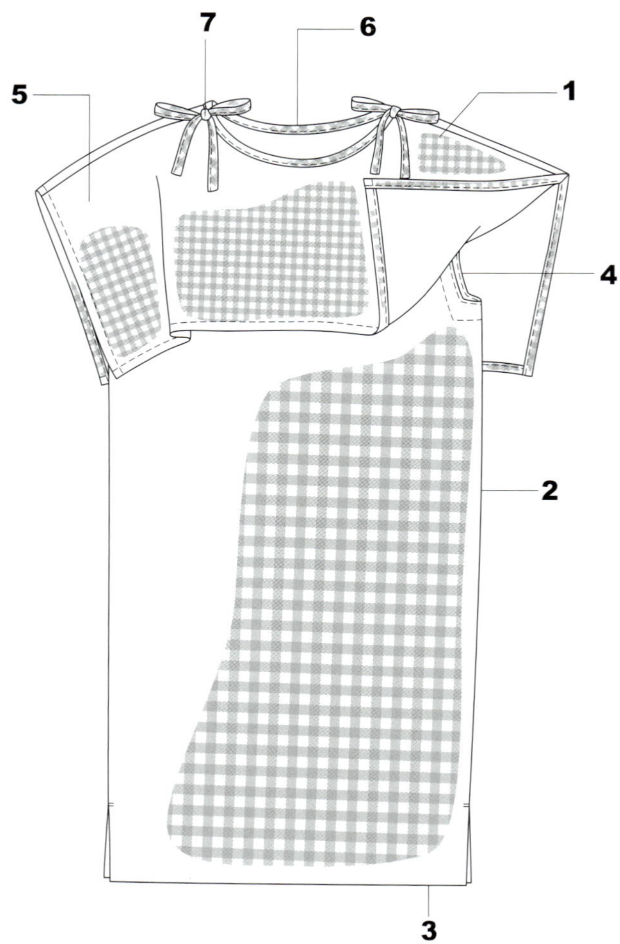

3 Réaliser l'ourlet et la fente

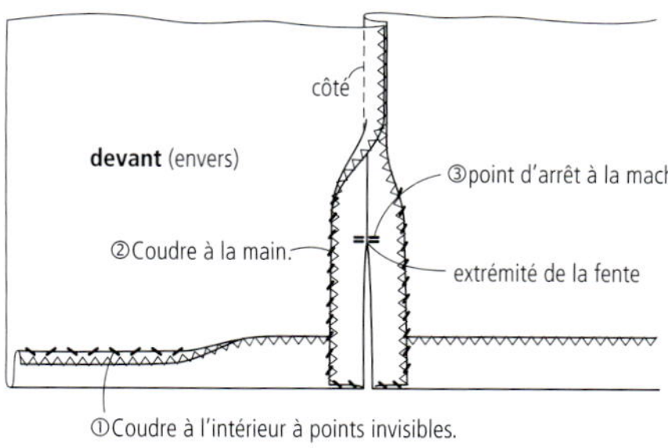

① Marquer au fer le pli de l'ourlet. Coudre à points invisibles à l'intérieur du pli.
② Fixer les bords de la fente sur la robe.
③ Faire plusieurs points à la machine à l'extrémité de la fente.

5 Confectionner la cape

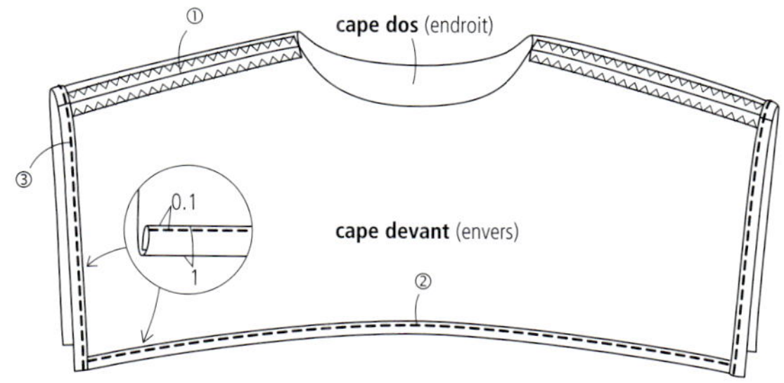

① Assembler le devant et le dos de la cape. Ouvrir les coutures.
② Replier le bas de la cape en trois sur 1 cm de large. Piquer.
③ Replier les côtés de la cape en trois sur 1 cm de large. Piquer.

6 Poser la cape sur la robe et recouvrir l'encolure avec le biais

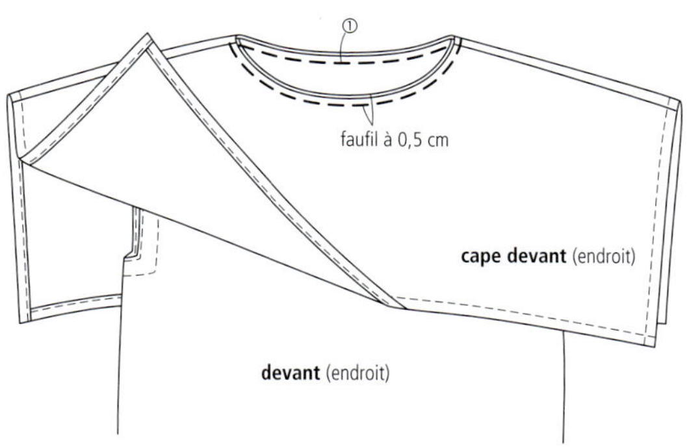

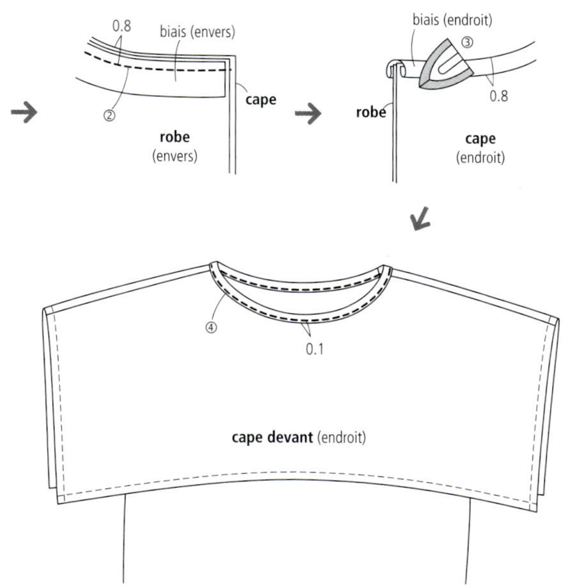

① Poser la cape sur la robe et faufiler l'encolure.
② Poser le biais sur l'envers de l'encolure. Piquer.
③ Recouvrir les coutures. Replier le biais à l'intérieur 0,8 cm de biais reste apparent. Repasser.
④ Surpiquer le biais sur l'endroit de la cape. Coudre, bord à bord, les extrémités du biais à la main.

7 Confectionner les liens et les coudre.

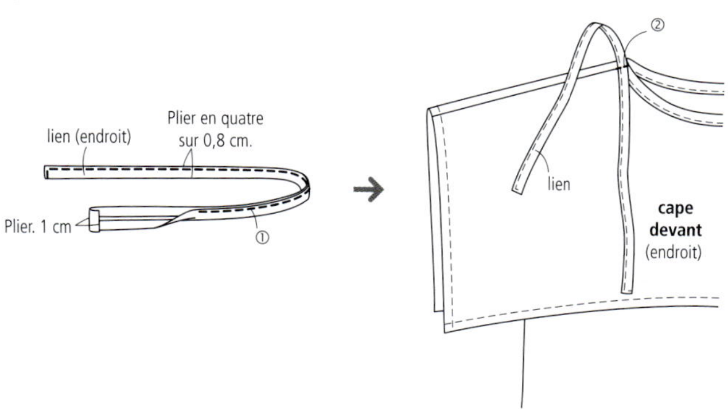

① Plier le tissu des liens en quatre sur 0,8 cm de large. Piquer.
② Poser le milieu des liens sur les coutures d'épaule. Faire plusieurs points à la machine pour les fixer.

patron D

D3

Robe de la page 7

★ **Pièces de patron (verso du cahier central)**

D devant, **D** dos, **D3** empiècement devant du haut, **D3** Empiècement dos du haut,
D3 parementure devant de l'encolure,
D3 parementure dos de l'encolure,
D3 parementure de manche
Couper la ceinture, le ruban et la pièce pour nouer en suivant le plan de coupe du tissu **B**.

★ **Fournitures**

137 x 90 cm de tissu de coton épais (tissu **A**)
137 x 70 cm de tissu de coton épais (tissu **B**)

★ **Étapes de la réalisation**

Le signe "▼" signifie qu'il faut se référer aux pages 53 et 55.

● Surfiler au point zigzag (ou à la surjeteuse) les bords des parementures d'encolure et d'emmanchure, l'ourlet et la fente. ▼

1 Assembler les empiècements au devant et au dos de la robe. Surfiler ensemble les 2 coutures au point zigzag. Rabattre vers le bas.

2 Monter la ceinture sur le devant. **Voir le schéma ci-dessous.**

3 Assembler les coutures d'épaule. Surfiler ensemble les 2 coutures. Rabattre sur le dos.

4 Monter la parementure sur l'encolure (▼). Coudre à points d'ourlet le bord de la parementure sur la robe.

5 Piquer les coutures de côté et du dessous de manche. ▼

6 Faire l'ourlet et la fente. **Voir les explications page 57**

7 Monter les parementures des manches (▼). Coudre à points d'ourlet les bords des parementures sur les manches.

8 Réaliser le ruban et le coudre sur la robe. **Voir le schéma ci-dessous.**

Plan de coupe

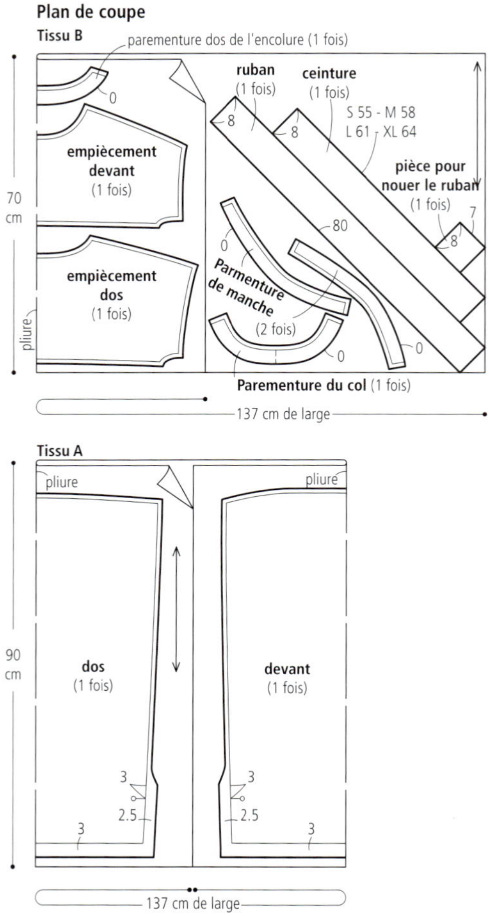

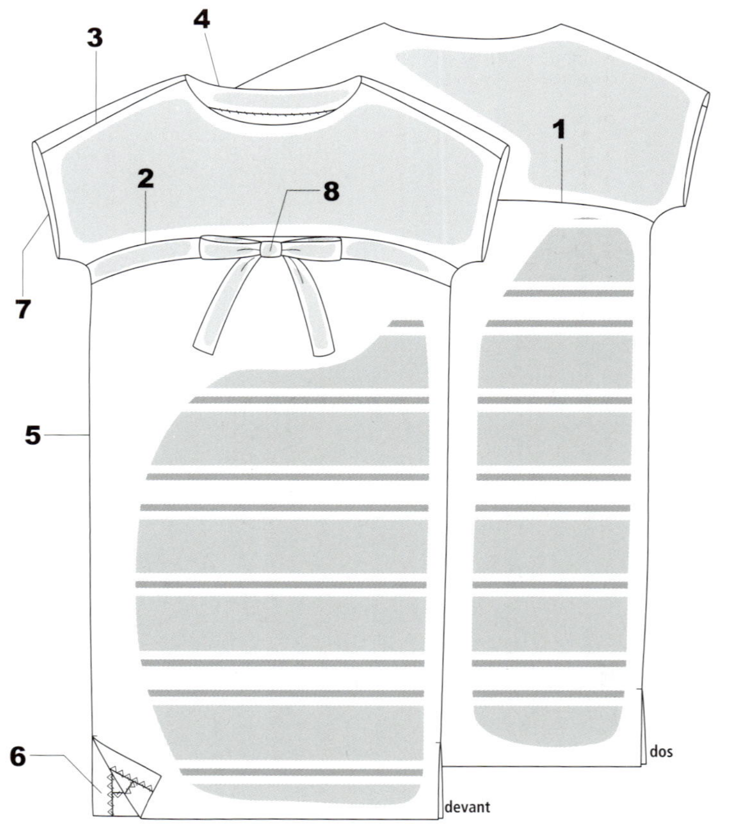

2 **Coudre la ceinture sur le devant**

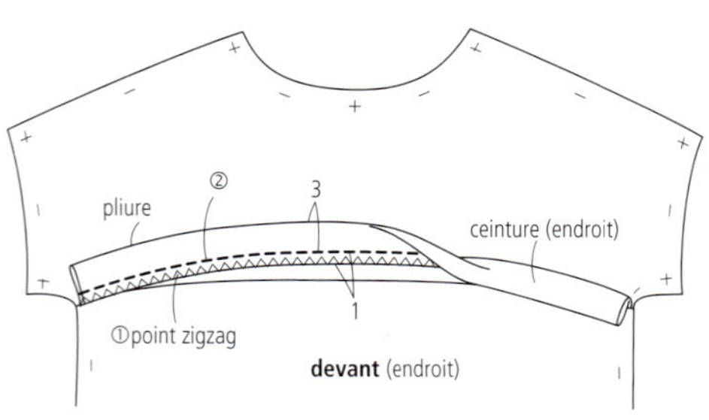

① Plier le tissu de la ceinture en deux, envers contre envers. Surfiler ensemble les deux longs bords au point zigzag.
② Poser la ceinture, devant, à son emplacement. Piquer.

8 **Confectionner le ruban et le fixer sur la robe**

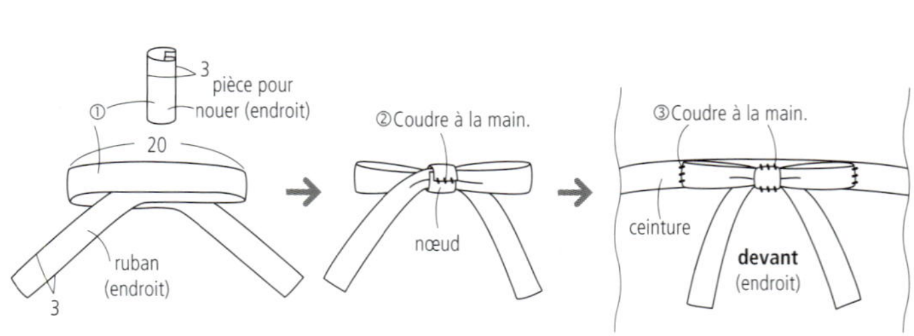

① Préparer le ruban et la pièce pour nouer de 3 cm de large. Retourner sur l'endroit.
② Faire un nœud avec le ruban. Coudre à la main et au milieu la pièce pour nouer.
③ Fixer à la main l'ensemble de l'étape ② au milieu de la ceinture sur le devant de la robe.

patron E

E1

Robe de la page 25

★ **Pièces de patron (verso du cahier central)**
E haut devant, **E** haut dos, **E** jupe devant et dos,
E1 poche, **E1** revers de la poche

★ **Fournitures**
150 x 70 cm de tissu de lin fin de qualité (tissu **A**)
Tailles S, M : 150 x 290 cm de tissu de lin fin de qualité (tissu **B**)
Tailles L, XL : 150 x 300 cm de tissu de lin fin de qualité (tissu **B**)
100 cm de bande thermocollante de 1 cm de large
Tailles S, M : 500 cm de ruban de gros grain de 1,5 cm de large
Tailles L, XL : 550 cm de ruban de gros grain de 1,5 cm de large

★ **Conseil pour la réalisation**
● Poser et fixer le gros grain sur les pièces du haut et de la jupe avant de les assembler.

*** La marge de couture est de 1cm s'il n'y a pas d'indication.**
*** Coller la toile thermocollante sur les parties grisées.**

Plan de coupe

Tissu A

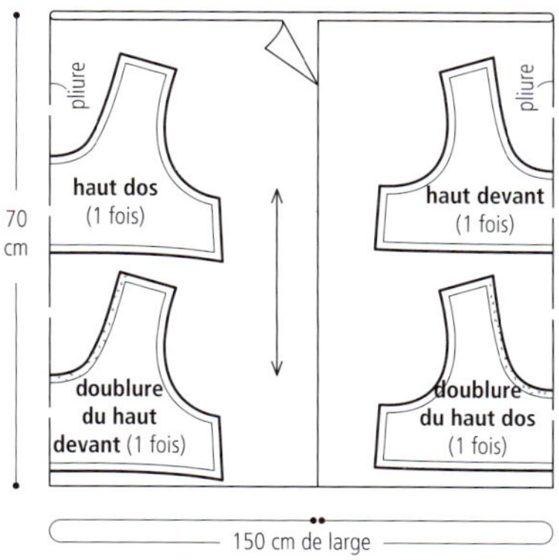

Tissu B

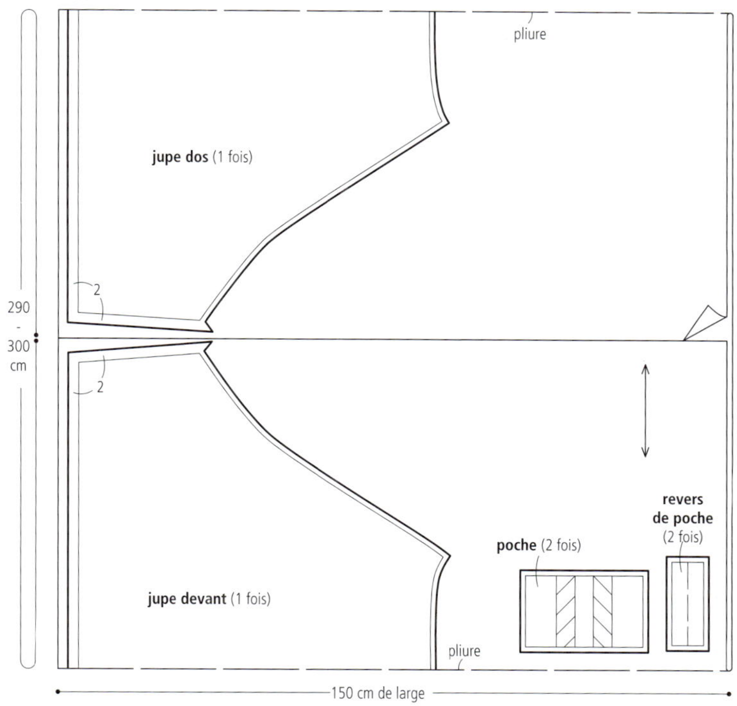

1 Coudre le ruban de gros grain

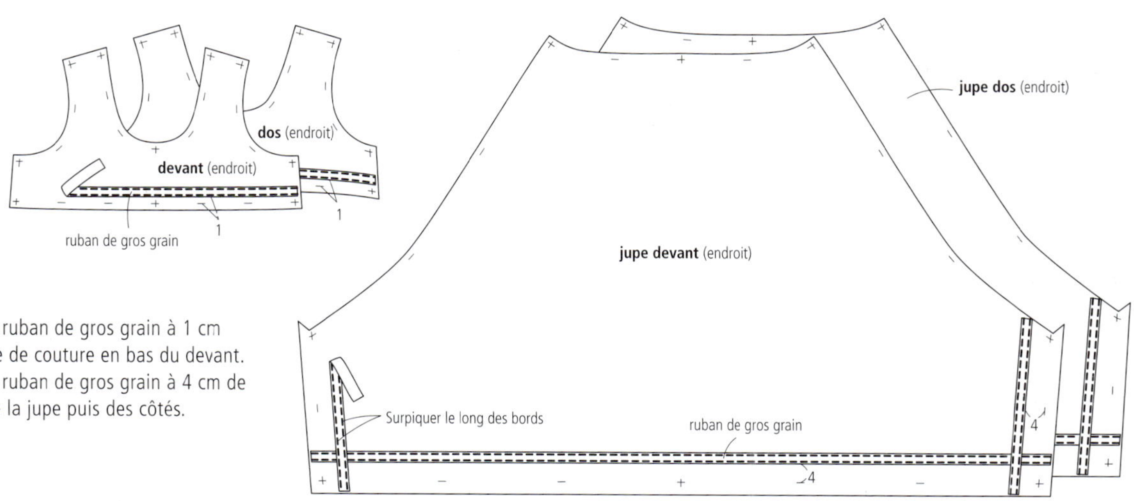

Coudre le ruban de gros grain à 1 cm de la ligne de couture en bas du devant. Coudre le ruban de gros grain à 4 cm de l'ourlet de la jupe puis des côtés.

2 Confectionner l'encolure et les emmanchures

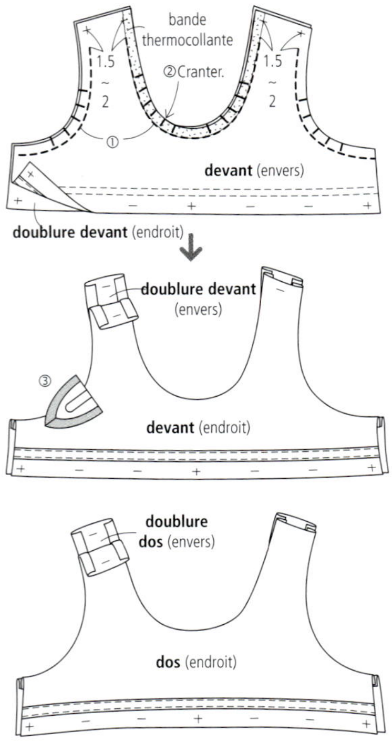

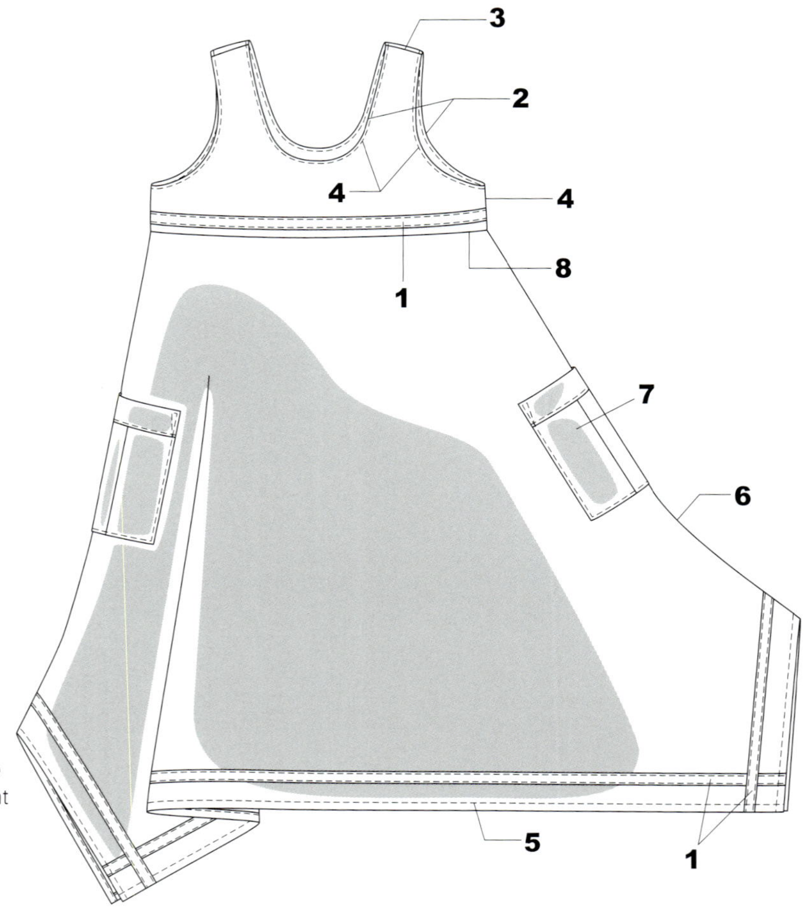

① Poser le devant sur sa doublure. Piquer l'encolure et les emmanchures en stoppant à 1,5 ou 2 cm avant la ligne de couture d'épaule.
② Cranter les marges de couture incurvées de l'encolure et l'emmanchure.
③ Retourner sur l'endroit. Marquer le pli au fer. Replier les marges de couture au niveau de la couture de l'épaule. Piquer de même manière l'encolure et les emmanchures du dos.

3 Réaliser les coutures d'épaule

① Piquer, endroit contre endroit, les coutures d'épaule du devant et du dos.
② Ouvrir les coutures. Repasser.
③ Rabattre la doublure et coudre bord à bord à la main.

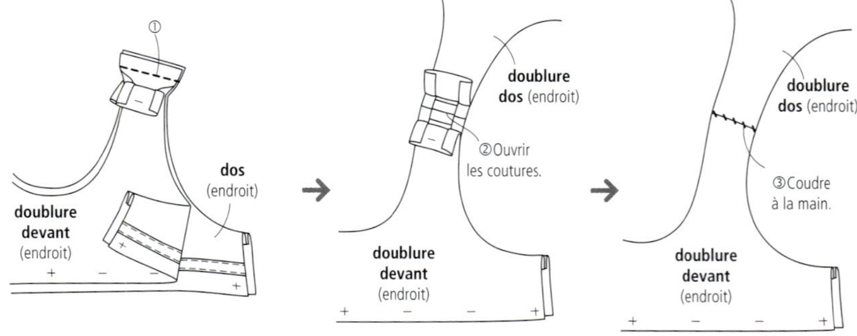

4 Piquer les coutures de côté. Surpiquer l'encolure et les emmanchures

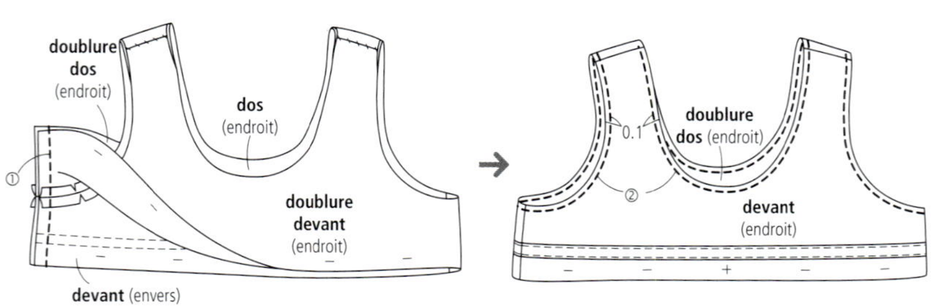

① Poser le devant et le dos endroit contre endroit et piquer les côté du devant, du dos et leurs doublures d'un bout à l'autre.
② Marquer le pli au fer au niveau de l'emmanchure. Surpiquer l'encolure et les emmanchures.

5 Réaliser l'ourlet

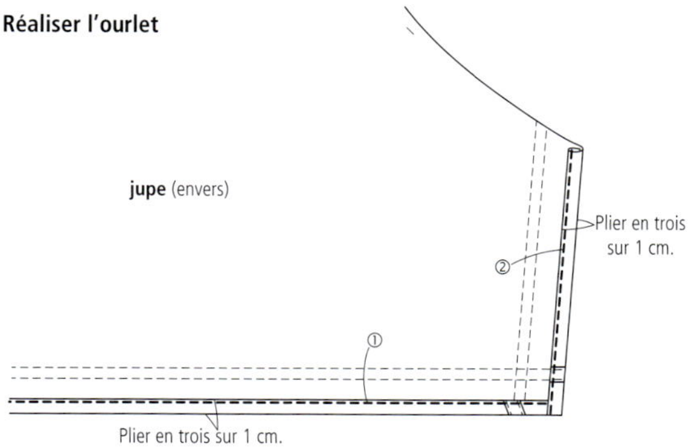

① Plier en trois le bord inférieur de la jupe. Piquer.
② Plier en trois les côtés de la jupe. Piquer.

6 Assembler la jupe

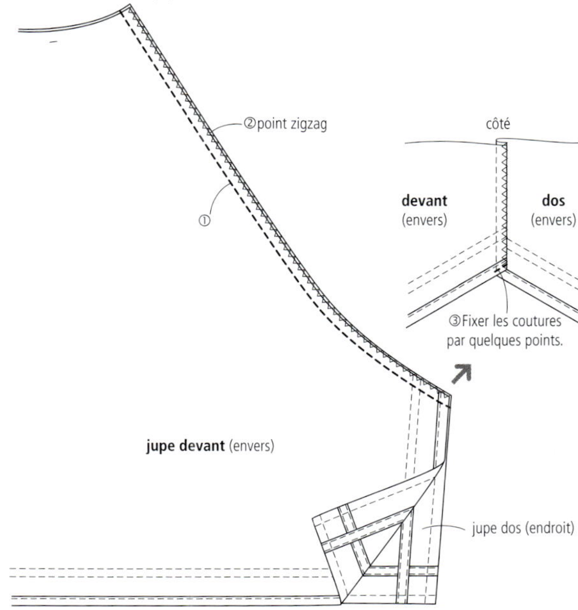

① Assembler, endroit contre endroit, le devant et le dos de la jupe.
② Surfiler ensemble les 2 coutures.
③ Rabattre les coutures sur le dos. Repasser. Piquer quelques points à la machine pour consolider les extrémités des coutures.

7 Réaliser la poche

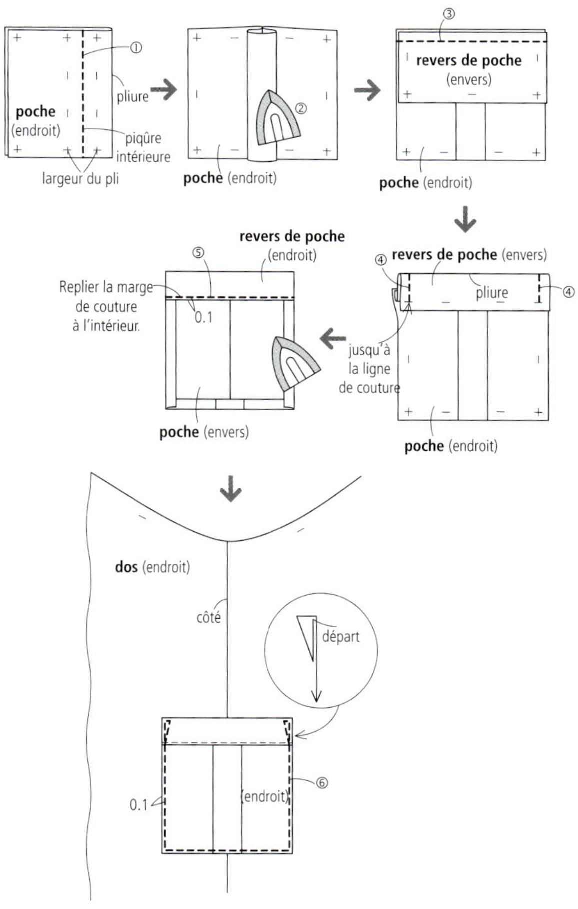

① Plier la poche envers contre envers. Piquer le pli intérieur.
② Former le pli. Marquer le pli au fer.
③ Assembler, endroit contre endroit, le revers et la poche.
④ Replier le revers endroit contre endroit. Piquer les côtés.
⑤ Retourner le revers sur l'endroit. Plier les coutures de la poche. Plier la couture restante du revers. Marquer le pli au fer. Surpiquer sur l'endroit le long du pli.
⑥ Monter la poche sur la jupe. Piquer en forme de triangle au départ et à la fin de la piqûre pour consolider la poche.

8 Assembler le haut et la jupe

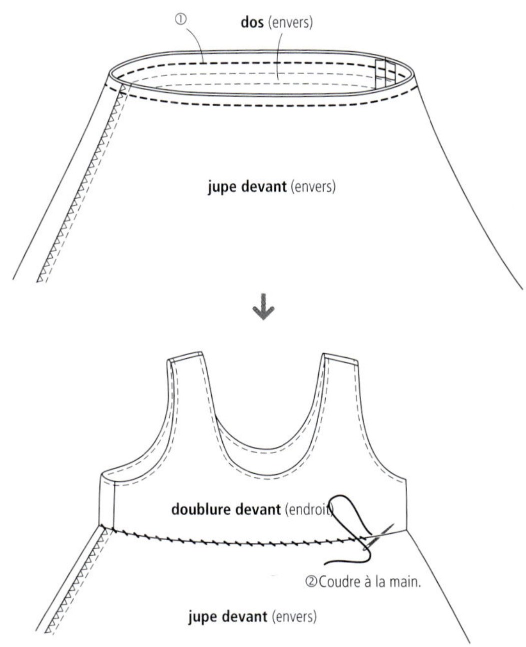

① Poser le buste sur la jupe. Piquer sur la ligne de couture à la taille sans piquer la doublure.
② Rabattre les coutures vers le haut et repasser. Replier les coutures de la doublure et coudre à la main sur la robe.

patron E

E2

Robe de la page 24

★ Pièces de patron (verso du cahier central)
E haut devant, **E** haut dos, **E** Jupe devant et dos,
E2 coulisse devant et dos

★ Fournitures
110 x 70 cm de tissu de coton uni (tissu **A**)
Tailles S, M : 110 x 290 cm de tissu imprimé liberty (tissu **B**)
tailles L, XL : 110 x 300 cm de tissu imprimé liberty (tissu **B**)
90 x 70 cm de toile thermocollante
300 cm de ruban en satin de 0,6 cm de large

★Étapes de la réalisation
Le signe "▼" signifie qu'il faut se référer aux pages 60 et 61.

● Coller la toile thermocollante sur l'envers des doublures du haut. Surfiler le bord inférieur de la jupe à la machine (ou à la surjeteuse).
1 Piquer l'encolure et les emmanchures. ▼
2 Piquer les épaules. ▼
3 Piquer les coutures de côté du haut. Surpiquer l'encolure et les emmanchures. ▼
4 Plier en trois le bord inférieur de la jupe. Piquer. ▼
5 Piquer les coutures de côté de la jupe en laissant, de chaque côté, les passages pour le ruban. Ouvrir les coutures.
6 Réaliser la coulisse. **Voir le schéma ci-dessous.**
7 Assembler le haut et la jupe. ▼
8 Passer les rubans de 150 cm de long par les passages sur les côtés. Plier en trois les extrémités du ruban. Piquer.

Plan de coupe

Tissu A

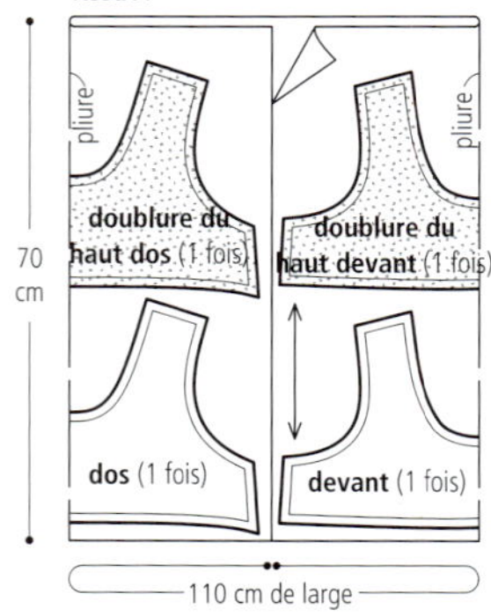

*** La marge de couture est de 1 cm s'il n'y a pas d'indication.**
*** Coller la toile thermocollante sur les parties grisées.**

Tissu B

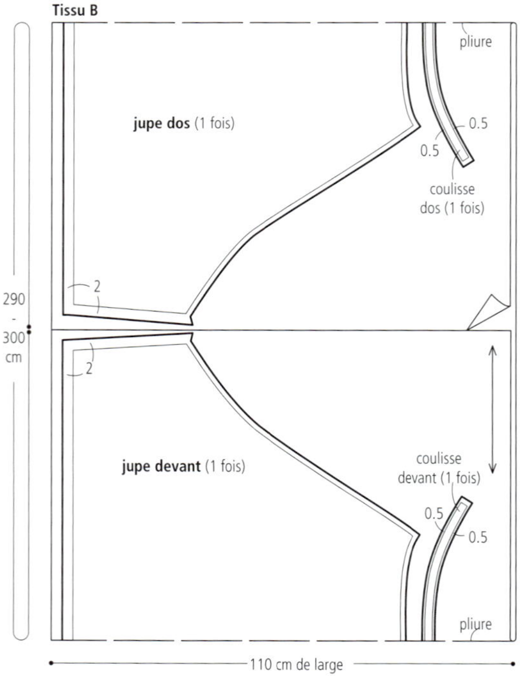

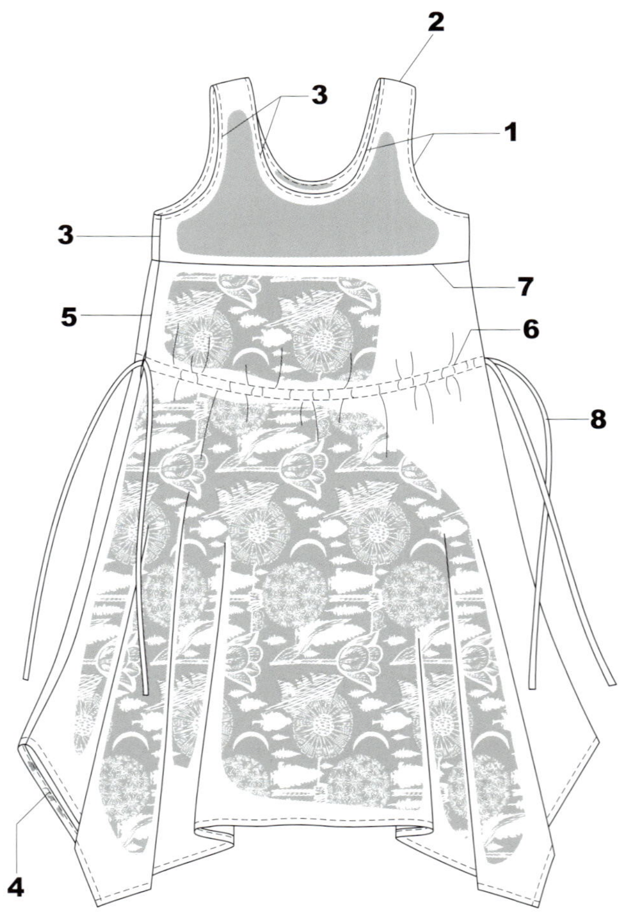

6 Réaliser la coulisse

① Assembler les extrémités pour former un anneau.
② Replier les coutures le long des bords.
③ Poser la coulisse à son emplacement sur l'envers de la jupe. Piquer.

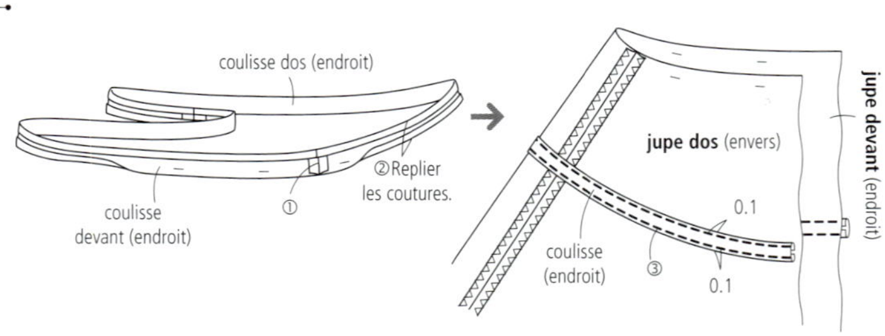

patron E

E3

Jupe de la page 26

★ Pièces de patron (verso du cahier central)

E jupe devant et dos

Couper le haut en suivant le plan de coupe du tissu **A**.

★Fournitures

*Tissu **A***

Tailles S, M : 70 cm de bord-côte de 33 cm de large ("tube" mis à plat)

Tailles L, XL : 140 cm de bord-côte de 33 cm de large ("tube" mis à plat)

*Tissu **B***

Tailles S, M : 150 x 290 cm de tissu de lin

Tailles L, XL : 150x 300 cm de tissu de lin

★ Conseil pour la réalisation

● Le tissu **A** est le bord-côte tricoté en tube. Pour les tailles S, M, le tricot est utilisé sans couture de côté.

★ Pour le plan de coupe du tissu **B**, voir page 59.

★ Étapes de la réalisation

Le signe "▼" signifie qu'il faut se référer aux pages 60 et 61.

1 Plier en trois le bord inférieur de la jupe et piquer. ▼

2 piquer les coutures de côté de la jupe. ▼

3 Assembler le haut et la jupe **Voir le schéma ci-dessous**.

Pour les tailles L, XL, assembler le haut et la jupe après avoir fait les coutures de côté du haut.

Plan de coupe

Tissu A (L, XL)

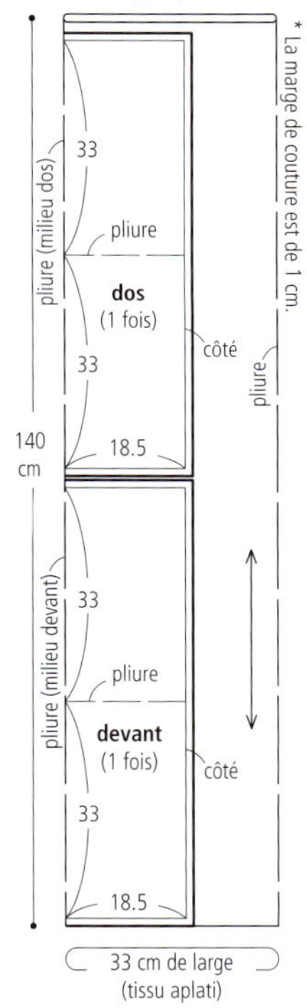

Tissu A (S, M)

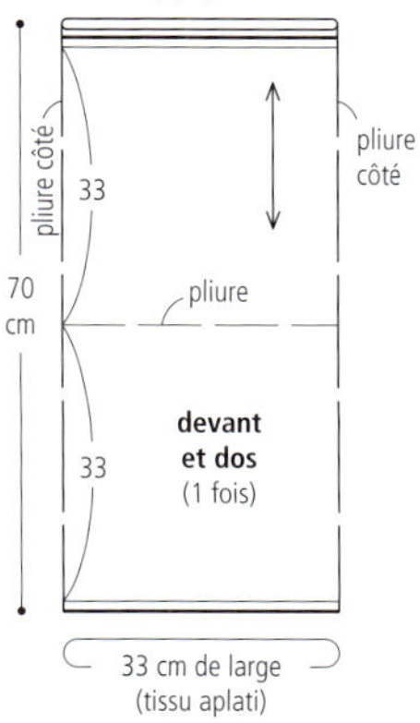

*** La marge de couture est de 1 cm.**

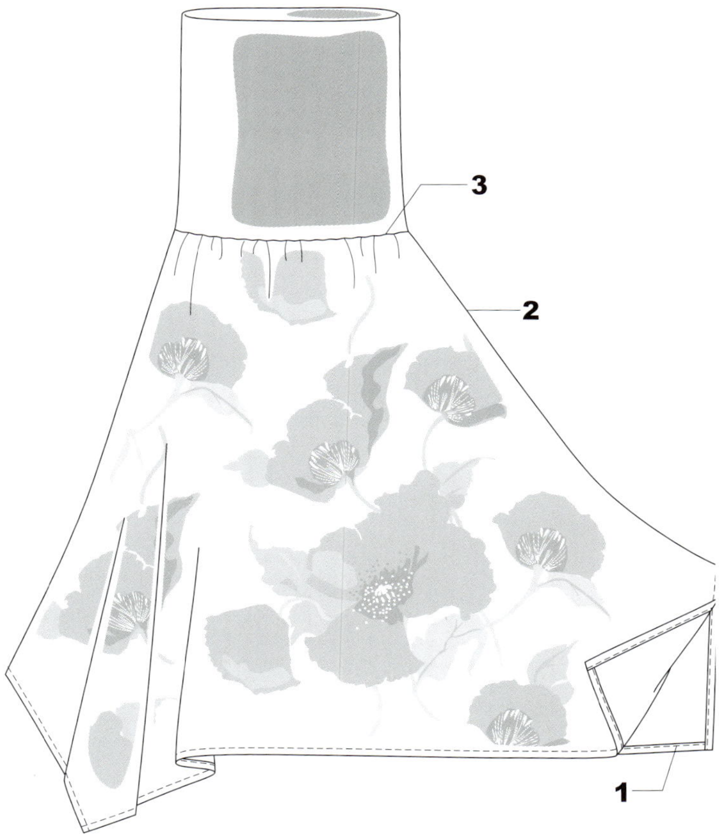

3 Assembler le haut et la jupe

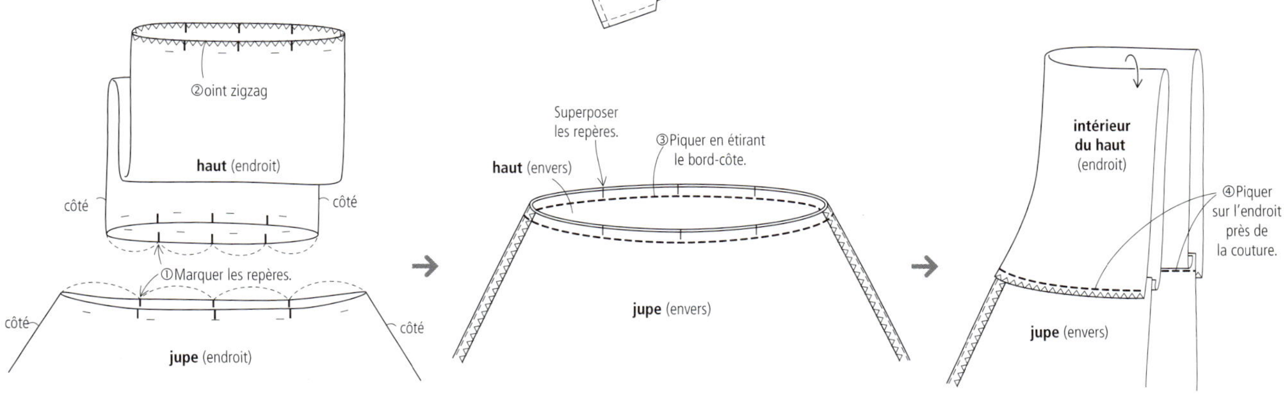

① Marquer 4 repères à égale distance sur le haut et sur la jupe.

② Surfiler une des bordures du haut à la machine (ou la machine à surfiler). Elle sera la bordure de côté intérieur du haut.

③ Poser, endroit contre endroit, la jupe sur le haut en faisant coïncider les repères. Piquer en étirant le bord-côte.

④ Rabattre les coutures sur le haut. Replier le haut, envers contre envers, en faisant coïncider les repères. Surpiquer au niveau de la taille pour fixer l'intérieur du haut. Surpiquer en étirant le bord-côte.

patron F

F1

Robe de la page 28

★ **Pièces de patron (recto du cahier central)**
F devant, **F1** empiècement devant
Ajouter 10 cm au milieu et 5 cm de chaque côté au patron du devant. Allonger le patron en suivant le plan de coupe.
Les patrons du dos, des bretelles et de la parementure du dos étant rectangulaires, les dessiner en suivant le plan de coupe.

★ **Fournitures**
Tailles S, M : 120 x 210 cm de tissu de coton
Tailles L, XL : 120 x 220 cm de tissu de coto fin
110 x 10 cm de tissu de coton fin (parementure du dos)
30 x 70 cm de toile thermocollante
Un peu d'élastique souple de 3 cm de large

★ **Conseils pour la réalisation**
● Coller la toile thermocollante sur l'envers de l'empiècement devant.

*** La marge de couture est de 1 cm s'il n'y a pas d'indication contraire. Coller la toile thermocollante sur des parties grisées.**
*** 4 tailles indiquées correspondent aux tailles S, M, L et XL.**

Étapes de la réalisation

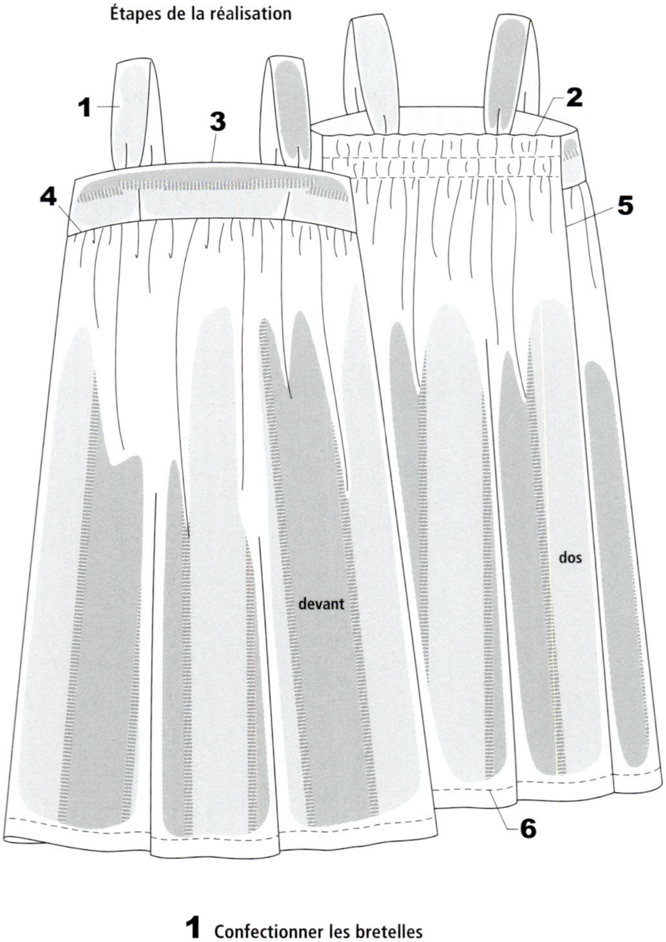

Plan de coupe
Tissu de la robe

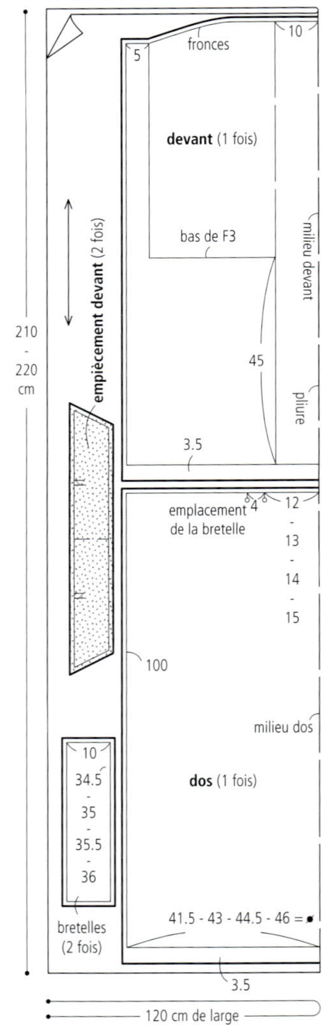

Tissu de la parementure

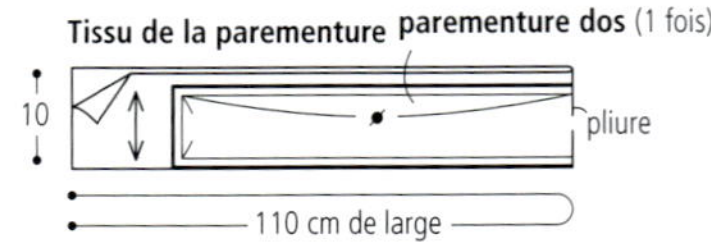

1 Confectionner les bretelles

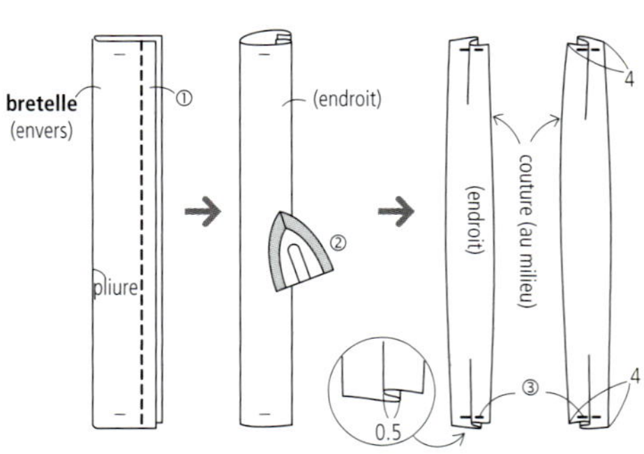

① Plier le tissu de la bretelle endroit contre endroit. Piquer.
② Retourner sur l'endroit et repasser.
③ Faire un pli en pinçant les deux épaisseurs à chaque extrémité. Piquer. Confectionner 2 bretelles identiques.

2 Glisser les bretelles entre le dos et la parementure. Piquer et passer les élastiques

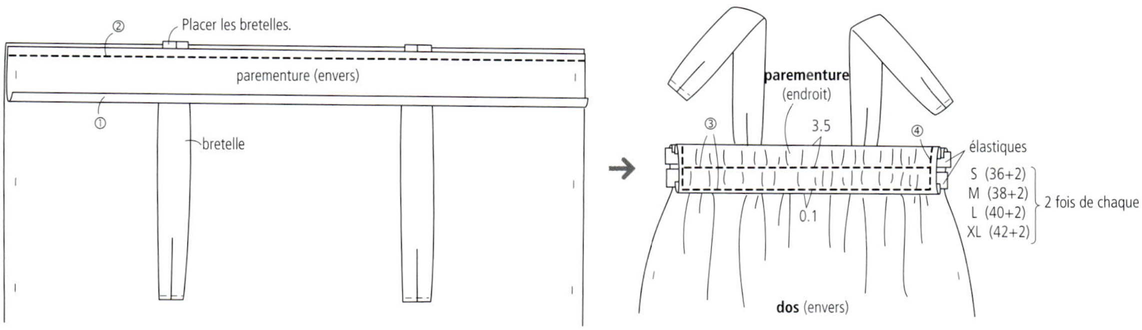

① Replier la couture du bas de la parementure.
② Poser, endroit contre endroit, le dos sur la parementure. Glisser les bretelles et piquer.
③ Retourner la parementure sur l'endroit. Marquer le pli au fer et piquer deux lignes parallèles.
④ Passer 2 élastiques entre les coutures. Fixer les extrémités sur la couture de côté.

3 Préparer l'ensemble empiècement-bretelles

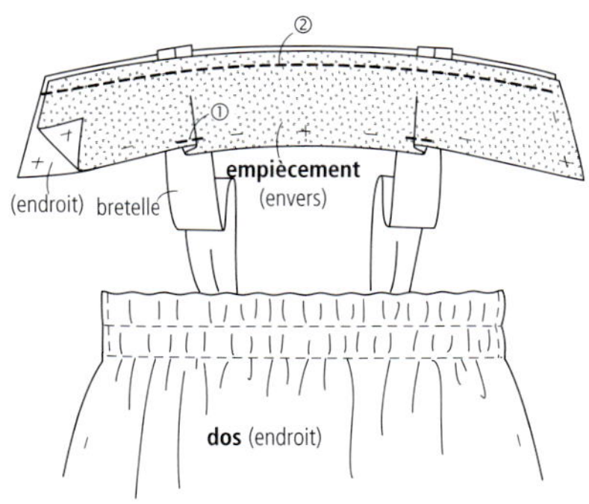

① Former les plis de l'empiècement.
Faufiler à la machine ou à la main.
② Poser les deux pièces de l'empiècement endroit contre endroit. Glisser les bretelles. Piquer. Retourner sur l'endroit et repasser.

4 Assembler l'empiècement et le devant

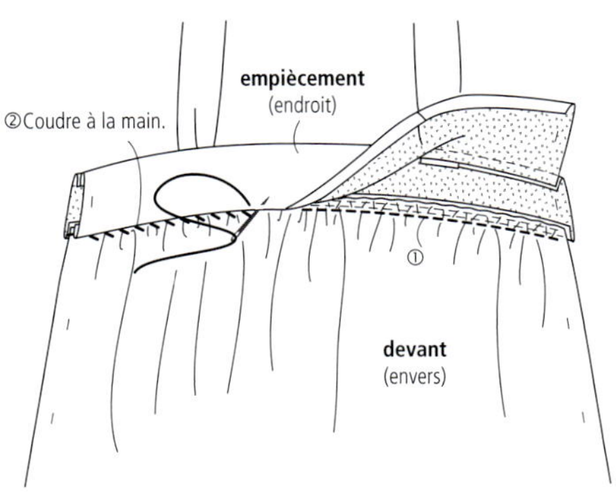

① Passer un fil de fronces dans la couture supérieure du devant. Froncer en tirant le fil. Monter la parementure endroit contre endroit.
② Replier la couture vers l'intérieur de la parementure. Fixer au point d'ourlet sur la couture de l'étape ①.

5 Piquer les coutures de côté

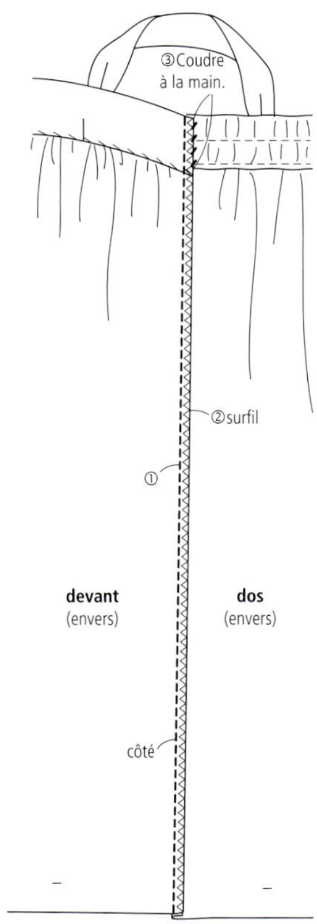

① Assembler, endroit contre endroit, le devant et le dos en piquant les coutures de côté.
② Surfiler ensemble les 2 coutures à la machine (ou à la surjeteuse).
③ Rabattre les coutures sur le dos

6 Faire l'ourlet

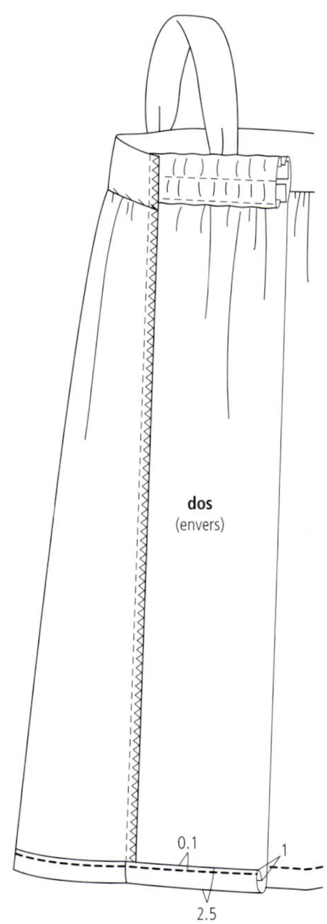

Fixer les coutures à la main sur la parementure du dos.

patron F

F2

Robe de la page 29

★ Pièces de patron (recto du cahier central)

F devant, **F2** empiècement devant

Allonger le bas du patron du devant **F3** en suivant le plan de coupe.

Les patrons du dos, de la parementure dos, des bretelles et des volants **a** et **b** étant rectangulaires, les dessiner en suivant le plan de coupe.

★ Fournitures

Tailles S, M : 110 x 270 cm de tissu imprimé liberty

Tailles L, XL : 110 x 280 cm de tissu imprimé liberty

30 x 70 cm de toile thermocollante

Un peu d'élastique souple de 3 cm de large.

Plan de coupe

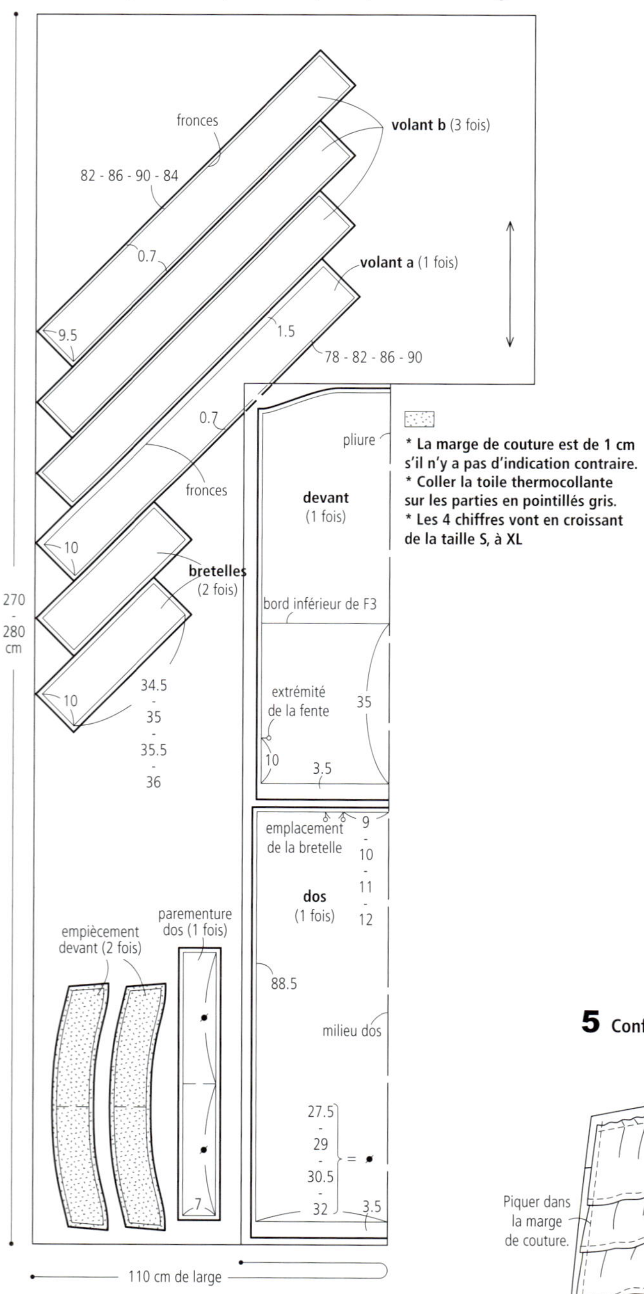

★ Étapes de la réalisation

Le signe "▼" signifie qu'il faut se référer aux pages 64 et 65.

● Coller la toile thermocollante sur l'envers de l'empiècement devant. Surfiler le haut et le bas des volants **a**, **b** à la machine (ou à la surjeteuse).

1 Confectionner les bretelles. ▼

2 Assembler la parementure et le dos en glissant les bretelles entre les deux. Passer l'élastique. ▼

3 Assembler les pièces de l'empiècement devant en glissant les bretelles entre les deux. ▼

4 Froncer le devant et monter l'empiècement. ▼

5 Confectionner les volants **a** et **b** et les assembler au devant.

Voir le schéma ci-dessous.

6 Piquer les coutures de côté jusqu'à l'extrémité de la fente. ▼

7 Faire l'ourlet. Replier en trois les coutures de la fente. Piquer.

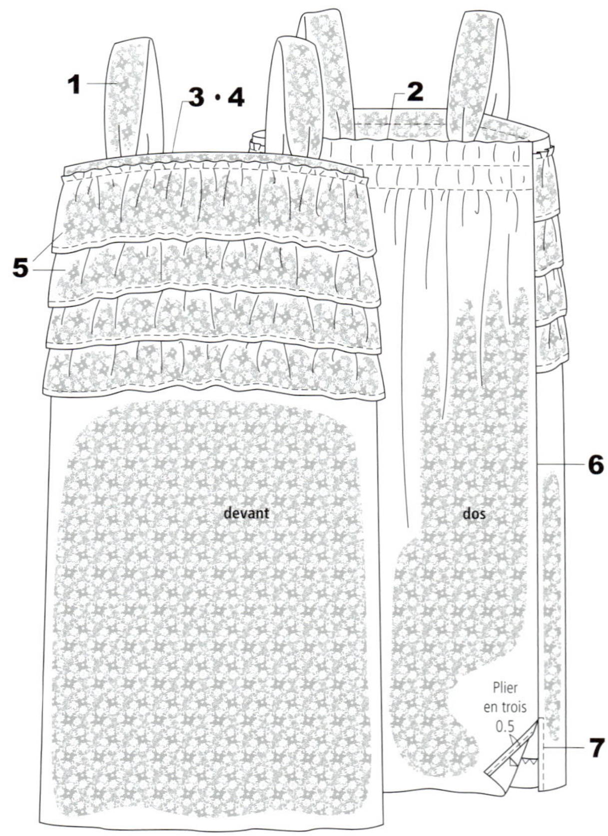

5 Confectionner et assembler les volants a et b au devant

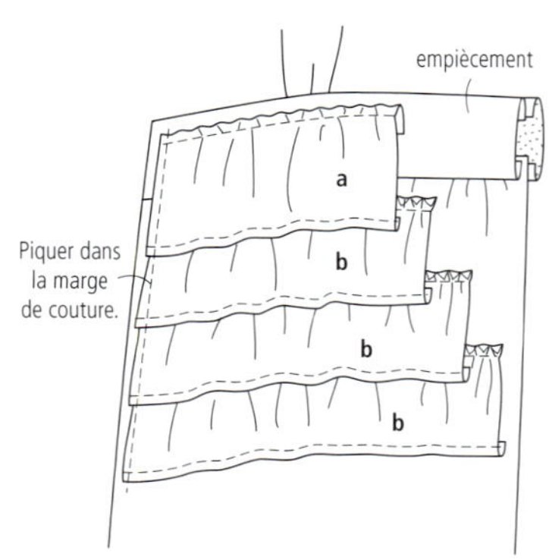

Après avoir plier en trois le bord inférieur du volant, froncer le bord supérieur. Monter les volants un à un en démarrant par celui du bas. Piquer sur la ligne de couture froncée. Voir les explications page 67 pour la pose du volant **a**. piquer les côtés des volants dans les marges de couture des côtés.

patron F

F3

Tunique de la page 19

★ Pièces de patron (recto du cahier central)

F devant, **F3** empiècement devant

Les patrons du dos, de la parementure dos, des bretelles, du volant et du ruban étant rectangulaires, les dessiner en suivant le plan de coupe.

★ Fournitures

Tailles S, M : 110 x 190 cm de tissu, mélange de coton et de lin, réversible

Tailles L, XL : 110 x 200 cm de tissu, mélange de coton et de lin, réversible

90 x 30 cm de toile thermocollante

Un peu d'élastique souple de 3 cm de large

★ Conseil pour la réalisation

● Le tissu est réversible : une face à pois et l'autre à rayures. Utiliser la face à rayures pour l'empiècement du devant, les bretelles et le volant. Utiliser les deux faces pour le ruban et la face à pois pour les autres pièces.

★ Étapes de la réalisation

Le signe "▼" signifie qu'il faut se référer aux pages 64 et 65.

● Coller la toile collante sur l'envers de l'empiècement devant. Surfiler les bords supérieurs et inférieurs du volant à la machine (ou à la surjeteuse).

1 Confectionner les bretelles. ▼

2 Assembler la parementure et le dos en glissant les bretelles entre les deux. Passer l'élastique. ▼

3 Assembler les pièces de l'empiècement devant en glissant les bretelles entre les deux.

4 Froncer le devant et monter l'empiècement. ▼

5 Confectionner les volants et les assembler au devant. **Voir le schéma ci-dessous.**

6 Piquer les coutures de côté. ▼

7 faire l'ourlet à la main.

8 Confectionner le ruban. Poser, endroit contre endroit, une pièce à pois et une à rayures. Piquer le contour en laissant une ouverture. Retourner sur l'endroit par l'ouverture. Fermer l'ouverture à la main.

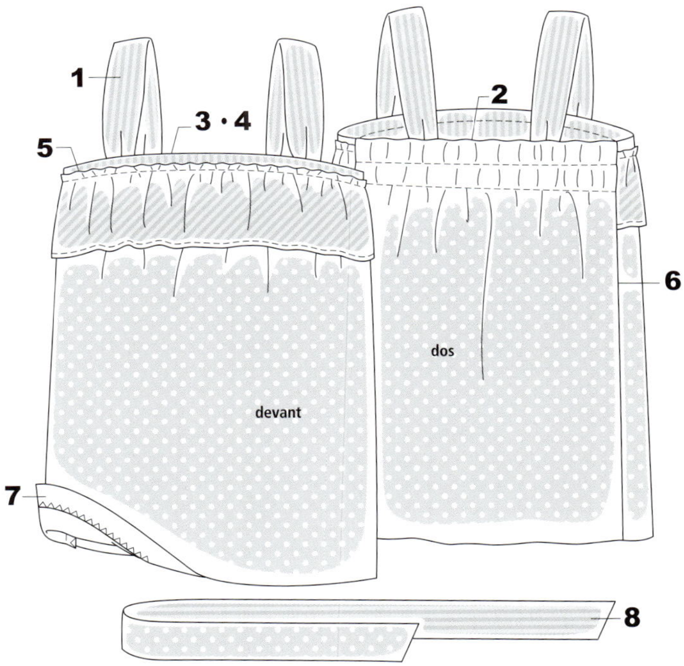

Plan de coupe

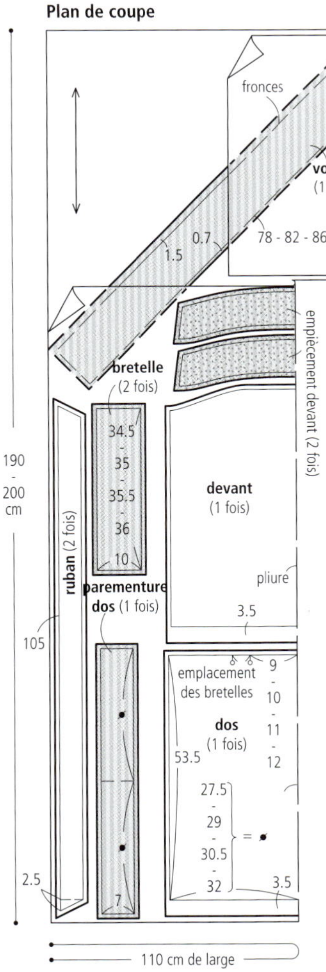

*** La marge de couture est de 1 cm s'il n'y a pas d'indication contraire.**
*** Coller la toile thermocollante sur les parties en pointillés gris.**
*** signifie la face à rayures.**
*** Les 4 chiffres vont en croissant de la taille S, à XL**

5 Confectionner et assembler le volant au devant

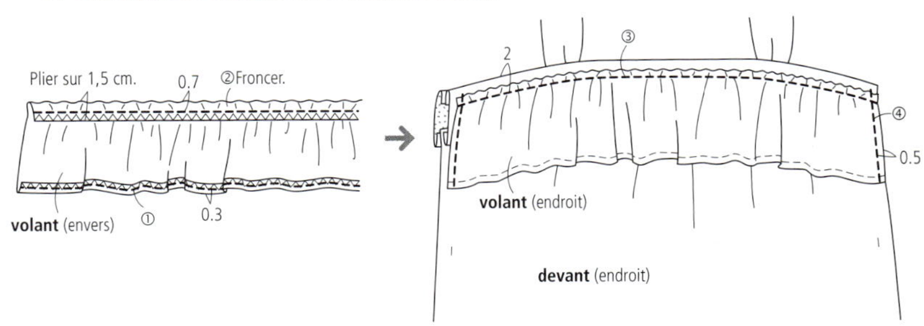

① Plier le bord inférieur du volant et piquer.

② Plier le bord supérieur du volant. Passer un fil de fronces et froncer.

③ Assembler le volant et l'empiècement du devant. Piquer sur la ligne de couture froncée.

④ Piquer les côtés du volant dans la marge de couture du côté du devant.

patron G

G1

Robe de la page 30

★ **Pièces de patron (recto du cahier central)**

G1 haut devant

Dessiner les patrons du devant, du dos et du ruban en suivant les mesures données sur le schéma du patron ci-dessous.

Couper le biais selon le plan de coupe.

★ **Fournitures**

Tailles S, M : 108 x 300 cm de tissu de coton

Tailles L, XL : 108 x 320 cm de tissu de coton

300 cm de gros grain de 1 cm de large

Un peu d'élastique souple de 3 cm de large

2 boutons de 1,3 cm de diamètre

★ **Conseil pour la réalisation**

● Les bretelles en gros grain sont tenues par un bouton sur l'envers du dos. Ce bouton peut également être cousu sur l'endroit.

* **La marge de couture est de 1 cm s'il n'y a pas d'indication contraire.**

Patron

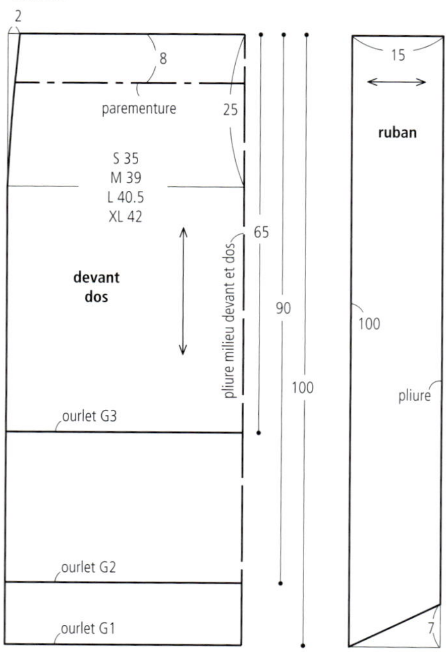

Plan de coupe

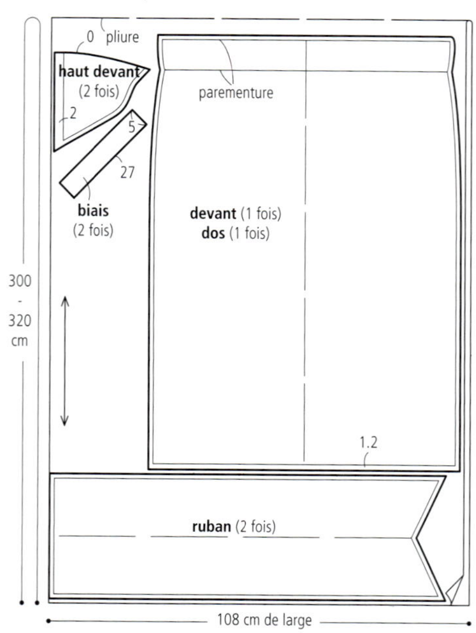

Etapes de réalisation

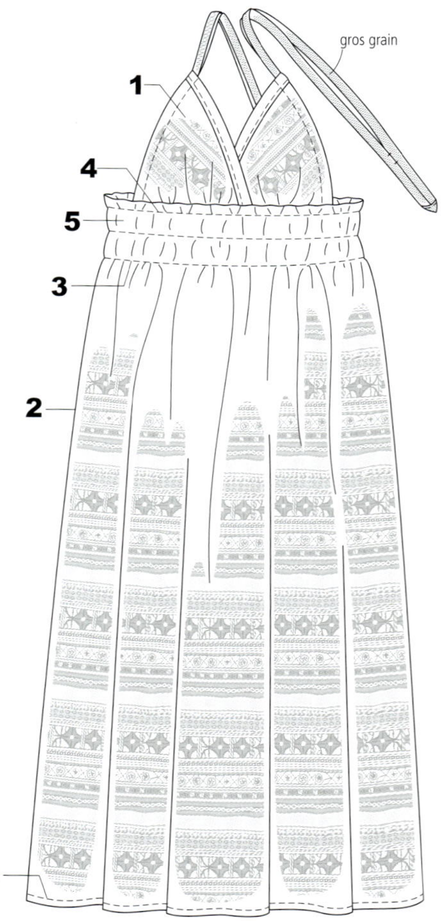

1 Confectionner le haut

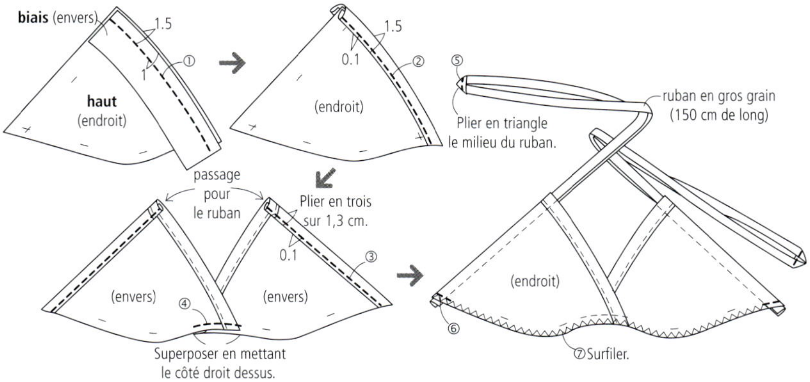

① Poser le biais sur la couture centrale du haut. Piquer à 1,5 cm du bord.

② Recouvrir la couture avec le biais. Surpiquer.

③ Plier le côté opposé en trois sur 1,3 cm de largeur. Piquer.

④ Poser les deux pièces du haut en les faisant se chevaucher au centre. Mettre la pièce droite dessus. Piquer dans la marge de couture pour les solidariser.

⑤ Plier en triangle le milieu du ruban de gros grain. Piquer.

⑥ Passer les deux extrémités du gros grain ensemble dans la coulisse par le passage laissé libre. Fixer par quelques points.

⑦ Surfiler les coutures du bas à la machine (ou à la surjeteuse).

2 Piquer les coutures de côté

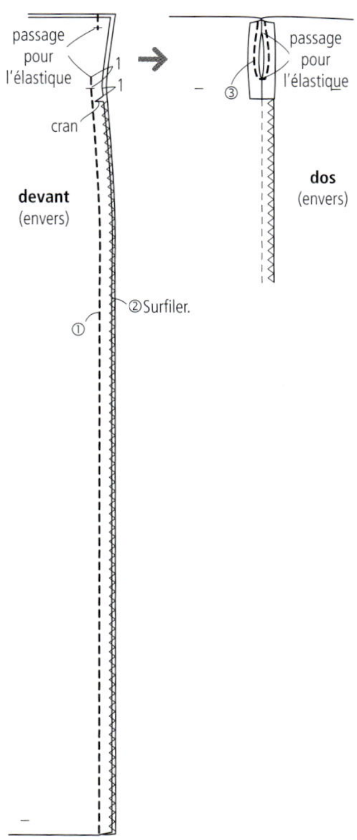

3 Faire les ourlets du bas de la robe

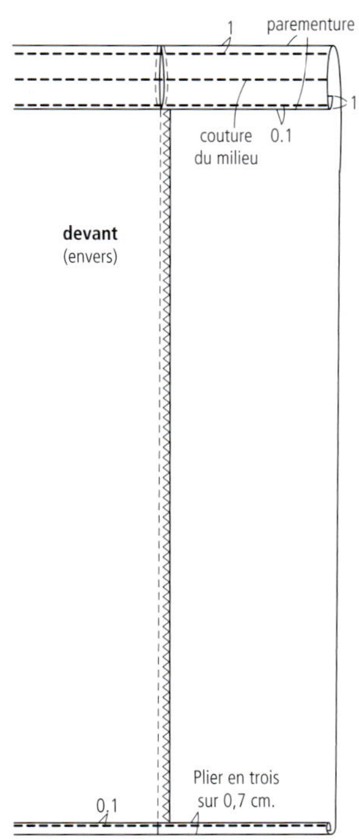

① Piquer, endroit contre endroit, les coutures des côtés. Laisser un passage pour l'élastique sur un côté.

② Surfiler ensemble les deux coutures. Rabattre sur le dos.

③ Pour faire le passage pour l'élastique, faire un cran dans la marge de couture du devant. Ouvrir les coutures et surpiquer le tour.

Pour l'ourlet supérieur, plier la parementure. Piquer trois lignes parallèles. Pour l'ourlet inférieur, plier en trois et piquer.

4 Monter le haut

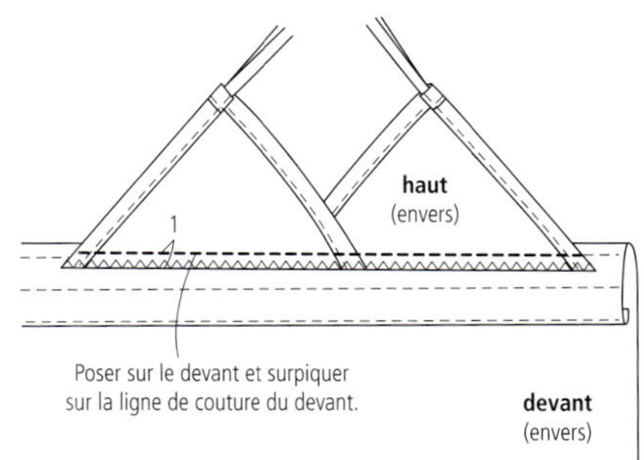

Superposer le haut de la parementure du devant. Aligner les lignes de couture et piquer.

5 Passer l'élastique. Coudre les boutons

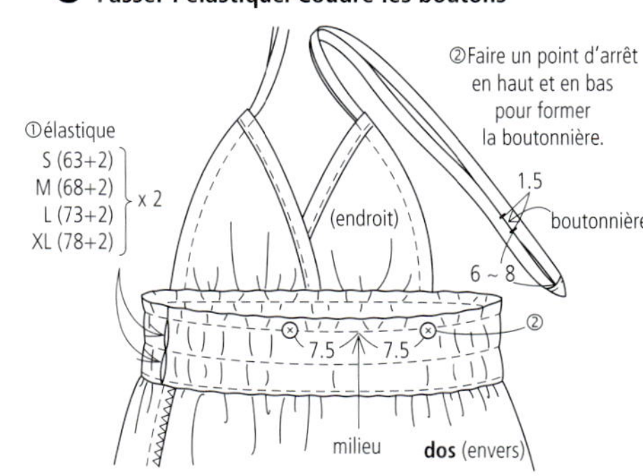

① Passer les élastiques dans la parementure. Faire se chevaucher de 2 cm les deux extrémités de l'élastique. Piquer. Fermer à la main les passages. Surpiquer les coutures du côté pour fixer l'élastique.

② Coudre les boutons sur l'envers du dos. Former une boutonnière sur le ruban de gros grain en faisant quelques points d'arrêt. Pour la longueur de l'élastique et l'emplacement de la boutonnière, voir les dimensions sur le schéma et faire un essayage pour l'ajustage.

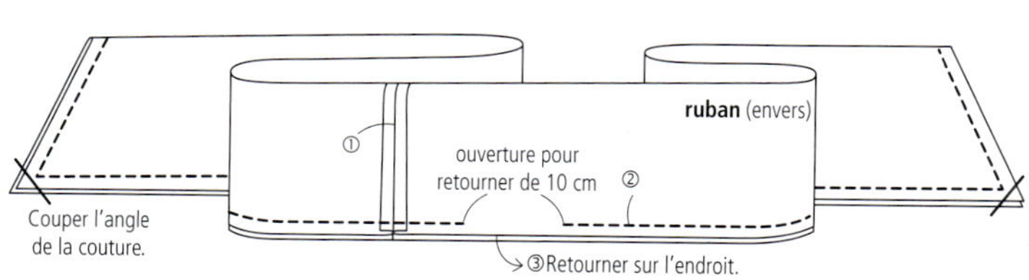

6 Confectionner le ruban

① Assembler les deux pièces de ruban.

② Plier endroit contre endroit et piquer le contour en laissant une ouverture pour retourner.

③ Retourner sur l'endroit par l'ouverture. Marquer le pli au fer. Fermer l'ouverture à la main.

patron G

G2

Jupe de la page 16

★ Patrons

Les patrons du devant, du dos et de la parementure sont identiques à ceux la page 68.

★ Fournitures

115 x 260 cm de tissu de lin à pois brodés (robe)
90 x 20 cm de tissu de coton fin (parementure)
Un peu d'élastique souple de 3 cm de large

★ Étapes de la réalisation

Le signe "▼" signifie qu'il faut se référer à la page 69.

1 Piquer les coutures de côté. Surfiler ensemble les 2 coutures à la machine (ou à la surjeteuse). Rabattre sur un côté.
2 Surfiler le bord inférieur. Replier l'ourlet et piquer.
3 Monter les parementures sur le bord supérieur.
Voir le schéma ci-dessous.
4 Passer l'élastique. ▼
5 Confectionner le ruban. ▼

Plan de coupe

Tissu de la robe

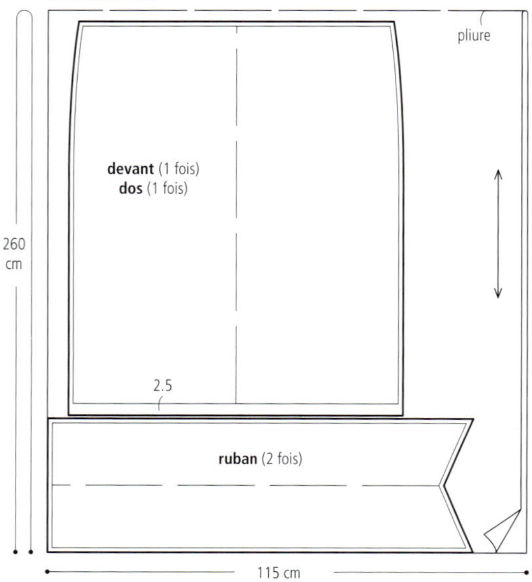

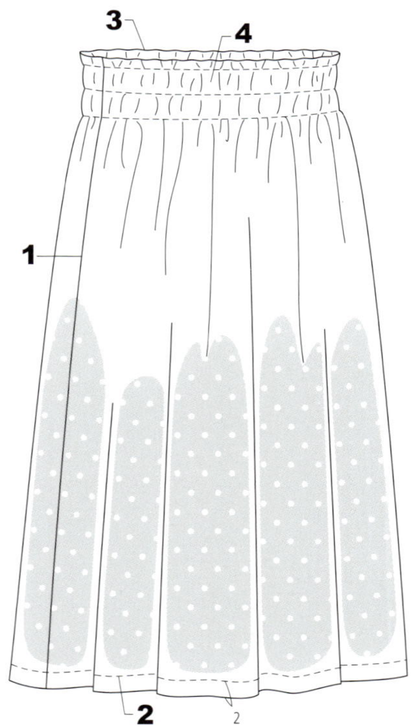

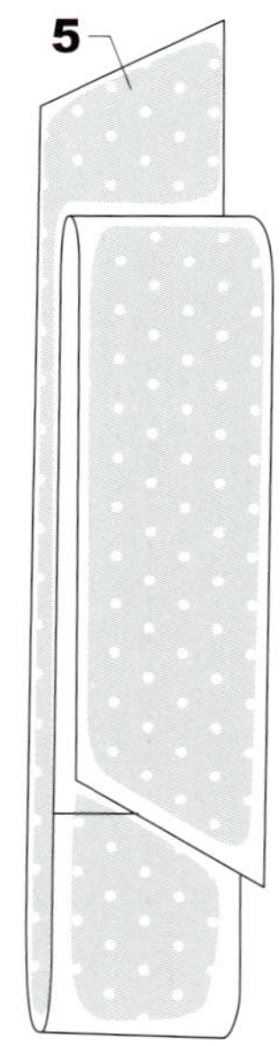

Tissu de la parementure

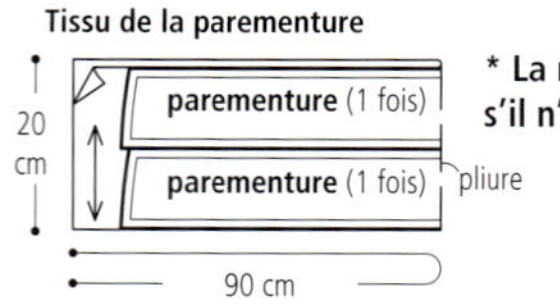

*** La marge de couture est de 1 cm s'il n'y a pas d'indication contraire.**

3 Monter la parementure

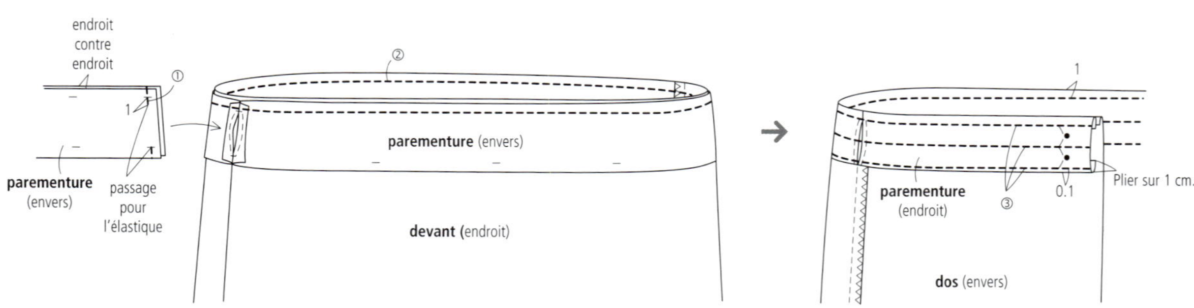

① Assembler les pièces de la parementure. Laisser un passage pour l'élastique sur un côté. Ouvrir les coutures. Surpiquer le contour de l'ouverture.
② Assembler, endroit contre endroit, la robe et la parementure.
③ Retourner la parementure sur l'endroit et piquer trois lignes parallèles.

patron G

G3

Tunique de la page 8

★ **Patrons**
Les patrons du devant, du dos et de la parementure sont identiques à ceux la page 68.
Couper les bretelles en suivant le plan de coupe.

★ **Fournitures**
150 x 150 cm de tissu en lin fin (tunique)
90 x 20cm de tissu de coton fin (parementure)
Un peu d'élastique souple de 3 cm de large

★ **Étapes de la réalisation**
1 Piquer les coutures de côté. Surfiler ensemble les 2 coutures à la machine (ou à la surjeteuse). Rabattre sur un côté.
2 Surfiler le bord inférieur. Replier l'ourlet et piquer.
3 Confectionner les bretelles. Plier en quatre les 4 pièces pour obtenir 1,2 cm de large. Piquer.
4 Monter les parementures en glissant les bretelles entre les deux épaisseurs. **Voir le schéma ci-dessous.**
5 Passer l'élastique. Voir page 69 les longueurs.

Plan de coupe

Tissu de la tunique

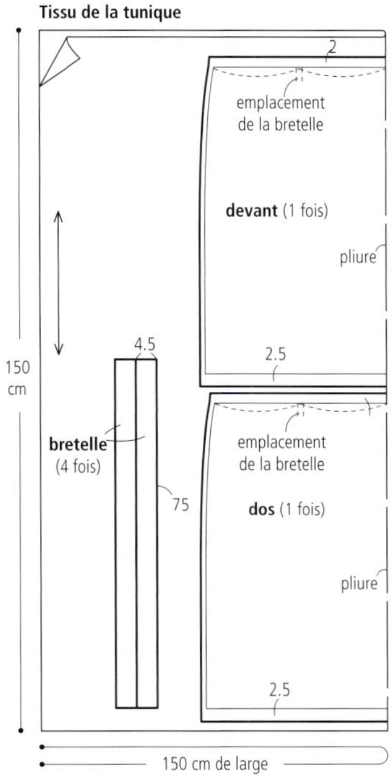

Tissu de la parementure

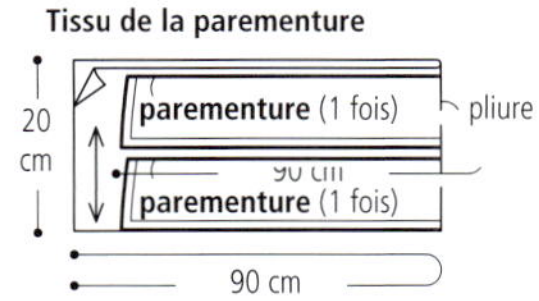

*** La marge de couture est de 1 cm s'il n'y a pas d'indication contraire.**

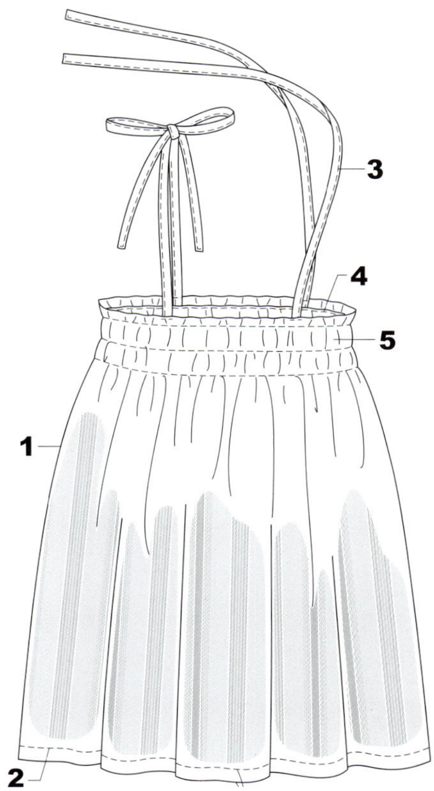

4 Monter la parementure en glissant les bretelles

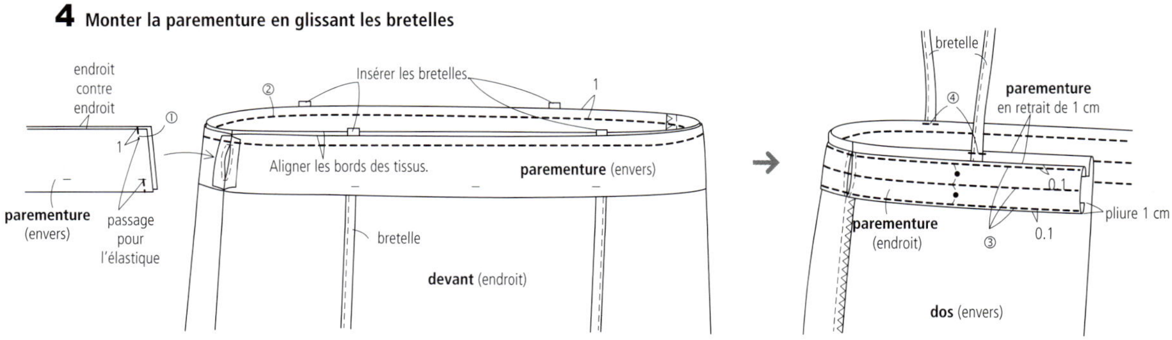

① Assembler les pièces de la parementure. Laisser un passage pour l'élastique sur un côté. Ouvrir les coutures et surpiquer le contour de l'ouverture.
② Poser, endroit contre endroit, la tunique sur la parementure en alignant les bords. Glisser les bretelles entre les deux. Piquer à 1 cm du bord.

③ Retourner la parementure sur l'endroit. Mettre la parementure en retrait de 1 cm. Marquer le pli au fer et piquer 3 lignes parallèles.
④ Faire quelques points d'arrêt à la machine au niveau du bord supérieur.

Jinko MATSUMOTO
Diplomée du "Bunka Fashion College", elle est spécialisée en technologie industrielle. Elle travaille, depuis, comme designer dans l'industrie. Ses créations sont décontractées tout en étant élégantes et surtout destinées aux adultes.

フェミニンワードローブ

Graphiste : Miho SAKATO
Photographe : Wakana TANABE
Styliste : Tomoe ITO
Coiffeur & maquilleur : Yumi NARAI
Mannequin : Iruka
Rédacteur technique : Naoko DOMEKI
Illustration : Shikanorumu
Création des patrons : Kazuhiro UENO
Opération : Satomi TOKUNAGA
Couturières : Kazuko SHITTI, Aiko MATSUMOTO

les éditions de saxe
13, rue Jules Verne
CS 40205
69630 Chaponost
www.edisaxe.com

Traduction : Noriko Thouvenin et Hélenne Perchet

FEMININE WARDROBE par Jinko Matsumoto

Publié pour la première fois le 25 avril 2010 au Japon,
par BUNKA PUBLISHING BUREAU.
Edition française en accord avec BUNKA PUBLISHING BUREAU, TOKYO
par l'intermédiaire de Tuttle-Mori Agency, Inc., Tokyo

1er tirage : novembre 2010
Date d'achèvement du tirage : septembre 2011
Dépôt légal : à parution

ISSN : 2114-6896
ISBN : 978-2-7565-0648-7
Imprimé en Chine